U0142723

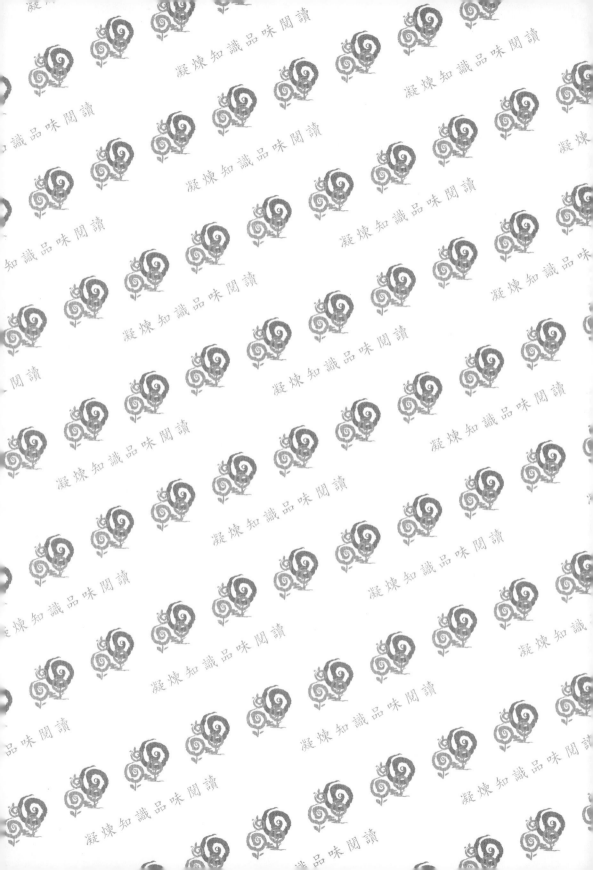

圖解系列

五南圖書出版公司 印行

圖解
消防危險物品

第三版

作者 **盧守謙**

協同作者 **陳承聖**

閱讀文字

理解內容

觀看圖表

圖解讓
消防危險物品
更簡單

推薦序

推薦序

　　為培育出國家消防安全設備之設計、監造、裝置、檢修及防火防災實務型人才，本校特創立消防安全學士學位學程之獨立系所，建置了水系統、警報系統及氣體滅火系統專業教室等軟硬體設備，擁有全方位師資團隊，跨消防、工程科技、機械工程、電機、資訊等完整博士群組成，每年消防設日間部四技班、進修部四技班及進修學院二技班等，目前也刻正籌備規劃消防系（所），為未來消防人力注入所需的充分能量。

　　本校經營主軸為一核心之提升人的生命品質；三主軸之健康促進、環境保育、關懷服務；四志業之健康、管理、休閒、社會福利等完整理念目標。在消防學程發展上，重視實務學習與經驗獲得，促進學生能儘快瞭解就業方向；並整合相關科系資源，創造發展出綜合性消防專業課程模組，不僅能整合並加強教學資源，使課程更為專業及專精，還能順應新世紀社會高度分工發展，提升學生消防就業市場之競爭能力。在課程規劃上，含消防、土木建築、機械、化工、電機電子、資訊等基礎知識與專業技能，培育學生具備公共安全、災害防救、職業安全衛生管理等市場所需之專業領域知識；並使學生在校期間，取得救護技術員、防火管理人、保安監督人、CAD 2D、CAD 3D 或 Pro/E 等相關證照，及能考取消防設備士、消防四等特考、職業安全／衛生（甲級）或職業安全／衛生管理師（員）等公職及專業證照之取得。

　　本書作者盧守謙博士在消防機關服務期間累積豐富之現場救災經歷，也奉派至英國及美國消防學院進階深造，擁有消防設備師，也熟稔英日文能力，教學經驗及消防書籍著作相當豐富。本書再版完整結合理論面與實務面內涵，相信能使讀者在學習上有系統式貫通瞭解，本人身為作者任教大學之校長，也深感與有榮焉，非常樂意為本書推薦給所有之有志消防朋友們，並敬祝各位身心健康快樂！

郭代璠 教授

大仁科技大學　校長

自序

自序

　　臺灣制定公共危險物品法規（民 70 年）比消防法（民 74 年）還早，民國 84 年消防法大修改，納入日本防火管理（消防法第 13 條）與公共危險物品管理（消防法第 15 條），翌年（民國 85 年）臺灣正式實施防火管理，但公共危險物品並未跟進，至民國 88 年底消防署成立危險物品管理組，此由母雞帶領小雞作用，各縣市消防局紛紛從預防科成立出危險物品管理科，同年將危險物品法規大幅修正，從此臺灣公共危險物品之管理導入正軌。

　　在六類物品上，臺灣天然礦產資源相當少，製造場所或處理場所亦相對少，而多以儲存場所來呈現，尤其第四類室外儲槽場所居多數，且以油類液體為首。在火災層面，自從臺灣實施防火管理人及保安監督人後，至民國 96 年臺灣火災死亡數已穩定控制（每年一百多人範圍），而公共危險物品場所火災更得到可接受水平，這拜賜於保安監督人制度，當然也不得不感謝消防署主管科人員之默默努力。

　　然而，公共危險物品法規僅是法位階第三命令層級，有些規定似宜有較強大法源（法制化）來支持，這可能是日後修正之重點。無論如何，臺灣公共危險物品災數，與先進國家比較，算是相對低，這與臺灣氣候有關，海島型國家濕度高，臺灣森林落葉層含水率多，火災少；而濕度高也使六類場所靜電（第四類除外）或粉塵爆炸災害率偏低。

　　本次改版除再蒐集日本原文規定外，配合了民 110 年 11 月公共危險物品法規修訂作業。在追求完美之理念下，為使內容更符題意及圖表能再精進化，致有相當大幅度之修改，以符讀者群之反應及高度期待。作為一位消防教育工作者，無不希望國內消防教材之專業水平能進一步提升，這也是作者孳孳不倦之動力根源。

盧守謙 博士

大仁科技大學火災鑑識中心主任

CONTENTS 目錄

第3章　公共危險物品場所設置及安全管理

第4章　可燃性高壓氣體場所設置及安全管理

第5章　公共危險物品等場所消防設備設計

第6章　公共危險物品等場所考題精解

附錄　爆竹煙火管理條例及施行細則

參考文獻　456

第1章
公共危險物品場所火災分析

公共危險物品場所火災之發火源相當多元化，如衝擊、摩擦等熱能在一般建築物是不太可能造成火災發生。

1-1 臺灣公共危險物品場所火災統計

於 2009 年至 2020 年國內一般及危險物品等所有火災統計報告，如下圖所示。

於 2009 至 2020 年臺灣火災統計件數

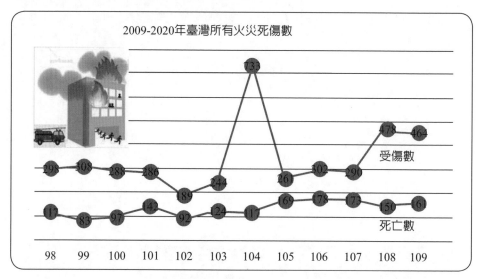

於民國98年至107年國內公共危險物品場所發生火災統計報告，如下圖所示[註1]。

於 2009 至 2018 年 6 類場所年度別火災件數

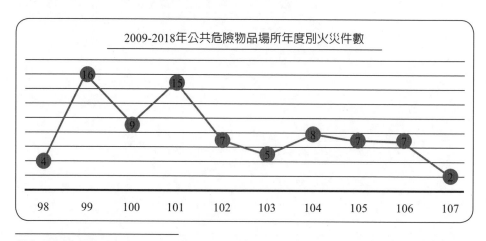

[註1] 資料來源：何遠榮，公共危險物品場所火災事故統計分析及探討，內政部消防署，消防月刊，民國 108 年 8 月。

於 2009 至 2018 年公共危險物品場所別火災件數

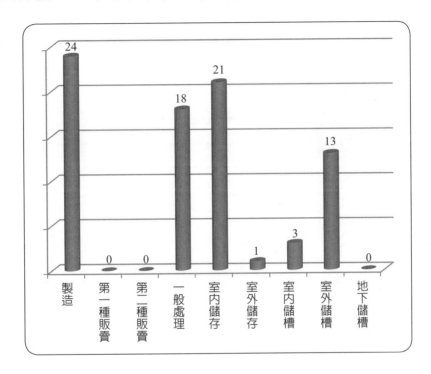

於 2009 至 2018 年 6 類別火災統計件數比例

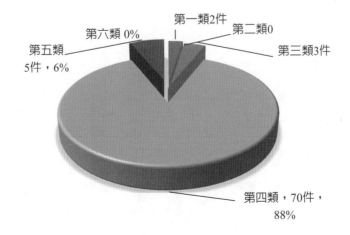

1-2 臺灣公共危險物品場所火災原因

於 2009 至 2018 年 6 類場所火災起火原因

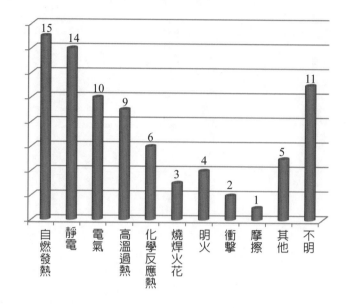

於 2009 至 2018 年 6 類場所火災發生原因件數

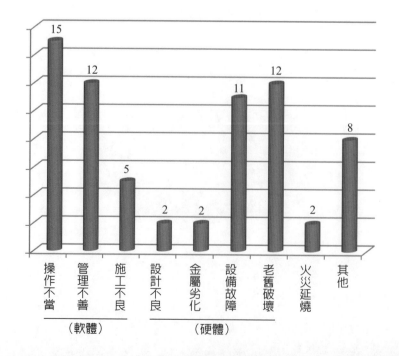

統計分析：
1. 人為因素：監視管理不足、未實施操作、誤操作、未依程序操作或操作後未進行確認。
2. 設備因素：設備與管線之老舊、腐蝕與劣化、設備與管線設計或施工不良、設備與管線故障或破損。
3. 其他因素：人為縱火或惡作劇、附近火災延燒、交通事故、地震、水災及其他不明原因。

於 2009 至 2018 年 6 類場所起火因素

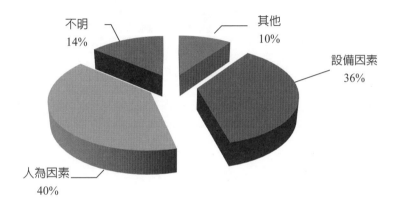

從 2009 至 2018 年 6 類場所火災起火因素分析，可見設備因素（硬體）占 36%、人為因素（軟體）占 40%，至於不明因素占 14%。

依此，公共危險物品場所防火管理需從軟硬體雙方面之雙重管道著手，不僅員工教育訓練及標準作業程序等軟體外，也需從設備之不良及老舊劣化等硬體之汰換進行管理。

室內儲存場所火災，儲存氧化性物質時多以自燃為起火原因。

1-3 日本危險物品場所火災統計

日本近年來危險物品場所火災等事故統計報告，如圖所示。

日本 2012 至 2016 年危險物品場所火災傷亡及損失額

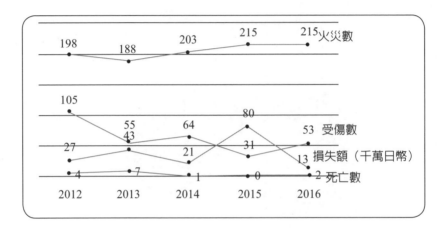

日本 2007 至 2016 年危險物品場所火災及洩漏事故統計件數

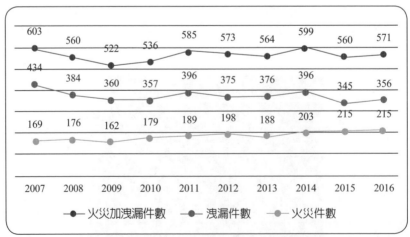

日本 6 類場所災害統計中列入「洩漏」項目，並視為一項嚴重事件，但國內並未列入。

日本 2012 至 2016 年危險物品場所別火災件數

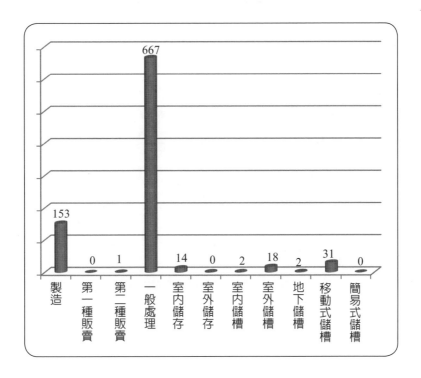

日本 2012 至 2016 年 6 類場所別火災統計件數及比例

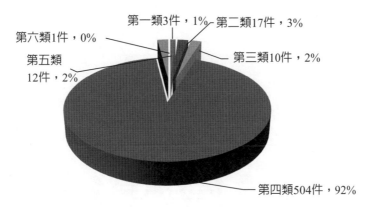

日本6類場所火災以第4類居大多數，且主要為靜電引起；而第1類與第6類會氧化發熱，但不是可燃物，火災相當少。

1-4 日本危險物品場所火災原因

日本 2016 年 6 類場所火災起火原因件數

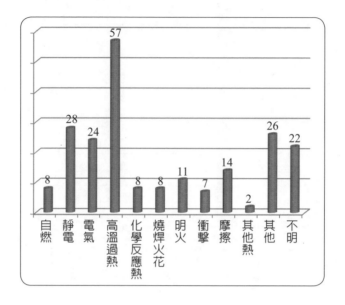

日本 2016 年 6 類場所別火災發生原因件數

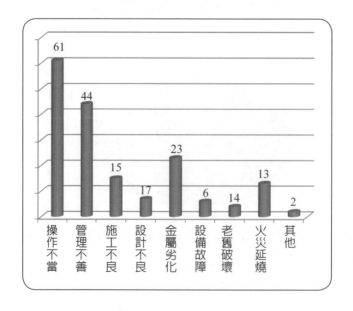

日本 2016 年 6 類場所火災起火因素件數

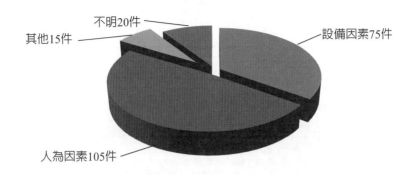

不明20件
其他15件
設備因素75件
人為因素105件

　　日本 2016 年 6 類場所火災起火因素分析，可見設備因素（硬體）占 35%、人為因素（軟體）占 49%，其他（縱火、地震、交通事故、飛火延燒及惡作劇）占 7%，至於不明因素占 9%。

日本 1989 年至 2016 年 6 類場所火災及洩漏事故分析

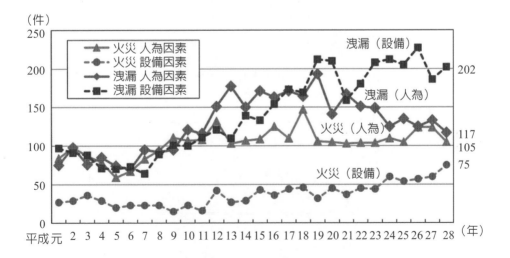

（件）

火災 人為因素
火災 設備因素
洩漏 人為因素
洩漏 設備因素

洩漏（設備）
洩漏（人為）
火災（人為）
火災（設備）

202
117
105
75

平成元 2 3 4 5 6 7 8 9 10 11 12 13 14 15 16 17 18 19 20 21 22 23 24 25 26 27 28 （年）

在國內公共危險物品場所事故發生原因與日本是類似的；即硬體設備與軟體人為操作因素所占比例幾乎差異甚小。是以公共危險物品防火防爆管理應從設備老舊汰換及設計、人為操作及教育訓練等軟硬體雙方面管道進行。

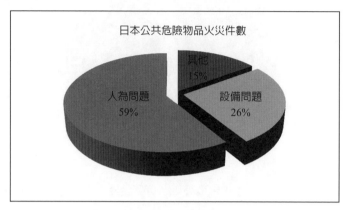

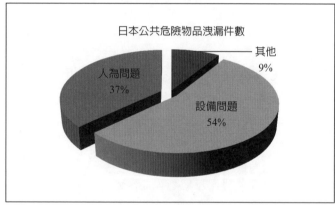

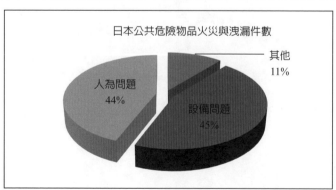

日本公共危險物品災害統計與臺灣統計，皆出現相同一致趨勢，即軟體（人為操作或教育訓練）及硬體（設備老舊等），各占災害原因之一半。因此，保安監督工作應採取雙管（軟硬體）並重來進行有效管理。

第2章
公共危險物品法規總則

Hazardous Material，依美國NFPA指出，乃具有燃燒、爆炸、有毒、腐蝕、快速氧化及其他有害性質，會造成人類死亡或傷害之物品。

2-1 法規沿革及條文輪廓

歷年來公共危險物品暨可燃性高壓氣體法規沿革		
日期	法規	名稱
70.07	更名	公共危險物品及高壓氣體安全管理辦法
82.12	更名	經營公共危險物品暨高壓氣體各類事業分類及安全管理辦法
88.12	更名	公共危險物品及可燃性高壓氣體設置標準及安全管理辦法
91.10	修正	將爆竹煙火指定為公共危險物品，納入第 7 類
93.11	修正	將爆竹煙火法制化，第 48～59 條刪除
94.08	修正	刪除屋內線路裝置規則相關規定
95.11	修正	重要部分溯及既往（新增附表五）
96.05	修正	刪除行政院勞工委員會「危險物及有害物通識規則」已有規範部分
97.10	修正	可燃性高壓氣體儲存場所安全管理規定，以完備管理體系
99.08	修正	第 8、12、13、44 條
102.11	修正	第 7、8、12、14、15、18、21、23～25、33～35、37、38、40～42、46、71、73-1、74、79-1 條及第 3 條附表 1、第 79 條附表 5
105.05	修正	第 3、8、14、15、16、30、37、71、72-1、75、75-1、78 條、附表 1
106.05	修正	第 71、72-1、73 條
108.06	修正及更名	第 1、11、13～15、15-1、16、21、23、30、33～35、37、46、69、73-1、79 附表 5、79-1 條
110.11	修正	第 8、12、24～29、33、46-1、46-2、61-1、69-1、73、73-1、刪除 74～75-2、79 附表 5、79-1

危險物品管理政府相關主管單位

危險物品管理單位

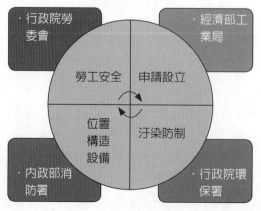

公共危險物品法規分為 4 章節 80 條

第一章　　　總則篇　　1-12　　（法源、分類、定義、認可..）
第二章　　　公共危險物品 設置及管理篇　　13-59
　第一節　　　六類物品　　　13-47

　　　　　　　設置 13-43（製造、處理、儲存之位構設）
　　　　　　　　製造、處理場所「位置」　　　　13-14
　　　　　　　　　 〃　　　「構造」　　　　　15-15.1
　　　　　　　　　 〃　　　「設備」　　　　　16
　　　　　　　　處理（販賣場所2種）「位構設」　17-18
　　　　　　　　製造處理儲存（標示板）　　　19

　　　　　　　　儲存場所　　　　　　　　　　20-43
　　　　　　　安全管理（容器、儲存處理、販賣、人員）44-47
　第二節　　　爆物煙火（刪除、法制化）　　48-59
第三章　　　可燃性高壓氣體場所設置及管理篇　60-78
第四章　　　附則篇（95.11.01 前建築物、施行日期）79-80

室內（外）儲存場所之條文輪廓

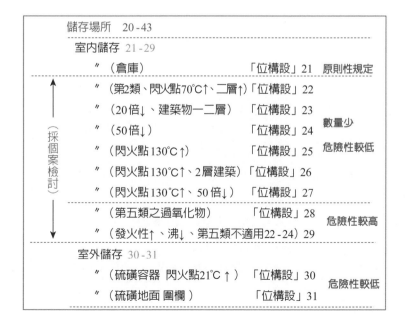

儲槽場所之條文輪廓

儲存場所　20-43	室內 33-36
儲槽 32-43	室外 37-40
室內 儲槽專用室	地下 41-43　「位構設」33
〃（閃火點40℃↑）	「位構設」34
〃（幫浦）	「位構設」35
〃（配管）	「位構設」36
室外	「位構設」37
〃（第四類防液堤）	38
〃（閃火點130℃↑）	「位構設」39
〃（烷基鋁鋰 乙醛 環氧丙烷 冷卻 惰氣）	「位構設」40
地下 槽室 直接埋設　鋼製槽 雙重殼槽	「位構設」41
〃（雙重殼）	「位構設」42
〃（烷基鋁鋰 乙醛 環氧丙烷冷卻）	「位構設」43

氣體場所之條文輪廓

第三章　可燃性高壓氣體設置及管理篇	60-78
總則(定義)	60-65
製造場所　　　（位置）	66
儲存場所　　　（位置）	67
LPG製造(分裝) 場所(位置)	68
處理(販賣 檢驗)場所　（位構設及管理）	69
儲存場所　　　（構設及管理）	70
LPG製造 分裝 處理(販賣)場所 設置儲存場所	71
〃 儲存場所（位置 5-20km 專人管理）	72
〃 製造 分裝 儲存 處理(販賣)場所（管理）	72-1
〃 處理(販賣)場所(管制量128kg 1000kg)	73、73-1
〃 安全管理（容器、檢驗、灌氣）	74-78

公共危險物品暨可燃性高壓氣體管理辦法之章節

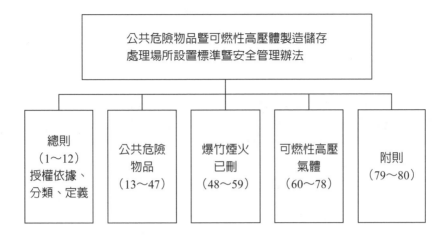

公共危險物品暨可燃性高壓體製造儲存
處理場所設置標準暨安全管理辦法

| 總則
（1～12）
授權依據、
分類、定義 | 公共危險
物品
（13～47） | 爆竹煙火
已刪
（48～59） | 可燃性高壓
氣體
（60～78） | 附則
（79～80） |

公共危險物品場所火災有滅火困難之特殊問題

有火災規模問題、火災易燃問題、火災高度問題。

公共危險危品場所火災起火源多元化（電能、化學能及物理能），其中物理能（衝擊、摩擦等）難以在一般建築物造成火災，但會引起6類場所火災。在滅火上問題分顯著滅火、一般滅火及其他滅火困難場所。

2-2 授權法源

第 1 條
本辦法依消防法（以下簡稱本法）第 15 條第 2 項規定訂定之。

【解說】

「公共危險物品及可燃性高壓氣體製造儲存處理場所設置標準暨安全管理辦法」係依據消防法會銜發布，該條文除針對公共危險物品及可燃性高壓氣體之製造、儲存或處理場所之位置、構造、設備予以規範外，另對於上開物質之儲存、處理、搬運之安全管理事項，亦授權併前揭管理辦法予以規範。

公共危險物品暨可燃性高壓氣體管理辦法在法律位階層次上，係屬第 3 位階之法規命令，行政機關必須基於法律直接授權依據，如右圖所示。所以在本辦法第 1 條需開宗明義講出，係依消防法第 15 條第 2 項之法律授權來訂定。

基本上，「法規命令」與「行政規則」皆屬「行政命令」，第 4 位階之行政規則以行政體系內部事項為內容，原則上無需法律授權，行政機關得依職權訂定習稱之「行政規定」，而第 3 位階法規命令需要法律明確授權，有規範上的拘束力，需於行政院發布後即送立法院備查。

目前在內政部消防體系上有法制化法律，目前有消防法、災害防救法、內政部消防署港務消防隊組織通則、內政部消防署組織條例及爆竹煙火管理條例，惟獨法制化之第 2 位階，始能訂定罰則，因罰則會嚴重影響人民權利義務，需送由人民選舉出之立法委員，進行三讀立法審查。因此，人民假使違反第 3 法律位階之公共危險物品暨可燃性高壓氣體管理辦法之規定，只好引用消防法第 42 條之規定，即「第 15 條所定公共危險物品及可燃性高壓氣體之製造、儲存或處理場所，其位置、構造及設備未符合設置標準，或儲存、處理及搬運未符合安全管理規定者，處其管理權人或行為人新臺幣 2 萬元以上 10 萬元以下罰鍰；經處罰鍰後仍不改善者，得連續處罰，並得予以 30 日以下停業或停止其使用之處分」。

在六類物品上，因臺灣天然礦產資源相當少，製造場所或處理場所亦相對少，而多以儲存場所來呈現，尤其第四類室外儲槽場所居多數，且以油類液體儲存為首。然而，公共危險物品法規僅是法位階第三命令層級，有些規定似宜有較強大法源（法制化）來支持，這可能是日後修正之重點。無論如何，臺灣公共危險物品災例數，與先進國家比較，算是相對低，這與臺灣氣候有關，海島型國家濕度高，臺灣森林落葉層含水率多，森林火災少；而濕度高也使六類場所靜電（第四類除外）災率偏低，而粉塵爆炸也微乎其微。

金字塔型法律位階架構

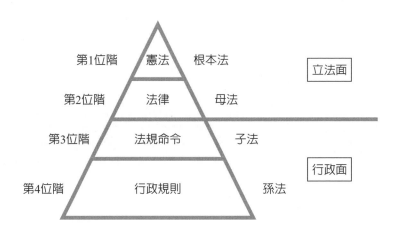

中華民國法律位階明細圖

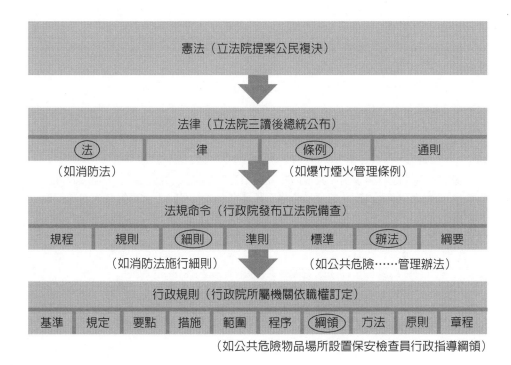

2-3 法源條文

法規授權來源
消防法第 15 條
公共危險物品及可燃性高壓氣體應依其容器、裝載及搬運方法進行安全搬運；達管制量時，應在製造、儲存或處理場所以安全方法進行儲存或處理。
前項公共危險物品及可燃性高壓氣體之範圍及分類，製造、儲存或處理場所之位置、構造及設備之設置標準，儲存、處理及搬運之安全管理辦法，由中央主管機關會同中央目的事業主管機關定之。但公共危險物品及可燃性高壓氣體之製造、儲存、處理或搬運，中央目的事業主管機關另訂有安全管理規定者，依其規定辦理。

【解說】

公共危險物品暨可燃性高壓氣體製造儲存處理場所設置標準暨安全管理辦法係依據消防法第 15 條之法律授權，內政部消防署依授權命令所訂定，在法位階上係屬第三位階。在消防法第 15 條已明文規定場所之標準化，即公共危險物品暨可燃性高壓氣體有 3 種場所，為製造場所、儲存場所及處理場所；如右上圖所示。

查消防法第十五條第一項規定「公共危險物品及可燃性高壓氣體……；達管制量時，應在製造、儲存或處理場所以安全方法進行儲存或處理。」基此，本辦法係就公共危險物品及可燃性高壓氣體製造、儲存或處理場所規範其設置標準及安全管理事項，於民國 108 年 6 月修正本辦法名稱為「公共危險物品及可燃性高壓氣體製造儲存處理場所設置標準暨安全管理辦法」。

管理辦法劃分為硬體與軟體之雙重管理，於硬體管理上係為設置標準之位置、構造及設備方面。在軟體管理上，係以安全管理之儲存、處理及搬運方面；在此有但書規定，係中央目的事業主管機關另訂有安全管理規定者，如勞動部訂有勞動安全法規，依其規定辦理。因此，內政部消防署在軟體方面只訂第 44 條～第 47 條之安全管理事項，主要在第 47 條需設專人管理，即保安監督人一職；如右下圖所示。

而保安監督人之資格，由公共危險物品場所之管理權人選任或解任，但沒有像日本需經過甲種或乙種危險物品處理員資格，實務經驗 6 個月以上始可擔任；當其管理公共危險物品設施，並由公共危險物品設施保安員進行輔助。而國內係管理權人選任監督或管理層次以上人員，參加 24 小時初訓合格後，即可擔任。

於民國 107 年 11 月消防署訂定「公共危險物品場所設置保安檢查員行政指導綱領」，適用對象為製造、儲存或處理公共危險物品數量合計達管制量三十倍以上之場所（如同保安監督人一樣）。而保安檢查員亦需接受初複訓各 8 小時教育課程，而課程除由保安監督人訓練專業機構辦理外，也可由事業單位自主辦理並報請當地消防機關備查之講習訓練。

公共危險物品場所之標準化與軟體／硬體管理

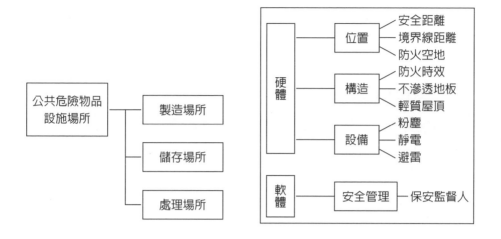

日本保安監督人制度

2-4 引用同等性能

第 2 條

公共危險物品及可燃性高壓氣體之製造、儲存或處理場所之位置、構造、設備之設置標準及儲存、處理、搬運之安全管理，依本辦法之規定。但因場所用途、構造特殊，或引用與本辦法同等以上效能之技術、工法、構造或設備，適用本辦法確有困難，於檢具具體證明經中央主管機關認可者，不在此限。

【解說】

　　本條不含消防設備部分，依消防法第 6 條第 3 項：「……各類場所因用途、構造特殊，或引用與依第一項所定標準同等以上效能之技術、工法或設備者，得檢附具體證明，經中央主管機關核准，不適用依第一項所定標準之全部或一部。」亦即，引用規格式條文有困難者，得依性能式向消防署申請認可。

　　「公共危險物品及可燃性高壓氣體製造儲存處理場所設置標準暨安全管理辦法」主要係針對公共危險物品達管制量以上之製造、儲存或處理場所予以規範管理，非以公共危險物品相關的物質為管制對象或針對化學物質進行管理。本條但書規定，係鑑於科技進步及性能設計，得經內政部消防技術審議委員會申請審議。

　　公共危險物品分六類（右上圖），倘無法判定其種類時，依內政部消防法令函釋及公告[註1]，應請業者提供或逕行查證該類物品之名稱、化學式、學名、物質安全資料（MSDS）、固體或液體等理化特性，依權責進行判定。另倘無法判定其危險分級程度者，基於安全考量，應依管理辦法第 3 條第 2 項附表 1 規定以最危險程度認定之；達管制量以上時，應依管理辦法相關規定檢討其位置、構造、設備及安全管理等有無違反規定。如合計未達管制量者，則依一般工廠（高度或中度危險工作場所）來要求。

　　在煉油廠儲槽新建工程屬「石油管理法」規範之石油業者，其所設置儲油槽應依「石油業儲油設備設置管理規則」規定辦理。而自用加儲油設施，經濟部已有訂定「自用加儲油加儲氣設施設置管理規則」進行規範，故皆無旨揭管理辦法之適用。

　　煉油場之儲油設備、加油站等場所，其安全距離應依經濟部主管之「石油管理法」及其子法「石油業儲油設備設置管理規則」、「加油站設置管理規則」辦理。至公共危險物品及可燃性高壓氣體之範圍及分類、場所定義於管理辦法第 3 條至第 7 條業已明定，另場外安全距離於第 13 條、第 21 條、第 30 條、第 37 條、第 39 條、第 40 條、第 66 條至第 68 條亦有規範。

[註1]　內政部消防法令函釋及公告，2019 年，內政部消防署消防法令查詢系統，http://law.nfa.gov.tw/GNFA/fint/

公共危險物品法規管理對象物

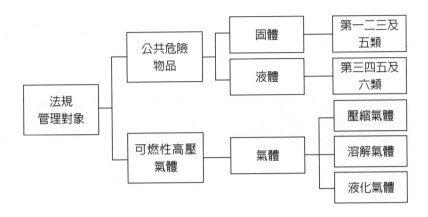

公共危險物品場所之細分類

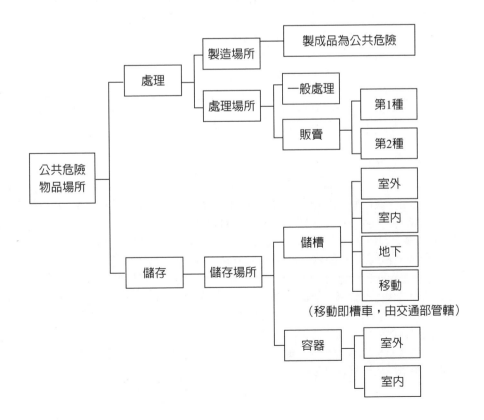

2-5 公共危險物品分類（一）

> **第 3 條**
> 公共危險物品之範圍及分類如下：
> 1. 第 1 類：氧化性固體。
> 2. 第 2 類：易燃固體。
> 3. 第 3 類：發火性液體、發火性固體及禁水性物質。
> 4. 第 4 類：易燃液體及可燃液體。
> 5. 第 5 類：自反應物質及有機過氧化物。
> 6. 第 6 類：氧化性液體。
> 前項各類公共危險物品之種類、分級及管制量如附表。

【解說】

　　對於公共危險物品場所認定，係其 6 類物品量合計是否達到管制量以上者，如達到則要求其位置、構造及設備之相關規定；若未達到管制量者，即為一般性工廠（高、中、低度），依各類場所消防安全設備設置標準要求其消防設備。

　　化學物品如無法依本條第 2 項之附表內容判定其類別及分級之情形下，依內政部消防法令函釋及公告（以下同），廠商應將化學物品交由研究機構（如：中央研究院、中山科學研究院、工業技術研究院或勞委會勞工安全衛生研究所等）或大專院校之化學實驗室，依據內政部發布「公共危險物品試驗方法及判定基準」進行判定。

　　石化品如屬本條所定公共危險物品之範圍且達管制量以上者，其儲存場所之位置、構造、設備及儲存、處理、搬運，應依管理辦法相關規定辦理；惟適用確有困難且其中央目的事業主管機關另定有安全管理規定者，得依消防法第 15 條第 2 項後段但書之規定，依其規定辦理。

　　假使新舊公共危險物品之分級與分類及處理儲存數量相同，尚無位置、構造變更之需要。惟新原料及新產品之變更，可能涉及下列事項：（一）製程相關設備：如因新原料之使用，使得原製程變更，則變更後之製程設備應符合管理辦法第 16 條規定。（二）標示板：因新原料及新產品已與舊原料及舊產品不同，其標示板應依管理辦法第 19 條規定設置。（三）消防防災計畫：因新原料及新產品已與舊原料及舊產品不同，消防防災計畫內相關資料應予變更並依管理辦法第 47 條辦理。

　　依中央主管機關指定之危險物及有害物指出，著火性物質係指下列物質：
1. 易燃固體係指硫化磷、赤磷、賽璐珞類等有易被外來火源所引燃迅速燃燒之固體。
2. 自燃物質係指黃磷、二亞硫磺酸鈉、鋁粉末、鎂粉末及其他金屬粉末等有自行生熱或自行燃燒之固體或液體。
3. 禁水性物質係指金屬鉀、金屬鋰、金屬鈉、碳化鈣、磷化鈣及其他之物質，具有與水接觸能放出易燃之氣體。

第一類公共危險物品

第一類：氧化性固體	分級	管制量
1. 氯酸鹽類【註2】 2. 過氯酸鹽類 3. 無機過氧化物 4. 次氯酸鹽類 5. 溴酸鹽類 6. 硝酸鹽類	第 1 級	50 kg
7. 碘酸鹽類 8. 過錳酸鹽類 9. 重鉻酸鹽類 10. 過碘酸鹽類 11. 過碘酸 12. 三氧化鉻 13. 二氧化鉛	第 2 級	300kg
14. 亞硝酸鹽類 15. 亞氯酸鹽類 16. 三氯異三聚氰酸 17. 過硫酸鹽類 18. 過硼酸鹽類 19. 其他經中央主管機關公告者 20. 含有任 1 種成分之物品者	第 3 級	1000kg

+ 知識補充站

公共危險物品混合危險

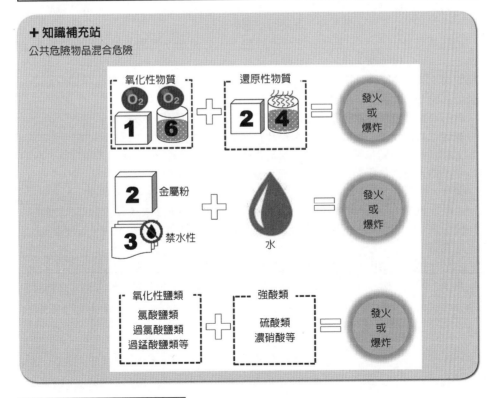

[註2] 第 1 類主要為酸鹽類，即 O_3 之意，即強氧化性質；酸為日文，中文為氧，如隔夜菜湯發酸，即氧化（酸化）。

2-6 公共危險物品分類（二）

依內政部消防法令函釋及公告（以下同），因第 3 條附表 1 所定之 6 類公共危險物品類別及管制量，涉及製造、儲存及處理公共危險物品場所檢討其位置、構造及設備等之依據，影響公共安全甚鉅。在可燃性液體含量之認定部分，依第 4 類閃火點未滿 100℃之易燃液體，其可燃性液體含量，為該液體揮發性的成分含有率，扣除掉水分的含有率及不燃性溶劑的含有率的含量；另閃火點 100℃以上之易燃液體，其可燃性液體含量，為該液體揮發性的成分含有率，扣除掉不燃性溶劑的含有率的含量。至有關可燃性液體含量之試驗及判定，請送經中華民國實驗室認證體系認證通過之測試實驗室辦理之。

第 4 類液體一般為混合物，非純物質；假使潤滑油之閃火點如在 250℃以上，則非屬公共危險物品。於廢潤滑油方面，據行政院勞工委員會化學品全球調和制度 GHS 介紹網站（http://ghs.cla.gov.tw）所查詢之資料，潤滑油之閃火點約為 196℃，屬「公共危險物品及可燃性高壓氣體設置標準暨安全管理辦法」第 3 條附表 1 規定之第 4 類易燃液體 5、第 3 石油類。至「廢潤滑油」含水量及雜質甚多，依第 3 石油類但書規定，可燃性液體含量在 40% 以下者，不在此限。

在氧化性液體為過氯酸、過氧化氫及硝酸，未包含液態氧氣；而氧氣亦非屬該辦法所定義之可燃性高壓氣體，則未屬消防機關權責範圍。

另在爆竹煙火方面，從歷年爆炸事故觀之，其咎因均為輸入氯酸鉀與過氯酸鉀後，非法製造爆竹煙火而起，往往釀致意外。經內政部與經濟部國際貿易局公告輸入氯酸鉀及過氯酸鉀達管制量（50kg）以上時，應檢附內政部許可文件後始得為之，以免流入地下工廠淪為非法爆竹煙火製造使用。

依中央主管機關指定之危險物及有害物指出，爆炸性物質係指下列物質：
1. 硝化乙二醇、硝化甘油、硝化纖維及其他具有爆炸性質之硝酸酯類。
2. 三硝基苯、三硝基甲苯、三硝基酚及其他具有爆炸性質之硝基化合物。
3. 過醋酸、過氧化丁酮、過氧化二苯甲醯及其他有機過氧化物。

而引火性液體中之下列物質：
1. 乙醚、汽油、乙醛、環氧丙烷、二硫化碳及其他之閃火點未滿零下 30℃之物質。
2. 正己烷、環氧乙烷、丙酮、苯、丁酮及其他之閃火點在攝氏零下 30℃以上未滿 0℃之物質。
3. 乙醇、甲醇、二甲苯、乙酸戊酯及其他之閃火點在 0℃以上未滿 30℃之物質。
4. 煤油、輕油、松節油、異戊醇、醋酸及其他之閃火點在 30℃以上未滿 65℃之物質。

第二類公共危險物品

第二類：易燃固體	分級	管制量
1.硫化磷 2.赤磷 3.硫磺		100kg
4.鐵粉：指鐵的粉末。但以孔徑 53 微米（μm）篩網進行篩選，通過比例未達 50% 者，不屬之。		500kg
5.金屬粉：指鹼金屬、鹼土金屬、鐵、鎂、銅、鎳以外之金屬粉。但以孔徑 150 微米（μm）篩網進行篩選，通過比例未達 50% 者，不屬之。	第 1 級	100kg
6.鎂：指其塊狀物或棒狀物能通過孔徑 2mm 篩網者。 7.三聚甲醛 8.其他經中央主管機關公告者。 9.含有任 1 種成分之物品者。	第 2 級	500kg
10.易燃性固體：指固態酒精或 1 大氣壓下閃火點未達 40℃ 之固體。		1000kg

公共危險物品管制量

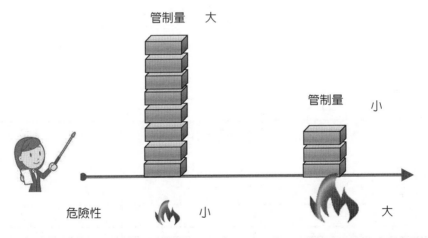

（物質危險性愈大，則管制量相對愈小；而管制量是具火載量及危險強度之意思）

「管制量」是指法令規範之最低數量，如製造、儲存或處理公共危險物品達此數量以上，即應於符合法令規範之場所為之，以確保安全。而公共危險物品種類在 2 種以上時，計算其是否達管制量之方法，應以各該公共危險物品數量除以其管制量，所得商數之和如大於 1 時，即達管制量以上。

2-7 公共危險物品分類（三）

　　依內政部消防法令函釋及公告（以下同），場所儲存油品為所定之公共危險物品並達管制量以上，則依消防法第 15 條第 1 項規定，該場所之位置、構造、設備及安全管理應符合管理辦法相關規定。倘該場所如有相關具體事證，已無使用時，則該場所之危險物品應儘速移至其他合法場所儲放，以維公共安全。

　　此外，儲存公共危險物品達管制量以上，並按消防法第 6 條第 1 項規定應設置消防安全設備，並應依各類場所消防安全設備設置標準第 4 編規定檢討設置。如該場所管理權人不願配合檢查消防安全設備之設置情形時，按消防法第 37 條第 2 項規定：「規避、妨礙或拒絕第 6 條第 2 項之檢查、複查者，處新臺幣 3 千元以上 1 萬 5 千元以下罰鍰，並按次處罰及強制執行檢查、複查。」

　　另查行政罰法第 42 條：「行政機關於裁處前，應給予受處罰者陳述意見之機會。但有下列情形之一者，不在此限：一、已依行政程序法第 39 條規定，通知受處罰者陳述意見。……六、裁處所根據之事實，客觀上明白足以確認。……」又行政程序法第 36 條：「行政機關應依職權調查證據，不受當事人主張之拘束，對當事人有利及不利事項一律注意。」同法第 43 條：「行政機關為處分或其他行政行為，應斟酌全部陳述與調查事實及證據之結果，依論理及經驗法則判斷事實之真偽，並將其決定及理由告知當事人。」之規定。綜上，行政機關作成行政決定前之調查證據、認定事實，係採職權調查主義，故行政機關對於應依職權調查之事實，負有調查義務，且應依各種合法取得之證據資料認定事實，做成行政決定。假使消防單位未能進入檢查，如依所查事實及證據，已足證明儲存公共危險物品有違反法規之事實存在時，仍得據以裁處行政罰。

第三類公共危險物品

第三類：發火性液體、發火性固體及禁水性物質	分級	管制量
1.鉀 2.鈉 3.烷基鋁 4.烷基鋰		10kg
5.黃磷		20kg
6.鹼金屬（鉀和鈉除外）及鹼土金屬 7.有機金屬化合物（烷基鋁、烷基鋰除外） 8.金屬氫化物	第 1 級	10kg
9.金屬磷化物 10.鈣或鋁的碳化物	第 2 級	50kg
11.三氯矽甲烷 12.其他經中央主管機關公告者 13.含有任 1 種成分之物品者	第 3 級	300kg

第四類公共危險物品

第四類：易燃液體	分級	管制量
1. 特殊易燃物：指乙醚、二硫化碳、乙醛、環氧丙烷及其他在 1 大氣壓時，自燃溫度在 100℃以下之物品，或閃火點低於零下 20℃，且沸點在 40℃以下之物品。		50 L
2. 第 1 石油類：指丙酮、汽油及其他在 1 大氣壓時，閃火點未達 21℃者。	非水溶性液體	200 L
	水溶性液體	400 L
3. 酒精類：指 1 個分子的碳原子數在 1 到 3 之間，並含有 1 個飽和的羥基（含變性酒精）。但下列物品不在此限： (1) 酒精含量未達 60% 之水溶液。 (2) 可燃性液體含量未達 60%，其閃火點及燃燒。超過酒精含量 60% 水溶液之閃火點及燃燒。		400 L
4. 第 2 石油類：指煤油、柴油及其他在 1 大氣壓時，閃火點在 21℃～69℃者。但可燃性液體含量在 40% 以下，閃火點在 40℃以上，燃燒點在 60℃以上，不在此限。	非水溶性液體	1000 L
	水溶性液體	2000 L
5. 第 3 石油類：指重油、鍋爐油及其他在 1 大氣壓時，閃火點在 70℃～199℃者。但可燃性液體含量在 40% 以下者，不在此限。	非水溶性液體	2000 L
	水溶性液體	4000 L
6. 第 4 石油類：指齒輪油、活塞油及其他在 1 大氣壓時，閃火點在 200℃～249℃者。但可燃性液體含量在 40% 以下者，不在此限。		6000 L
7. 動植物油類：從動物的脂肪、植物的種子或果肉抽取之油脂，1 大氣壓時，閃火點未滿 250℃者。但依中央主管機關指定之方式儲存保管者，不在此限。		10000 L

➕ 知識補充站

可燃液體危險屬性

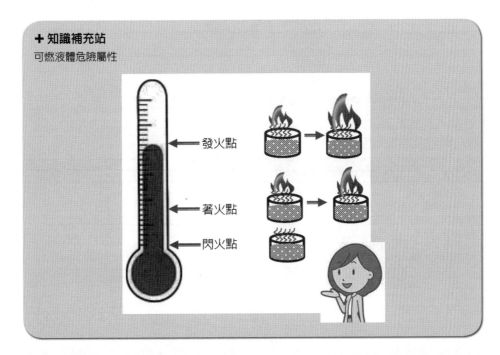

第五類公共危險物品

第五類：自反應物質及有機過氧化物	分級	管制量
1. 有機過氧化物 2. 硝酸酯類 3. 硝基化合物	A 型	10kg
4. 亞硝基化合物 5. 偶氮化合物 6. 重氮化合物	B 型	
7. 聯胺的誘導體 8. 金屬疊氮化合物 9. 硝酸胍	C 型	
10. 丙烯基縮水甘油醚 11. 倍羰烯 12. 其他經中央主管機關公告者 13. 含有任 1 種成分之物品者	D 型	100kg

石油類與閃火點

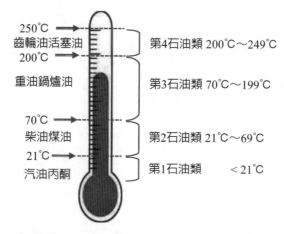

250℃ →	
齒輪油活塞油	第4石油類 200℃～249℃
200℃	
重油鍋爐油	第3石油類 70℃～199℃
70℃ →	
柴油煤油	第2石油類 21℃～69℃
21℃ →	
汽油丙酮	第1石油類 ＜21℃

（動植物油閃火點＜250℃者，原則上為公共危險物品）

第六類公共危險物品

第六類：氧化性液體	分級	管制量
1. 過氯酸 2. 過氧化氫 3. 硝酸	第 1 級	300kg
4. 鹵素間化合物 5. 其他經中央主管機關公告者。 6. 含有任 1 種成分之物品者	第 2 級	

NFPA704 危險物品識別菱形標示

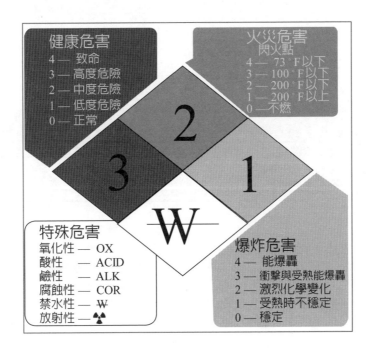

標準化定義

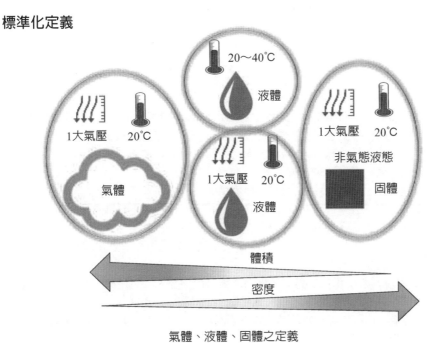

氣體、液體、固體之定義

2-8 可燃性高壓氣體分類

第4條

可燃性高壓氣體，係指符合下列各款規定之一者：

1. 在常用溫度下或溫度在35℃時，表壓力達 10kg/cm² 以上或100 萬帕斯卡（MPa）以上之壓縮氣體中之氫氣、乙烯、甲烷及乙烷。
2. 在常用溫度下或溫度在 15℃時，表壓力達 2kg/cm² 以上或 0.2 百萬帕斯卡（MPa）以上之壓縮乙炔氣。
3. 在常用溫度下或溫度在 35℃以下時，表壓力達 2kg/cm² 以上或 0.2 百萬帕斯卡（MPa）以上之液化氣體中之丙烷、丁烷及液化石油氣。
4. 其他經中央主管機關指定之氣體。

【解說】

國內天然瓦斯（壓縮氣體 ≥ 10 kg /cm²）管內壓力較液化瓦斯（液化氣體 ≥ 2 kg /cm²）大，氣體液化方式大多高壓或極低溫進行，如低溫液化甲烷需達其沸點（-161.4℃）以下始能液化，液化之目的是增加其儲存量，如液化瓦斯（LPG）之比重為 0.58、沸點為 -45℃，當丙烷液化時，得增加氣化體積 268 倍（20℃時）。

$$液態\ V_1 = \frac{分子量\ M}{密度\ D} = \frac{44}{0.58} = 75.86\ mL，$$

$$氣態\ V_2 = \frac{nRT}{P} = \frac{1 \times (0.082\frac{L \times atm}{K \times mol}) \times (293 - 45)}{1} = 20.336\ L，$$

$$因此\ \frac{V_2}{V_1} = \frac{20.336 \times 1000\ mL}{75.86\ mL} = 268（倍）$$

氣體本身無形狀亦無體積，是由恆定運動（Constant Motion）粒子所組成的，如溫度越高分子運動則越迅速。本條依高壓氣體勞工安全規則相關規範如下：

第3條 本規則所稱特定高壓氣體，係指高壓氣體中之壓縮氫氣、壓縮天然氣、液氧、液氨及液氯、液化石油氣。

第4條 本規則所稱可燃性氣體，係指丙烯腈、丙烯醛、乙炔、乙醛、氨、一氧化碳、乙烷、乙胺、乙苯、乙烯、氯乙烷、氯甲烷、氯乙烯、環氧乙烷、環氧丙烷、氰化氫、環丙烷、二甲胺、氫、三甲胺、二硫化碳、丁二烯、丁烷、丁烯、丙烷、丙烯、溴甲烷、苯、甲烷、甲胺、二甲醚、硫化氫及其他爆炸下限在 10% 以下或爆炸上限與下限之差在 20% 以上之氣體。

第6條 本規則所稱毒性氣體，係指丙烯腈、丙烯醛、二氧化硫、氨、一氧化碳、氯、氯甲烷、氯丁二烯、環氧乙烷、氰化氫、二乙胺、三甲胺、二硫化碳、氟、溴甲烷、苯、光氣、甲胺、硫化氫及其他容許濃度（係指勞工作業環境空氣中有害物質容許濃度標準規定之容許濃度。）在 200μm 下之氣體。

可燃性高壓氣體分類

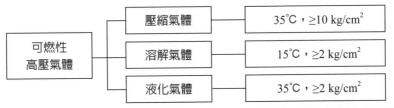

（市售打火機為丁烷之液化氣體）

可燃性氣體種類

可燃性氣體種類
甲烷、甲胺（毒性）、二甲胺、二甲醚、三甲胺（毒性）、乙炔、乙醛、乙烷、乙胺、乙烯、乙苯、苯（毒性）、丙烷、丙烯、丙烯腈（毒性）、丙烯醛（毒性）、丁烷、丁烯、丁二烯、溴甲烷（毒性）、氯甲烷（毒性）、氯乙烷、氯乙烯、環氧乙烷（毒性）、環氧丙烷、環丙烷、氫、氰化氫（毒性）、硫化氫（毒性）、氨（毒性）、一氧化碳（毒性）、二硫化碳（毒性）、 其他爆炸下限在 10% 以下， 爆炸上限與下限之差在 20% 以上之氣體

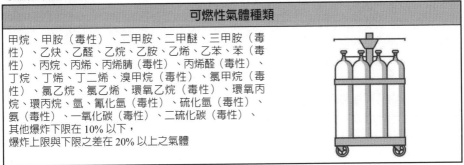

✚ 知識補充站

氣體與粉塵爆炸所需能量

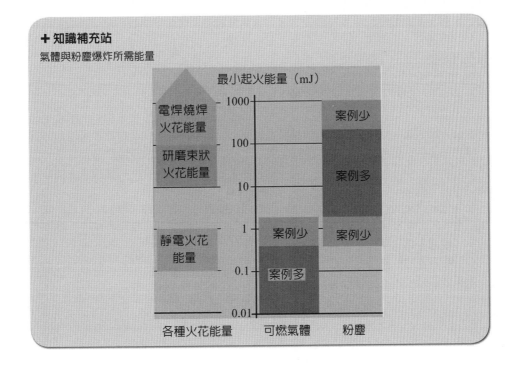

2-9 製造場所定義

第 5 條
公共危險物品製造場所，係指從事第 1 類至第 6 類公共危險物品（以下簡稱 6 類物品）製造之作業區。
可燃性高壓氣體製造場所，係指從事製造、壓縮、液化或分裝可燃性高壓氣體之作業區及供應其氣源之儲槽。

【解說】

本條爲標準化用語。公共危險物品製造場所係 1. 指從事公共危險物品製造之作業區。2. 指不論其最初使用原料是否爲公共危險物品，而其製成品爲公共危險物品者。3. 原則以一棟或一連續工程（室外）爲其範圍。4. 倘因製程需要設置儲槽，作爲製造過程暫時（不逾 1 日）儲存使用，且屬製造設施之一部分者，該場所得依製造場所檢討。惟其儲槽部分，則申辦液體公共危險物品儲槽完工檢查。

公共危險物品製造場所，常伴隨高溫高壓之製程或作業，因此國內火災統計上製造場所皆比處理及儲存場所多。應注意有些不相容化學混合物（Incompatible Chemical Mixtures）可引起劇烈反應、火災爆炸或產生有毒氣體。2 種化學物質混合後，有些可立即反應，有些則經一段時間始生反應者，如分解、發熱而生燃燒或爆炸；生成分解性或爆炸性反應；生成爆炸性化合物。有些在容器內內置不相容的物質，會導致洩漏或災害。而在發生火災或其他災害，容器易於破裂，致化學物質相混，形成對救災人員之更嚴重火災或傷害。亦即混合危險爲 2 種以上液體物質相互混合時，二者間形成混合熱使彼此分子運動加速，產生大量反應熱，導致火災爆炸之危險。

依內政部消防法令函釋及公告（以下同），製造場所係指使用設施進行危險物品或無危險物品的材料，進行蒸餾、精餾、分餾、吸收、萃取、分解、反應、中和等化學變化，或混合、攪拌、分離、調合、添加、溶解、稀釋等物理變化，由以上所產生結果。在管理辦法所稱「公共危險物品製造場所」係指不論其最初使用原料是否爲公共危險物品，而其製成品爲公共危險物品者；至於製造場所以公共危險物品爲原料，但其製成品爲非公共危險物品者，則屬「公共危險物品處理場所」；另儲槽區之儲槽係屬「公共危險物品儲存場所」。

公共危險物品製造場所或處理場所，原則以一棟或一連續工程（室外）爲其範圍，但處理場所如係屬噴漆塗裝作業、淬火作業、鍋爐或油壓公共危險物等類似之處理場所，其範圍得爲建築物之一部分。

有關攤販係以氫氣鋼瓶灌充氣球行爲，並非由儲槽供應氣源，其灌充行爲與可燃性高壓氣體製造場所並不相符。

製造與處理場所之範圍

製造場所以一棟或一連續工程為其範圍，處理場所則為建築物一部分。

原料處理分製造場所與一般處理場所之區別

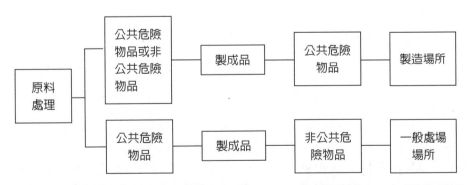

製造與處理場所之原物料，不論其屬公共危險物品與否，以製成品而論定。如製成品屬公共危險物品為製造場所，如製成品非公共危險物品則為一般處理場所。

2-10 儲存場所定義（一）

> **第 6 條**
> 公共危險物品儲存場所，係指下列場所：
> 1. 室外儲存場所：位於建築物外以儲槽以外方式儲存 6 類物品之場所。
> 2. 室內儲存場所：位於建築物內以儲槽以外方式儲存 6 類物品之場所。
>   （續）

【解說】

臺灣因天然礦產資源少，所以儲存場所居多。但公共危險物品之第一類及第六類物質，倘因容器或儲槽有破損，易因氧化而自體發熱，倘因又通風不良，難以散熱則隨著時間蓄熱致自燃發火或點燃鄰近可燃物質，所以第一與六類不能與第二與四類共同儲存，一旦接觸致形成氧化還原之發火或爆炸之可能。

公共危險物品儲存上應注意，如準自燃發火性物是本身為活性物質，當接觸空氣能立即發火或與濕氣發生水解放熱反應，釋放氧與可燃氣體並放出熱量。另一種是禁水性物質與水相互作用，發生劇烈化學反應，釋放可燃氣體並放出熱量而自燃或爆炸。基本上，依其與空氣及水分、濕度等催化反應，而催化劑是不參與反應，卻能加快反應進行之物質。

在本條所稱室內係指具有頂蓋且 3 面以上有牆，或無頂蓋且四周有牆者。而建築物之定義與本條場所之定義不同，於建築法第 4 條指定著於土地上或地面下具有頂蓋、樑柱或牆壁，供個人或公眾使用之構造物或雜項工作物。

依內政部消防法令函釋及公告（以下同），貨車上裝載柴油等公共危險物品，並長時間停駐於定點，如為進行裝載作業者，應符合道路交通安全規則第 84 條規定。倘裝載公共危險物品之貨車屬長期停放，並達管制量以上者，得將其視為公共危險物品儲存場所，其位置、構造、設備及安全管理事項，應符合公共危險物品及可燃性高壓氣體設置標準暨安全管理辦法相關規定。

室內儲存場所係指位於建築物內以儲槽以外方式儲存 6 類物品之場所（簡稱儲存倉庫），管理辦法第 21 條第 2 款及第 3 款並規定儲存倉庫應為獨立、專用之建築物，且四周應設置保留空地，室內儲存場所不宜與室內儲槽場所設置於同一儲存倉庫內。室內儲存場所如符合管理辦法規定，得與室內儲槽場所設置於同一建築物內。

場所如屬可燃性高壓氣體製造場所或處理場所之放置容器場所，即為本條之儲存場所，若非製造場所或處理場所設置之容器儲存室，則屬工廠等勞工安全管理範圍之作業場所，其儲存管理應符合「職業安全衛生設施規則」第 108 條規定及「高壓氣體勞工安全規則」第 79 條及第 116 條規定。

室外儲存場所

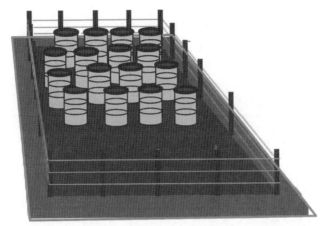

位於建築物外以儲槽以外方式儲存6類物品之室外儲存場所，因室外會受風吹雨淋及陽光直接曝曬，因此能在室外儲存僅限於第2類物品之硫磺及第4類物品中之第2、3及4石油類等危險性不高之物質。

室內儲存場所

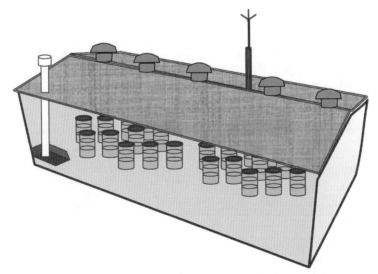

位於建築物內（有頂蓋且3面以上有牆，或無頂蓋且四方有牆者）以儲槽以外方式儲存6類物品之室內儲存場所。

2-11 儲存場所定義（二）

第6條（續）

3. 室內儲槽場所：在建築物內設置容量超過 600 L 且不可移動之儲槽儲存 6 類物品之場所。
4. 室外儲槽場所：在建築物外地面上設置容量超過 600 L 且不可移動之儲槽儲存 6 類物品之場所。
5. 地下儲槽場所：在地面下埋設容量超過 600 L 之儲槽儲存 6 類物品之場所。
（續）

【解說】

有些公共危險物品如第 1 類氧化性固體，為不燃性物質，但本身因含有多量氧，能使其他物質易於燃燒，如強氧化物質與酸鹼、可燃物接觸，會迅速分解放出氧原子和大量熱，從而發生自燃或爆炸。

依內政部消防法令函釋及公告（以下同），公共危險物品儲存於貨櫃內，其儲存型態類似室內儲存場所，其設置應考量通風、溫度等因素，且該場所之位置、構造、設備均應符合有關室內儲存場所相關規定。在既設儲槽上方加設頂蓋且 4 面無牆或 3 面無牆者，倘該頂蓋之設置係為遮雨防曬，得視為室外儲槽場所。

而化學品供應庫房之儲槽以輸送管路供應化學品至液晶顯示器製造機台作業區，該庫房是否得劃屬一般處理場所，如按製程需要設置儲槽，作為處理過程暫時（不逾 1 日）儲存公共危險物品使用，且屬處理設施之一部分者，儲槽部分得認定為一般處理場所，並無儲槽與製造機臺之距離規定；惟儲槽如係以儲存為目的，僅作為製程設施（備）之原料供應或成品之儲放且位於建築物內者，應屬室內儲槽場所。

在室內儲槽場所應依同辦法規定，設置儲槽專用室，且同一儲槽專用室所儲存數量之合計，應符合該條第 3 款規定不得超過管制量之 40 倍，且第 4 類公共危險物品之第 2 石油類及第 3 石油類，不得超過 20,000 L。

室內儲槽場所

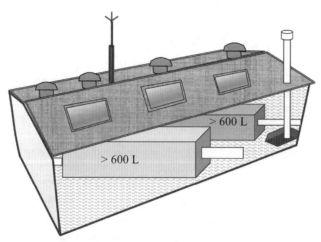

建築物內設置容量超過600 L且不可移動之室內儲槽場所，置於室內之儲槽，因受限室內大小，一般儲槽容量遠小於室外之儲槽。

室外儲槽場所

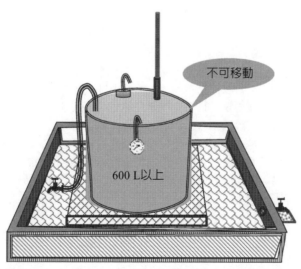

建築物外設置容量超過600 L且不可移動之室外儲槽場所，此類場所為臺灣6類物品中占最多數。

2-12 儲存場所定義（三）

第 6 條（續）
可燃性高壓氣體儲存場所，係指可燃性高壓氣體製造或處理場所設置之容器儲存室。

【解說】

依本辦法第 71 條指出，液化石油氣分裝場及販賣場所應設置儲存場所（即容器儲存室）。但販賣場所設有容器保管室者，不在此限。而液化石油氣分裝場容器之儲存，應於儲存場所為之。因此，液化石油氣販賣場所設有容器保管室者，得不設置儲存場所。但以一千公斤為限，倘儲存量超過一千公斤時，仍應於儲存場所為之。

依內政部消防法令函釋及公告（以下同），液化石油氣具易燃易爆，在分裝、搬運及儲存等過程，如有洩漏及火源極易產生爆炸。在液化石油氣製造場所及處理場所業者應設置儲存場所。而液化石油氣儲存場所之規定，係指液化石油氣製造（分裝場）或處理場所（瓦斯行）設置之容器儲存室，儲存室應符合相關安全規定。而供運送容器使用之大貨車非屬上開場所，不得作為儲存液化石油氣容器之用途。

另有關「液化石油氣容器儲存室證明書核發及管理作業需知」四、（三）：「液化石油氣分銷商聯合設置容器儲存室……」所稱「聯合設置」，係指液化石油氣分銷商設置容器儲存室後，供 2 家以上之分銷商儲放液化石油氣容器之使用。液化石油氣分銷商申設上開場所及供瓦斯行代為儲放，則應依照管理作業需知二、申請及核發之作業流程辦理；至辦理非都市土地容許使用時，應否標明聯合設置乙節，查「非都市土地申請容許使用為液化石油氣及其他可燃性高壓氣體容器儲存設施用地或變更編定為液化石油氣及其他可燃性高壓氣體容器儲存設施用地興辦事業計畫審查作業要點」、附件 3「用地所有權人同意書」僅規範土地為共有者，應符合土地法第 34 條之 1 之規定，並無標明聯合設置之規範。位於同地址之 2 家分裝場，倘其所屬液化石油氣容器儲存室符合相關規定，且該容器儲存室有明確劃分個別區域，足供辨識，則可分別核發該 2 家分裝場容器儲存室證明書。

在考量容器儲存室用地取得困難，分裝場設置之容器儲存室，得為分銷商之容器儲存室，如符合有關面積及距離規定時，得為租賃行為，其設置目的，亦兼具儲存及配送發貨之功能。交易行為如於該處得以完成時，由上開場所經營買賣。基於安全性、功能性及實務性等因素之考量，於都市計畫保護區設置之液化石油氣容器儲存場所，得一併經營買賣、租賃行為。

可燃性氣體容器儲存室

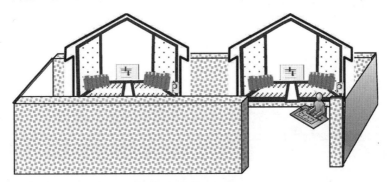

容器儲存室（販賣場所則設容器保管室）

+ 知識補充站

LPG 與汽油危險比較

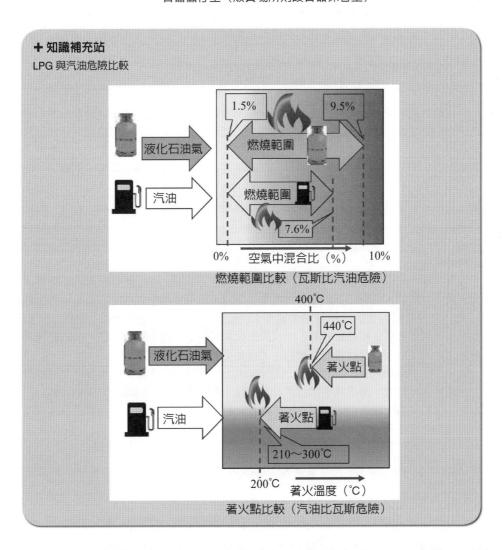

燃燒範圍比較（瓦斯比汽油危險）

著火點比較（汽油比瓦斯危險）

2-13 處理場所定義

第 7 條

公共危險物品處理場所，指下列場所：

1. 販賣場所：
   (1) 第 1 種販賣場所：販賣裝於容器之 6 類物品，其數量未達管制量 15 倍之場所。
   (2) 第 2 種販賣場所：販賣裝於容器之 6 類物品，其數量達管制量 15 倍以上，未達 40 倍之場所。
2. 一般處理場所：除前款以外，其他 1 日處理 6 類物品數量達管制量以上之場所。

可燃性高壓氣體處理場所，指下列場所：

1. 販賣場所：販賣裝於容器之可燃性高壓氣體之場所。
2. 容器檢驗場所：檢驗供家庭用或營業用之液化石油氣容器之場所。
3. 容器串接使用場所：使用液化石油氣作爲燃氣來源，其串接使用量達 80kg 以上之場所。

【解說】

依內政部消防法令函釋及公告（以下同），有關 1 日最大處理數量之計算，應以製造過程所添加之溶劑（屬公共危險物品者），其 1 日最大使用量計算之。「公共危險物品製造場所」係指不論其最初使用原料是否爲公共危險物品，而其製成品爲公共危險物品者；至以公共危險物品爲原料，但其製成品爲非公共危險物品者，則屬「一般處理場所」。公共危險物品「處理」部分，係指作業（油壓、循環、淬火等）或產製過程使用達管制量以上公共危險物品者，如該場所非產製公共危險物品，則屬一般處理場所；倘產製公共危險物品，則屬製造場所。「處理」一詞，包括製造非公共危險物品、消耗公共危險物品、填充或換裝公共危險物品、油壓或循環公共危險物品等行爲均屬之。

販賣場所一般係位於人口較有密集之區域，進行販賣行爲。在考量人民工作權，而法規予以鬆綁，但限制其燃料量，意即管制量，於第 1 種販賣場所數量未達管制量 15 倍，而第 2 種販賣場所數量達管制量 15 倍以上，未達 40 倍。因此，比較二種販賣場所，顯然在第二種之燃料量，一旦發生火災其較第一種危險，且燃燒火焰及時間會較久，因此，在其位置構造及設備上，會比第一種較具嚴格規定。

第 4 類公共危險物品酒精類，管制量 400 L，申請酒精販賣業者販賣或儲存酒精最大量未達 400 L 時，僅提具消防設備符合文件；倘販賣或儲存酒精最大量在 400 L 以上時，除提具消防設備符合文件外，並應提具位置、構造、設備及安全管理符合管理辦法規定之文件。

公共危險物品酒精合格證明文件

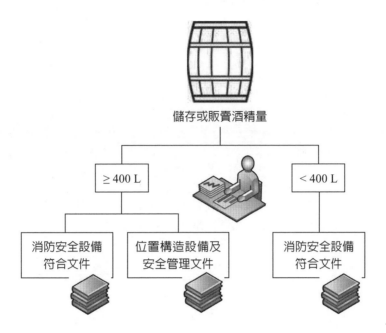

處理場所

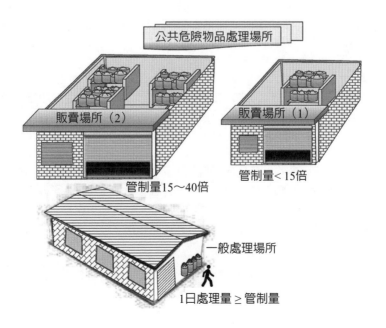

2-14 名詞操作化定義

第 8 條
本辦法所稱高閃火點物品，指閃火點在 100℃ 以上之第 4 類公共危險物品。
本辦法所定擋牆，應符合下列規定：
1. 設置位置距離場所外牆或相當於該外牆之設施外側 2 m 以上。但室內儲存場所儲存第 5 類公共危險物品分級屬 A 型或 B 型，其位置、構造及設備符合第 28 條規定者，不得超過該場所應保留空地寬度之 1/5，其未達 2 m 者，以 2 m 計。
2. 高度能有效阻隔延燒。
3. 厚度在 15cm 以上之鋼筋或鋼骨混凝土牆；或厚度在 20cm 以上之鋼筋或鋼骨補強空心磚牆；或堆高斜度不超過 60° 之土堤。
本辦法所稱室內，指具有頂蓋且 3 面以上有牆，或無頂蓋且四周有牆者。
本辦法所定保留空地，以具有土地所有權或土地使用權者為限。
依本辦法應設置超過 3 m 保留空地寬度之場所，其保留空地面臨海洋、湖泊、水堰或河川者，得縮減為 3 m。

【解說】

　　高閃火點物品，民國 102 年前指閃火點在 130℃ 以上，現指 100℃ 以上之第 4 類公共危險物品。閃火點（同引火點）越低者，越易引火危險。本條不含固體，因少部分固體（如蠟或拋光劑等）也有閃火點，而氣體無閃火點。

　　依內政部消防法令函釋及公告（以下同），「擋牆」旨在製造場所等與廠區外鄰近場所之「安全距離」不足時，為避免前開製造場所等發生火災或爆炸造成延燒所設置之設施，其設置規定於同辦法第 13 條第 2 項，略以：安全距離於製造場所等設有擋牆防護或具有同等以上防護性能者，得減半計算之。而「防火牆」與「擋牆」係為不同設施，其設置目的與設置規定亦均不相同。基此，上開法令解釋與現行法令規定並無牴觸之虞。

　　在防火空地不足時，得設防火牆（即不需保留空地，防火為主，注重牆體防火時效）；安全距離不足時，得設擋牆（僅減半距離，防爆為主，注重牆體厚度），並距離外牆 ≥2m，避免業者將擋牆做為外牆，因外牆外側即可能是人車來往之道路，意為擋牆＋外牆來防護場所外側人車。

　　於一般處理場所之保留空地應自建築物外牆或相當於該外牆之設施外側起算。而是否具有頂蓋且 3 面以上有牆，或無頂蓋且四周有牆者，係作為室內、外之判定依據，至室內儲槽場所位置、構造及設備之設置，仍應符合同辦法第 33 條或第 34 條之規定。此外，可能爆炸者係以自反應物質及有機過氧化物之分級屬 A 型及 B 型為限。

保留空地

> 3m

具土地所有權
或土地使用權

6 類物品製造場所或一般處理場所四周保留空地

擋牆規定

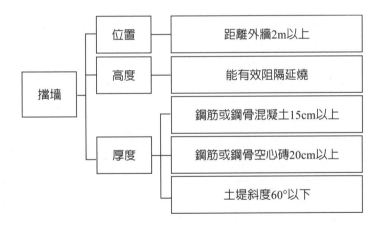

第 4 類公共危險物品性質比較一覽表 -1

品名	物品名稱	水溶性	管制量	沸點°C	液體比重	蒸氣比重	毒性
特殊易燃物（閃火點、發火點、沸點低燃燒範圍廣）	二硫化碳	×	50 ℓ	46	1.26	2.64	☠☠
	乙醚	△		35	0.71	2.56	麻醉性
	乙醛	○		20	0.78	1.52	☠☠
	環氧丙烷	○		35	0.83	2.00	☠☠
第 1 石油類（易引火、比水輕、蒸氣比空氣重）	汽油	×	200 ℓ	40	0.65	3～4	
	苯	×		80	0.88	2.77	☠☠☠
	甲苯	×	200 ℓ	111	0.87	3.14	☠
	乙酸乙酯	×		77	0.90	3.04	
	甲基乙基酮	×		80	0.81	2.44	
	丙酮	○	400 ℓ	57	0.79	2.00	
	吡啶	○		115	0.98	2.70	☠☠
酒精類（閃火點低無色透明，溶於水）	甲醇	○		65	0.79	1.11	☠☠
	乙醇	○	400 ℓ	78	0.79	1.59	麻醉性
	異丙醇	○		82	0.79	2.10	
第 2 石油類（有機溶劑除醋酸外不溶於水，易靜電）	煤油	×		145	0.80	4.50	
	柴油	×	1,000 ℓ	170	0.85	4.50	
	二甲苯	×		144	0.88	3.66	
	氯苯	×		1	1.11	3.88	麻醉性
	醋酸	○	2,000 ℓ	118	1.05	2.10	
第 3 石油類（大多比水重）	重油	×		300	0.90		
	雜酚油	×	2,000 ℓ	200	1.00		☠蒸氣
	硝基苯	×		211	1.20	4.30	☠☠
	乙二醇	○	4,000 ℓ	197	1.10	2.10	
	甘油	○		290	1.26	3.17	
第 4 石油類（黏稠難揮發但霧狀引火，不溶於水）	齒輪油	×			0.90		
	汽缸油	×	6,000 ℓ		0.95		
	馬達油	×			0.82		
	機油	×			0.88		
動植物油類	亞麻仁油	×	10,000 ℓ		0.93		
	椰子油	×			0.91		

備註：水溶性（×：非水溶性；△：微溶；○：水溶性）（日本消防檢定協會，平成 28 年）

第 4 類公共危險物品性質比較一覽表 -2

品名 （閃火點）	物品名稱	閃火點 （℃）	發火點 （℃）	燃燒範圍（%）	沸點 （℃）	滅火	備考
特殊易燃物 ≤ -20℃	二硫化碳	-30	90	1.0～50.0	46	②	發火點最低，不舒服臭
	乙醚	-45	160	1.9～36.0	35	④	引火點最低，刺激臭
	乙醛	-39	175	4.0～60.0	20	③	沸點最低，刺激臭
	環氧丙烷	-37	449	2.8～37.0	35	③	刺激臭
第 1 石油類 < 21℃	汽油	-40	300	1.4～7.6	40	①	發火點高，特有臭
	苯	-10	498	1.3～7.1	80	①	刺激臭
	甲苯	5	480	1.2～7.1	111	①	刺激臭
	乙酸乙酯	-3	426	2.0～11.5	77	③	水果臭
	甲基乙基酮	-7	404	1.7～11.4	80	③	特有臭
	丙酮	-20	465	2.15～13.0	57	③	特有臭
	吡啶	20	482	1.8～12.4	115	③	惡臭
酒精類 11～23℃	甲醇	11	385	6.0～36.0	65	③	芳香
	乙醇	13	363	3.3～19.0	78	③	酒類主成分，芳香
	異丙醇	15	399	2.0～12.7	82	③	芳香
第 2 石油類 21～69℃	煤油	40	220	1.1～6.0	145	①	發火點百分比低，無色
	柴油	45	220	1.0～6.0	170	①	發火點百分比低，淡
	二甲苯	33	463	1.0～6.0	144	①	特異臭
	氯苯	28	593	1.3～9.6	1	①	臭氣
	醋酸	41	463	4.0～19.9	118	④	比水重，腐蝕刺激臭
第 3 石油類 70～199℃	重油	60	250		300	①	比水略輕，褐 / 暗褐色臭
	雜酚油	73.9	336		200	①	色 / 暗綠色，臭氣
	硝基苯	88	482	1.8～40.0	211	②	淡 色/暗 色，芳香
	乙二醇	111	398		197	④	甘味無色透明，無臭
	甘油	177	370		290	④	吸濕，黏性無色，無臭
第 4 石油類 200～249℃	齒輪油	220	－			①	
	汽缸油	250	－			①	
	馬達油	230	－			①	
	機油	230	－			①	
動植物油類 < 249℃	亞麻仁油	222	343			①	碘值高易自然發火
	椰子油	234	－			①	

備註：滅火：①泡沫、二氧化碳、乾粉、鹵化物；②泡沫、二氧化碳、乾粉、撒水；③抗酒精型泡沫、二氧化碳、乾粉、鹵化物；④抗酒精型泡沫、二氧化碳、乾粉。（日本消防檢定協會，平成 28 年）

2-15 消防安全設備引用設置標準

> **第9條**
> 公共危險物品及可燃性高壓氣體之製造、儲存或處理場所,其消防安全設備之設置,依各類場所消防安全設備設置標準(以下簡稱設備標準)及其他有關法令規定辦理。

【解說】

本管理辦法係在規範位置、構造與設備之硬體規定,但其並未包括消防安全設備,故其需引用各類場所消防安全設備設置標準之相關規定。假使公共危險物品及可燃性高壓氣體之製造、儲存或處理場所,其消防安全設備不符合規定,依消防法規定經通知限期改善,逾期不改善或複查不合規定者,因管理辦法不能訂定罰則,需引用消防法進行連續處罰,以收違規業者遵守公共安全之責。

而火藥庫消防安全設備之設置無「各類場所消防安全設備設置標準」之適用,應依經濟部「事業用爆炸物管理條例」第22條第4項授權規定辦理。

在消防安全設備方面,可分如次:

一、警報設備:指報知火災發生之器具或設備。

二、滅火設備:指以水或其他滅火藥劑滅火之器具或設備。

三、避難逃生設備:指火災發生時為避難而使用之器具或設備。

四、消防搶救上之必要設備:指火警發生時,消防人員從事搶救活動上必要之器具或設備。

除此之外,公共危險物品場所在滅火設備上,更加多元,計有五種滅火設備,分第1種滅火設備(室內或室外消防栓)、第2種滅火設備(自動撒水設備)、第3種滅火設備(水霧、化學系統自動滅火設備)、第4種滅火設備(大型滅火器)、第5種滅火設備(手提滅火器、水桶、水槽、乾燥砂、膨脹蛭石或膨脹珍珠岩)。而可燃性高壓氣體製造場所、加氣站、天然氣儲槽及可燃性高壓氣體儲槽,火災時主要是以防護設備為主,如冷卻撒水設備與射水設備(固定式射水槍、移動式射水槍或室外消防栓)。

危險物品災害管理

一般場所設置消防安全設備之分類

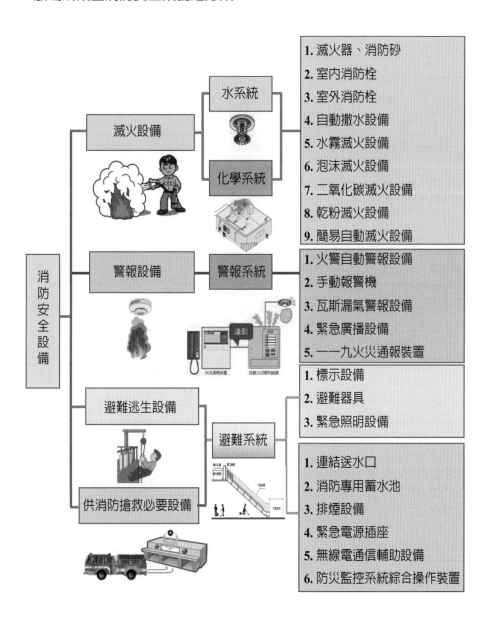

2-16 會審同意制度

> **第 10 條**
> 公共危險物品及可燃性高壓氣體之製造、儲存或處理場所之位置、構造及設備圖說，應由直轄市、縣（市）消防機關於主管建築機關許可開工前，審查完成。
> 前項場所完工後，直轄市、縣（市）主管建築機關應會同消防機關檢查其位置、構造及設備合格後，始得發給使用執照。
> （續）

【解說】

本條與消防法第 10 條：「供公眾使用建築物之消防安全設備圖說，應由直轄市、縣（市）消防機關於主管建築機關許可開工前，審查完成。」是同樣宗旨的。

此條規定意旨係會審同意制度，在所有文件圖說皆經過政府各部門審查許可通過，始得開工，避免建築部門許可，已先行動工，後再經消防部門審查，發現有未符項目，而需破壞建築結構進行修改之憾。

依據消防法第 15 條規範意旨，主要係針對公共危險物品及可燃性高壓氣體製造、儲存或處理場所之位置（安全距離、境界線距離、保留空地）、構造（建築物構造、出入口、防止流出構造）及設備（採光、換氣、設備安全裝置、避雷、標示板）及設備（排出設備、防止飛散溢漏設備、消防安全設備等）予以規範管理。而公共危險物品及可燃性高壓氣體製造、儲存或處理場所之位置、構造、設備及消防安全設備等圖說審查係屬直轄市、縣（市）消防機關權責。

在六輕方面，依內政部消防法令函釋及公告（以下同），工業區內部連接上、中、下游工廠間輸送原料之公用管線，因非屬消防法第 15 條之規範範圍，自無管理辦法之適用，故亦未涉管理辦法第 10 條規定應由直轄市、縣（市）消防機關進行圖說審查等相關事宜。

在無頂蓋之室外儲存場所，因非屬建築物，並未涉消防法第 10 條所定建築物消防安全設備圖說之審查及建築法第 72 條、第 76 條所定建築物之竣工查驗工作，並無辦理審勘作業之需求，惟仍應符合管理辦法相關規定。

公共危險物品及可燃性高壓氣體執照之申請

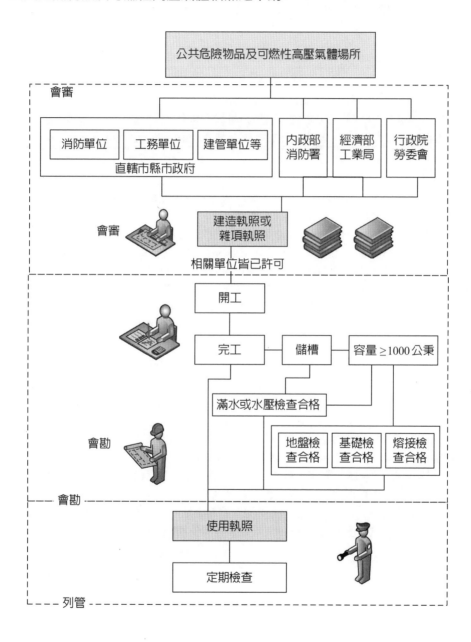

2-17 儲槽合格證明

第 10 條（續）

儲存液體公共危險物品之儲槽應於申請完工檢查前，委託中央主管機關指定之專業機構完成下列檢查，並出具合格證明文件。

1. 滿水或水壓檢查。
2. 儲槽容量在 1000 公秉以上者，應實施地盤、基礎及熔接檢查。

前項滿水、水壓、地盤、基礎及熔接檢查之基準，由中央主管機關定之。

【解說】

對於儲槽構造之各項檢查，非消防主管之專業範圍，是以該項申請完工檢查時，業者需出具檢查合格證明文件給消防人員審查。

在公共危險物品及可燃性高壓氣體設置標準暨安全管理辦法」第 10 條第 3 項：「儲存液體公共危險物品之儲槽應於申請完工前，委託中央主管機關指定之專業機構完成下列檢查，並出具合格證明文件。」故新設液體公共危險物品儲槽於申請使用執照前，依內政部消防法令函釋及公告（以下同），應委託專業機構（「社團法人中華壓力容器協會」、「財團法人消防安全中心基金會」）進行檢查，出具合格證明文件。

於 94 年 3 月 23 日函告各單位現行內政部公告指定專業機構之前，如已申請使用執照在案者，基於不追溯既往之原則，得就原委託之機構出具合格證明文件辦理之。

已建造儲槽由事業單位委託專業人員進行檢查部分，其檢查報告可作專業機構審查判定之佐證資料，檢查報告之檢測項目、方法及判定方法，應符合「液體公共危險物品儲槽滿水水壓地盤基準及熔接檢查基準」規定，不足部分應由專業機構重新進行檢查。

「儲存液體公共危險物品之儲槽應於申請完工檢查前，委託中央主管機關指定之專業機構完成下列檢查，並出具合格證明文件。」惟查管理辦法第 10 條第 4 項之檢查基準係於 92 年 5 月 15 日發布，基此，上開檢查基準發布日前已完工之液體公共危險物品儲槽得排除管理辦法第 10 條第 3 項之適用。

地盤檢查之槽體，在日本規定地面下地盤寬度比地面上槽體二側各水平外加 3m 以上，而地面下地盤深度需大於 9m，以防劇烈地震使槽體傾倒或破損。

1000 公秉以上儲槽實施地盤、基礎及熔接檢查

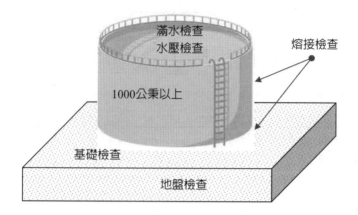

儲槽地盤之範圍大小

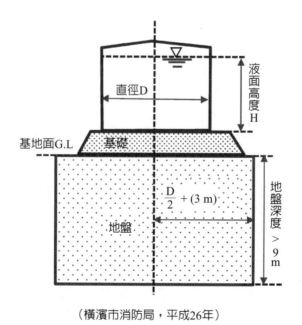

（橫濱市消防局，平成26年）

2-18 副知消防機關及危險類別判定

> **第 11 條**
> 經營公共危險物品及可燃性高壓氣體之公司商號，商業主管機關核准登記後應副知
> 當地消防機關。

【解說】

　　第 11 條旨在使公共危險物品及可燃性高壓氣體於相關主管機關，能使政府單位橫
向聯絡並整合相關資料，以進行是項管理。

　　查現行消防機關執行列管場所消防安全檢查時，如有發現公司商號未營業情形，可
逕至商工登記公示資料查詢服務資訊系統查詢，前述查詢資料與收受商業主管機關副
知資料效果相同，於民 108 年 6 月爰刪除本條後段規定之「其所在地、相關營業項目
變更及撤銷、廢止登記者，亦同。」

　　在可燃性高壓氣體方面，如液化瓦斯管理於韓國對於販賣業者設立許可制度，必
須符合特定要件才可營業，而我國目前僅要求取得公司商號及商業主管機關核准登記
後，再副知消防機關即可營業，因執業門檻低，致目前國內瓦斯之消防安全，難以有
效整合管理。

> **第 12 條**
> 無法依第 3 條第 2 項附表 1 判定類別或分級者，應由管理權人經財團法人全國認證
> 基金會認證通過之測試實驗室或中央主管機關公告之機構進行判定。但經中央主管
> 機關公告之國外實驗室判定報告、原廠物質安全資料表或相關證明資料，足資判定
> 者，不在此限。
> 管理權人應將前項判定報告或相關證明資料，提報當地消防機關，以供判定。

【解說】

　　物質是否屬公共危險物品，有疑義者可經由財團法人全國認證基金會認證通過之測
試實驗室或中央主管機關公告之機構，來進行判定。

　　有關公共危險物品認定疑義依「公共危險物品及可燃性高壓氣體設置標準暨安全
管理辦法」第 12 條規定，無法依第 3 條第 2 項附表 1 判定類別或分級者，應送經中
華民國實驗室認證體系認證通過之測試實驗室，依「公共危險物品試驗方法及判定基
準」進行判定，又為免業者重複送請判定，造成額外時間及金額，如能檢具中央主
管機關公告之國外實驗室判定報告、原廠物質安全資料表或相關證明資料，足資判定
者，不在此限。如第 6 類氧化性液體之判定方式，其測試物質係與 90% 硝酸水溶液
（標準物質）和木粉之混合物的燃燒時間相比較，而低於 90% 硝酸水溶液者，皆非
屬第 6 類液體。而公共危險物品需否申報，目前消防法並無規定，惟經濟部訂有「工
廠危險物品申報辦法」，應依其規定辦理。

　　本條明定應由管理權人將待測物品送交測試實驗室進行判定；且管理權人應將判定
報告或相關證明資料，提供當地消防機關以資判斷其是否屬公共危險物品。

公共危險物品物質判定流程

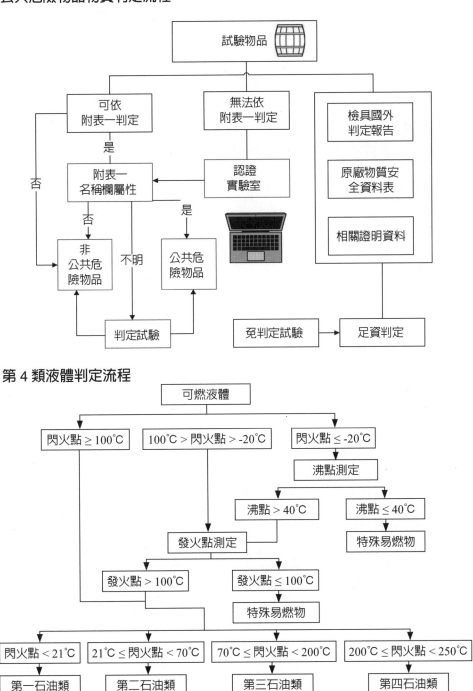

第 4 類液體判定流程

公共危險物品場所位置等一覽表

場所區分		對象物（管制量）	位置		避雷針（管制量）	每年定期檢修（管制量）
			安全距離	空地（管制量）		
製造場所		-	◎ 特殊易燃物 廠區境界	◎ <10 倍≥ 3m ≥ 10 倍≥ 5m	○ ≥ 10 倍	○ 有地下儲槽≥ 10 倍
處理場所	一般處理		◎	◎	×	○ ≥ 10 倍及地下儲槽
	販賣	1:<15 倍 2:15～40 倍	×	×	×	×
儲存場所	室內儲存		◎	◎ 依倍數與防火構造	○ ≥ 10 倍	○ ≥ 150 倍
	室外儲存	二硫化碳除外	◎	◎ 依倍數	×	○ ≥ 100 倍
	室外儲槽		◎	◎ 依倍數	○ ≥ 10 倍	○ ≥ 200 倍
	室內儲槽	≤ 40 倍 容量 ≤ 20000L	×	×	×	×
	地下儲槽	儲存物與量限制	×	×	×	◎
備註		◎：必要　　○：視條件必要　　×：不必要				

公共危險物品場所構造及設備特徵一覽表

場所區分		特徵	
		構造	設備
製造場所		嚴禁地下、地板樑柱不燃、外牆防火構造、屋頂輕質不燃、鐵絲網玻璃	採光照明通風、測溫、測壓及安全裝置、接地、電氣防爆
處理場所	一般處理	嚴禁地下、地板樑柱不燃、外牆防火構造、屋頂輕質不燃、鐵絲網玻璃	採光照明通風、測溫、測壓及安全裝置、接地、電氣防爆、液體（≥ 15cm 防液堤、不滲透地板、傾斜、集液設施、油水分離）
	販賣場所	地面層、牆地板樑柱、天花板不燃、上層防火構造、鐵絲網玻璃、調配室（6～10m² 不滲透地板、傾斜、集液設施、≥ 1 小時防火門、排出蒸氣粉塵至屋簷以上）	
儲存場所	室內儲存	獨立專用、面積 ≤ 1000m²、地面高 <6m、地板樑柱防火構造、屋頂輕質不燃、禁設天花板、防火門	採光照明通風、架臺不燃、閃火點 <70℃排出蒸氣至屋簷以上
	室外儲存	柵欄區劃、如塊狀硫磺每 ≤ 100m² 區劃	排水溝、分離槽、架臺 < 6m
	室外儲槽	厚 ≥ 3.2mm 鋼板、1.5 倍水壓試驗、耐震、風壓、支柱防火構造、安全裝置	通風管、計量表示裝置、幫浦 ≥ 3m 空地、≥ 10,000 kL 每 8 年定期保安檢查
	室內儲槽	厚 ≥ 3.2mm 鋼板、1.5 倍水壓試驗、耐震、風壓、支柱防火構造、安全裝置	通風管、計量表示裝置、幫浦 ≥ 3m 空地、≥ 10,000 kL 每 8 年定期保安檢查
	地下儲槽	儲槽室牆壁、底、上蓋 ≥ 0.3m、儲槽與牆壁間隔 ≥ 0.1m 乾燥砂、槽頂與地面間隔 ≥ 0.6m、儲槽與儲槽間隔 ≥ 1m	通氣管高地面 ≥ 4m、計量表示裝置、注入口於室外、四處洩漏偵測

公共危險物品混合危險

公共危險物品	第 1 類	第 2 類	第 3 類	第 4 類	第 5 類	第 6 類
第 1 類		×	×	×	×	×
第 2 類	×		●	○	●	×
第 3 類	×	×		●	×	×
第 4 類	×	○	●		●	●
第 5 類	×	●	×	●		×
第 6 類	×	×	×	●	×	

表中 × 表有混合危險者，●表有潛在危險者，○表無混合危險者。

✚ 知識補充站

消防法規各項法定管理人員

	初訓（小時）	間隔（年）	複訓（小時）	計畫
防火管理人	12	3	6	防護計畫
瓦斯安全技術人員	16	2	8	-
爆竹煙火監督人	24	2	8	安全防護計畫
保安監督人	24	2	8	防災計畫

粉塵爆炸影響因素

電氣插頭「積污導電火災」形成過程

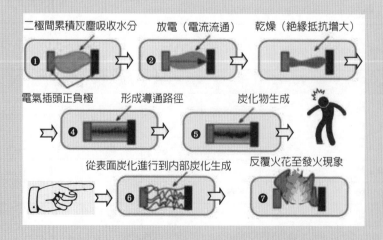

第3章
公共危險物品場所設置及安全管理

本章為公共危險物品場所之硬體設置與軟體安全管理。前者硬體係指6類物品場所達到管制量者，需依規定設置，包含位置、構造、設備（指安全設備，不含消防設備，消防設備係規定於各類場所消防安全設備設置標準，如本書第5章）；後者指軟體管理，主要是6類物品場所管制量超過30倍者，需設置保安監督人來進行專人管理。

3-1 製造場所位置-安全距離（一）

第 13 條

6 類物品製造場所及一般處理場所，其外牆或相當於該外牆之設施外側，與廠區外鄰近場所之安全距離如下：

1. 與下列場所之距離，應在 50 m 以上：
   (1) 古蹟。
   (2) 設備標準第 12 條第 2 款第 4 目所列場所。
2. 與下列場所之距離，應在 30 m 以上：
   (1) 設備標準第 12 條第 1 款第 1 目至第 5 目、第 7 目、第 2 款第 1 目、第 2 目及第 5 目至第 11 目規定之場所，其收容人員在 300 人以上者。
   (2) 設備標準第 12 條第 1 款第 6 目、第 2 款第 3 目及第 12 目規定之場所，其收容人員在 20 人以上者。
3. 與公共危險物品及可燃性高壓氣體製造、儲存或處理場所、加油站、加氣站、天然氣儲槽、可燃性高壓氣體儲槽、爆竹煙火製造、儲存、販賣場所及其他危險性類似場所之距離，應在 20 m 以上。
4. 與前 3 款所列場所以外場所之距離，應在 10 m 以上。
5. 與電壓超過 35000 伏特之高架電線之距離，應在 5 m 以上。
6. 與電壓超過 7000 伏特，35000 伏特以下之高架電線之距離，應在 3 m 以上。

前項安全距離，於製造場所及一般處理場所設有擋牆防護或具有同等以上防護性能者，得減半計算之。

一般處理場所之作業型態、處理數量及建築物內使用部分之構造符合第十五條之一規定者，不適用第一項規定。

【解說】

　　按一般處理場所危險性亦較儲存場所為大；且現行安全距離規定，除製造場所外，室內儲存場所、室外儲存場所及室外儲槽場所均需適用。此外，第十五條之一所定構造已予強化，且限制作業型態與使用種類及數量，危險性較低，免保持安全距離之規定。

　　安全距離係作為防火防爆之需要，無論是火災輻射熱或爆炸之爆轟波，皆會隨著距離而大幅遞減。因此，安全距離之認定以製造場所內，最靠近鄰近場所設施外壁，與其相鄰場所之外牆之水平距離為準。倘為室外儲槽，則自儲槽側板外壁起算。

　　此外，可燃性高壓氣體儲存場所安全距離部分，係以該場所容器儲存平臺外側或外牆為起算點。惟相關其他場所之安全距離，應由直轄市、縣市消防機關，視現場狀況實質認定。

　　而室內儲槽、地下儲槽及販賣場所與鄰近場所，係沒有安全距離之規定，而以強化該場所本身之防火時效構造、限制管制量等作為。

6 類物品製造場所外牆或與鄰近場所之安全距離

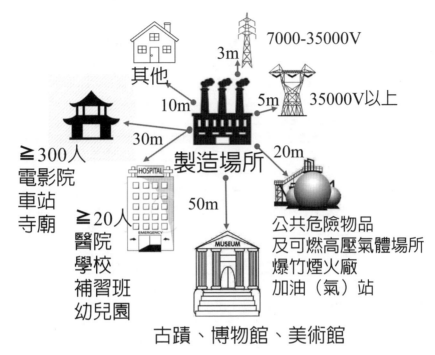

依建築物歷史價值及多數人聚集場所等考量安全距離之遠近；而距離最近係高壓電線，其為引起火災爆炸之發火源。

輻射熱與距離關係圖

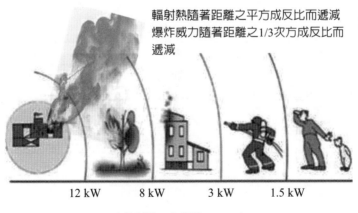

（盧守謙，火災學，2017）

3-2 製造場所位置-安全距離（二）

在古蹟、博物館、美術館、陳列館、史蹟資料館、紀念館及其他類似場所，公共危險物品場所必須距離最遠（50m），這是考量其建築物本身所擁有的價值性，而與學校或醫院等距離 30m，這是因爲其爲避難弱者場所，當其建築物受到波及時，需有大量人員來進行協助。而距離高壓電線 7000V 以上之 3m，這是發火源之一，公共危險物品設施必須有一段距離，方可避免受到引火。而距離其他建築物如一般住宅 10m 即可，當然這也有受到土地使用分區之限制。

內政部消防法令函釋及公告（以下同），有關廠外之加油站安全距離部分，其位置、構造及設備於經濟部石油管理法授權訂定之加油站設置管理規則已有明定。依消防法第 15 條第 2 項後段「……中央目的事業主管機關另定有安全規定者，依其規定辦理。」之規定，加油站非消防法授權訂定管理辦法列管危險物品製造等場所之範疇。惟就加油站之危險特性，並參酌國外（如日本）相關法令之規定，加油站與公共危險物品處理場所之危險特性類似。而安全距離檢討應以廠外建築物或設施之危險特性爲考量，安全距離爲 20 m。

擋牆之設置，係當公共危險物品製造場所等與廠區外鄰近場所間之安全距離未達法令規定時，爲縮減該安全距離之保安措施，以確保公共危險物品製造場所等發生火災或爆炸時，有效阻隔火勢或減低爆轟波，避免延燒或減低衝擊至所防護之廠區外鄰近場所。而擋牆高度之計算，有關公共危險物品場所與鄰近場所之距離，得計算至鄰近建築物之外牆，但日後如於上該擋牆與建築物間增建另一建築物，則應重新檢討該擋牆之高度及相關滅火設備。惟安全距離倘含括私人土地時，依內政部消防法令函釋及公告內容，應考量日後如上開土地上興建建物時，亦能透過保安措施（如增加擋牆高度及（或）增設滅火設備等方式），使該場所仍符合法令規定，以維護公共安全並避免日後爭議。

物理性與化學性爆炸異同

爆炸型式		物理性爆炸	化學性爆炸
相異	燃燒	不燃燒	燃燒
	觸動	壓力	熱量
	發火源（熱量）	不須	必須
	反應	瞬間反應	傳播反應
相同		A 局限環境、B 氣體急激膨脹、C 壓力波	

製造場所安全距離為與相鄰場所外牆之水平距離

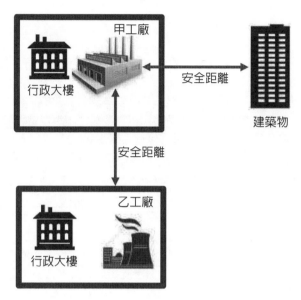

製造場所安全距離（含本身綠地）與其相鄰場所之外牆之水平距離為認定

擋牆規定

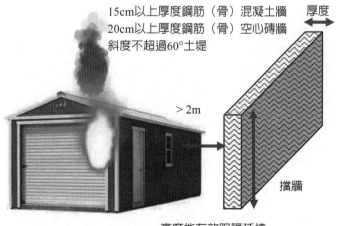

3-3 製造及一般處理場所位置——空地（一）

第 14 條

6 類物品製造場所或一般處理場所四周保留空地寬度應在 3 m 以上；儲存量達管制量 10 倍以上者，四周保留空地寬度應在 5 m 以上，但僅處理高閃火點物品且其操作溫度未滿攝氏一百度，四周保留空地寬度在三公尺以上者，不在此限。

前項場所有下列情形之一，於設有高於屋頂，為不燃材料建造，具 2 小時以上防火時效之防火牆，且與相鄰場所有效隔開者，得不受前項距離規定之限制：

1. 僅製造或處理高閃火點物品且其操作溫度未滿 100℃者。
2. 因作業流程具有連接性，四周依規定保持距離會嚴重妨害其作業者。

一般處理場所之作業型態、處理數量及建築物內使用部分之構造符合第十五條之一規定者，不適用第一項規定。

【解說】

管制量 10 倍以上者，但僅處理閃火點 ≥ 100℃且操作溫度 < 100℃，因場所危險性較低，保留空地寬度 ≥ 3 m 即可。此外，第十五條之一所定之一般處理場所，因其構造已予強化，且限制作業型態與使用種類及數量，危險性較低，於其四周免保留空地。

依內政部消防法令函釋及公告（以下同），第 14 條第 1 項所指保留空地，其設置目的係為防止公共危險物品製造、儲存或處理場所發生火災或其周圍建築物發生火災時，相互延燒，並作為消防搶救活動之用途，且因係屬空地，其地面上方不得有任何建物或工作物等物件，但與製程相關之公共危險物品輸送管線及同一事業單位內之水系統管線、非輸送公共危險物品管線及電氣線路（含前揭管線支撐架）等，不在此限。假設是灌裝島情形，如分屬不同處理場所時，其相互間之保留空地，應取二者中保留空地寬度值較大者。

假使是尚未完成審核通過之危險物品室內儲存場所，應符合管理辦法規定檢討設置，且其與既設公共危險物品等場所間之保留空地寬度，仍應取其兩者依管理辦法規定之保留空地寬度較大者。管線之配置在不違背保留空地設置目的之原則下，保留空地應以場所之外牆或相當於外牆之設施外側起算。

供公共危險物品等場所及非公共危險物品場所使用，且二者間有延燒之虞者，應依「公共危險物品及可燃性高壓氣體設置標準暨安全管理辦法」第 14 條第 2 項規定，設置 2 小時以上防火時效之防火牆，將二者有效隔開，設置時高度應高於公共危險物品場所及其鄰近建築物，以避免火災時造成延燒。而防火牆僅需設置於保留空地寬度不符規定之牆面。

空地大小

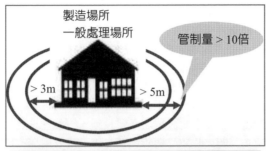

製造或一般處理場所四周保留空地與距離量測

（而室內儲槽、地下儲槽及販賣場所與鄰近場所，係沒有保留空地之規定，而以強化該場所本身之防火時效構造、限制管制量等作為）

防火牆

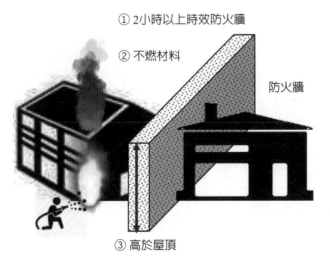

製造處理高閃火點物品且操作溫度＜100℃防火牆規定

3-4 製造及一般處理場所位置——空地（二）

依內政部消防法令函釋及公告（以下同），防火牆之一側為公共危險物品製造場所或一般處理場所，另一側製程物未涉製造或處理公共危險物品，且符管理辦法第 14 條第 2 項所稱之作業流程具有連接性者，設置防火牆符合立法意旨。假使防火牆基於作業需求，依內政部消防法令函釋及公告內容，得設置 2 小時以上防火時效之常時關閉式防火門，得免設置保留空地，但不得設置其他開口。防火牆原則上以不設置開口為宜，防火窗一般非屬作業需求應設置之必要設施，故不宜設置。至管線穿越防火牆部分，應予防火填塞，其防火時效應與防火牆之防火時效相當，基此，亦應具有 2 小時以上之防火時效。

在公共危險物品場所因安全距離、廠區境界線距離或是空地之要求，是防火防爆上之考量，因一定距離在火災上得大幅減少火災輻射熱，於爆炸上得減少爆轟波之威力。而土地或設施使用，無法達到法規上之要求，則火災上以防火牆來取代，而爆炸上以防爆牆來減半，而不能取代，畢竟爆炸威力與火災是不能等同視之。

防火牆主要是以防火時效為要求，而防爆牆則主要以厚度為要求，二者要求重點是不同的。

有關液晶顯示器製造方面，因 1 日處理公共危險物品數量達管制量以上，依「公共危險物品及可燃性高壓氣體設置標準暨安全管理辦法」第 7 條第 1 項第 2 款規定，係屬一般處理場所。假使因作業流程具有連接性，四周依規定保持距離會嚴重妨害其作業者，於設有高於屋頂，為不燃材料建造，具 2 小時以上防火時效之防火牆，並將二者有效隔開者，依管理辦法第 14 條第 2 項規定得免設保留空地。至一般處理場所之幫浦設備方面，於管理辦法中並無安全距離之規定，惟仍應符合四周保留空地之規定。

外墙界線

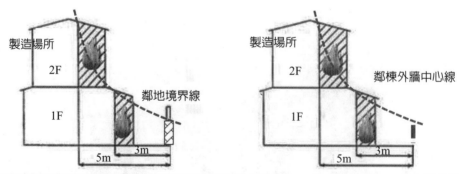

製造或處理場所外牆與鄰地境界線等與鄰棟外牆中心線，1 F≤3 m、2F≤5 m，為火災有延燒之虞範圍。

室外儲槽場所與鄰近場所之保留空地例與防火牆例

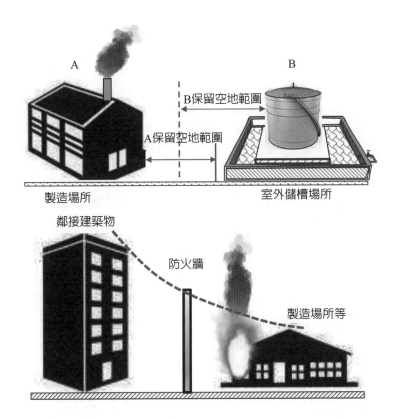

二種危險物品處理設備構成單一處理場所保留空地例

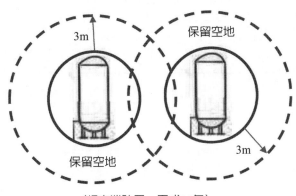

（堺市消防局，平成28年）

3-5 製造及一般處理場所構造（一）

第 15 條

6 類物品製造場所或一般處理場所之構造，除本辦法另有規定外，應符合下列規定：

1. 不得設於建築物之地下層。
2. 牆壁、樑、柱、地板及樓梯，應以不燃材料建造；外牆有延燒之虞者，除出入口外，不得設置其他開口，且應採用防火構造。
3. 建築物之屋頂，應以不燃材料建造，並以輕質金屬板或其他輕質不燃材料覆蓋。但有下列情形之一者，得免以輕質金屬板或其他輕質不燃材料覆蓋：
   (1) 僅處理高閃火點物品且其操作溫度未滿攝氏一百度。
   (2) 僅處理第二類公共危險物品（不含粉狀物及易燃性固體）。
   (3) 設置設施使該場所無產生爆炸之虞。
4. 窗戶及出入口應設置 30 分鐘以上防火時效之防火門窗；牆壁開口有延燒之虞者，應設置 1 小時以上防火時效之常時關閉式防火門。
5. 窗戶及出入口裝有玻璃時，應為鑲嵌鐵絲網玻璃或具有同等以上防護性能者。
6. 製造或處理液體 6 類物品之建築物地板，應採用不滲透構造，且作適當之傾斜，並設置集液設施。但設有洩漏承接設施及洩漏檢測設備，能立即通知相關人員有效處理者，得免作適當之傾斜及設置集液設施。
7. 設於室外之製造或處理液體 6 類物品之設備，應在周圍設置距地面高度在 15cm 以上之圍阻措施，或設置具有同等以上效能之防止流出措施；其地面應以混凝土或 6 類物品無法滲透之不燃材料鋪設，且作適當之傾斜，並設置集液設施。處理易燃液體及可燃液體中不溶於水之物質，應於集液設施設置油水分離裝置，以防止直接流入排水溝。

六類物品製造場所或一般處理場所內，未處理或儲存六類物品部分，其構造符合下列規定者，該部分得不適用前項各款規定：

1. 牆壁、樑、柱、地板、屋頂及樓梯，應以不燃材料建造；與場所內處理六類物品部分，應以二小時以上防火時效之牆壁、樑、柱、地板及上層之地板區劃分隔。區劃分隔牆壁除出入口外，不得設置其他開口。
2. 區劃分隔牆壁之出入口，應設置二小時以上防火時效之常時關閉式防火門；對外牆面之開口有延燒之虞者，應設置一小時以上防火時效之防火門窗。
3. 涉及製造或處理公共危險物品部分經區劃分隔，至少應有一對外牆面。

【解說】

　　於民國 108 年 6 月修正納入第 15 條第 2 項未處理或儲存 6 類物品部分，6 類物品製造場所或一般處理場所內構造已強化防火區劃，得法規鬆綁之相關規定。

外牆界線

（不得有天花板，屋頂為輕質材質，與儲槽頂一樣為弱頂設計，為釋壓口）

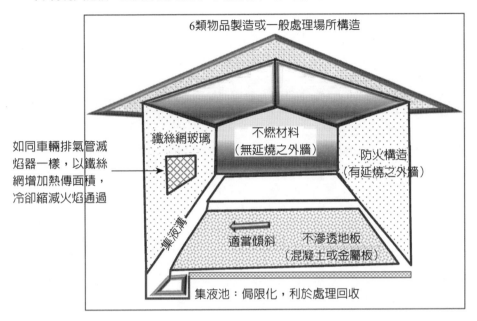

6類物品製造或一般處理場所構造

鐵絲網玻璃

如同車輛排氣管滅焰器一樣，以鐵絲網增加熱傳面積，冷卻縮減火焰通過

不燃材料
（無延燒之外牆）

防火構造
（有延燒之外牆）

集液溝

適當傾斜　　不滲透地板
（混凝土或金屬板）

集液池：侷限化，利於處理回收

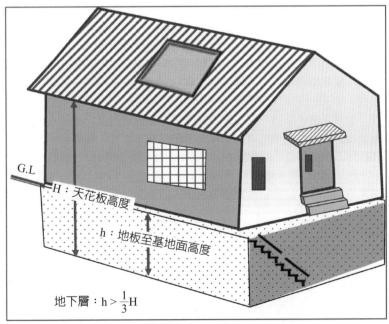

G.L

H：天花板高度

h：地板至基地面高度

地下層：$h > \frac{1}{3}H$

6類物品製造場所或一般處理場所不得設於建築物之地下層
（因採光、照明及通風與火災後濃煙問題致難以搶救）

3-6 製造及一般處理場所構造（二）

依消防署民國 108 年 6 月修正說明，就作業及屬性較爲單純之一般處理場所，增訂第十五條之一規定，並得不適用本條第一項部分款次規定。又製造或一般處理場所僅處理高閃火點物品且其溫度未滿攝氏一百度者，蒸汽揮發較不易，爆炸性危害亦較低；另第二類係易燃固體，除粉狀物及固態酒精等外，亦較無爆炸性之危害。因此，屋頂無需採輕質構造。

此外，一棟建築物如經認定爲製造或一般處理場所，其構造及設備應依本條及第十六條規定設置。惟考量未涉處理或儲存部分，因其火災風險較小，於強化該部分防火區劃後，其構造及設備不適用第一項各款及第十六條第一項各款規定。

而販賣場所應設在建築物之地面層，並無樓層高度之限制。第 2 款所稱「有延燒之虞之外牆」係指製造或處理場所之外牆與鄰地境界線、道路中心線或同一基地內與鄰棟建築物外牆中心線，第 1 層在 3 m 以內、第 2 層在 5 m 以內之部分。

依內政部消防法令函釋及公告，輕質屋頂係指薄鐵板、鋁板、石綿瓦或玻璃纖維板或具同等性能材質等，但使用玻璃纖維板時，其面積不得超過屋頂總面積之 1/4，且僅限於採光之用途。考量製造或一般處理場所可能爆炸，爲使壓力波從上方釋出，以減少對周圍影響。假使場所如潔淨室（FAB）因風險管控、恆溫恆濕、氣密、無塵等性質特殊，屋頂構造採用輕質構造確有困難，如能使用通風、監測等設計，使該場所無爆炸之虞者，檢具具體證明經內政部認可者，得免依規定辦理。

甲種或乙種防火門窗方面，係指具有 1 小時或半小時以上防火時效者。假使出入口設置符合 CNS 認證具 2 小時以上防火時效之鐵捲門也可。在窗戶及出入口使用鑲嵌鐵絲網玻璃方面，其目的係基於防火及減低火焰延伸，及爆炸或受衝擊後玻璃不致飛散，造成人員危害。而鐵絲網玻璃應具有半小時以上防火時效。

距地面高度在 15 cm 以上圍阻措施，係指不愼洩漏或流出時，可有效將流出之液體侷限在一定範圍內，因火災燃燒速度與油表面積成正相關。液體燃燒與固體或氣體燃燒方式，顯有不同，其係蒸發燃燒型態，而蒸發燃燒會與蒸氣壓、溫度及液表面積等有關，尤其是液表面積，因燃燒速度與規模設置皆與液表面積成正比倍數；因此，限制液體洩漏後，表面積是防火防爆之主要考量。因此，在本條限制液表面積之規定上，如採用不滲透構造，且作適當之傾斜，並設置集液設施、周圍設置距地面高度在 15cm 以上之圍阻措施、處理易燃液體及可燃液體中不溶於水之物質，應於集液設施設置油水分離裝置，以防止油類浮於水面上擴大其流動面規模。

防火構造建築物防火時效

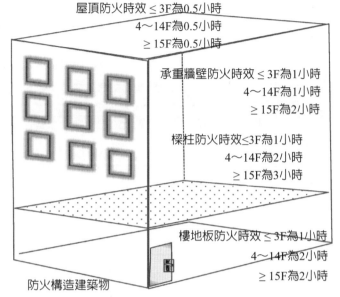

（一樓除屋頂為30分鐘外，牆、樑柱、地板皆為1小時）

屋頂防火時效≤3F為0.5小時
　　　　4～14F為0.5小時
　　　　≥15F為0.5小時

承重牆壁防火時效≤3F為1小時
　　　　　　　4～14F為1小時
　　　　　　　≥15F為2小時

樑柱防火時效≤3F為1小時
　　　　4～14F為2小時
　　　　≥15F為3小時

樓地板防火時效≤3F為1小時
　　　　　4～14F為2小時
　　　　　≥15F為2小時

防火構造建築物

防液堤高度

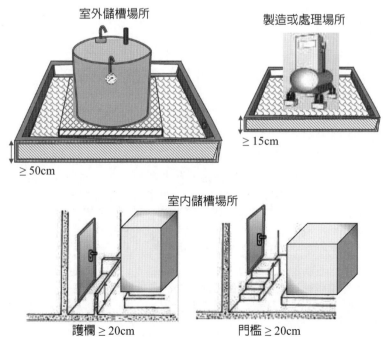

室外儲槽場所　　　　　　　製造或處理場所

≥15cm

≥50cm

室內儲槽場所

護欄≥20cm　　　　門檻≥20cm

（火災速度與油表面積成正比倍數，本項限制洩漏後表面積擴大）

3-7 一般處理場所法令鬆綁規定（一）

第 15-1 條

一般處理場所之作業型態及處理數量符合下列規定，且於建築物內使用部分之構造符合附表一之一規定者，該部分得不適用前條第 項第二款至第五款及第七款規定：

1. 噴漆、塗裝及印刷作業場所，使用第二類或第四類公共危險物品（不含特殊易燃物），且處理數量未達管制量三十倍。
2. 清洗作業場所，使用閃火點在攝氏四十度以上之第四類公共危險物品，且處理數量未達管制量三十倍。
3. 淬火作業場所，使用閃火點在攝氏七十度以上之第四類公共危險物品，且處理數量未達管制量三十倍。
4. 鍋爐設備場所，使用閃火點在攝氏四十度以上之第四類公共危險物品，且處理數量未達管制量三十倍。
5. 油壓設備場所，使用高閃火點物品其操作溫度未滿攝氏一百度，且處理數量未達管制量五十倍。
6. 切削及研磨設備場所，使用高閃火點物品其操作溫度未滿攝氏一百度，且處理數量未達管制量三十倍。
7. 熱媒油循環設備場所，使用高閃火點物品，且處理數量未達管制量三十倍。

一般處理場所之作業型態及處理數量符合下列規定，且於建築物內使用部分之構造符合一定安全規範者，該部分得不適用前條第一項第二款至第七款規定：

1. 清洗作業場所，使用閃火點在攝氏四十度以上之第四類公共危險物品，且處理數量未達管制量十倍。
2. 淬火作業場所，使用閃火點在攝氏七十度以上之第四類公共危險物品，且處理數量未達管制量十倍。

（續）

【解說】

本條係新增（民國 108 年 6 月），採之 1 方式插入條文。公共危險物品一般處理場所係指使用原料為公共危險物品，製成品非公共危險物品之場所，且原則以一棟或一連續工程（室外）為其範圍。惟此類場所樣態眾多，且部分屬性單純，如係屬噴漆塗裝作業、淬火作業、鍋爐或油壓等場所，其範圍得為建築物之一部分。惟實務上尚有印刷作業、清洗作業、切削設備、研磨設備及熱媒油循環設備等場所，如使用特定物品，且限制處理數量時，其危險性較低（如第二、四類或高閃火點、操作溫度 <100℃），且作業型態於建築物內使用部分之構造，予以部分強化（如防火構造、一小時防火時效之防火門、設備外部預留保留空地）後，得法令鬆綁（不適用第 15 條之部分規定）。

一般處理場所使用部分範例

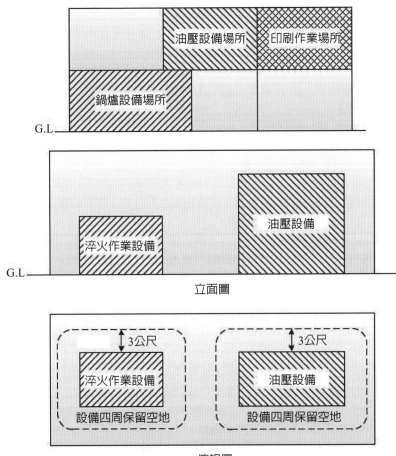

立面圖

俯視圖

保留空地範例

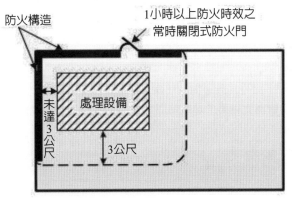

3-8 一般處理場所法令鬆綁規定（二）

3. 鍋爐設備場所，使用閃火點在攝氏四十度以上之第四類公共危險物品，且處理數量未達管制量十倍。

4. 油壓設備場所，使用高閃火點物品其操作溫度未滿攝氏　百度，且處理數量未達管制量三十倍。

5. 切削及研磨設備場所，使用高閃火點物品其操作溫度未滿攝氏一百度，且處理數量未達管制量十倍。

前項所稱一定安全規範如下：

1. 設於一層建築物。

2. 建築物之牆壁、樑、柱、地板及屋頂，應以不燃材料建造，且不得設置天花板。

3. 處理設備應固定於地板。

4. 處理設備四周應有寬度三公尺以上之保留空地。但符合下列各款規定者，不在此限：

　　1) 因牆壁及柱致無法保有三公尺以上之保留空地，且牆壁及柱均爲防火構造。

　　2) 前目牆壁除出入口外，不得設置其他開口，且出入口應設置一小時以上防火時效之常時關閉式防火門。

處理設備下方之地板及四周保留空地，應採用不滲透構造，且作適當之傾斜，並設置集液設施。但設有洩漏承接設施及洩漏檢測設備，能立即通知相關人員有效處理者，得免作適當之傾斜及設置集液設施。

【解說】

1. 噴漆、塗裝及印刷作業：從事噴漆、塗裝、印刷或塗佈等作業。

2. 清洗作業：將公共危險物品吹除、以公共危險物品浸泡、與公共危險物品攪拌，被清洗之物品原則爲非公共危險物品之固體。

3. 淬火作業：使鋼鐵製品增加抗疲勞性、抗磨耗性之熱處理的一種方式。通常使用油、瓦斯或電爲加熱爐之熱源，另使用油、水或熔融鹽爲冷卻。

4. 鍋爐設備：消費公共危險物品，以生產蒸氣、熱水或其他工作物質之設備。

5. 油壓設備：使用公共危險物品爲設備提供壓力或流量或潤滑大型機械軸承、工作機械之設備。

6. 切削及研磨設備：將公共危險物品施於被加工物上，在車床、鑽床、銑床、磨床等裝置進行切削、研磨作業。

7. 熱媒油循環設備：以公共危險物品爲媒介，加熱後提供熱源之設備。

　　以上作業場所，皆爲使用第二類或第四類公共危險物品（不含特殊易燃物），在防火防爆上安全考量，係以閃火點、管制量爲危險指標，並在位置上以一層建築物及保留空地，構造上以不得有開口、不滲透地板及不燃材料建造，設備上應固定、設洩漏承接設施、洩漏檢測設備或集液設施。

一定安全規範

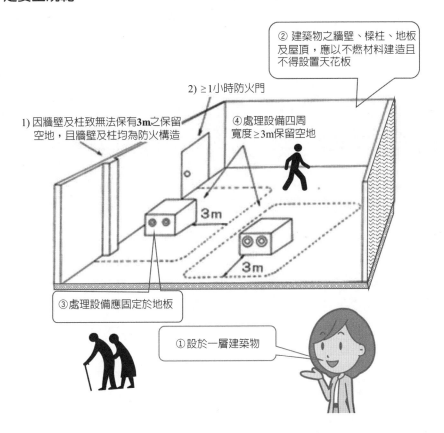

② 建築物之牆壁、樑柱、地板及屋頂，應以不燃材料建造且不得設置天花板

2) ≥1小時防火門

1) 因牆壁及柱致無法保有**3m**之保留空地，且牆壁及柱均為防火構造

④處理設備四周寬度≥3m保留空地

③處理設備應固定於地板

①設於一層建築物

3m

3m

一般處理場所作業型態及處理數量規定

一般處理場所	噴漆、塗裝及印刷作業	清洗作業	淬火作業	鍋爐設備	油壓設備	切削及研磨設備	熱媒油循環設備
物品	第二類或第四類（不含特殊易燃物）	第四類			高閃火點物品		
管制量	< 30 倍				< 50 倍	< 30 倍	
閃火點	-	≥ 40°C	≥ 70°C	≥ 40°C	≥ 100°C		
溫度	-				<100°C		-

附表一之一　一般處理場所以建築物使用區劃認定之應符規範一覽表

作業型態及處理數量 ＼ 建築物使用部分之構造應符規範	噴漆、塗裝及印刷作業，第2類或第4類（不含特殊易燃物），且管制量<30倍	清洗作業，閃火點在≥40℃之第4類，且管制量<30倍	淬火作業，閃火點在≥70℃之第4類，且管制量<30倍	鍋爐設備，閃火點在≥40℃之第4類，且管制量<30倍	油壓設備，高閃火點物品其操作溫度<100℃，且管制量<50倍（擇一設置）	切削及研磨設備，高閃火點物品其操作溫度<100℃，且管制量<30倍	熱媒油循環設備，高閃火點物品，且管制量<30倍
牆壁、樑、柱、地板及屋頂（如有上層時，為上層之地板）應為防火構造，並以≥1小時時效之牆壁及地板與建築物其他部分區劃分隔，區劃分隔牆及地板除出入口外不得設置其他開口。	○	○					
牆壁、樑、柱及地板應為防火構造，其上有樓層時，上層之地板應為防火構造，其上無樓層時，屋頂應以不燃材料建造，並以≥1小時時效之牆壁及地板與建築物其他部分區劃分隔，區劃分隔牆及地板除出入口外不得設置其他開口。			○	○			○
牆壁、樑、柱及地板應為防火構造，其上有樓層時，上層之地板應為防火構造，其上無樓層時，屋頂應以不燃材料建造。					○	○	
應設於一層建築物內，牆壁、樑、柱、地板及屋頂應為不燃材料，於建築物內使用部分之牆壁、樑、柱及地板應為不燃材料，外牆有延燒之虞部分應為防火構造，且除出入口外，不得設置其他開口。					○		
不得設置窗戶，出入口應設置≥1小時時效之防火門，外牆有延燒之虞部分設置之出入口及該部分以外之牆壁與隔壁區劃設置之出入口，應設置≥1小時時效之常時關閉式防火門。	○	○	○	○	○	○	○

建築物使用部分之構造應符規範　＼　作業型態及處理數量	噴漆、塗裝及印刷作業，第2類或第4類（不含特殊易燃物），且管制量<30倍	清洗作業，閃火點在≥40℃之第4類，且管制量<30倍	淬火作業，閃火點在≥70℃之第4類，且管制量<30倍	鍋爐設備，閃火點在≥40℃之第4類，且管制量<30倍	油壓設備，高閃火點物品其操作溫度<100℃，且管制量<50倍　擇一設置	切削及研磨設備，高閃火點物品其操作溫度<100℃，且管制量<30倍	熱媒油循環設備，高閃火點物品，且管制量<30倍
窗戶及出入口應設置≥30分鐘時效之防火門窗，外牆有延燒之虞之出入口，應設置≥1小時時效之常時關閉式防火門。						○	

一、 "○"為應符規範項目。如「噴漆、塗裝及印刷作業場所，使用第2類或第4類公共危險物品（不含特殊易燃物），且管制量<30倍」，欲以建築物使用區劃認定為一般處理場所，其應符規範為「場所於建築物內使用部分之牆壁、樑、柱、地板及屋頂（如有上層時，為上層之地板）應為防火構造，除出入口外不得設置其他開口，並以≥1小時防火時效之牆壁與建築物其他部分區劃分隔」及「場所於建築物內使用部分不得設置窗戶，出入口應設置≥1小時防火時效之防火門，外牆有延燒之虞部分出入口及該部分以外之牆壁與隔壁區劃設置之出入口，應設置≥1小時防火時效之常時關閉式防火門」。

二、 各種場所之作業型態說明如下：
(一) 噴漆、塗裝及印刷作業：從事噴漆、塗裝、印刷或塗佈等作業。
(二) 清洗作業：將公共危險物品吹除、以公共危險物品浸泡、與公共危險物品攪拌，被清洗之物品原則為非公共危險物品之固體。
(三) 淬火作業：使鋼鐵製品增加抗疲勞性、抗磨耗性之熱處理方式。通常使用油、瓦斯或電為加熱爐之熱源，使用公共危險物品進行冷卻。
(四) 鍋爐設備：消耗公共危險物品，以生產蒸氣、熱水或其他工作物質之設備。
(五) 油壓設備：使用公共危險物品為設備提供壓力或流量或潤滑大型機械軸承、工作機械之設備。
(六) 切削及研磨設備：將公共危險物品施於被加工物上，在車床、鑽床、銑床、磨床等裝置進行切削、研磨作業。
(七) 熱媒油循環設備：以公共危險物品為媒介，加熱後提供熱源之設備。

窗戶鐵絲網玻璃

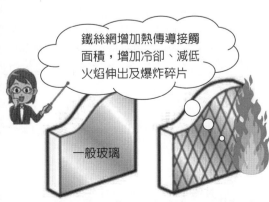

鐵絲網增加熱傳導接觸面積，增加冷卻、減低火焰伸出及爆炸碎片

一般玻璃

3-9 製造及一般處理場所設備（一）

第 16 條

6 類物品製造場所或一般處理場所之設備，應符合下列規定：

1. 應有充分之採光、照明及通風設備。

2. 有積存可燃性蒸氣或可燃性粉塵之虞之建築物，應設置將蒸氣或粉塵有效排至屋簷以上或室外距地面 4 m 以上高處之設備。

3. 機械器具或其他設備，應採用可防止 6 類物品溢漏或飛散之構造。但設備中設有防止溢漏或飛散之附屬設備者，不在此限。

4. 6 類物品之加熱、冷卻設備或處理 6 類物品過程會產生溫度變化之設備，應設置適當之測溫裝置。

5. 6 類物品之加熱或乾燥設備，應採不直接用火加熱之構造。但加熱或乾燥設備設於防火安全處所或設有預防火災之附屬設備者，不在此限。

6. 6 類物品之加壓設備或於處理中會產生壓力上升之設備，應設置適當之壓力計及安全裝置。

7. 製造或處理 6 類物品之設備有發生靜電蓄積之虞者，應設置有效消除靜電之裝置。但僅處理高閃火點物品且其操作溫度未滿攝氏一百度者，不在此限。

8. 處理六類物品達管制量十倍者，避雷設備應符合中華民國國家標準（以下簡稱 CNS）12872 規定，或以接地方式達同等以上防護性能者。但有下列情形之一者，不在此限：

    (一) 因周圍環境，無致生危險之虞。

    (二) 僅處理高閃火點物品且其操作溫度未滿攝氏一百度。

9. 電動機及 6 類物品處理設備之幫浦、安全閥、管接頭等，應裝設於不妨礙火災之預防及搶救位置。

六類物品製造場所或一般處理場所內，未處理或儲存六類物品部分，其構造符合第十五條第二項規定者，該部分不適用前項各款規定。

【解說】

依內政部消防法令函釋及公告（以下同），「應有充分之採光、照明及通風設備」規定，其設置應符合「勞工安全衛生設施規則」第 12 章第 3 節通風及換氣與第 4 節採光及照明之相關規定。於「勞工安全衛生設施規則」第 311 條規定，經常作業之室內作業場所，其窗戶及其他開口部分等可直接與大氣相通之開口部分面積，應為地板面積 1/20 分以上，倘符合上開基準者，應具有充分之通風設備。

製造或一般處理場所通風換氣

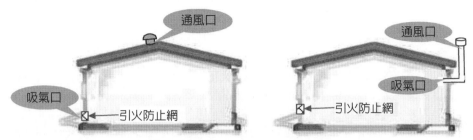

引火防止網係日本用語，為鐵絲網之意。

通風排氣（內設防火閘門）設施

一般處理場所外觀

輕質屋頂，蒸氣與粉塵排至 4 m 以上高處等。

3-10 製造及一般處理場所設備（二）

【解說】

製造或處理高閃火點物品且其操作溫度未滿攝氏一百度場所，因其操作溫度未達其閃火點，故其危險性相對較低，不易由靜電火花或雷擊引燃；排除設置消除靜電裝置及避雷設備。又公共危險物品場所應設置避雷設備者，除本條規定之製造場所或一般處理場所外，尚有第二十一條之室內儲存場所及第三十七條之室外儲槽場所；惟室內儲存場所及室外儲槽場所均規定儲存量達管制量十倍以上始需設置。但場所風險程度較低，得排除避雷設備（第八款規定）。

「應有充分之採光、照明及通風設備」規定，其設置應符合「勞工安全衛生設施規則」第 12 章第 3 節通風及換氣與第 4 節採光及照明之相關規定。而經常作業之室內作業場所，其窗戶及其他開口部分等可直接與大氣相通之開口部分面積，應為地板面積 1/20 分以上，應認定具有充分之通風設備。

「有積存可燃性蒸氣或可燃性粉塵之虞」係指在建築物內處理曝露於空氣中之閃火點未滿 40°C 之易燃液體或可燃性微粉。而排氣設備係「有積存可燃性蒸氣或粉塵之虞者」之情況下方需設置，倘該場所已一面無牆或無屋頂，通風良好，無積存可燃性蒸氣或粉塵之情況，則不需設置。設置通風設備之規定，乃在正常情況下藉由通風設備避免熱量蓄積導致異常，並主要該場所外漏可燃性蒸氣充分稀釋，以避免蓄積至爆炸範圍而引燃。至有關機械通風部分，應依「勞工安全衛生設施規則」第 312 條規定辦理。此外，蒸氣與粉塵排至屋簷以上或室外距地面 4 m 以上高處，係高處較有室外風流將其吹散，以免沉積低漥處，造成行人菸蒂或用火產生意外。

「設備中設有防止溢漏或飛散之附屬設備」係指儲槽、幫浦類等設備所設置之回流管、溢流管、混和裝置或攪拌裝置等，設有防飛散之覆蓋、擋流板等，或於周圍設置圍欄等措施。而「不直接用火加熱」之方式係指以水蒸氣、熱水、熱媒體、熱風等方式進行加熱；但使用外露鎳鉻電熱線加熱等，均屬直接用火加熱。

有發生靜電之虞者」係指處理可燃性液體或可燃性微粒等之公共危險物品設備流動摩擦產生靜電，原則上其導電率在 10^{-8}s/m 以下者。所謂「有效消除靜電之裝置」，一般採接地方式，但得以下列方式：1. 使用惰性氣體填塞。2. 使用導體性之構造。3. 增加液體的導電率（如加入添加劑等）。4. 中和靜電（如使空氣離子化等）。5. 限制流速。6. 調整濕度 75% 以上。7. 防止人體帶電。

有關設於不妨礙火災預防及搶救位置，係指電動機及公共危險物品處理設備之幫浦、安全閥、管接頭等之設置火災時人員可能前往手動操作，應考量前往之安全性，避免陷入火災濃煙或爆炸之危害。

靜電原因

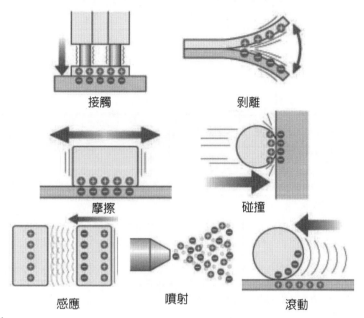

接觸　　　　　剝離

摩擦　　　　　碰撞

感應　　　噴射　　　滾動

消除靜電例

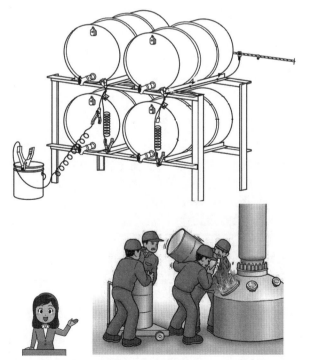

將醋酸粉倒入反應爐內，因大量粉末塵產生錐形放電起火。（厚生勞動省平成31年）

3-11 第一種販賣位置構造設備（一）

第 17 條

第 1 種販賣場所之位置、構造及設備，應符合下列規定：

1. 應設於建築物之地面層。
2. 應在明顯處所，標示有關消防之必要事項。
3. 其使用建築物之部分，應符合下列規定：
   (1) 牆壁應為防火構造或以不燃材料建造。但與建築物其他使用部分之隔間牆，應為防火構造。
   (2) 樑及天花板應以不燃材料建造。
   (3) 上層之地板應為防火構造；其上無樓層者，屋頂應為防火構造或以不燃材料建造。
   (4) 窗戶及出入口應設置 30 分鐘以上防火時效之防火門窗。
   (5) 窗戶及出入口裝有玻璃時，應為鑲嵌鐵絲網玻璃或具有同等以上防護性能者。
4. 內設 6 類物品調配室者，應符合下列規定：
   (1) 樓地板面積應在 $6 \sim 10 \ m^2$。
   (2) 應以牆壁分隔區劃。
   (3) 地板應為不滲透構造，並設置適當傾斜度及集液設施。
   (4) 出入口應設置 1 小時以上防火時效之防火門。
   (5) 有積存可燃性蒸氣或可燃性粉塵之虞者，應設置將蒸氣或粉塵有效排至屋簷以上或室外距地面 4 m 以上高處之設備。

【解說】

　　公共危險物品販賣場所多為礦油行、塗料店、化工行或農藥行等小包裝容器物品，在三大場所（製造、處理與儲存）分類上係屬處理場所，因拿危險物品至道路上或人口稠密地區上販賣，必然在場所之位置、構造及設備受到一定法令規範；此外，因公共危險物品火災為滅火困難之場所，因此其販賣物品也必然受到一定量之管制。因此，第一種販賣場所之容器物品合計為管制量 <15 倍，避免一旦火災或爆炸時，造成人員傷亡或無可控制之延燒場景。

1. 在位置上需於地面層，也就是避難層。
2. 在設備上應在明顯處所，標示有關消防之必要事項。
3. 在構造上應為防火構造（指防火時效半小時以上構造）或以不燃材料建造，而窗戶及出入口應設置 30 分鐘以上防火時效之防火門窗。

　　而內設調配室者，其有可能為二種以上物質之混合，因此危險性大增，在法令上有其嚴謹之規定。

販賣場所與調配室

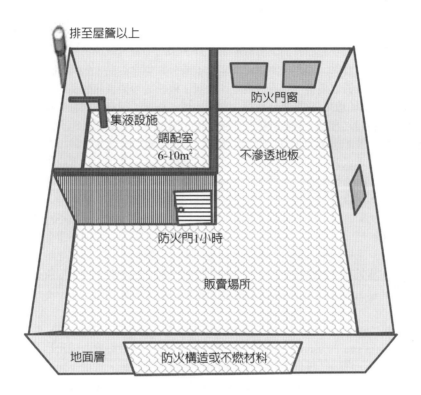

排至屋簷以上

防火門窗

集液設施

調配室
6-10m²

不滲透地板

防火門1小時

販賣場所

地面層　防火構造或不燃材料

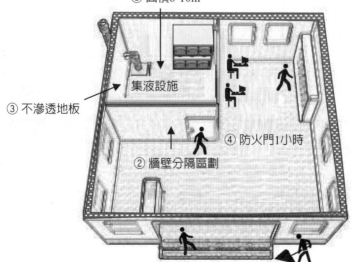

⑤ 排至屋簷或4m以上

① 面積6-10m²

集液設施

③ 不滲透地板

④ 防火門1小時

② 牆壁分隔區劃

3-12 第一種販賣位置構造設備（二）

依內政部消防法令函釋及公告內容，商業主管機關受理業者申請石油類製品批發或販賣之營利事業登記於會同消防機關審查時，消防機關會依消防相關法令審查外，並注意是否係販賣供家庭燃料使用之溶劑油或成分類似之油品，如係販賣前述油品，其容器及附屬設備之規格，應符合規定，倘無法確認是否販賣該類品時，則予簽註意見，建議工商單位於營利事業登記證之營業項目，加註「販賣供家庭燃料使用之易燃性液體，其盛裝之容器、供氣管線及相關配線，需符合主管機關之相關規定。」

在 6 類物品調配室者，此處有時需作混合，但不當混合會產生危險，在二種以上物質相互混合時，二者間形成混合熱使彼此分子運動加速，產生大量反應熱，導致火災爆炸之危險。所以調配室內部面積不宜過大，而堆積原物料，但也不宜過小，致產生空間侷限感，因此，其大小法令規定為樓地板面積應在 6～10 m^2，需以牆壁分隔區劃，避免可能災害擴大，如使用第 3 類至第 6 類之液體時，地板應為不滲透構造，並設置適當傾斜度（不宜過大，以免滑倒）及集液設施（侷限）。而為避免火災向外延伸，及採取封閉控制火災策略，其出入口應設置 1 小時以上防火時效之防火門。而有積存可燃性蒸氣或可燃性粉塵之虞者，應設置將蒸氣或粉塵有效排至屋簷以上或室外距地面 4 m 以上高處之設備，使其能排出外面較高位置風流消散。

在影響混合危險，如同影響粉塵爆炸或最小起火能量之因素，如化學組成（Chemical composition），於二者化學組成，關係混合後反應強弱。溫度與壓力（Temperature and Pressure），依理想氣體 PV = nRT，溫度與壓力成正相關，在溫度或壓力增高時，燃燒／爆炸範圍增加，燃燒／爆炸下限降低，致最小起火能量變小。再者，空間屬性（Nature of Confining Space）等，因容器空間之尺寸、形狀等屬性如有無通風孔，將會很大地改變所生反應或爆炸。

混合危險分類

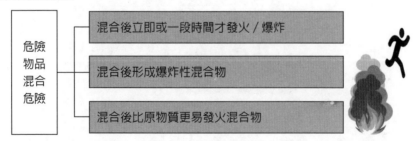

危險物品混合危險
- 混合後立即或一段時間才發火／爆炸
- 混合後形成爆炸性混合物
- 混合後比原物質更易發火混合物

例題　依公共危險物品及可燃性高壓氣體設置標準暨安全管理辦法之規定，公共危險物品第一種販賣場所，如設有調配室者，應符合那些規定？

（107 年一般消防四等特考）

解說：見本辦法第 17 條之條文規定。

公共危險物品第一種及第二種販賣場所異同

項目	第一種	第二種
管制量	< 15 倍	15～40 倍
牆壁、樑柱、地板	防火構造或不燃材料 （與其他使用隔間牆或上層地板為防火構造）	防火構造
上有樓層		防止火勢向上延燒設施
出入口	≥ 30 分鐘時效防火門	≥ 30 分鐘時效防火門 延燒之虞改 1 小時且常閉式
位置	地面層	
標示	標示消防必要事項	
天花板	不燃材料	
調配室	面積 6～10m²、不滲透地板、集液設施、出入口 ≥ 1 小時時效防火門、強制排出設備	
窗戶	≥ 30 分鐘時效防火窗、鐵絲網玻璃	

公共危險物品販賣場所多為礦油行、塗料店、化工行、農藥行等

販賣場所在分類上係屬處理場所，多為礦油行、塗料店、化工行或農藥行等小包裝容器物品，受到一定販賣量之管制。

3-13 第二種販賣位置構造設備

> **第 18 條**
> 第 2 種販賣場所之位置、構造及設備，除準用前條第 1 款、第 2 款、第 3 款第 5 目及第 4 款規定外，其使用建築物之部分，並應符合下列規定：
> 1. 牆壁、樑、柱及地板應為防火構造。設有天花板者，應以不燃材料建造。
> 2. 上層之地板應為防火構造，並設有防止火勢向上延燒之設施；其上無樓層者，屋頂應為防火構造。
> 3. 窗戶應設置 30 分鐘以上防火時效之防火窗。但有延燒之虞者，不得設置。
> 4. 出入口應設置 30 分鐘以上防火時效之防火門。但有延燒之虞者，應設置 1 小時以上防火時效之常時關閉式防火門。

【解說】

　　第 2 種販賣場所因販賣容器小包裝公共危險物品量（管制量 15 倍至 40 倍），會比第一種販賣場所（管制量 <15 倍）多，因此法規勢必比第一種構造更為嚴格。第 2 種場所之牆壁、樑柱、地板皆為防火構造；上有樓層應設防止火勢向上延燒設施（防火構造突出 >0.9m 屋簷）；而出入口 ≥ 30 分鐘時效防火門，如有延燒之虞（指 1 樓 3m 內被鄰近建物設施火災輻射熱所延燒），應改為 1 小時且為常閉式防火門。

　　依內政部消防法令函釋及公告內容，在塗料及油漆之種類龐雜，其中亦含有屬第 4 類公共危險物品之易燃性液體，在其販賣場所亦有兼賣溶劑油。因此，塗料及油漆之販賣場所，申請營利事業登記時，依「公共危險物品及可燃性高壓氣體設置標準暨安全管理辦法」第 7 條及第 8 條規定，應會同消防機關審查，並經檢查合格後，始發給營利事業登記。

　　從事販賣之塗料及油漆種類，如均非屬公共危險物品，並於營利事業登記之營業項目加註「不含公共危險物品」時，則免會消防單位。假使前開場所得否設於住宅區乙節，依消防法第 15 條第 2 項後段規定略以：公共危險物品及可燃性高壓氣體之製造、儲存、處理或搬運，中央目的事業主管機關另定有安全管理規定者，依其規定辦理。本案事涉土地使用分區管制規定，應依都市計畫法及區域計畫法之相關規定辦理。

第二種販賣場所

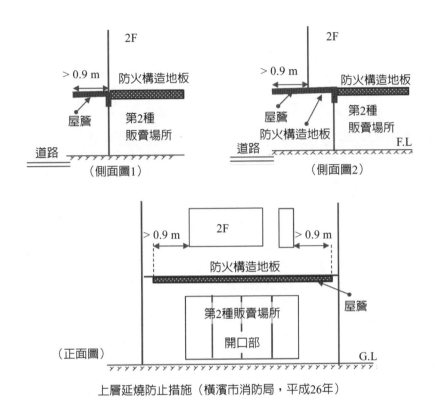

上層延燒防止措施（橫濱市消防局，平成26年）

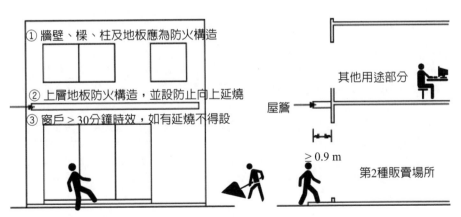

3-14 設置標示板（一）

【解說】

標示板設於主要出入口或明顯易見處，但不需每一出入口皆設置。

基本上因 6 類之理化性不一，應變方式也因其理化性而迥異；因此，需設置並作標示，且其分二種，於第一種標示哪一種場所名稱如「公共危險物品製造場所」、「公共危險物品室外儲存場所」、「公共危險物品室內儲存場所」、「公共危險物品室內儲槽場所」等。而第二種須標示公共危險物品之種類、名稱及公共危險物品製造、儲存及處理場所之最大數量及換算為管制之倍數或保安監督人之姓名及職稱。

公共危險物品（Hazardous Material），依 NFPA 指出具有燃燒、爆炸、有毒、腐蝕、快速氧化及其他有害性質，會造成人類死亡或傷害之物品。依據「公共危險物品及可燃性高壓氣體設置標準暨安全管理辦法」第 3 條規定，公共危險物品分 6 類；而其理化性各不一。

6 類物品場所標示板設置主要目的，係警告及提供資訊之作用，主要給予廠內員工或一旦需要災害搶救時，給予消防人員第一時間就能得到明確資訊，而採取因應災害類型之搶救方案。因六類物品之各類性質迥異，處理搬運作業，應注意其理化性不一，事故應變搶救方式也可能不同，平常時於場所內提醒作業人員注意安全，以及警告某些禁止事項，於異常時發生事故，可提供廠內人員或消防人員救災所需之必要資訊。

於勞工安全衛生法第 7 條，有規定雇主對裝有危險物及有害物之容器，應注意法定標示危害圖式部分，以維護勞工人員作業時之安全與衛生，其與公共危險物品場所設置標示板之目的及方式，是有所不相同的。

6 類公共危險物品之製造、儲存及處理場所，設置第一種標示板及第二種標示板，應設置於該場所之出入口附近，且由外部可明顯易見之處，不需每一個出入口均設置。

標示板應符合「六類公共危險物品製造儲存及處理場所標示板規格及設置要點」規定。

如將第一種及第二種標示板合併設置者，應能明確區分各作業區、儲槽或建築物所儲存之公共危險物品種類、名稱及數量等內容。而文字書寫不拘直書或橫書。

第一種標示板例

0.3m以上

0.6m以上

公共危險物品○○場所

底　白色
文字黑色

第一種標示場所名稱如「公共危險物品製造場所」、「公共危險物品室外儲存場所」、「公共危險物品室內儲存場所」、「公共危險物品室內儲槽場所」等。

第二種標示板例

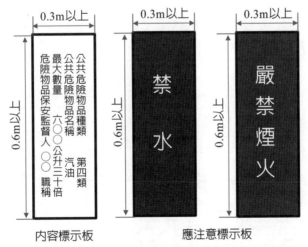

0.3m以上　　　0.3m以上　　　0.3m以上

0.6m以上

公共危險物品種類　第四類
公共危險物品名稱　汽油
最大數量　六○○公升三十倍
危險物品保安監督人　○○職稱

禁水

嚴禁煙火

內容標示板　　　　　應注意標示板

第二種標示公共危險物品之種類、名稱及公共危險物品製造、儲存及處理場所之最大數量及換算為管制之倍數或保安監督人之姓名及職稱。

3-15 設置標示板（二）

在管理公共危險物品方面，在國內法規首重於預防階段，因在搶救階段係屬難以消防救災。在硬體方面，依 3 大場所（製造、儲存及處理）之位置（安全距離及防火空地）、構造（防火、輕質屋頂、不滲透地板）及設備（粉塵蒸氣抽出設備、防止靜電、管制量達 10 倍避雷針）等；在軟體方面，主要設置專人管理，即管制量達 30 倍者應設置保安監督人，在安全管理方面則遵循勞安及工安相關法規辦理，如注意不相容物質、混合危險等相關作業標準之制訂。

標示板主要是提供人員資訊，因此，其規格大小必須予以制式規範，使每一場所的標示予以標準化，以利需要資訊人員能一目瞭然。例如：

假使將公共危險物品第 1 種及第 2 種標示板合併設置，依內政部消防法令函釋及公告內容，應屬可行，惟其設置應能明確區分各作業區、儲槽或建築物所儲存之公共危險物品種類、名稱及數量等內容。又室外儲槽場所集中設置，標示板設置於防液堤外時，其內容標示板應註明所代表之儲槽編號，以利區分。

在第二種標示之應注意事項標示板，規格如下：

1. 內容及顏色：
   A. 第一類氧化性固體中之鹼性金屬過氧化物及第三類之禁水性物質，應標示藍底白字之「禁水」字樣。
   B. 第二類易燃固體、第三類之發火性液體及發火性固體、第四類易燃液體及第五類自反應物質及有機過氧化物，應標示紅底白字之「嚴禁煙火」字樣。
2. 尺寸：短邊 0.3m 以上；長邊 0.6m 以上。
3. 字體大小：10cm×10cm 以上。
4. 材質：應為具耐氣候及耐久性，所書寫之文字清晰易見且不易磨滅之壓克力板或具同等性能以上之材質。

衝擊火花災例

槽體內壁

金屬火花

（繪自厚生勞動省，
令和元年）

公共危險物品標示板規定

標示板	第一種	第二種
內容	「公共危險物品製造場所」、「公共危險物品室外儲存場所」、「公共危險物品室內儲存場所」、「公共危險物品室內儲槽場所」、「公共危險物品室外儲槽場所」、「公共危險物品地下儲槽場所」、「公共危險物品第一種販賣場所」、「公共危險物品第二種販賣場所」或「公共危險物品一般處理場所」等名稱。	1. 公共危險物品之種類。 2. 公共危險物品之名稱。 3. 公共危險物品製造、儲存及處理場所之最大數量及換算為管制之倍數。 4. 保安監督人之姓名及職稱。
字體	4cm×4cm 以上	3cm×3cm 以上
顏色	白底黑字	
尺寸	短邊 0.3m 以上；長邊 0.6m 以上。	
材質	應為具耐氣候及耐久性，所書寫之文字清晰易見且不易磨滅之壓克力板或具同等性能以上之材質。	
位置	應設置於該場所之出入口附近，且由外部可明顯易見之處。	

標示板規格不拘橫型或豎型，位置宜清晰易見，以利人員閱覽。

3-16 儲存達管制量設儲存場所

第 20 條
儲存 6 類物品達管制量以上者，應依其性質設置儲存場所儲存。

【解說】

製造或處理場所於製程中作業需求，放置公共危險物品應不得超過管制量，如有超過該項管制量者，應依第 20 條規定辦理。這是考量管制量之問題，因其涉及火載量（fire loading）及火災猛烈度（fire severity）之問題。過多燃料量會造成滅火困難及人員傷亡事項。

管制量在日本漢字爲指定數量，內政部消防署使用管制量這個名詞，事實上，用得非常好。在一定規模以上供公衆使用建築物，管理權人應選任防火管理人，而何種供公衆使用建築物需有防火管理人，也就是一定規模以上，至於什麼是一定規模以上，法規是視其場所使用人數或使用面積而論定，如幼兒園有如盪鞦韆等幼兒遊樂設施，若視其使用面積可能是不洽當的，因其廣大庭園草坪大多是不可燃的，所以視其使用人數（30 人）而論定；而 7-11 便利商店，是否需有防火管理人，其比照超級市場 $500m^2$，如其營業總樓地板面積達 $500m^2$，即需要防火管理人制度。

但在公共危險物品場所達到什麼程度，需要設置保安監督人呢？如比照防火管理人視其使用面積與使用人數，則不恰當，因廠區廣大草坪面積或作業產品不可燃性，但作業人數多。所以，在公共危險物品場所不視其使用面積與人數，而視其燃料而論定，也就是火載量與火災猛烈度，在每種燃料如汽油與潤滑油，二者火災猛烈度差異甚多，所以出現使用管制量這個名詞，危險度高的，則其管制量需少；反之，危險度低的，則其管制量較大。

依內政部消防法令函釋及公告內容，放置公共危險物品於空地、民房或貨櫃屋等處所，如其儲存之公共危險物達管制量者，上開處所得視爲公共危險物品之放置場所，應依安全管理辦法規定，設置儲存槽或儲存倉庫，如其設置位置、構造及設備，未符規定者，得依消防法第 42 條之規定處分。

假使公共危險物品販賣場所，其現場僅供辦公聯絡處所使用，在申請營利事業登記證時，業者應提具其放置公共危險物品場所之位置證明。但有下列情形之一者，不在此限：

1. 經濟部能源委員會所主管之汽柴油批發業者。
2. 公共危險物品批發業者提具無需設置儲存場所之相關證明（如與供應商之相關契約書，足以佐證係自供應商直接提貨送至所服務客戶處者）。

公共危險物品儲存場所

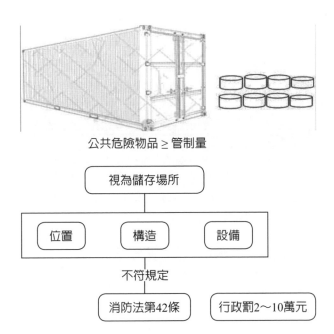

公共危險物品 ≥ 管制量

視為儲存場所

位置　　構造　　設備

不符規定

消防法第42條　　行政罰2～10萬元

販賣場所

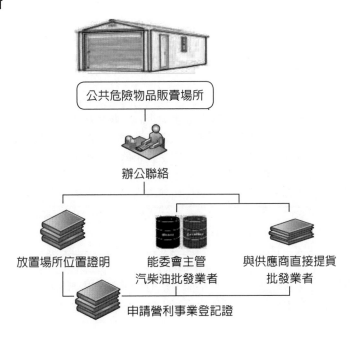

公共危險物品販賣場所

辦公聯絡

放置場所位置證明　　能委會主管　　與供應商直接提貨
　　　　　　　　　汽柴油批發業者　　批發業者

申請營利事業登記證

3-17 室內儲存場所（一）

第 21 條
6 類物品室內儲存場所除第 22 條至第 29 條規定外，其位置、構造及設備，應符合下列規定：
1. 外牆或相當於該外牆之設施外側，與廠區外鄰近場所之安全距離準用第 13 條規定。
2. 儲存 6 類物品之建築物（以下簡稱儲存倉庫）四周保留空地寬度，應依右表規定。但有下列情形之一者，不在此限：
   (1) 儲存量超過管制量 20 倍之室內儲存場所，與設在同一建築基地之其他儲存場所間之保留空地寬度，得縮減至規定寬度之 1/3，最小以 3 m 為限。
   (2) 同一建築基地內，設置 2 個以上相鄰儲存第 1 類公共危險物品之氯酸鹽類、過氯酸鹽類、硝酸鹽類、第 2 類公共危險物品之硫磺、鐵粉、金屬粉、鎂、第 5 類公共危險物品之硝酸酯類、硝基化合物或含有任一種成分物品之儲存場所，其場所間保留空地寬度，得縮減至 50cm。
（續）

【解說】

　　室內儲存場所俗稱倉庫，是臺灣公共危險物品三大（製造、處理及儲存）場所內相當多之場所。室內儲存場所在條文上規定是從 21 條至第 29 條，這些相似且非常複雜規定，致有些讀者對危險物品造成混淆且難以理解。而第 21 條是室內儲存場所位置、構造及設備所有原則上之規定。如有第 22 條至第 27 條（危險性較低，得法令鬆綁，但會再要求構造）及第 28 條至第 29 條（危險性較高）之個案情況時，再針對場所進行檢討。

　　保留空地係場所之一部分，業者需具該土地之所有權或使用權，其設置目的係在防止公共危險物品製造、處理或儲存場所發生火災時，避免熱傳導、對流與輻射進行相互傳熱延燒著火之用，此外並供作消防搶救策略，從某一面進行搶救，及人員活動空間使用；因此，此空地不可供作他用或任由生長雜草，因雜草至冬季時往往雨水不夠而枯萎，成為易於燃燒之輕質燃料。又保留空地範圍內之地面及其上方，依內政部消防法令函釋及公告內容，原則上不得有任何建築物或工作物等，但與製程相關之公共危險物品輸送管線及同一事業單位內之水系統管線、非輸送公共危險物品管線及電氣線路（含前揭管線支撐架）等，不在此限。

　　此地板應高於地面，且樓層高度不得超過 6 m。此處「地面」適用建築技術規則建築設計施工篇第 1 條第 1 項第 8 款「基地地面」之定義，基地地面：基地整地完竣後，建築物外牆與地面接觸最低一側之水平面；基地地面高低相差超過 3m，以每相差 3m 之水平面為該部分基地地面。而建築物高度：自基地地面計量至建築物最高部分之垂直高度。

6 類物品室內儲存場所四周保留空地寬度

區分		保留空地寬度	
		建築物之牆壁、柱及地板	
		防火構造	非防火構造
管制量	＜5 倍	免設	＞0.5 m
	5～10 倍	＞1 m	＞1.5 m
	10～20 倍	＞2 m	＞3 m
	20～50 倍	＞3 m	＞5 m
	50～200 倍	＞5 m	＞10 m
	＞200 倍	＞10 m	＞15 m

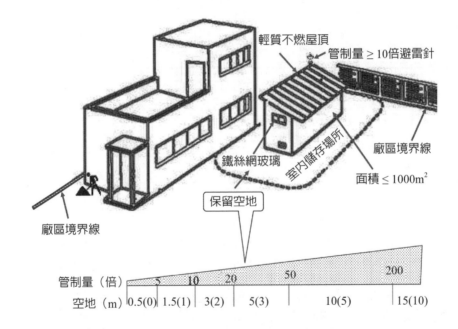

（ ）內數字代表防火構造者保留空地寬度

保留空地之目的，除可做為平時檢查空間外，也作為火災時防止擴大延燒，即第一起火物延燒至第二起火物；另可作為搶救腹地之空間使用。

3-18 室內儲存場所（二）

【解說】

　　儲存倉庫應為一層建築物，其高度不得超過 6 m。但儲存第 2 類或第 4 類物品，其高度得為 20 m 以下……。」所稱高度係指自地面起算至儲存倉庫外牆頂端之高度。

　　每一儲存倉庫樓地板面積不得超過 $1000m^2$，這是考量每一防火區劃面積不宜過大，避免火勢一起，致室內全部付之一炬，也是風險控制之問題。

　　而儲存倉庫外牆有延燒之虞者，其牆壁除出入口外，不得設置開口。開口包括窗戶及門，這是火勢中對流及輻射熱之路徑，是造成建築物或室內相互延燒管道；因此，不得設置開口，火勢就無從對流及輻射，而僅剩下透過牆壁之熱傳導，其熱傳量當然微小多了。但儲存 6 類物品未達管制量 10 倍、易燃性固體以外之第 2 類公共危險物品或閃火點在 70℃以上之第 4 類公共危險物品，且外牆無延燒之虞者，其牆壁、柱及地板得以不燃材料建造。這是考量其儲存量小，火災強度也較小，所以其牆壁、柱及地板不需具防火時效（≥ 30 分鐘），而得以不燃性材料建造。

　　儲存倉庫之屋頂應以不燃材料建造，並以輕質金屬板或其他輕質不燃材料覆蓋，且不得設置天花板。這是危險物品場所中很重要「弱頂設計」觀念，如儲槽設計也是一樣，儲槽頂焊接施工強度較弱，而儲槽體焊接施工強，也就是如其爆炸時，當成往天空垂直上方爆炸出之釋壓口作用，不往旁邊炸出去，因水平方向可能會有來往人車。

室內儲存場所構造設備

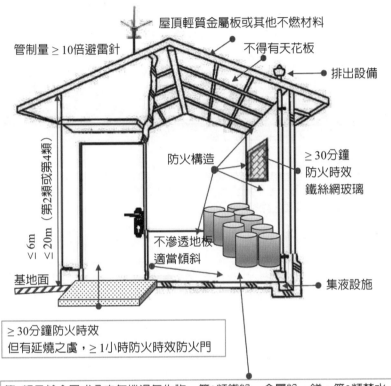

管制量 ≥ 10倍避雷針

屋頂輕質金屬板或其他不燃材料

不得有天花板

排出設備

防火構造

≥ 30分鐘
防火時效
鐵絲網玻璃

≤ 6m（第2類或第4類）
≤ 20m

不滲透地板
適當傾斜

基地面

集液設施

≥ 30分鐘防火時效
但有延燒之虞，≥ 1小時防火時效防火門

第1類具鹼金屬成分之無機過氧化物、第2類鐵粉、金屬粉、鎂、第3類禁水性物質及第4類者，地板採用防水滲透構造

使用（左）與未使用（右）不燃性架臺室內儲存場所

如使用架臺應為不燃材料建造，定著在堅固基礎上，應能負載物品重量，並應設防止物品掉落措施。

3-19 室內儲存場所（三）

第 21 條（續）
9. 前款之窗戶及出入口裝有玻璃時，應為鑲嵌鐵絲網玻璃或具有同等以上防護性能者。
10. 儲存第 1 類公共危險物品之具鹼金屬成分之無機過氧化物、第 2 類公共危險物品之鐵粉、金屬粉、鎂、第 3 類公共危險物品之禁水性物質及第 4 類公共危險物品者，其地板應採用防水滲透之構造。
11. 儲存液體 6 類物品者，其地面應以混凝土或該物品無法滲透之不燃材料鋪設，且作適當之傾斜，並設置集液設施。
12. 儲存倉庫設置架臺者，應符合下列規定：
    (1) 架臺應以不燃材料建造，並定著在堅固之基礎上。
    (2) 架臺及其附屬設備，應能負載所儲存物品之重量並承受地震所造成之影響。
    (3) 架臺應設置防止儲放物品掉落之措施。
13. 儲存倉庫應有充分採光、照明及通風設備。儲存閃火點未達 70℃之 6 類公共危險物品，有積存可燃性蒸氣之虞者，應設置將蒸氣有效排至屋簷以上或室外距地面 4 m 以上高處之設備。
14. 儲存量達管制量 10 倍以上之儲存倉庫，應設置避雷設備並符合 CNS 12872 規定，或以接地方式達同等以上防護性能者。但因周圍環境，無致生危險之虞者，不在此限。
15. 儲存第 5 類公共危險物品有因溫度上升而引起分解、著火之虞者，其儲存倉庫應設置通風裝置、空調裝置或維持內部溫度在該物品著火溫度以下之裝置。

【解說】
　　儲存閃火點未達攝氏七十度之公共危險物品，非僅以第四類公共危險物品為限，如：過醋酸，分類為第五類公共危險物品，閃火點為攝氏四十一度。儲存倉庫應為獨立專用，係指儲存倉庫不得與其他建築連接，並應專供儲存使用。至於附屬設備機房及廁所，無管理辦法不得設置天花板規定之適用。如有因溫度上升而引起分解著火之虞者，儲存倉庫應設置通風、空調或維持內部溫度在該物品著火溫度以下之裝置。而冷凍設備機房如係屬維持內部溫度之裝置，得視為室內儲存場所之附屬設備，無管理辦法之適用。
　　有關窗戶及出入口裝有玻璃時，應為鑲嵌鐵絲網玻璃或具有同等以上防護性能者；這作用有二種，首先是考量火災時能阻絕火流延伸，以鐵絲網之高表面積來吸收熱，這如同汽車防焰器之原理；再者，防止爆炸時碎片阻絕作用。在儲存倉庫應有充分之採光、照明及通風設備。儲存閃火點未達 70℃之第 4 類公共危險物品，且有積存可燃性蒸氣之虞者，應設置將蒸氣有效排至屋簷以上或室外距地面 4 m 以上高處之設備。通風設備是為防止場所內儲存物氧化、吸附、發酵等發熱反應，通風予以對流散熱作用。而將蒸氣有效排至屋簷以上或室外距地面 4 m 以上高處之設備；這是考量公共危險物品中蒸氣或粉塵，可能會比空氣重或濃度問題，將其排至屋簷或 4 m 以上高度，因屋簷上方或一定高度較有外在風流，予以吹散稀釋；因不希望其可能比空氣重，而累積在外牆低窪處，一旦有人抽菸或菸蒂等發火源，會造成爆炸意外。而簷高定義為自基地面起至建築物簷口底面或平屋頂底面之高度。

室內儲存場所位置構造與設備

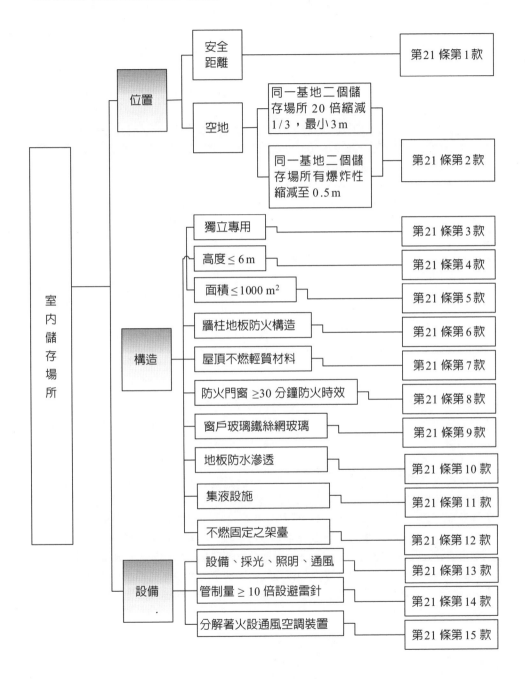

3-20 室內儲存場所（四）

　　於民國 108 年 6 月修訂 室內及室外儲存場所設置架臺時，應設置防止掉落措施。依消防置修正說明出，架臺應設置防止掉落之裝置，其立法意旨係爲避免因地震或撞擊，致公共危險物品自架臺上高處掉落，而造成衝擊使公共危險物品產生洩漏或發生質變引發災害，故仍應有某種型式之作爲以強化安全管理，惟其方式應不拘特定之型式，爰予修正鬆綁。

　　室內儲存場所之室內高度 6 公尺爲一門檻，這是考量業者物品儲存高度，也是消防人員之消防瞄子有效射水高度，超過 6 公尺火災，消防瞄子射水會無法有效射準火勢位置，影響射水之準度與效度。另一考量，儲存高度超過 6 公尺，火災或射水後倒塌或塌陷會造成救災人員之安全嚴重堪慮。

　　依內政部消防法令函釋及公告內容，「有積存可燃性蒸氣或可燃性粉塵之虞」係指在建築物內處理曝露於空氣中之閃火點未滿 40℃之易燃液體或可燃性微粉而言。

　　「有積存可燃性蒸氣或可燃性粉塵之虞」依內政部 96 年 8 月 23 日消防安全法令執法疑義研討會決議事項之提案 11 係指在建築物內處理曝露於空氣中之閃火點未滿 40℃之易燃液體或可燃性微粉。

　　而儲存閃火點未達 70℃且其蒸氣之密度比空氣重之第 4 類易燃液體，設置排出設備時，考量上揭易燃液體洩漏後揮發之蒸氣將蓄積於靠近地面處，爲達將可燃性蒸氣有效排出之目的，排出設備吸氣端風管之吸氣口配置，應以接近地面處爲宜。

　　至於通風及排出設備應設置防火閘門，其防火閘門應符合排煙設備用閘門認可基準之事項（公共危險物品部分）規定。

　　此外，在室內儲存場所是使用容器來加以儲存，然而公共危險物品之使用容器，其容器材質、結構等並未加以規範，但對儲存倉庫之樓層數（考量往上延燒及滅火困難度）、面積（火災規模）、樓高（消防射水滅火效率）等加以限制；而對於容量相對大之儲槽，卻有明確之構造規定等，以考量火災規模及滅火困難程度。

　　在「本法所稱建築物，爲定著於土地上或地面下具有頂蓋、樑柱或牆壁，供個人或公眾使用之構造物或雜項工作物。」「本法所稱雜項工作物，爲……水塔、瞭望臺、招牌廣告、樹立廣告、散裝倉、廣播塔、煙囪、圍牆、機械遊樂設施、游泳池、地下儲藏庫、建築所需駁崁、挖填土石方等工程……。」建築物非經申請直轄市、縣（市）（局）主管建築機關之審查許可並發給執照，不得擅自建造或使用或拆除。如經地方主管建築機關認定非屬建築法所稱建築物或雜項工作物者，自無需依建築法及其子法辦理其申請建築執照，亦無是否違反建築法令之情事，也無涉及消防法、各類場所消防安全設施設置標準及公共危險物品及可燃性高壓氣體設置標準暨安全管理辦法審查事項。

室內儲存場所獨棟與建築物內部設置

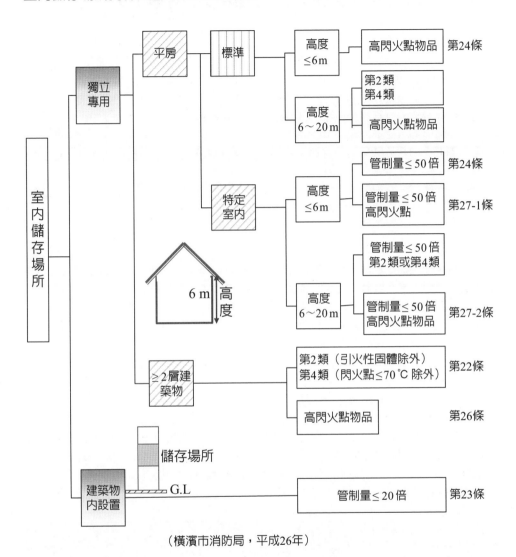

（橫濱市消防局，平成26年）

3-21 儲存第2類或第4類閃火點達70℃

第 22 條

室內儲存場所儲存易燃性固體以外之第 2 類公共危險物品或閃火點達 70℃以上之第 4 類公共危險物品者，其位置、構造及設備除應符合前條第 1 款至第 3 款及第 7 款至第 14 款規定外，其儲存倉庫得設於 2 層以上建築物，並應符合下列規定：
1. 最低層樓地板應高於地面，且各樓層高度不得超過 6 m。
2. 總樓地板面積不得超過 1000m²。
3. 牆壁、樑、柱及地板應為防火構造，樓梯應以不燃材料建造，外牆有延燒之虞者，除出入口外，不得設置開口。
4. 第 2 層以上之地板不得設有開口。但樓梯隔間牆為防火構造，且設有 30 分鐘以上防火時效之防火門區劃分隔者，不在此限。

【解說】

　　本條規範之儲存倉庫建築型態為獨立、專用之建築物，基此，不得設置辦公室等其他用途場所；另有關其安全距離及保留空地之計算，係自儲存倉庫之外牆或相當於該外牆之設施外側起算。室內儲存場所儲存易燃性固體以外之第 2 類公共危險物品者，其儲存之第 4 類公共危險物品僅限閃火點達 70℃以上者，假使其數量在管制量 20 倍以下者，則依第 23 條規定辦理。

　　也就是說，至建築物倘一部分供作室內儲存場所使用，且其公共危險物品儲存數量在管制量 20 倍以下者，其位置、構造、設備應依管理辦法第 23 條規定檢討，且上開規定無需設置安全距離及保留空地。

　　依內政部消防法令函釋及公告內容，室內儲存場所（建築物部分）應設置通風設備及排出設備，另亦應依「各類場所消防安全設備設置標準」檢討是否需設置排煙設備。假使以冷凍櫃放置於建築物內等方式儲存者，針對該冷凍櫃部分，管理辦法或設置標準尚無應檢討設置通風設備、排出設備或排煙設備之規定。

　　防火構造建築物，其主要構造防火時效之規定：

主要構造部分 ＼ 層數	自頂層起算不超過四層之各樓層	自頂層起算超過第四層至第十四層之各樓層	自頂層起算第十五層以上之各樓層
承重牆壁	一小時	一小時	二小時
樑	一小時	二小時	三小時
柱	一小時	二小時	三小時
樓地板	一小時	二小時	二小時
屋頂	半小時		

室內儲存場所儲存構造與設備

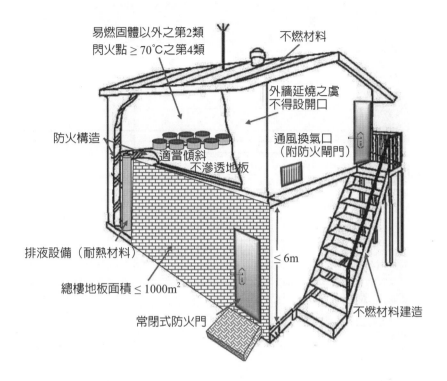

易燃固體以外之第2類
閃火點 ≥ 70℃之第4類

不燃材料

外牆延燒之虞
不得設開口

防火構造

適當傾斜
不滲透地板

通風換氣口
（附防火閘門）

排液設備（耐熱材料）

總樓地板面積 ≤ 1000m²

≤ 6m

常閉式防火門

不燃材料建造

儲存第 2 類室內儲存場所

儲存倉庫應為一層建築物，高度 ≤ 6 m，但第 2 類符合
防火構造、防火門窗及避雷設備，高度得為 ≤ 20 m。

第 4 類公共危險物品物質水溶性與管制量一覽表

等級	危險性	品目	物品名稱	水溶性	管制量	與水比重
I	高	特殊易燃物	二硫化碳	不溶	50 ℓ	重
			乙醚	微溶		輕
			乙醛	溶		輕
			環氧丙烷	溶		輕
		第 1 石油類	汽油	不溶	200 ℓ	輕
			苯	不溶		輕
			甲苯	不溶		輕
			乙酸乙酯	不溶		輕
			甲基乙基酮	不溶		輕
			丙酮	溶	400 ℓ	輕
			吡啶	溶		輕
		酒精類	甲醇	溶	400 ℓ	輕
			乙醇	溶		輕
			異丙醇	溶		輕
II	中	第 2 石油類	煤油	不溶	1,000 ℓ	輕
			柴油	不溶		輕
			二甲苯	不溶		輕
			氯苯	不溶		重
			醋酸	溶	2,000 ℓ	重
III		第 3 石油類	重油	不溶	2,000 ℓ	輕
			雜酚油	不溶		相同
			硝基苯	不溶		重
			乙二醇	溶	4,000 ℓ	重
			甘油	溶		重
IV		第 4 石油類	齒輪油	不溶	6,000 ℓ	輕
			汽缸油	不溶		輕
			馬達油	不溶		輕
			機油	不溶		輕
V	低	動植物油類	亞麻仁油	不溶	10,000 ℓ	輕
			椰子油	不溶		輕

（日本消防檢定協會，平成 28 年）

室內儲存場所個案檢討

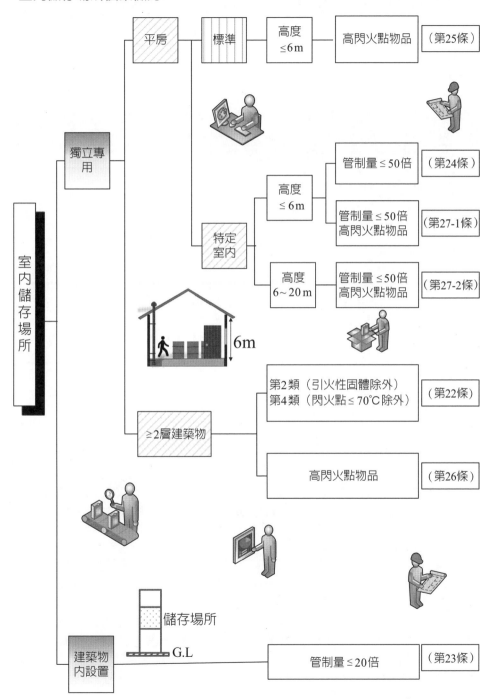

3-22 建築物一部分供作室內儲存場所

第 23 條

儲存 6 類物品之數量在管制量 20 倍以下者，建築物之一部分得供作室內儲存場所使用，其位置、構造及設備除應符合第 21 條第 10 款至第 15 款規定外，並應符合下列規定：

1. 應設於牆壁、柱及地板均為防火構造建築物之第 1 層或第 2 層。
2. 供作室內儲存場所使用之部分，應符合下列規定：
   (1) 地板應高於地面，且樓層高度不得超過 6 m。
   (2) 樓地板面積不得超過 75 m²。
   (3) 牆壁、樑、柱、地板及上層之地板應為防火構造，且應以厚度 7 cm 以上鋼筋混凝土或具有同等以上強度之地板或牆壁與其他場所區劃，外牆有延燒之虞者，除出入口外，不得設置開口。
   (4) 出入口應設置 1 小時以上防火時效之常時關閉式防火門。
   (5) 不得設置窗戶。
   (6) 通風及排出設備，應設置防火閘門。但管路以不燃材料建造，或內部設置撒水頭防護，或設置達同等以上防護性能之措施者，不在此限。
   (7) 同一樓層不得相臨設置。

於供作六類物品製造場所或一般處理場所使用之建築物，一部分供作前項場所使用時，其位置、構造及設備除應符合前項本文及其第 1 款、第 2 款第 1 目、第 2 目及第 5 目至第 7 目規定外，並應符合下列規定：

1. 牆壁、樑、柱、地板及上層之地板應為防火構造，且具有二小時以上防火時效，外牆有延燒之虞者，除出入口外，不得設置開口。
2. 出入口應設置二小時以上防火時效之常時關閉式防火門。

【解說】

一般建築物一部分供作室內儲存場所使用之規定，儲存 6 類物品，為免該儲存室火災失控，造成擴大延燒，控制在管制量 20 倍以下，又建築物有公共危險物品在其室內一部分，使得高危險性與一般性混合在同一建築物內，因此，強烈要求該獨立防火區劃之完整性；而供作製造場所或一般處理場所建築物，其一部分供作室內儲存場所使用時，避免整個危險性相加效應，強化區劃防火時效提升至 2 小時之要求。

本條有關建築物一部分供作室內儲存場所使用之規定，儲存 6 類物品之數量在管制量 20 倍以下，非指該棟建築物所有室內儲存場所之數量合計。為避免火災發生時波及建築物其他部分，基此，設置通風或排出設備時，貫穿牆壁，應設置防火閘門，以避免成為火勢延燒路徑。亦即，通風及排出設備之管路如未貫穿建築物內部構造，直接貫穿外牆並連通至屋外空氣流通處，且該場所之建築物外牆無延燒之虞者，得免設置防火閘門。倘其通風設備採用自然通風之方式，為使儲存場所成為一個獨立的防火區劃空間，應設置防火閘門。本條也無有關安全距離及保留空地之規定。

建築物一部分供作室內儲存場所

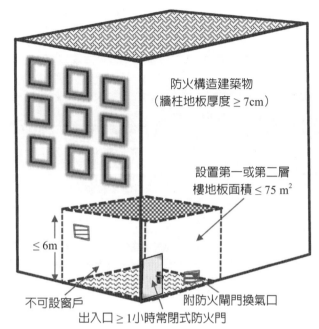

防火構造建築物
（牆柱地板厚度 ≥ 7cm）

設置第一或第二層
樓地板面積 ≤ 75 m²

≤ 6m

不可設窗戶

出入口 ≥ 1小時常閉式防火門

附防火閘門換氣口

（大津市消防局，平成26年）

該儲存場所會有面積及高度限制，及嚴謹防火區劃之規定，避免火災時波及整棟建築物之使用安全。

同一建築物中設兩室內儲存場所不得相臨設置，其間距部分並無規範

危險場所不得相臨，避免災害時形成相乘效應，且能設於建築物低樓層部分，有利於消防搶救，但不利於濃煙會向上層樓瀰漫。

3-23 未達管制量50倍的儲存場所

第 24 條

室內儲存場所儲存 6 類物品之數量,未達管制量 50 倍,且高度在六公尺以下者,其位置、構造及設備除應符合第 21 條第 3 款、第 4 款本文及第 9 款至第 15 款規定外,並應符合下列規定:

1. 儲存倉庫周圍保留空地寬度:
   (1) 未達管制量 5 倍者,免設保留空地。
   (2) 達管制量 5 倍以上未達 20 倍者,保留空地寬度應在 1 m 以上。
   (3) 達管制量 20 倍以上未達 50 倍者,保留空地寬度應在 2 m 以上。
2. 儲存倉庫樓地板面積,不得超過 150 m²。
3. 儲存倉庫之牆壁、樑、柱、地板及屋頂應為防火構造。
4. 儲存倉庫之出入口,應設置 1 小時以上防火時效之常時關閉式防火門。
5. 儲存倉庫不得設置窗戶。

室內儲存場所儲存六類物品之數量,未達管制量五十倍,且高度超過六公尺在二十公尺以下者,其位置、構造及設備,除應符合第 21 條第 2 款、第 3 款、第 4 款本文、但書與其第 3 目及第 9 款至第 13 款規定外,並應符合前項第 2 款至第 5 款規定。

【解說】

本條係針對室內儲存場所儲存 6 類物品之數量,未達管制量 50 倍者之規定,此燃料量相對較少,所以有些規定可鬆綁放寬,如儲存倉庫周圍保留空地寬度,但相對地需付出某些代價,如儲存倉庫之牆壁、柱、地板及屋頂應為防火構造;儲存倉庫之出入口,應設置 1 小時以上防火時效之常時關閉式防火門;儲存倉庫不得設置窗戶。

本條僅要符合相關規定(第 21 條第 2 款至第 4 款、第 9 款至第 15 款及本條第 2 款至第 5 款),其儲存倉庫高度可達至 20 m。因儲存增高時,無論火災向上延燒容易度,形成立體延燒,增加火災猛烈度,使消防搶救滅火難度提高,故在法規上有所限制儲存倉庫之位置構造及設備,如儲存倉庫應為平房,並具防火時效之完整獨立防火區劃並強制設置避雷設備,假使滅火控制已難以有效制衡,且沒有向外延燒,此時消防單位搶救戰術應是周界防護及防止延燒之方式。

防火時效為一種材料或構造體遭受火災時可耐燃之時間。而儲存倉庫之牆壁、柱、地板及屋頂應為防火構造及儲存倉庫之出入口,應設置 1 小時以上防火時效之常時關閉式防火門,以及儲存倉庫不得設置窗戶,以上皆是考量能構成一整體之防火區劃用意。而防火區劃是為了有效防止火災發生時火勢之竄燒及範圍擴大,建築物以具有 1 小時以上防火時效之牆壁、防火門窗等防火設備與該處防火構造之樓地板區劃分隔。

未達管制量 50 倍的室內儲存場所之硬體規定

位置	空地	≥ 0～2 m	
構造	儲存場所	獨立專用	
		面積≤ 150 m²	
		高度≤ 6 m（≤ 20 m 需符合相關規定）	
	屋頂	防火構造	
	牆壁、柱	不燃材料 外牆有延燒之虞為防火構造，除出入口外不得開口	
	窗戶及出入口	鐵絲網玻璃	
		≥ 1 小時常閉式防火門	
		不得設窗戶	
	地板	混凝土或金屬板等適當傾斜與集液裝置	
		防水滲透不燃構造（儲存無機過氧化物等）	
		防火構造	
	其他	架臺堅固不燃材質防掉落裝置	
設備	採光照明通風設備		
	積存可燃蒸氣排至屋簷以上之排氣裝置		
	管制量 ≥ 10 倍設避雷設備（但周圍環境無危險除外）		
	第 5 類溫度上升分解著火之通風空調裝置		

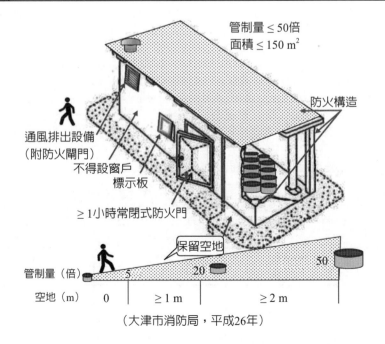

（大津市消防局，平成26年）

3-24 高閃火點室內儲存場所

第25條
室內儲存場所儲存高閃火點物品，且高度在六公尺以下者，其位置、構造及設備除應符合第21條第3款、第4款本文、第5款、第6款及第10款至第13款規定外，並應符合下列規定：
1. 與廠區外鄰近場所之安全距離準用第13條第1項第1款至第4款規定。但儲存數量未達管制量20倍者，不在此限。
2. 儲存倉庫四周保留空地寬度應依下表之規定。
3. 儲存倉庫屋頂應以不燃材料建造。
4. 儲存倉庫之窗戶及出入口，應以不燃材料建造；有延燒之虞牆面設置之出入口，應設置一小時以上防火時效之常時關閉式防火門。
5. 有延燒之虞牆面設置之出入口裝有玻璃時，應為鑲嵌鐵絲網玻璃或具有同等以上防護性能者。
室內儲存場所儲存高閃火點物品，且高度超過六公尺在二十公尺以下者，其位置、構造及設備，除應符合第21條第2款本文或但書第1目、第3款至第5款、第7款、第9款至第13款及前項第1款規定外，並應符合下列規定：
一、外牆有延燒之虞者，除出入口外，不得設置其他開口。
二、有延燒之虞牆面設置之出入口，應設置一小時以上防火時效之常時關閉式防火門。

【解說】

　　保留空地寬度，係就該室內儲存場所周圍為防止儲存公共危險物品場所發生火災（由內向外燒）或其周圍建築物發生火災時（由外向內燒）之相互延燒，並作為消防人員搶救活動空間及戰術運用所留設之空地，該空地不得供（兼）作其他用途使用，其地盤或上空部分亦不得存放有助長延燒或影響救災之物件（如路樹或路邊停車等），假使種植雜草到冬季少雨天氣，則形成枯黃之輕質燃料，則應考量空地上雜草叢生。

　　依內政部消防法令函釋及公告內容，業者需具上開保留空地之土地所有權或使用權，俾落實執行與維護上開安全管理措施。至於將道路納為保留空地之一部分，恐違反保留空地之設置意旨，一旦發生火災或爆炸事故，可能嚴重影響廠外道路來往之人車安全。

　　本條儲存高閃火點物品倉庫，在保留空地之規定，係考量建築結構及燃料量，即建築物構造及儲存數量而異，如建築物之牆壁、柱及地板為防火構造者，得放寬規定。

高閃火點物品室內儲存場所四周保留空地寬度

區分		保留空地寬度	
		建築物之牆壁、柱及地板	
		防火構造	非防火構造
管制量	<20倍	免設	>0.5m
	20～50倍	>1m	>1.5m
	50～200倍	>2m	>3m
	>200倍	>3m	>5m

高閃火點物品室內儲存場所之硬體規定

位置	安全距離	3〜50 m（未達管制量 20 倍除外）
	空地	≥ 0〜5 m
構造	儲存場所	高度 ≤ 6 m（第 2 或第 4 類高度 ≤ 20 m 需符合相關規定）
		面積 ≤ 1000 m²
		獨立專用
	屋頂	不燃材料建造
	牆壁、樑、柱	防火構造（樑為不燃材料）
		外牆有延燒之虞除出入口外不得開口
		管制量 ≤ 10 倍、易燃固體外第 2 類或閃火點 ≥ 70℃ 第 4 類且外牆無延燒之虞為不燃材料
	地板	防火構造
		混凝土或金屬板等適當傾斜與集液裝置
		防水滲透不燃構造（儲存無機過氧化物等）
	窗戶及出入口	≥ 30 分鐘防火時效（外牆有延燒之虞出入口 ≥ 1 小時常閉式防火門）
		鐵絲網玻璃
	其他	架臺堅固不燃材質防掉落置
設備	採光照明通風設備	
	積存可燃蒸氣排至屋簷以上	

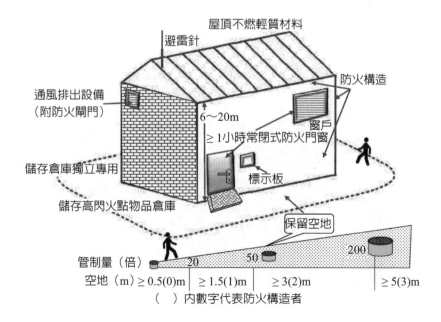

3-25 於2層以上高閃火點儲存場所

第 26 條
室內儲存場所儲存高閃火點物品，其儲存倉庫為 2 層以上建築物者，其位置、構造及設備，除應符合第 21 條第 3 款、第 8 款至第 13 款、第 22 條第 1 款、第 2 款、第 4 款及前條第 1 項各款規定外，其儲存倉庫之牆壁、樑、柱、地板及樓梯應以不燃材料建造；外牆有延燒之虞者，牆壁應為防火構造，除出入口外，不得設置其他開口。

【解說】

外牆有延燒之虞者係指 1 樓 < 3 m、2 樓 < 5 m 範圍內，牆壁應為防火構造係指防火時效≥ 30 分鐘，除出入口外不得設置其他開口，開口除供應燃燒所需氧外也是火勢延燒路徑。

高閃火點物品，指閃火點在 100℃以上之第 4 類公共危險物品。可燃液體的閃火點或引火點，是關係到液體起火敏感度，通常指液體在空氣中形成可燃混合物（蒸氣）一閃即逝火焰之最低溫度，也就是燃燒下限，此為決定液體危險性之物理上重要指標，其液體蒸發速率小於其燃燒速率，因此閃火後無法維持燃燒現象。

在比閃火點高的溫度將會是著火點，其點燃後將繼續燃燒。著火點通常比閃火點高出幾度。一般燃料，支持燃燒所要求的最小蒸發速率，約為 4(g/m²)/sec。假使液體一旦起火後，閃火點對液體燃燒已不具多大影響了。根據閃火點測定，制訂了危險物品分類系統，依 NFPA 30 指出液體閃火點高於 37.8℃為可燃液體，低於 37.8℃且其蒸氣壓不超過 40 psi 者為易燃性液體。

外牆有延燒之虞

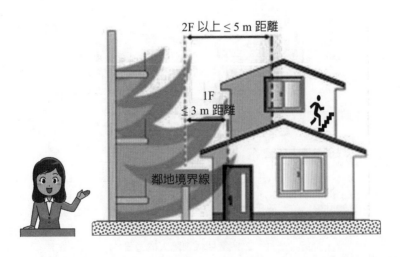

液體閃火點與著火點位置結構

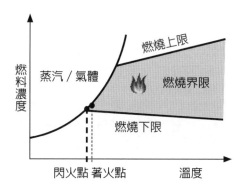

國內石油類分級表

項目	第一石油類	第二石油類	第三石油類	第四石油類
一大氣壓時 閃火點	< 21 ℃	21～69 ℃	70～199 ℃	200～249 ℃

於 2 層以上高閃火點物品室內儲存場所之硬體規定

位置	安全距離	3～50 m
	空地	≥ 0～5 m
構造	儲存場所	面積≤ 1000 m²
		高度≤ 6 m
		獨立專用
	屋頂	不燃材料
	牆壁、樑、柱	不燃材料
		外牆有延燒之虞為防火構造，除出入口外不得開口
	地板	防水滲透不燃構造（儲存無機過氧化物等）
		混凝土或金屬板等適當傾斜與集液裝置
		≥ 2F 地板不得開口（有防火區劃除外）
	窗戶及出入口	≥ 30 分鐘防火時效
		鐵絲網玻璃
	其他	架臺堅固不燃材質防掉落裝置
設備	採光照明通風設備	
	積存可燃蒸氣排至屋簷以上之排氣裝置	

3-26 管制量未達50倍的高閃火點儲存場所

第 27 條

室內儲存場所儲存高閃火點物品之數量，未達管制量 50 倍，且高度在六公尺以下者，其位置、構造及設備應符合第 21 條第 3 款、第 4 款、第 9 款至第 13 款及第 24 條第 1 項第 2 款至第 5 款規定。

室內儲存場所儲存高閃火點物品之數量，未達管制量五十倍，且高度超過六公尺在二十公尺以下者，其位置、構造及設備應符合第 21 條第 3 款、第 4 款本文、但書與其第 3 目、第 9 款至第 13 款及第 24 條第 1 項各款規定。

【解說】

管制量未達 50 倍高閃火點物品室內儲存場所，危險度算是相對較低，故某些規定可放寬，如位置規定即是，皆無安全距離或廠區境界線距離等，於儲存場所高度≤ 6 m 時，並沒有位置之相關規定，即保留空地之寬度。但儲存場所高度 6～20 m 時，並納入位置之相關規定，即保留空地之寬度；如此考量是場所高度超過 6 m，消防人員從地面射水，無法有效對準燃料物體射水冷卻；所以，高度提高易形成立體火災，火勢延燒高聳，勢必難以控制火災，有必要採取守勢消防戰略，以保留空地來防止可能之相互延燒；另一方面，周圍保留空地可給消防人員活動空間與戰術運用，可從任一位置布署瞄子及水帶，有利於消防活動。

於本條規定不得設窗戶，其考量為獨立完整區劃問題，意即窗戶通常是火勢相互延燒之途徑，且其玻璃一旦在火災成長期間，因高溫致使其破裂，會呈現另一問題，即大量外來氧氣會供應火勢行為，使消防救災更形困難。但整個儲存場所於平時可能門緊閉，因通風散熱困難，如有積存可燃性蒸氣之虞，應排至屋簷以上或 4 m 高度之排氣裝置。

於室內儲存場所在儲存 6 類物品時，常需進行搬運行為。內政部消防法令函釋及公告內容，依消防法第 15 條第 2 項後段但書規定，略以：「但公共危險物品及可燃性高壓氣體之製造、儲存、處理或搬運，中央目的事業主管機關另有安全管理規定者，依其規定辦理」其中有關「搬運安全」部分，於勞工安全衛生設施規則第 7 章「物料搬運處置」已有規範。故有關容器儲存室現場作業人員執行物料搬運與處置之安全規定，應參照上開規定辦理。

切割火花掉落引燃周遭地面油類
（改繪自厚生勞動省平成31年）

管制量未達 50 倍高閃火點物品室內儲存場所之硬體規定

位置	空地	≥ 0～2 m（儲存場所高度 6～20 m）
構造	儲存場所	面積 ≤ 150 m²
		高度 ≤ 6 m（第 2 或第 4 類高度 ≤ 20 m 需符合相關規定）
		獨立專用
	屋頂	防火構造
	牆壁、樑、柱	防火構造
	地板	防水滲透不燃構造（儲存無機過氧化物等）
		混凝土或金屬板等適當傾斜與集液裝置
		防火構造
	出入口	≥ 60 分鐘防火時效常閉式
		鐵絲網玻璃
	窗戶	不得設窗戶
	其他	架臺堅固不燃材質防掉落裝置
設備	採光照明通風設備	
	積存可燃蒸氣排至屋簷以上之排氣裝置	

不得設窗戶及積存可燃蒸氣排至屋簷以上之排氣裝置等

氧化性物質儲存會發熱，應注意通風設備。

牆壁、樑、柱為防火構造及地板為防水滲透不燃構造等

地板應為混凝土或金屬板等

3-27 有機過氧化物等儲存場所（一）

第 28 條

室內儲存場所儲存第 5 類公共危險物品分級屬 A 型或 B 型，其位置、構造及設備，除應符合第 21 條規定外，並應符合下列規定：

1. 其外牆與廠區外鄰近場所之安全距離如右上表。但儲存量未達管制量 5 倍，且外牆為厚度 30cm 以上之鋼筋或鋼骨混凝土構造者，其與廠區外鄰近場所之安全距離得以周圍已設有擋牆者計算；周圍另設有擋牆防護者，其與第 13 條第 1 項第 3 款及第 4 款所列場所之安全距離得縮減為 10 m。
2. 儲存倉庫周圍保留空地寬度如右下表。
3. 儲存倉庫應以分隔牆區劃，每一區劃面積應在 150 m² 以下，分隔牆應為厚度 30 cm 以上之鋼筋或鋼骨混凝土構造，或厚度 40 cm 以上之鋼筋或鋼骨補強空心磚構造，且應突出屋頂 50 cm 以上、二側外壁 1 m 以上。
4. 儲存倉庫外壁應為厚度 20cm 以上之鋼筋或鋼骨混凝土構造，或厚度 30cm 以上之鋼筋或鋼骨補強空心磚構造。
5. 儲存倉庫屋頂應符合下列規定之一：
   (1) 構架屋頂面之木構材，其跨度應在 30cm 以下。
   (2) 屋頂下方以圓型鋼或輕型鋼材質之格子樑構造，其邊長在 45cm 以下。
   (3) 屋頂下設置金屬網，應與不燃材料建造之屋樑、橫樑等緊密結合。
   (4) 設置厚度在 5cm 以上，寬度在 30cm 以上之木材作為屋頂之基礎。
6. 儲存倉庫出入口應為 1 小時以上防火時效之防火門。
7. 儲存倉庫窗戶距離地板應在 2 m 以上，設於同一壁面窗戶之總面積不得超過該壁面面積之 1/80，且每一窗戶之面積不得超過 0.4 m²。

【解說】

本條室內儲存場所係第 5 類公共危險物品之有機過氧化物及 A 型、B 型自反應物質，屬爆炸性危險度較高場所，在其位置、構造及設備皆應強化。

上述安全距離計算方式如下：

1. 自場所外牆或相當於該外牆之設施外側起算，並以水平距離計算。在高度能有效阻隔延燒。
2. 設有擋牆者，得減半計算之：
   (1) 設置位置：距離場所外牆或相當於該外牆之設施外側 2 m 以上（不得超過場所應保留空地寬度之 1/5，其未達 2 m 者，以 2 m 計）。
   (2) 厚（斜）度、種類：15 cm 以上之鋼筋或鋼骨混凝土牆；或 20 cm 以上之鋼筋或鋼骨補強空心磚牆；或堆高斜度不超過 60 度之土堤。
3. 得涵蓋廠區外之公用馬路、海洋、河川及湖泊等永久性空地，但不宜涵蓋私人土地。倘若涵蓋私人土地時，應考量日後該土地興建建物時，亦能透過保安措施（如設置擋牆等），使該場所仍符合規定。

此外，保留空地計算方式為自場所外牆或相當於該外牆之設施外側起算；以水平距離計算；依法應設置超過 3 m 保留空地寬度之場所，假使保留空地面臨海洋、湖泊、水堰或河川者，得縮減為 3 m。

室內儲存第 5 類公共危險物品

室內儲存第 5 類公共危險物品之有機過氧化物或 A 型、B 型自反應物質場所與廠區外鄰近場所之安全距離						
區分	第 13 條第 3 款及第 4 款所列場所（危險物品場所及一般建築物等）		第 13 條第 2 款所列場所（醫院學校等）		第 13 條第 1 款所列場所（古蹟等）	
管制量	設擋牆	未設擋牆	設擋牆	未設擋牆	設擋牆	未設擋牆
＜10 倍者	20 m	40 m	30 m	50 m	50 m	60 m
10～20 倍者	22 m	45 m	33 m	55 m	54 m	65 m
20～40 倍者	24 m	50 m	36 m	60 m	58 m	70 m
40～60 倍者	27 m	55 m	39 m	65 m	62 m	75 m
60～90 倍者	32 m	65 m	45 m	75 m	70 m	85 m
90～150 倍者	37 m	75 m	51 m	81 m	79 m	95 m
150～300 倍者	42 m	85 m	57 m	95 m	87 m	105 m
＞300 倍者	47 m	95 m	66 m	110 m	100 m	120 m

室內儲存第 5 類公共危險物品之有機過氧化物或 A 型、B 型自反應物質場所保留空地寬度		
區分	保留空地寬度	
管制量	設擋牆	未設擋牆
＜5 倍者	3 m 以上	10 m 以上
5～10 倍者	5 m 以上	15 m 以上
10～20 倍者	6.5 m 以上	20 m 以上
20～40 倍者	8 m 以上	25 m 以上
40～60 倍者	10 m 以上	30 m 以上
60～90 倍者	11.5 m 以上	35 m 以上
90～150 倍者	13 m 以上	40 m 以上
150～300 倍者	15 m 以上	45 m 以上
≥300 倍者	16.5 m 以上	50 m 以上

3-28 有機過氧化物等儲存場所（二）

本條儲存係屬爆炸性危險度較高場所，但室內可設有天花板，也惟獨第 5 類在其位置之安全距離有必要大幅加長，從 20 m～120m，且可建置擋牆來減短安全距離；而在保留空地方面亦是如此，從 3 m～50m 以上。無論是在安全距離與空地皆加大之原因，係爆炸威力影響之安全考量，依 Robert Zalosh（2008）指出，爆炸威力隨著距離，其爆轟波能量之 1/3 次方而遞減。

$$\frac{z}{E^{1/3}} \text{ 或 } \frac{z}{W_{TNT}^{1/3}}$$

式中
E 為爆轟波能量
z 為從起爆處之距離
W_{TNT} 為相同於 TNT 爆轟波能量

（盧守謙，火災學，2017）

本項自反應性爆炸，爆炸能量來自於化學反應所產生高壓氣體與放熱性。因放熱性使爆炸反應過程能自行傳播。於災害現場特徵為有燃燒之痕跡，且受害者有大面積燃燒痕跡。化學爆炸燃燒反應，因逐步透過反應物（燃料）進行發展，稱為傳播反應（Propagation Reactions），其能在火焰前鋒分離出燃料的反應區和未反應區。因化學反應過程高速，如 1 噸木材完全燃燒約需 30 分鐘，放熱量約 16700kJ，而自反應性物質相當 1kgTNT 釋放熱量 4200 kJ，但過程僅需不到 1 秒即完成，反應熱來不及逸出而聚集在爆炸物原有體積，產生巨大功。

因此，在儲存倉庫之屋頂構造，就需特別予以講究，這作為爆炸巨大能量之釋壓口，如屋頂面木構材跨度、圓型鋼或輕型鋼材質之格子樑構造、設金屬網與不燃材料建造之屋樑、橫樑等緊密結合等，儲存倉庫窗戶距離地板應在 2 m 以上，這是考量可能爆炸方向儘量偏高，並限制其總面積不宜過大，避免窗戶也淪為釋壓口，主要是考慮道路上來往人車之安全。

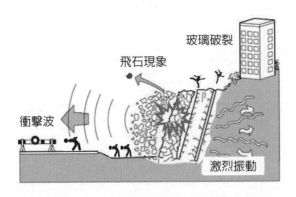

有機過氧化物及 A 型 B 型自反應物室內儲存場所之硬體規定 20～120 m

位置	安全距離	
	空地	≥ 3～50 m
構造	儲存場所	面積 ≤ 1000 m² 每一區劃 ≤ 150 m² 分隔牆厚 ≥ 30cm
		高度 ≤ 6 m
		獨立專用
	屋頂	不燃輕質金屬板 金屬網與樑結合 厚 ≥ 5cm 寬 ≥ 30cm 木材基礎
	牆壁、樑、柱	防火構造 外牆厚 ≥ 20cm
	地板	防火構造
	出入口	≥ 60 分鐘防火時效
	窗戶	≥ 30 分鐘防火時效鐵絲網玻璃 高度 ≥ 2 m 每一面積 ≤ 0.4m² 且同壁總面積 ≤ 1/80
	其他	架臺堅固不燃材質防掉落裝置
設備	採光照明通風設備	
	積存可燃蒸氣排至屋簷以上之排氣裝置	
	管制量 ≥ 10 倍設避雷針	

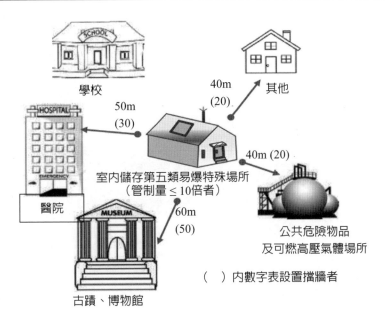

學校

50m
(30)

40m
(20)

其他

醫院

室內儲存第五類易爆特殊場所
（管制量 ≤ 10倍者）

40m (20)

60m
(50)

公共危險物品
及可燃高壓氣體場所

古蹟、博物館

（　）內數字表設置擋牆者

3-29 室內儲存場所不適用一般規定

> **第 29 條**
> 室內儲存場所儲存下列物品者，不適用第 22 條至第 24 條規定：
> 1. 第 3 類公共危險物品之烷基鋁、烷基鋰。
> 2. 第 4 類公共危險物品之乙醛、環氧丙烷。
> 3. 第 5 類公共危險物品之分級屬 A 型或 B 型。
> 4. 其他經中央主管機關公告之 6 類物品。

【解說】

烷基鋁又稱三烷基鋁，在室溫下都是無色液體，化學性質很活潑，如三乙基鋁在空氣中能自燃，極易被氧化，遇水即爆炸。三烷基鋁在空氣中易氧化和水解；而烷基鋁可用於反應的催化劑。

烷基鋰常溫下是液體或低熔點固體，能迅速與氧氣反應，因此在空氣中自燃，且與液態水及水蒸氣反應。危險特性：化學反應活性很高，與空氣接觸會著火。與水、酸類、鹵素類、醇類和胺類接觸，會發生劇烈反應。

乙醛是易燃毒性液體，閃火點 -39℃、自燃溫度 130℃、爆炸界限 4～57%，甚至在低溫下的蒸氣也能與空氣形成爆炸性混合物，遇火星、高溫、氧化劑、易燃物、氨、硫化氫等，有燃燒爆炸之危險。在空氣中久置後能生成有爆炸性的過氧化物。受熱可能發生劇烈的聚合反應。其蒸氣比空氣重，能在較低處擴散到相當遠的地方，遇火源會著火回燃。

環氧丙烷是易燃毒性液體，閃火點 -37℃、自燃溫度 465℃、爆炸界限 2.1～37%，應儲存於通風、乾燥、低溫陰涼處，不得於日光下直接曝曬並隔絕火源。

自反應物質即使在沒有氧（氣）參與的條件下，也能進行激烈的放熱分解之不穩定液態或固態物質。於 A 型在包裝品中為可能爆轟或迅速爆燃，而 B 型在包裝品中不會爆轟或迅速爆燃，但可能發生熱爆炸。

混合危險預防措施

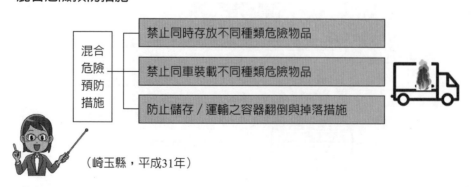

混合危險預防措施
- 禁止同時存放不同種類危險物品
- 禁止同車裝載不同種類危險物品
- 防止儲存／運輸之容器翻倒與掉落措施

（崎玉縣，平成31年）

室內儲存場所位置、構造及設備之總表

項目		獨立專用					建築物內設置
		平房				≥2層建築物	
		標準		特定室內 管≤50倍		第2,4類	管≤20倍
		高度≤6m	6～20m 第2,4類	≤6m	6～20m	各高度≤6m	各高度≤6m
位置	安全距離	3～50m	同最左	-	-	同最左	-
	空地	≥0～15m	同最左	≥0～2m	同最左	同最左	-
構造	儲存場所（面積）	面積≤1000 m²	同最左	≤150 m²	≤150 m²	同最左	≤75 m²
	獨立專用	同最左	同最左	同最左	同最左	同最左	-
	屋頂	不燃輕質	同最左	防火構造	防火構造	同最左	防火構造
	牆壁樑柱	防火構造（樑不燃材料）	防火構造	防火構造	防火構造	同最左	防火構造
	地板	防水（無機過氧化物）傾斜集液	防火 同最左	防火 同最左	防火同最左	同最左 ≥2層不設開口	同最左
	出入口	≥30分鐘防火時效	≥1小時	≥1小時且常閉	≥1小時且常閉	同最左	≥1小時且常閉
	窗戶	≥30分鐘防火鐵絲網玻璃	≥1小時	不設窗戶	同最左	同最左	不設窗戶
	其他	架臺不燃防落裝置	同最左	同最左	同最左	同最左	同最左 同一層不得相臨
設備	避雷針	管制量≥10倍	管制量≥0倍	同最左	管制量≥0倍	同最左	同最左
	採光照明通風設備	同最左	同最左	同最左	同最左	同最左	同最左 防火閘門
	積存可燃排氣裝置	同最左	同最左	同最左	同最左	同最左	同最左 防火閘門
	溫度上升之通風空調	-	同最左	同最左	-	同最左 防火閘門

3-30 室外儲存場所一般規定

第 30 條

室外儲存場所儲存之 6 類物品，以第 2 類公共危險物品中之硫磺、閃火點在 21℃
以上之易燃性固體或第 4 類公共危險物品中之第 2 石油類、第 3 石油類、第 4 石油
類或動植物油類為限，並應以容器裝置，其位置、構造及設備應符合下列規定：

1. 其外圍或相當於外圍設施之外側，與廠區外鄰近場所之安全距離準用第 13 條規
   定。但儲存高閃火點物品者，不在此限。
2. 應設置於不潮濕且排水良好之位置。
3. 場所外圍，應以圍欄區劃。
4. 前款圍欄四周保留空地寬度應依右上表之規定。但儲存硫磺者，其保留空地寬
   度得縮減至規定寬度之 1/3。
5. 儲存高閃火點物品，圍欄周圍保留空地寬度，應依右中表規定。
6. 設置架臺者，其構造及設備應符合下列規定：
   (1) 架臺應以不燃材料建造，並定著於堅固之基礎上。
   (2) 架臺應能負載其附屬設備及所儲存物品之重量，並承受風力、地震等造成之
       影響。
   (3) 架臺之高度不得超過 6 m。
   (4) 架臺應設置防止儲存物品掉落之措施。
7. 儲存硫磺及閃火點在 21℃ 以上之易燃性固體者，其容器堆積高度不得超過 3 m。
8. 儲存閃火點在 21℃ 以上之第 4 類公共危險物品中之第 2 石油類、第 3 石油類、
   第 4 石油類或動植物油類時，內部應留有寬度 1.5 m 以上之走道，且走道分區
   範圍內儲存數量及容器堆積高度應符合右下表規定。

【解說】

　　室外儲存場所係儲存危險性相對較低之第 2 類之硫磺及第 4 類閃火點 ≥ 21℃ 之物
品。於保留空地上種植樹木或花草，內政部消防法令函釋及公告內容，仍需視該等綠
化物是否有助長延燒或影響救災之情形，倘有上開情形，則不得為之。基本上，如草
類遇冬季缺水枯黃會成為易燃之輕質燃料。而第 1 石油類容器不能於室外儲存，因曬
太陽時容器內溫度會升高，依理想氣體定律（$PV = nRT$）溫度高致壓力也相對提升，
且低閃火點更是危險。

　　硫磺危險特性，熔點 119℃、閃火點 207℃、爆炸下限 2.3%，會與鹵素、金屬粉末
等接觸產生劇烈反應。硫磺為不良導體，在儲運過程中易產生靜電荷，可導致硫粉塵
起火。粉塵或蒸氣與空氣混合形成爆炸性混合物。儲存於陰涼、通風處。遠離火種、
熱源；而包裝應密封，並與氧化劑分開存放，切忌混合儲存。採用防爆型照明、通風
設施。禁止使用易產生火花的機械設備和工具。儲存區應備有合適的材料收容洩漏
物。在滅火方法上，在上風向滅火。遇小火用砂土悶熄。遇大火可用霧狀水滅火。切
勿將水流直接射至熔融物，以免引起嚴重的流動性火災或引起劇烈的沸濺現象。

室外儲存場所圍欄四周保留空地寬度

區分（管制量）	保留空地寬度
＜10 倍者	3 m 以上
10～20 倍者	6 m 以上
20～50 倍者	10 m 以上
50～200 倍者	20 m 以上
≥ 200 倍者	30 m 以上

儲存高閃火點物品室外儲存場所圍欄四周保留空地寬度

區分（管制量）	保留空地寬度
＜50 倍者	3 m 以上
50～200 倍者	6 m 以上
≥ 200 倍以上者	10 m 以上

儲存第 4 類公共危險物品走道分區範圍內儲存數量及容器堆積高度

區分（閃火點）	分區內儲存數量上限	容器堆積高度上限
21～37.8℃者	16800 L	3.6 m
37.8～60℃者	33600 L	3.6 m
≥ 60℃者	83600 L	5.4 m

室外儲存場所架臺例

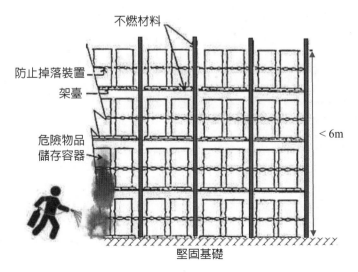

（橫濱市消防局，平成26年）

3-31 硫磺儲存場所

第 31 條

室外儲存場所儲存塊狀之硫磺，放置於地面者，其位置、構造及設備，除依前條規定外，並應符合下列規定：

1. 每 100m²（含未達）應以圍欄區劃，圍欄高度應在 1.5 m 以下。
2. 設有 2 個以上圍欄者，其內部之面積合計應在 1000m² 以下，且圍欄間之距離，不得小於前條保留空地寬度之 1/3。
3. 圍欄應以不燃材料建造，並有防止硫磺洩漏之構造。
4. 圍欄每隔 2 m，最少應設一個防水布固定裝置，以防止硫磺溢出或飛散。
5. 儲存場所周圍，應設置排水溝及分離槽。

【解說】

　設置圍欄區劃目的，為一管制範圍，在安全管理或應變救災上有其正面性。場所如因搬運及相關作業所需，內政部消防法令函釋及公告內容，圍欄採可拆式或移動等型式設置。

　室外儲存場所在第 4 類液體僅限儲存第 2 石油類以上之易燃性液體，假使儲存第 1 石油類者，液體閃火點低，引火容易，而會呈現快速火焰傳播之速率，且易形成大規模著火或蒸汽爆炸之危險。

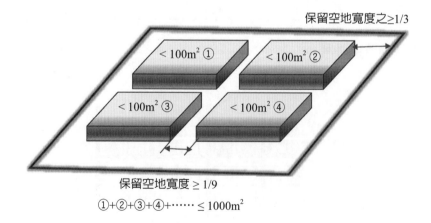

保留空地寬度之 ≥1/3

< 100m² ①　　< 100m² ②

< 100m² ③　　< 100m² ④

保留空地寬度 ≥ 1/9

①+②+③+④+…… ≤ 1000m²

室外儲存場所構造設備

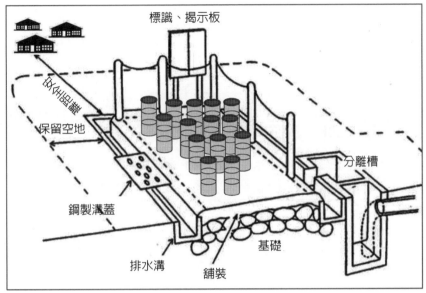

（橫濱市消防局，平成26年）

室外儲存塊狀硫磺場所構造設備例

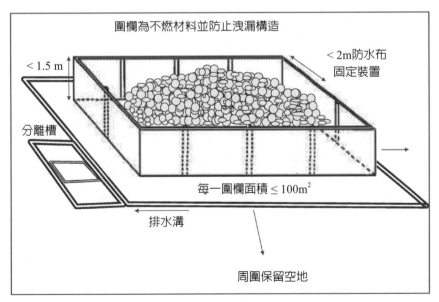

（大津市消防局，平成26年）

3-32 儲槽容積

第 32 條

6 類物品儲槽之容量不得大於儲槽之內容積扣除其空間容積後所得之量。

儲槽之內容積計算方式如下：

1. 橢圓形儲槽：如右上圖
2. 圓筒形儲槽
   (1) 臥型之圓筒形儲槽：如右中圖
   (2) 豎型圓筒形儲槽內容積不含槽頂部分。
   (3) 內容積無法以公式計算者，得用近似之算法。

儲槽空間容積為內容積之 5%～10%。但儲槽上部設有固定式滅火設備者，其空間容積以其滅火藥劑放出口下方 30 cm～1 m 之水平面上部計算之；如右下圖所示。

【解說】

　　儲槽空間容積為內容積之 5%～10%，亦即儲槽內容積不能全部裝滿液體，而必須留有一定比例之氣體空間。因液體係屬不可壓縮之性質，一旦液體受熱膨脹。即有可能將容器或儲槽脹破，因此，預留一定比例空間作為氣體空間，以作為熱脹（白天）冷縮（夜間）之用。基本上，儲槽液體中的分子在其本身之間自由運動，液體由其溫度上升或其壓力下降時可變成氣體，反之亦同。物質可以固、液或固態中的任何一種狀態存在，取決於溫度和壓力條件。

　　本條儲槽之容量不得大於儲槽之內容積扣除其空間容積後所得之量。基此，儲槽上部設有固定式滅火設備者，其容量以固定式滅火設備滅火藥劑放出口下方 30 cm 為上限；滅火藥劑放出口下方 1 m 為下限。其計算基準詳如右下圖。

硫磺為第 2 類公共危險物品

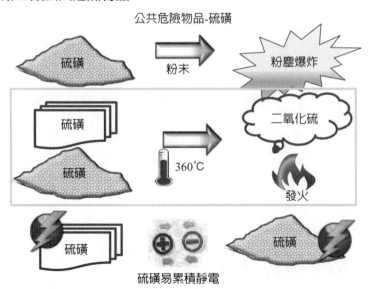

公共危險物品-硫磺

硫磺易累積靜電

橢圓形與臥型儲槽內容積計算方式

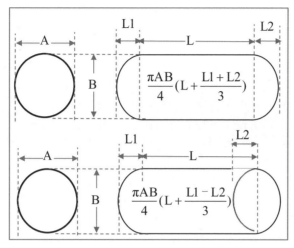

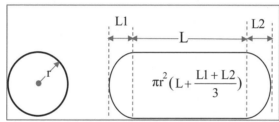

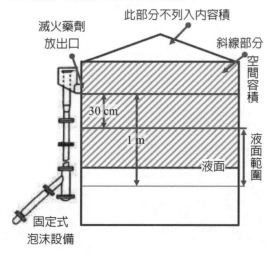

（橫濱市消防局，平成 26 年）

儲槽上部設有固定式滅火設備內容積計算方式

（橫濱市消防局，平成 26 年）

3-33 室內儲槽位置、構造及設備（一）

第 33 條
室內儲槽場所之位置、構造及設備應符合下列規定：
1. 應設置於 1 層建築物之儲槽專用室。
2. 儲槽專用室之儲槽側板外壁與室內牆面之距離應在 50cm 以上。專用室內設置 2 座以上之儲槽時，儲槽側板外壁相互間隔距離應在 50cm 以上。
3. 儲槽容量不得超過管制量之 40 倍，且儲存第 4 類公共危險物品時，除第 4 石油類及動植物油類外，不得超過 20,000 L。同一儲槽專用室設置 2 座以上儲槽時，其容量應合併計算。
4. 儲槽構造：
   (1) 儲槽材質應為厚度 3.2 公釐以上之鋼板或具有同等以上性能者。
   (2) 正負壓力超過 500 公釐水柱壓力之儲槽（以下簡稱壓力儲槽）應經常用壓力之 1.5 倍進行耐壓試驗 10 分鐘，不得洩漏或變形。但儲存固體 6 類物品者，不在此限。
   (3) 非壓力儲槽，經滿水試驗後，不得洩漏或變形。
5. 儲槽表面應有防蝕功能。
6. 壓力儲槽，應設置安全裝置；非壓力儲槽應設置通氣管。
7. 儲槽應設置自動顯示儲量裝置。
（續）

【解說】
　　依民國 108 年 6 月消防署修正說明：按室內儲槽場所儲存第四類公共危險物品時，除其中之第四石油類及動植物油類外，儲槽容量不得超過二萬公升，以維安全。前述限制如於同一儲槽專用室設置兩座以上儲槽時亦同。惟依原條文第三款規定，如設置兩座儲槽儲存特殊易燃物或第一石油類任一，與第二石油類或第三石油類任一時，儲槽容量合計將逾二萬公升，易造成爭議，爰參考日本危險物規制政令第十二條第一項第四號規定，修正之。

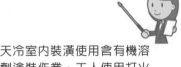

天冷室內裝潢使用含有機溶劑塗裝作業，工人使用打火機加熱已硬化接著劑時，形成可燃蒸氣瞬間引爆。（改繪勞働厚生省平成31年）

室內儲槽位置、構造及設備

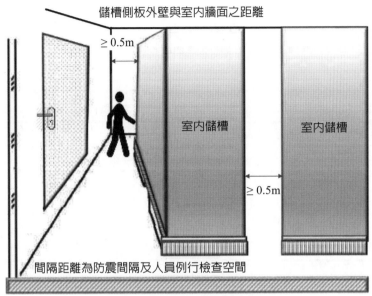

儲槽側板外壁與室內牆面之距離

≥ 0.5m

室內儲槽

室內儲槽

≥ 0.5m

間隔距離為防震間隔及人員例行檢查空間

設於1層建築物儲槽專用室

非壓力儲槽應設置通氣管例

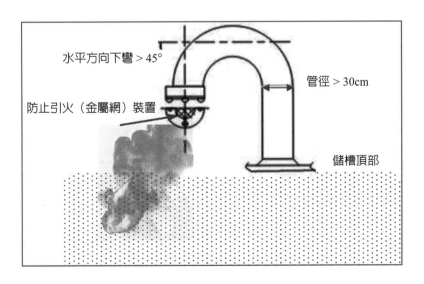

水平方向下彎 > 45°

管徑 > 30cm

防止引火（金屬網）裝置

儲槽頂部

3-34 室內儲槽位置、構造及設備（二）

第 33 條（續）

8. 儲槽儲存第 4 類公共危險物品者，其注入口應符合下列規定：
   (1) 不得設於容易引起火災或妨礙避難逃生之處。
   (2) 可與注入軟管或注入管結合，且不得有洩漏之情形。
   (3) 應設置管閥或加蓋。
   (4) 儲存物易引起靜電災害者，應設置有效除去靜電之接地裝置。
9. 儲槽閥應為鑄鋼或具有同等以上性能之材質，且不得有洩漏之情形。
10. 儲槽之排水管應設在槽壁。但排水管與儲槽之連接部分，於發生地震或地盤下陷時，無受損之虞者，得設在儲槽底部。
11. 儲槽專用室之牆壁、柱及地板應為防火構造，樑應以不燃材料建造，外牆有延燒之虞者，除出入口外，不得設置開口。但儲存閃火點在 70℃ 以上之第 4 類公共危險物品無延燒之虞者，其牆壁、柱及地板得以不燃材料建造。
12. 儲槽專用室之屋頂應以不燃材料建造，且不得設置天花板。
13. 儲槽專用室之窗戶及出入口，應設置 30 分鐘以上防火時效之防火門窗。但外牆有延燒之虞者，出入口應設置 1 小時以上防火時效之常時關閉式防火門。
14. 前款之窗戶及出入口裝有玻璃時，應為鑲嵌鐵絲網玻璃或具有同等以上防護性能者。
15. 儲存液體 6 類物品者，其地板應為不滲透構造，並有適當傾斜度及集液設施。
16. 儲槽專用室出入口應設置 20cm 以上之門檻，或設置具有同等以上效能之防止流出措施。
17. 儲槽專用室應有充分採光、照明及通風設備。儲存閃火點未達 70℃ 之 6 類物品，有積存可燃性蒸氣之虞者，應設置將蒸氣有效排至屋簷以上或室外距地面 4 m 以上高處之設備。

於供作六類物品製造場所或一般處理場所使用之建築物，設置前項場所儲存閃火點在攝氏四十度以上第四類公共危險物品時，其位置、構造及設備除應符合前項第 1 款至第 10 款、第 12 款及第 14 款至第 17 款規定外，並應符合下列規定：

一、儲槽專用室之牆壁、柱及地板應為防火構造，具有二小時以上防火時效。樑應以不燃材料建造，外牆有延燒之虞者及區劃分隔牆壁，除出入口外，不得設置其他開口。

二、儲槽專用室之窗戶，應設置二小時以上防火時效之防火窗；出入口，應設置二小時以上防火時效之常時關閉式防火門。

【解說】

　　第 4 類注入口是最易形成蒸氣混合易爆氣體，法規因此予以特別規範。盲板（Blind Disk）又叫法蘭蓋（Flange Cover），是一種中間不帶孔的法蘭，用於封堵管道口。所扮演功能和封頭及管帽是一樣的，只不過盲板密封是一種可拆卸的密封裝置，而封頭的密封是不準備再打開的。查注入口原規範應設置管閥或盲板，以避免異物混入儲槽。按盲板之用途係供儲槽或管線之完全密封，惟注入口係進料之常用設備，設置盲板不易使用，民國 108 年 6 月修正為加蓋。

　　儲槽專用室之屋頂應以不燃材料建造，且不得設置天花板；於公共危險物品場所屋頂至少為不燃材料建造，避免外來火源，如天燈、鞭炮、燃燒飛火星等落於其上；而不得設置天花板係考量室內儲槽為一區劃空間，其蒸氣易蓄積，比重大會於室內下方處，而比重小會於室內上方處，而天花板內部不易管理，易藏汙納垢，可能又有電源配線，會造成管理上之盲點；故法規要求不得有天花板。

有效除去靜電接地電極例

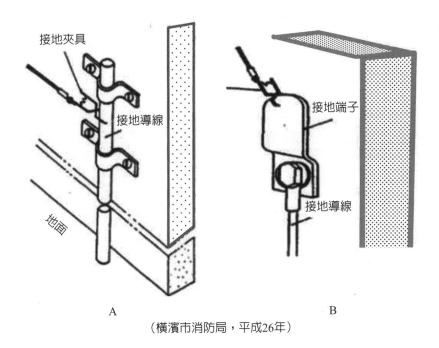

接地夾具

接地導線

地面

接地端子

接地導線

A

B

（橫濱市消防局，平成26年）

儲槽自動顯示儲量裝置

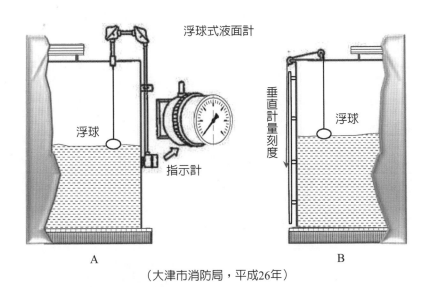

浮球式液面計

浮球

指示計

垂直計量刻度

浮球

A

B

（大津市消防局，平成26年）

3-35 室內儲槽位置、構造及設備（三）

　　室內儲槽場所應設置於 1 層建築物之儲槽專用室，有關其位置（如儲槽間距等）、構造（如牆壁、柱及地板應為防火構造等）及設備（如應有採光、照明、通風設備等）等規定，依內政部消防法令函釋及公告內容（以下同），惟並未規定不得於一層建築物內設置多間儲槽專用室。

　　「儲存物易引起靜電災害者」，係指第 4 類公共危險物品之特殊易燃物、第 1 石油類及第 2 石油類，因此類蒸氣壓相對較高，易揮發導致閃火點相對較低，起火能量相對較低，在一定環境溫度下易受靜電起燃致災。

　　建築物同樓層設置多處柴油槽，每一油槽均為獨立防火區劃，不論分別供不同發電機使用，或併接供同一發電機使用，倘每一防火區劃之油槽容量未達管制量，且均能有效阻絕火勢延燒，得免依「公共危險物品及可燃性高壓氣體設置標準暨安全管理辦法」相關規定辦理。

　　儲存第 4 類之注入口不得設於容易引起火災或妨礙避難逃生之處，此考量是此處可能有蒸氣外洩，周遭 2 m 內不得有用火或用電設施（發火源）；此外，注入口不得設於內部深處，避免火災時人員難以安全逃生。

　　儲槽專用室之屋頂應以不燃材料建造，且不得設置天花板。因天花板內部可能有粉塵或蒸氣滯留，或內可能有電路設施，可能為人員檢查空間之盲點，而形成致災之起源處。

　　儲槽專用室出入口應設置 20cm 以上之門檻，此為製造處理場所 15cm 以上圍阻及室外儲槽 50cm 以上之防液堤是一樣作用，因火災燃燒面積與液體表面積成正相關，限制液體擴散開，以有利後續反應救災處理。

　　通風或排出設備規定，乃將設備（含製程設備及電氣設備等）、日照熱量予以移除，以避免熱量蓄積導致製程異常（如場所溫度升高，使槽內可燃性蒸氣膨脹及蒸發量增加），並將散發於該場所之微量蒸氣充分稀釋，以避免蓄積至爆炸範圍。此外，排出設備主要由排風機及排出風管等配件構成，而常時開啟之防火鐵捲門，但得納為檢討通風之開口，但不得供作為排出設備。如果場所是一面無牆或無屋頂時，則可免設排出設備。又通風設備及排出設備檢討，與該場所是否屬「勞工安全衛生設施規則」所稱經常作業之室內作業場所無涉。

汽柴油引火危險

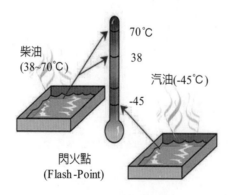

柴油
(38~70℃)

汽油(-45℃)

70℃

38

-45

閃火點
(Flash -Point)

儲槽排水設施

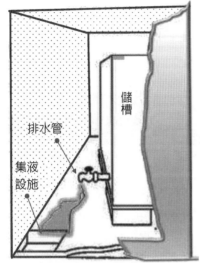

排水管原則上設於槽壁

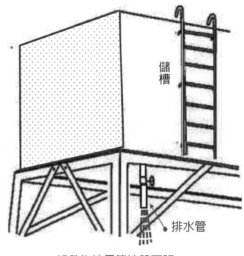

如發生地震等地盤下陷
設堅固腳架使無受損之虞

室內儲槽場所構造設備

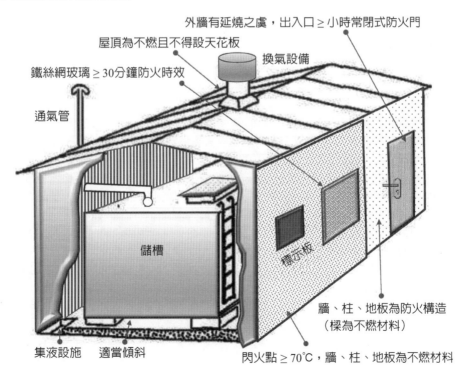

（大津市消防局，平成26年）

3-36 閃火點40°C以上室內儲槽（一）

第 34 條

室內儲槽場所儲存閃火點在 40°C 以上第 4 類公共危險物品，其位置、構造及設備除應符合前條第 1 項第 2 款至第 10 款、第 15 款及第 17 款規定及下列規定者，其儲槽專用室之設置得不受前和第 1 項第 1 款限制：

1. 儲槽應設置於儲槽專用室。
2. 儲槽注入口附近應設置自動顯示儲量裝置。但從外部觀察容易者，得免設。
3. 儲槽專用室牆壁、樑、柱及地板應為防火構造。
4. 儲槽專用室上層之地板應為防火構造，並不得設置天花板。其上無樓層時，屋頂應以不燃材料建造。
5. 儲槽專用室不得設置窗戶。
6. 儲槽專用室之出入口應設置 1 小時以上防火時效之常時關閉式防火門。
7. 儲槽專用室之通風及排出設備，應設置防火閘門。但管路以不燃材料建造，或內部設置撒水頭防護，或設置達同等以上防護性能之措施者，不在此限。
8. 儲槽專用室應具有防止 6 類物品流出之措施。

於供作六類物品製造場所或一般處理場所使用之建築物，設置前項場所時，其位置、構造及設備除應符合前項本文及其第 1 款、第 2 款、第 5 款、第 7 款及第 8 款規定外，並應符合下列規定：

1. 儲槽專用室牆壁、樑、柱、地板及上層之地板，應為防火構造，具有二小時以上防火時效，並不得設置天花板；其上無樓層時，屋頂應以不燃材料建造。
2. 儲槽專用室之出入口應設置二小時以上防火時效之常時關閉式防火門。

【解說】

儲槽設置之儲槽專用室，因考量可燃性蒸氣蓄積之可能性，故不得設置天花板。

本條因儲存閃火點 40°C 以上室內儲槽，火災危險度係相對較低，故可儲存於 1 層以上之建築物，但儲存於非地面層或是平房建築，有其火災向上延燒之危險，故法規必須強調完整之防火區劃之問題，如防火構造、窗戶開口（火勢延燒路徑及燃燒供氧問題）、常閉式防火門及防火閘門等，以防火區劃來侷限火災之發展，避免波及建築物他樓層使用空間之人命安全。

亦即防火構造規定，旨在具有防火時效，避免火災時造成延燒。如室內儲槽場所依內政部消防法令函釋及公告內容，依據國外如美國 FM 規定設置之洩爆設施，倘係基於洩爆考量而設置，其設置不致成為火勢延燒路徑，並為不燃材料，且平時保持關閉狀態者，尚未違反上開規定。

儲槽專用室出入口設置防止流出措施

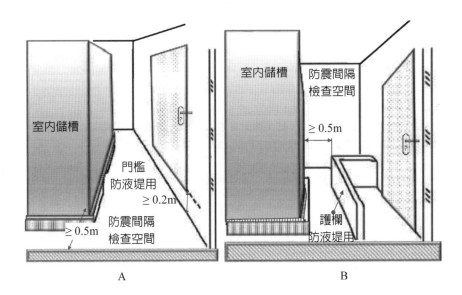

A

B

室內儲槽於建築物內部設置例

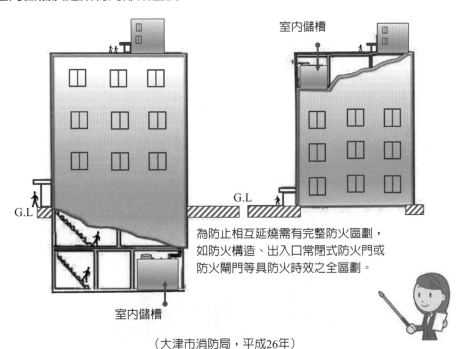

為防止相互延燒需有完整防火區劃，
如防火構造、出入口常閉式防火門或
防火閘門等具防火時效之全區劃。

（大津市消防局，平成26年）

3-37 閃火點40℃以上室內儲槽（二）

依內政部消防法令函釋及公告內容（以下同），有關二氧化碳滅火設備之機械排放裝置如欲兼用公共危險物品室內儲槽場所之排出設備，該機械排放裝置除應符合「公共危險物品及可燃性高壓氣體設置標準暨安全管理辦法」第33條第17款及第34條排出設備之規定外，並應符合「各類場所消防安全設備設置標準」第85條及第94條之規定。

儲槽均需設置於儲槽專用室內，該「專用室」不得放置儲槽與其附屬設備（如幫浦）以外之物品（包含容器等）。假使業者以500 L固定式儲槽雖未達600 L之標準，惟其為固定式且設置於儲槽專用室內，仍應符合管理辦法中對於室內儲槽場所之規定。

有關設置發電機場所之建築物構造、發電機檢修之預留必要空間及發電機運轉時之通風、排氣設備之配置等規定；另第33、34條等係有關室內儲槽場所之建築物構造、儲槽檢修之預留必要空間、儲槽構造、採光、照明、通風、排氣設備、集液設施及防止流出措施等規定。如新設發電機之燃料儲槽所儲存之柴油未達管制量，該燃料儲槽得設於發電機室，並準用函釋之規定；惟儲存之柴油如已達管制量以上時，燃料儲槽不得與發電機設置於同一防火區劃，應依管理辦法之規定設於儲槽專用室，其位置、構造及設備並應符合該管理辦法有關室內儲槽場所相關規定。

有關建築物發電機接管使用已達管制量之柴油油槽係屬管理辦法第6條第1項第3款所稱之室內儲槽場所，其位置、構造及設備應依上開管理辦法相關規定辦理。又室內儲槽場所儲存閃火點在攝氏40度以上第四類公共危險物品者，依管理辦法第34條規定，其儲槽專用室並無不得設於建築物地下層之規定。

此外，已設置之公共危險物品或可燃性高壓氣體儲槽，申請使用執照時，如能檢具儲槽設置時之相關證明文件，則其消防安全設備得依設置時之相關法規辦理（78年以前適用建築及勞工等相關法規；78年以後適用各類場所消防安全設備設置標準等相關法規）。

液體洩漏起火

（石腦油（naphtha）洩漏出遭脫硫塔本身高溫點燃）

儲槽注入口位置

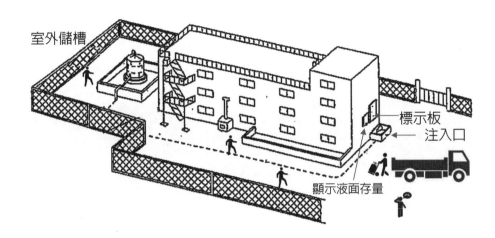

室外儲槽

標示板

注入口

顯示液面存量

建築物樓層內設置儲槽專用室構造設備例

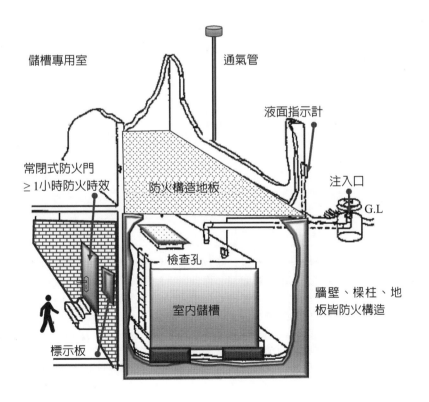

儲槽專用室

通氣管

液面指示計

常閉式防火門
≧1小時防火時效

防火構造地板

注入口

G.L

檢查孔

牆壁、樑柱、地
板皆防火構造

室內儲槽

標示板

3-38 室內儲槽幫浦（一）

第 35 條

室內儲槽場所之幫浦設備應符合下列規定：

1. 室內儲槽設於地面 1 層建築物，其幫浦設備位於儲槽專用室所在建築物以外之場所時：

   (1) 幫浦設備應定著於堅固基礎上。

   (2) 供幫浦及其電動機使用之建築物或工作物（以下簡稱幫浦室），應符合下列規定：

   A. 牆壁、樑、柱及地板應以不燃材料建造。

   B. 屋頂應以不燃材料建造，並以輕質金屬板或其他輕質不燃材料覆蓋。但設置設施使幫浦室無產生爆炸之虞者，得免以輕質金屬板或其他輕質不燃材料覆蓋。

   C. 窗戶及出入口，應設置 30 分鐘以上防火時效之防火門窗。

   D. 窗戶及出入口裝有玻璃時，應為鑲嵌鐵絲網玻璃或具有同等以上防護性能者。

   E. 地板應採用不滲透之構造，並設置適當之傾斜度及集液設施，且其周圍應設置高於地面 20cm 以上之圍阻措施，或設置具有同等以上效能之防止流出措施。

   F. 應設計處理 6 類物品時，必要之採光、照明及通風設備。

   G. 有可燃性蒸氣滯留之虞者，應設置可將該蒸氣有效排至屋簷以上或室外距地面 4 m 以上高處之設備。

   (3) 於幫浦室以外之場所設置幫浦設備時，應符合下列規定：

   A. 應於幫浦設備周圍地面上設置高於地面 15cm 以上之圍阻措施，或設置具有同等以上效能之防止流出措施。

   B. 地面應以混凝土或 6 類物品無法滲透之不燃材料鋪設，且作適當之傾斜，並設置集液設施。

   C. 幫浦處理不溶於水之第 4 類公共危險物品者，應設置油水分離裝置，並防止該物品直接流入排水溝。

（續）

【解說】

室內儲槽場所大多係儲存液體公共危險物品者，於地板應符合下列規定：地面以混凝土或該物品無法滲透之不燃材料鋪設、作適當之傾斜、設置集液設施。

採光及照明設備依職業安全衛生設施規則指出，各工作場所須有充分之光線，但處理感光材料、坑內及其他特殊作業之工作場所不在此限；光線應分布均勻，明暗比並應適當；應避免光線之刺目、眩耀現象；各工作場所之窗面面積比率不得小於室內地面面積十分之一；作業場所面積過大、夜間或氣候因素自然採光不足時，可用人工照明；燈盞裝置應採用玻璃燈罩及日光燈為原則，燈泡需完全包蔽於玻璃罩中；窗面及照明器具之透光部分，均需保持清潔。

單獨幫浦室構造設備

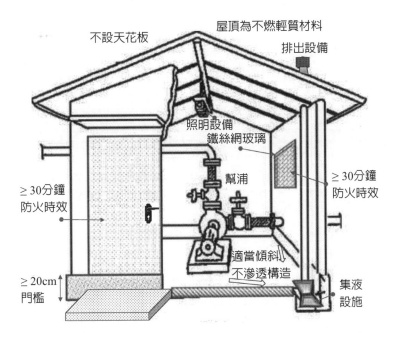

幫浦設在儲槽專用室例

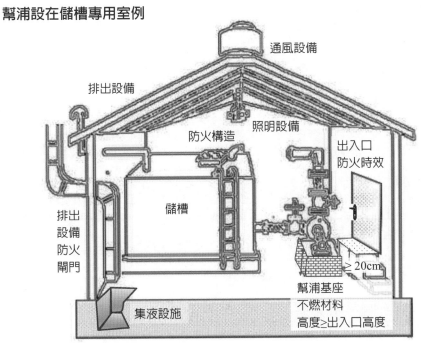

（大津市消防局，平成26年）

3-39 室內儲槽幫浦（二）

> **第 35 條（續）**
> 2. 室內儲槽設於地面 1 層建築物，且幫浦設備設於儲槽專用室所在之建築物者：
>   (1) 設於儲槽專用室以外之場所時，應符合前款第 1 目及第 2 目規定。
>   (2) 設於儲槽專用室時，應以不燃材料在幫浦設備周圍設置高於儲槽專用室出入口門檻之圍阻措施，或設置具有同等以上效能之防止流出措施，或使幫浦設備之基礎，高於儲槽專用室出入口門檻。但洩漏時無產生火災或爆炸之虞者，不在此限。
> 3. 室內儲槽設於地面 1 層建築物以外，且幫浦設備設於儲槽專用室所在建築物以外之場所時，應符合第 1 款規定。
> 4. 室內儲槽設於地面 1 層建築物以外，且幫浦設備設於儲槽專用室所在之建築物者：
>   (1) 設於儲槽專用室以外場所時，除應符合第 1 款第 1 目、第 2 目之 5 至第 2 目之 7，其幫浦室並應符合下列規定：
>   A. 牆壁、樑、柱及地板應為防火構造。
>   B. 其上有樓層時，上層之地板應為防火構造；其上無樓層時，屋頂應為不燃材料建造，且不得設置天花板。
>   C. 不得設置窗戶。
>   D. 出入口應設置 1 小時以上防火時效之防火門。
>   E. 通風設備及排出設備應設置防火閘門。但管路以不燃材料建造，或內部設置撒水頭防護，或設置達同等以上防護性能之措施者，不在此限。
>   (2) 設於儲槽專用室內時：
>   A. 幫浦設備應定著於堅固基礎上。
>   B. 以不燃材料在其周圍設置高度 20cm 以上之圍阻措施，或設置具有同等以上效能之防止流出措施。但洩漏時無產生火災或爆炸之虞者，不在此限。
> 於供作六類物品製造場所或一般處理場所使用之建築物，依第 33 條第 2 項規定設置儲槽專用室，其幫浦設備設於儲槽專用室所在建築物，且設於儲槽專用室以外場所時，其位置、構造及設備除應符合前項第 1 款第 1 目、第 2 目之 2 及第 2 目之 4 至第 2 目之 7 規定外，並應符合下列規定：
> 一、牆壁、柱及地板應為防火構造，具有二小時以上防火時效。樑應以不燃材料建造，外牆有延燒之虞者及區劃分隔牆壁，除出入口，不得設置其他開口。
> 二、窗戶應設置二小時以上防火時效之防火窗；出入口應設置二小時以上防火時效之常時關閉式防火門。
> 於供作六類物品製造場所或一般處理場所使用之建築物，依前條第 2 項規定設置儲槽專用室，其幫浦設備設於儲槽專用室所在建築物，且設於儲槽專用室以外場所時，其位置、構造及設備除應符合第 1 項第 4 款第 1 目本文、第 1 目之 3 及第 1 目之 5 規定外，並應符合下列規定：
> 一、牆壁、樑、柱、地板及上層之地板應為防火構造，具有二小時以上防火時效，並不得設置天花板；其上無樓層時，屋頂應以不燃材料建造。
> 二、出入口應設置二小時以上防火時效之防火門。

【解說】

室內儲槽設於地面 1 層建築物以外，形成複合用途，法規會較嚴謹。

圍阻措施是考量火災規模與液體表面積成正相關，必須限制其可能流出所造成大表面積狀況。

室內儲槽專用室通風排出設備例

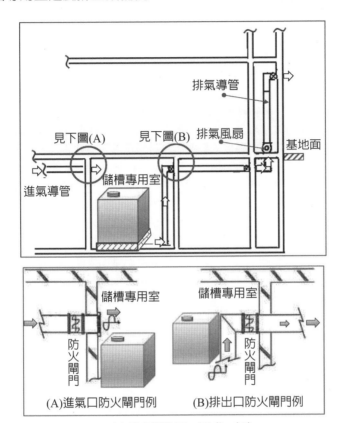

排氣導管

見下圖(A)　見下圖(B)　排氣風扇

進氣導管　儲槽專用室　基地面

儲槽專用室　儲槽專用室

防火閘門　防火閘門

(A)進氣口防火閘門例　(B)排出口防火閘門例

（大津市消防局，平成26年）

左：幫浦於堅固基礎及地面不燃材料；右：幫浦預留檢查空間

3-40 室內儲槽幫浦（三）

於幫浦設備之基礎，高於儲槽專用室出入口門檻，這是考量幫浦免浸入在其液體中，而告無法運轉功能。而通風設備及排出設備應設置防火閘門，是為有效防止火災發生時火勢之延燒，以保防火區劃之完整，此明訂於建築技術規則第85條，應在牆之兩側風管內裝設防火閘門或閘板。

幫浦室萬一發生火災，其內部油類會產生猛烈燃燒（氧氣充足情況），致高溫內部壓力也可能急劇上升，為使壓力能從上方釋放，以減少對周圍之影響，屋頂主架構應以不燃材料建造，上方並以金屬板或輕質不燃材料覆蓋。但此設計，也有相對缺點。在火災發展過程，如能保持完整防火區劃情況，在斷絕外面空氣中氧氣供應，氧化燃燒維持勢必無以為繼，使火勢產生缺氧悶燒狀況，此時亦無延燒之可能，後續交由專業之消防隊來處理即可。

所謂「洩漏時無產生火災或爆炸之虞者」，係指倘儲槽內公共危險物品洩漏時，不致因幫浦等設備運轉所產生的熱、火星所引燃。幫浦運轉之電氣火花，引燃油類一定濃度蒸氣，以免引發火災意外事故，有關儲槽專用室雖已設置防止流出設施（如提高門檻高度或設防液堤等），幫浦設施部分，仍應依規定設置圍阻措施，這主要仍是侷限油類擴散。

國內一般集合住宅因電梯及消防設備之需要，而設置柴油緊急發電機，以供緊急電源之用；此類通常置於地下車庫，假使柴油數量已達管理辦法規範之管制量以上，則於該消防幫浦室之位置、構造及設備仍應依管理辦法相關規定辦理。另查管理辦法並無增長安全距離或強化消防安全設備後，以等價替代方式來免採防火構造或免設甲、乙種防火門窗之相關規定。

有關室內儲槽設於非平房之樓房內且幫浦設備設於儲槽專用室以外場所時，則法規強烈要求防火區劃之完整性，如防火構造、不得設窗戶、貫穿區劃導管必須設防火閘門，以構成整體之防火時效，並侷限建築物任一火勢波及此空間，或此空間一旦火災時，擴大波及整棟建築物之相互延燒。

此外，於六輕工業區內部連接上、中、下游工廠間輸送原料之公用管線之所在位置及輸送方式，均非屬消防法檢討之適用對象範圍。

（改繪自勞動厚生省，平成31年）

室內儲槽場所幫浦設備

儲槽設於平房				儲槽設於樓房			
設於建築物外		設於建築物內		設於建築物外		設於建築物內	
幫浦室內 1(2) A~H	幫浦室外 1(3) I~L	儲槽專用室外 2(1) A~H	儲槽專用室內 2(2) M	幫浦室內 3 A~H	幫浦室外 3 I~L	儲槽專用室外 4(1) A.F.G.H.N~R	儲槽專用室內 4(2) A.S
第二危險		第二危險	最不危險	第二危險		最危險	

A. 幫浦定著監基礎上
B. 牆樑柱地板不燃性
C. 屋頂輕質
D. ≥30 分鐘時效門窗
E. 鐵絲網綱玻璃
F. 地板不滲透 / ≥15cm 圍阻
G. 採光照明通風
H. 蒸氣排出

I. ≥15cm 圍阻措施
J. 地面傾斜
K. 集液設施
L. 油水分離

M. 幫浦周圍高於門檻

N. 牆樑柱地板防火構造
O. 上有樓層防火構造不得天花板
P. 不得設置窗戶
Q. ≥1 小時效門窗
R. 防火閘門

S. ≥20cm 圍阻措施

儲槽與注入口之距離限制

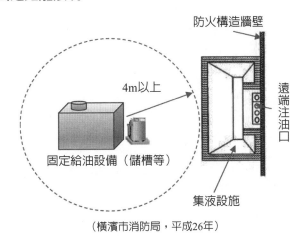

（橫濱市消防局，平成26年）

幫浦室使用防爆電動機例

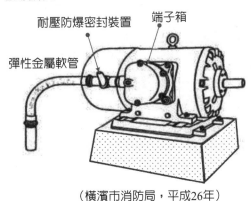

（橫濱市消防局，平成26年）

3-41 室內儲槽配管

> **第 36 條**
>
> 室內儲槽場所輸送液體 6 類物品之配管應符合下列規定：
>
> 1. 應為鋼製或金屬製。但鋼製或金屬製配管會造成作業汙染者，得設置塑材雙套管。
> 2. 應經該配管最大常用壓力之 1.5 倍以上水壓進行耐壓試驗 10 分鐘，不得洩漏或變形。但以水壓進行耐壓試驗確有困難者，得以該配管最大常用壓力之 1.1 倍以上氣壓進行耐壓試驗。設置塑材雙套管者，其耐壓試驗以內管為限。
> 3. 設於地上者，不得接觸地面，且外部應有防蝕功能。
> 4. 埋設於地下者，外部應有防蝕功能；接合部分，應有可供檢查之措施。但以熔接接合者，不在此限。
> 5. 設有加熱或保溫之設備者，應具有預防火災之安全構造。

【解說】

公共危險物品在容器處理可採取搬運，因其容積尚不大；然而儲槽因容積大，又為防地震倒塌，需採取堅固之地盤基礎，故其原物料處理採取輸送之方式（移送）（如右上圖），故需加壓輸送，而設計幫浦與電動機等幫浦室，為使用用電之幫浦室能受到保護，避免建築物內一旦火災時，產生相互延燒，故幫浦室需一防火構造具防火時效等完整防火區劃之設計。而為使液體從甲地到乙地進行運輸，需有配管之設計（金屬製、防蝕等材質或防火防爆、耐壓等結構）與配置（地上或地下式）等。

依內政部消防法令函釋及公告內容，有關配管係分別指位於室內儲槽場所及室外儲槽場所（第 37 條）範圍內之配管。有關公用管線非位於室內儲槽場所及室外儲槽場所範圍內，自無管理辦法之適用。又為避免配管生鏽腐蝕致洩漏危害，配管應具防蝕能力，如具耐酸耐鹼性之鐵氟龍配管，能達到防蝕功能。此外，在幫浦設備周圍設置高於儲槽專用室出入口門檻之圍阻措施，係為避免儲槽或幫浦設備發生易燃性液體洩漏時易引發事故，故予以阻隔，而室內儲槽之圍阻措施，是不可與幫浦設備之圍阻措施之共用。

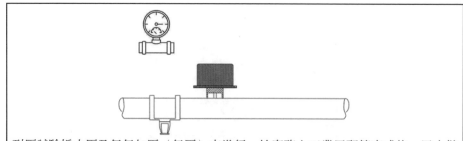

耐壓試驗採水壓及氮氣加壓（氣壓）來進行，於實務上工業用配管完成後，用水做耐壓試驗，其試驗壓力安全餘裕值為 1.1~2.0 倍，一般應在中間值即 1.5 倍以上。

輸送液體配管架例

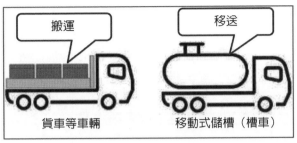

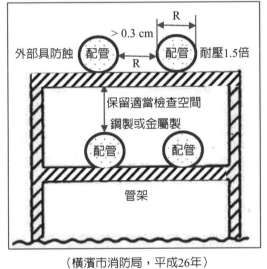

（橫濱市消防局，平成26年）

配管接合部分可供檢查措施

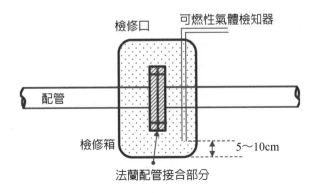

（橫濱市消防局，平成26年）

3-42 室外儲槽位置（一）

第 37 條

室外儲槽場所之位置、構造及設備應符合下列規定：

1. 儲槽側板外壁與廠區外鄰近場所之安全距離，準用第 13 條規定。
2. 儲存液體儲槽側板外壁與儲存場所廠區之境界線距離，應依右表規定。但有下列情形之一者，不在此限。
   (1) 以不燃材料建造具 2 小時以上防火時效之防火牆。
   (2) 不易延燒者。
   (3) 設置防火水幕者。
3. 儲槽之周圍保留空地應符合下列規定：
   (1) 儲存閃火點未達 21℃之 6 類物品，其容量未達 2 公秉者，應在 1 m 以上；2 公秉以上未達 4 公秉者，應在 2 m 以上；4 公秉以上未達 10 公秉者，應在 3 m 以上；10 公秉以上未達 40 公秉者，應在 5 m 以上；40 公秉以上者，應在 10 m 以上。
   (2) 儲存閃火點在 21℃以上未達 70℃之 6 類物品，其容量未達 10 公秉者，應在 1 m 以上；10 公秉以上未達 20 公秉者，應在 2 m 以上；20 公秉以上未達 50 公秉者，應在 3 m 以上；50 公秉以上未達 200 公秉者，應在 5 m 以上；200 公秉以上者，應在 10 m 以上。
   (3) 儲存閃火點在 70℃以上之 6 類物品，其容量未達 20 公秉者，應在 1 m 以上；20 公秉以上未達 40 公秉者，應在 2 m 以上；40 公秉以上未達 100 公秉者，應在 3 m 以上；100 公秉以上者，應在 5 m 以上。

(續)

【解說】

在安全距離不足問題，於製造場所得以設置擋牆防護，可得半計算。而境界線距離，得以設防火牆或防火水幕來排除適用距離問題。而保留地不足問題，得以設防火牆來免除。而儲槽相鄰距離，如符合本條規定，得排除適用保留空地之規定。

依內政部消防法令函釋及公告內容，在製程區、化學品供應區及製程廢液收集區等區域，倘因作業流程具有連接性，得視為一般處理場所，其儲槽得免依管理辦法第 33 條或第 37 條規定檢討設置。而有關室外儲槽場所保留空地及相鄰儲槽間距離規定，係以閃火點及儲槽容量為判定基準，基此，倘儲存之公共危險物品無閃火點，並無上開規定之適用。此外，所稱管制量係以單一幫浦設備所對應儲槽之儲存量計算其管制量倍數。

室外儲存液體儲槽側板外壁與儲存場所廠區之境界線距離

儲槽廠區規模區分	閃火點	儲槽側板外壁至廠區境界線距離（D）R 為儲槽水平截面之最大直徑（臥型為其橫長）	
儲存室外儲槽所在之廠區，儲存或處理 6 類物品或可燃性高壓氣體之數量，達下列各款之一者。 A、儲存或處理 6 類物品之總數量除以 1 萬公秉所得數值為 1 以上 （$\frac{物品總數量}{10000\,公秉} \geq 1$） B、每日處理之可燃性高壓氣體總數量除以 200 萬 m³ 所得數值為 1 以上 （$\frac{氣體總數量}{200\,萬\,m^3} \geq 1$） C、前 2 款之合計值為 1 以上之場所。（A＋B≥1）	<21℃	D＝R × 1.8 但不得小於儲槽高度或 50 m 之較大值。	
	21℃～70℃	D＝R × 1.6 但不得小於儲槽高度或 40 m 之較大值。	
	≥ 70℃	D＝R 但不得小於儲槽高度或 30 m 之較大值。	
上列以外之室外儲槽	<21℃	D＝R × 1.8 但不得小於儲槽高度之值。	
	21℃～70℃	D＝R × 1.6 但不得小於儲槽高度之值。	
	≥ 70℃	D＝R 但不得小於儲槽高度之值。	

左：儲槽之間距；右：注入口去除靜電裝置

3-43 室外儲槽位置（二）

第 37 條（續）
4. 相鄰儲槽側板外壁間之距離應符合下列規定：
   (1) 儲存閃火點未達 60℃之 6 類物品：
       A. 浮頂式儲槽直徑未達 45 m 者，為相鄰 2 座儲槽直徑和之 1/6，並應在
          90cm 以上；儲槽直徑 45 m 以上者，為相鄰 2 座儲槽直徑和之 1/4。
       B. 固定式儲槽直徑未達 45 m 者，為相鄰 2 座儲槽直徑和之 1/6，並應在
          90cm 以上；儲槽直徑 45 m 以上者，為相鄰 2 座儲槽直徑和之 1/3。
   (2) 儲存閃火點在 60℃以上之 6 類物品：
       A. 浮頂式儲槽直徑未達 45 m 者，為相鄰 2 座儲槽直徑和之 1/6，並應在
          90cm 以上；儲槽直徑 45 m 以上者，為相鄰 2 座儲槽直徑和之 1/4。
       B. 固定式儲槽直徑未達 45 m 者，為相鄰 2 座儲槽直徑和之 1/6，並應在
          90cm 以上；儲槽直徑 45 m 以上者，為相鄰 2 座儲槽直徑和之 1/4。
   (3) 防液堤內部儲槽均儲存閃火點在 93℃以上 6 類物品，應在 90cm 以上。
5. 應定著在堅固基礎上，並不得設於岩盤斷層等易滑動之地形。
6. 儲槽構造除準用第 33 條第 4 款規定外，並應具有耐震及耐風壓之結構；其支柱
   應以鋼筋混凝土、鋼骨混凝土或其他具有同等以上防火性能之材料建造。
7. 儲槽內壓力異常上升時，有能將內部氣體及蒸氣由儲槽上方排出之構造。
8. 儲槽表面應有防蝕功能。
9. 儲槽底板與地面相接者，底板外表應有防蝕功能。
10. 壓力儲槽，應設置安全裝置；非壓力儲槽，應設置通氣管。
11. 儲槽應設置自動顯示儲量裝置。
12. 儲槽儲存第 4 類公共危險物品，其注入口準用第 33 條第 8 款規定。
（續）

【解說】
　　在壓力儲槽安全裝置係指下列裝置之一：自動停止壓力上升之裝置；減壓閥（其減
壓側應設置安全閥）；警報裝置（應包含安全閥）；破壞板，但以加壓設備在裝設安
全閥時會造成動作困難者為限。
　　有關儲槽周圍保留空地除儲槽有關之必要管線及防液堤外，依內政部消防法令函
釋及公告內容，其地面上方不宜有任何建築物或工作物等物件。至管橋之設置有無妨
礙消防救災車輛出入或成為延燒路徑，或為固定式泡沫滅火設備及冷卻撒水設備保養
維修用之固定工作平臺、爬梯及通道等，應以保安管理上必要設備為限，且為確保安
全，於地震等災害發生時，應不得對儲槽造成損傷。而該等設施設置，是否占用保
留空地、影響儲槽安全或消防救災部分，因涉現場實質認定，請逕洽當地消防機關辦
理。

防火牆及防火水幕防護高度

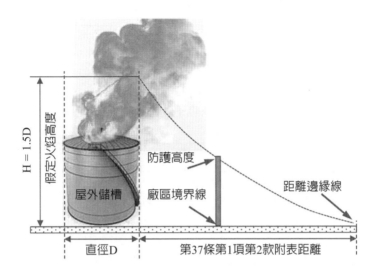

H = 1.5D
假定火焰高度
屋外儲槽
直徑D
防護高度
廠區境界線
距離邊緣線
第37條第1項第2款附表距離

防火牆及防火水幕防護高度為「儲槽側板外壁假想火面與距離邊緣線所成連線，和地面廠區境界線所延伸垂線交點之垂直高度」；倘假想火面高度較儲槽高度為低時，防火牆及防火水幕防護高度為儲槽側板外壁最高點與距離邊緣線所成連線，和地面廠區境界線所延伸垂線交點之垂直高度。又儲存閃火點＞70℃，則H＝D。

左：非壓力儲槽通氣管（附大氣閥）；右：儲槽體接地措施

3-44 室外儲槽構造設備（一）

第 37 條（續）

13. 幫浦設備除準用第 35 條第 1 項第 1 款規定外，並應符合下列規定：
    (1) 周圍保留空地寬度不得小於 3 m。但設有具 2 小時以上防火時效之防火牆或儲存 6 類物品數量未達管制量 10 倍者，不在此限。
    (2) 與儲槽側板外壁之距離不得小於儲槽保留空地寬度之 1/3。
14. 儲槽閥應為鑄鋼或具有同等以上性能之材質，且不得有洩漏之情形。
15. 儲槽之排水管應置於槽壁。但排水管與儲槽之連接部分，於發生地震或地盤下陷時，無受損之虞者，得設在儲槽底部。
16. 浮頂式儲槽設置於槽壁或浮頂之設備，於地震等災害發生時，不得損傷該浮頂或壁板。但設置保安管理上必要設備者，不在此限。
17. 配管設置準用第 36 條規定。
18. 避雷設備應符合 CNS12872 規定，或以接地方式達同等以上防護性能者。但 6 類物品儲存量未達管制量 10 倍，或因周圍環境，無致生危險之虞者，不在此限。
19. 儲存液體 6 類物品，應設置防液堤。但儲存二硫化碳者，不在此限。
20. 儲存固體第 3 類公共危險物品禁水性物質之儲槽，其投入口上方防止雨水之設備，應以防水性不燃材料製造。
21. 儲存二硫化碳之儲槽，應沒入於槽壁厚度 20cm 以上且無漏水之虞之鋼筋混凝土水槽中。

【解說】

儲存液體儲槽側板外壁與儲存場所廠區之境界線距離，係為最小化防止因儲槽火災延燒至隔鄰場所之減低輻射熱作用，與儲槽設置泡沫、撒水等設備之冷卻或窒息滅火目的不同；如距離不足時應檢討設置防火牆或防火水幕。

幫浦周圍保留空地是否得涵蓋防液堤，依內政部消防法令函釋及公告內容，保留空地係為防止幫浦設備或周圍建築物或設施發生火災造成彼此間之延燒，並提供消防搶救空間，其寬度不得小於 3 m；倘室外儲槽場所設置之幫浦設備符合第 37 條第 12 款各目規定，在不造成延燒及不影響消防搶救之前提下，幫浦設備周圍保留空地寬度係得涵蓋防液堤內範圍。

二硫化碳儲槽應沒入於槽壁厚度 20 cm 以上鋼筋混凝土水槽中。因二硫化碳係第 4 類特殊引火物，閃火點 $-30°C$、發火點 $90°C$、沸點 $46.5°C$，極易燃；工業上利用二硫化碳難溶於水（$20°C$ 時 0.29 g/100 ml）和比重（1.27）大於水的特定性質，來進行儲存與處理。因室溫下易揮發，其蒸氣比空氣重，能與空氣形成廣範圍爆炸性混合物、受熱分解產生有毒的硫化物，也會因靜電引起燃燒爆炸；因此，其儲存容器內應用水封蓋表面，並保持容器之密封狀態。

防液堤位置構造設備

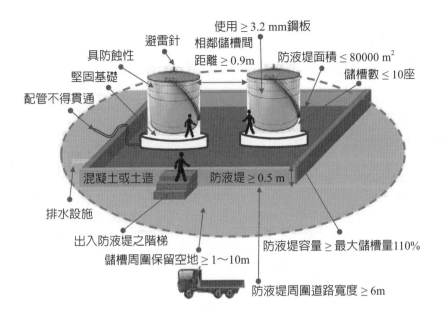

使用 ≥ 3.2 mm鋼板
避雷針
相鄰儲槽間
距離 ≥ 0.9m
具防蝕性
防液堤面積 ≤ 80000 m²
堅固基礎
儲槽數 ≤ 10座
配管不得貫通
混凝土或土造
防液堤 ≥ 0.5 m
排水設施
出入防液堤之階梯
儲槽周圍保留空地 ≥ 1～10m
防液堤容量 ≥ 最大儲槽量110%
防液堤周圍道路寬度 ≥ 6m

左：儲槽槽壁之排水管；右：油水分離裝置

3-45 室外儲槽構造設備（二）

有關大氣閥通氣管依內政部消防法令函釋及公告內容（以下同）應符合下列規定：
1. 壓力差在 500 公釐水柱壓力以下，即可動作。
2. 有細目銅網等防止引火裝置。但高閃火點公共危險物品，其處理溫度未滿 100℃ 者，不在此限。

為防止儲槽內部起火或儲槽周圍被加熱後，使槽內產生氣體，而導致壓力異常上升，致使槽體被破壞，基此，爰規定儲槽內壓力異常上升時，需有能將內部氣體及蒸氣由儲槽上方排出之構造。如採用側板頂部角鋼與屋頂板之接合部分強度弱於儲槽其他接合部分之方式，其構造範例如右上圖。至採用緊急排放裝置等設計方式能達同等效能以上者亦可。

假使設置防火水幕時，其開關閥及選擇閥位置，應設於儲槽發生火災時得以接近之位置，該位置係指儲槽發生火災時不易擴及之處，且人員得以接近操作之位置，以免火災時濃煙波及人員無法接近，或受困於現場之險境。而防火水幕之配管應以設置於地面上為原則，至該配管接合部分及閥類倘設有可供檢查、維修等措施，則可設於地面下。至配管設置高度並未予限制。

避雷設備之設置，應採用符合國家標準 12872 規定或同等以上防護性能之接地方式者。但因周圍環境無致生危險者（如室外儲槽場所周圍已設有避雷設備，且在其保護範圍內），不在此限。

在室外儲槽之保留空地及儲槽間距之規定，亦係以閃火點及儲槽容量為判定依據，故旨揭儲槽亦無管理辦法第 37 條第 3、4 款之適用。惟依管理辦法第 45 條第 6 款規定，氧化性液體應避免與可燃物接觸或混合，或具有促成其分解之物品接近，並避免過熱，故建議儲存過氧化氫儲槽與鄰近儲槽或建築物仍應保持適當之距離，俾利儲槽操作維修作業之進行，並避免延燒。

另有關儲存物質可能造成鋼板腐蝕一節，儲槽材質仍應符合管理辦法第 37 條第 6 款規定採用厚度 3.2 毫米以上之鋼板或具有同等以上性能者，以確保儲槽整體構造安全，並視儲槽內容物性質選用適當材質作為儲槽內襯，以避免內容物腐蝕鋼板。

左：配管設於管架不接觸地面；右：儲槽表面與底板防蝕

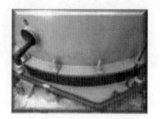

儲槽防爆構造例與對地電位測定法

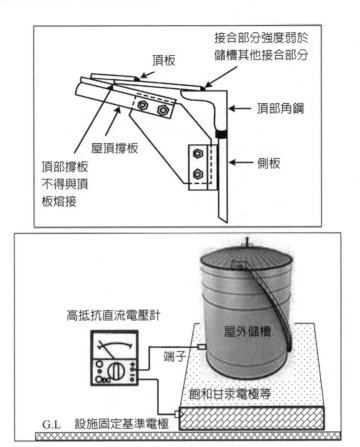

左：儲槽閥門；右：排水管設於儲槽之強化底部

 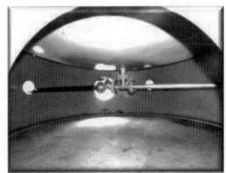

3-46 室外儲槽防液堤（一）

第 38 條

室外儲槽場所儲槽儲存第 4 類公共危險物品者，其防液堤應符合下列規定：

1. 單座儲槽周圍所設置防液堤之容量，應爲該儲槽容量 110% 以上；同一地區設有 2 座以上儲槽者，其周圍所設置防液堤之容量，應爲最大之儲槽容量 110% 以上。
2. 防液堤之高度應在 50cm 以上。但儲槽容量合計超過 20 萬公秉者，高度應在 1 m 以上。
3. 防液堤內面積不得超過 80000 m²。
4. 防液堤內部設置儲槽，不得超過 10 座。但其儲槽容量均在 200 公秉以下，且所儲存物之閃火點在 70℃～200℃者，得設置 20 座以下；儲存物之閃火點在 200℃以上者，無設置數量之限制。
5. 防液堤周圍應設道路並與區內道路連接，道路寬度不得小於 6 m。但有下列情形之一，且設有足供消防車輛迴車用之場地者，其設置之道路得爲 2 面以上：
   (1) 防液堤內部儲槽之容量均在 200 公秉以下。
   (2) 防液堤內部儲槽儲存物之閃火點均在 200℃以上。
   (3) 周圍設置道路確有困難。
6. 室外儲槽之直徑未達 15 m 者，防液堤與儲槽側板間之距離，不得小於儲槽高度之 1/3；其爲 15 m 以上者，不得小於儲槽高度之 1/2。但儲存物之閃火點在 200℃以上者，不在此限。
7. 防液堤應以鋼筋混凝土造或土造，並應具有防止儲存物洩漏及滲透之構造。
8. 儲槽容量超過 10000 公秉者，應在各個儲槽周圍設置分隔堤，並應符合下列規定：
   (1) 分隔堤高度應在 30cm 以上，且至少低於防液堤 20cm。
   (2) 分隔堤應以鋼筋混凝土造或土造。

（續）

【解說】

室外儲槽場所儲槽儲存第 4 類者，爲臺灣公共危險物品之最多場所。有關其防液堤，設置之主要目的係限制其與空氣中氧可接觸之表面積，因可燃液體燃燒係屬蒸發燃燒型態，液體表面積愈大，可氧化表面積也加大，蒸發面積也愈多，屆時火災發生，勢必難以控制，而失控形成大規模火勢。於單座儲槽周圍所設置防液堤之容量，應爲該儲槽容量 110% 以上，這是工程設計安全係數一般爲 110～120%，消防安全設備設計也是如此。

防液堤內面積不得超過 80000 m²，這是控制火勢在一定規模以下，避免消防安全設備之滅火無法控制，也如同建築物之防火區劃在一定面積以下之理一樣。而防液堤應以鋼筋混凝土造或土造，並應具有防止儲存物洩漏及滲透之構造。作者曾至美國接受消防訓練，所見儲槽防液堤大多以土堤之生態工法構造。

防液堤容量計算例

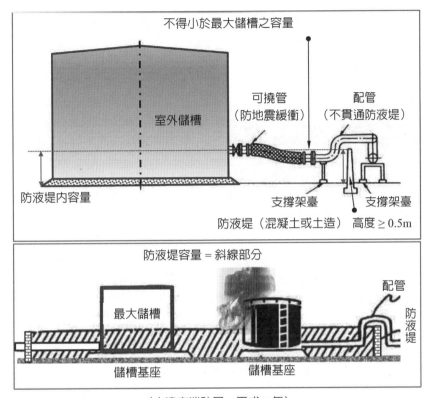

不得小於最大儲槽之容量

室外儲槽

可撓管
（防地震緩衝）

配管
（不貫通防液堤）

防液堤內容量

支撐架臺

支撐架臺

防液堤（混凝土或土造）　高度 ≧ 0.5m

防液堤容量＝斜線部分

最大儲槽

配管

防液堤

儲槽基座

儲槽基座

（大津市消防局，平成26年）

左：防液堤與儲槽壁板間之距離；右：防液堤外部排水設備操作閥

3-47 室外儲槽防液堤（二）

> **第 38 條（續）**
> 9. 防液堤內部除與儲槽有關之配管及消防用配管外，不得設置任何配管。
> 10.防液堤不得被配管貫通。但不損傷防液堤構造性能者，不在此限。
> 11.防液堤應設置能排放內部積水之排水設備，且操作閥應設在防液堤之外部，平時應保持關閉狀態。
> 12.室外儲槽容量在 1000 公秉以上者，其排水設備操作閥開關，應容易辨別。
> 13.室外儲槽容量在 10000 公秉以上者，其防液堤應設置洩漏檢測設備，並應於可進行處置處所設置警報設備。
> 14.高度 1 m 以上之防液堤，每間隔 30 m 應設置出入防液堤之階梯或土質坡道。
> 儲存前項以外液體 6 類物品儲槽之防液堤，其容量不得小於最大儲槽容量，且應符合前項第 2 款、第 7 款至第 12 款及第 14 款規定。

【解說】

　　民國 88 年前既設室外儲槽，數量達管制量以上時，依內政部消防法令函釋及公告內容，其防液堤應依第 79 條第 2 項規定檢討改善。至該場所倘因空間不足無法設置符合規定容量之防液堤，得提高防液堤高度、降低儲槽容量或採取其他改善措施。在防液堤之設置目的，旨在液體洩漏外流，侷限其擴散表面積，避免在油類本身蒸氣壓下與空氣中的氧快速接觸，造成大規模燃燒；因油類火災係蒸發燃燒，與其表面積成正相關，所以控制其擴散表面積，俾便於迅速控制與處理。再者，防液堤不得被配管貫通，但不損傷防液堤構造性能者，不在此限。因貫通處填縫往往係屬二次施工，日久後會形成縫隙，而使液體往外滲出；但此處法規有無規定過苛似有商榷之處，因不是大量外洩只是縫隙微量，在與整個儲槽消防救災情況比較，這是不成比例的。

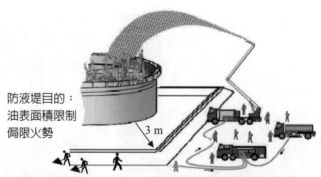

防液堤目的：
油表面積限制
侷限火勢

3 m

保留空地目的：避免延燒、消防搶救、平日檢修、殘氣通風

室外儲槽周圍保留空地例

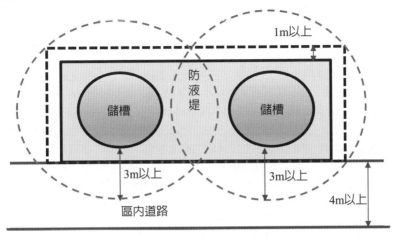

（大津市消防局，平成26年）

左：防液堤內必要有關配管；右：≥1 m 高度防液堤每 30 m 設出入階梯

防液堤內洩漏檢測設備

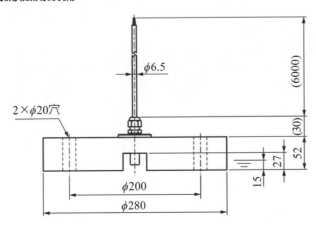

3-48 室外儲槽防液堤（三）

【解說】

在「室外儲槽之直徑未達 15 m 者，防液堤與儲槽側板外壁間之距離，不得小於儲槽高度之 1/3；其為 15 m 以上者，不得小於儲槽高度之 1/2。」依內政部消防法令函釋及公告內容，其立法意旨為儲槽發生洩漏時，能有效侷限公共危險物品於防液堤內，故以儲槽直徑及高度作為防液堤與儲槽側板外壁距離之設計考量因素，至上開規定所稱儲槽高度係與儲槽可能發生洩漏處之高度有關，基此，應為地面起算至儲槽側板外壁頂端之距離，惟如屬壓力儲槽，儲槽高度則為地面起算至儲槽頂端之距離。

而防液堤內是否得設置非公共危險物品儲槽，管理辦法並無規定防液堤內不得設置儲存非公共危險物品之儲槽。惟相鄰儲槽間之距離仍應符合規定，並應考量儲槽內容物之特性，以免洩漏時物質相互反應或發生爆炸等意外。

在場所保留空地之設置，如防液堤內儲槽間之距離符合管理辦法規定，則得排除同條第 3 款周圍保留空地寬度之適用。既設室外儲槽場所，以該場所防液堤內最大之儲槽容量計算，設置其防液堤。假使重疊設置之室外儲槽場所，也需符合周圍保留空地及儲槽間距之規定。假使既設儲槽之防液堤容量不足時，得否採配管連通相關防液堤合併計算容量，如經配管貫通之部分，不損傷防液堤構造性能者，如具有耐震及防止洩漏功能，並附有防液堤構造相關之專業技師（如建築師、土木技師、結構技師等）證明文件或勘查報告者，得合併計算之。「防液堤周圍應設道路並與區內道路連接，道路寬度不得小於 6 m」之規定，係為方便消防救災車輛出入及能接近儲槽部署搶救。因災害發生時，現場條件（如風向等）會影響搶救部署位置，為利執行救災作業，基此，明定防液堤四周應設置道路。

＋ 小博士解說

公共危險物品室外儲槽場所，於同一防液堤內設置儲存不同閃火點之液體公共危險物品儲槽時，應以閃火點未達 70℃者之儲槽數量除以 10、閃火點在 70℃以上未達 200℃者之儲槽數量除以 20，及閃火點在 200℃ 以上者之儲槽數量除以 30，所得商數之和為 1 以下時，得設置於同一防液堤內。今有一場所設計案，其中丙酮槽 7 座、鍋爐油槽 8 座及齒輪油槽 6 座，則本案計算式如下：

$$\frac{7}{10} + \frac{8}{20} + \frac{6}{30} = \frac{13}{10} > 1$$

故不得設置於同一防液堤內。

防液堤地表下埋設配管設防滲透牆例

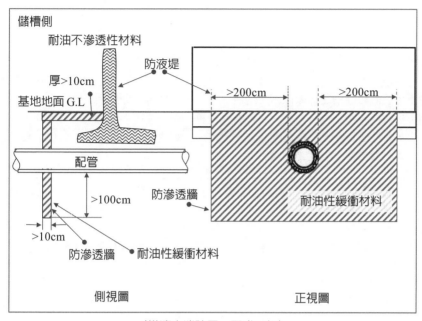

（橫濱市消防局，平成26年）

防液堤地表下埋設配管設不滲透性毯例

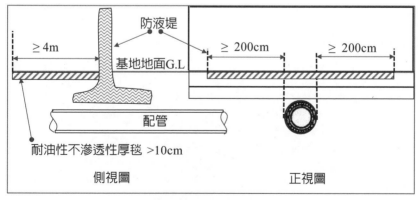

（橫濱市消防局，平成26年）

3-49 **室外儲槽防液堤（四）**

【解說】

儲槽周圍保留空地寬度，係自儲槽側板外壁起算，依內政部消防法令函釋及公告內容，保留空地內原則上不可有機械設備，故室外儲槽場所設置之消防幫浦、發電機設備並不可設置於儲槽之周圍保留空地內，也不得設於防液堤周圍道路內。這是因為油類火災熱值高，產生火災強度大之輻射熱通量，如在周遭一定範圍內可燃物，可能會被引燃，且此區域空地也作為消防人員搶救之活動空間，假使其被引燃後，勢必會影響到消防人員能接近射水至油槽處。

有關高度 1 m 以上之防液堤，每間隔 30 m 應設置出入防液堤階梯或土質坡道，係為內部人員避難逃生、平日維護檢修及災時消防搶救等因素考量。依內政部決議其出量測方式，考量階梯或土質坡道之型式、種類各有不同，其測量以階梯或土質坡道之轉折平臺中心線為基準點，並以沿防液堤或土質坡道構造中心線所得步行距離計算之。本條考量係平常時人員有必要進入防液堤內進行儲槽本身及周邊管路檢修；於異常時，救災人員可能有必要進入防液堤內進行必要之消防活動。

因此，保留空地範圍內之地面及其上方，原則上不得有任何建築物或工作物等，但與製程相關之公共危險物品輸送管線及同一事業單位內之水系統管線、非輸送公共危險物品管線及電氣線路（含前揭管線支撐架）等，不在此限。依火災周邊熱量分布而言，在其上方往往是最能接受輻射與對流熱之處，如其是可燃物性質，就很有可能受延燒之虞。但水系統管線非可燃液體可排外，而非輸送公共危險物品管線及電氣線路（含前揭管線支撐架）等不在此限，如果輸送是可燃性及重要電氣線，依火災學而言，則當然值得商榷。

油槽火災危險徵兆

左：防液堤 1m 之施工例；右：防液堤 1.5m 之施工例

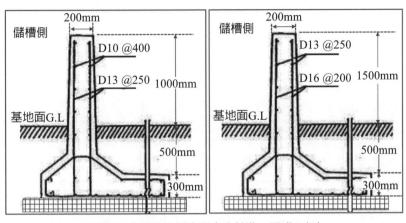

（橫濱市危險物規制事務審查基準，平成26年）

室外儲槽基地盤面接合部分設防止雨水侵入措施例

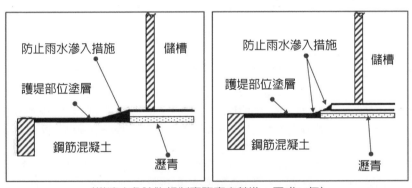

（橫濱市危險物規制事務審查基準，平成26年）

左：防液堤周圍道路；右：防液堤外部油水分離裝置

3-50 高閃火點室外儲槽

第 39 條

室外儲槽儲存高閃火點物品者，其位置、構造及設備得依下列規定辦理：
1. 準用第 37 條第 1 款、第 4 款至第 12 款、第 14 款至第 17 款規定。
2. 周圍保留空地寬度，應依右表規定。
3. 幫浦設備除準用第 35 條第 1 項第 1 款第 1 目、第 2 目之 1、第 2 目之 2、第 2 目之 5、第 2 目之 6 及第 3 目規定外，並應符合下列規定：
   (1) 周圍保留空地寬度不得小於一公尺。但設有具二小時以上防火時效之防火牆或儲存六類物品數量未達管制量十倍者，不在此限。
   (2) 窗戶及出入口，應設置防火門窗。但外牆無延燒之虞者，窗戶得為不燃材料建造。
   (3) 有延燒之虞外牆設置之窗戶及出入口裝有玻璃時，應為鑲嵌鐵絲網玻璃或具有同等以上防護性能者。
4. 周圍應設置防止儲存物外洩及滲透之防液堤，且防液堤之容量，不得小於最大儲槽之容量。

【解說】

按現行管理辦法幫浦設備依第 35 條第 1 項第 1 款規定，係區分為設置於建築物或工作物（幫浦室）者或幫浦室以外者，惟高閃火點物品因閃火點較高，相對其他易燃液體及可燃液體，其危險性較低。高閃火點物品，係指閃火點在 100℃以上之第四類公共危險物品，其燃燒特性為火焰傳播速率相對較低。在重質油類燃燒特性為較難以著火，但一旦著火即難以撲滅；且重質油類燃燒上，產生特有之沸溢、濺溢或冒泡之危險現象。

保留空地之設置，主要係為防止公共危險物品場所發生火災或其周圍建築物發生火災時相互延燒，並可作為消防人員搶救戰術運用活動使用所留設之空地（消防機具進入擺置、四周任一方向角度進行射泡沫攻擊等），主要係火災熱輻射與距離平方成反比，來減低輻射熱與消防人員搶救空間，非以救災車輛可行駛出入為最必要條件。而保留空地應以具有土地所有權或土地使用權者為限，而斜坡馬路應併案檢討。

本條為危險性相對較低，如與非高閃火點物品比較規定如下：

室外儲槽場所第四類液體之比較規定

儲存第四類物品			非高閃火點	高閃火點
位置	境界線距離		儲槽高度～儲槽最大直徑（或 ≥ 50m）	0
	保留空地	儲槽	≥ 1～10 m	≥ 3～5 m
		幫浦	≥ 3m	≥ 1m
構造	防液堤容量		≥ 110%	≥ 100%
設備	避雷針		管制量 ≥ 10 倍需設	不需設

室外儲槽儲存構造設備

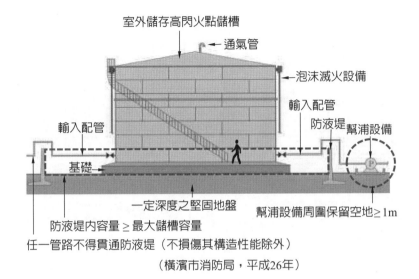

室外儲存高閃火點儲槽
通氣管
泡沫滅火設備
輸入配管
輸入配管
防液堤　幫浦設備
基礎
一定深度之堅固地盤
幫浦設備周圍保留空地≥1m
防液堤內容量 ≥ 最大儲槽容量
任一管路不得貫通防液堤（不損傷其構造性能除外）

（橫濱市消防局，平成26年）

室外儲槽儲存高閃火點物品四周保留空地寬度

儲槽容量		保留空地寬度
管制量	＜ 2000 倍	＞3m
	＞ 2000 倍	＞ 5 m

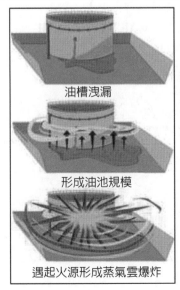

油槽洩漏

形成油池規模

遇起火源形成蒸氣雲爆炸

室外儲存高閃火點油槽

靜電形成方式

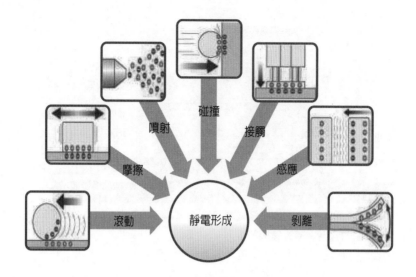

油類導管中輸送與橡膠管壁及液體輸送摩擦產生靜電

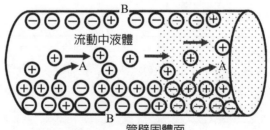

A：隨液體流動中，一起移動電荷
B：固定於固體面，不能移動電荷

儲槽蒸氣回收與安全裝置

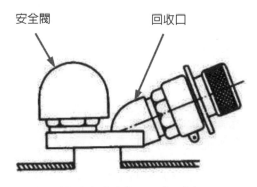

（橫濱市消防局，平成26年）

左：油槽頂閥門防爆裝置；右：油槽頂無閥通氣管

左：油槽冷卻撒水裝置；右：油槽體進入管開關閥

3-51 室外儲槽儲存特殊公告物品

> **第 40 條**
> 室外儲槽儲存第 3 類公共危險物品之烷基鋁、烷基鋰、第 4 類公共危險物品之乙醛、環氧丙烷及中央主管機關公告之 6 類物品者，除依第 37 條規定外，並應符合下列規定：
> 1. 應設置用惰性氣體或有同等效能予以封阻之設備。
> 2. 儲存烷基鋁或烷基鋰者，應設置能將洩漏之儲存物侷限於特定範圍，並導入安全槽或具有同等以上效能之設施。
> 3. 儲存乙醛或環氧丙烷者，其儲槽材質不得含有銅、鎂、銀、水銀、或含該等成份之合金，且應設置冷卻裝置或保冷裝置。

【解說】

　　本條規定係屬危險度較高之儲存物質，除依第 37 條室外儲槽場所之通則設計規定外，有必要因應其特殊危險性，因其燃燒時滅火也有其相當難度及危險性，故整個管理重點，只能落在預防法規上，首先在硬體之構造及設備上來予以強化。

　　因烷基鋁又稱三烷基鋁，化學活性很強，如三乙基鋁在空氣中能自燃，極易被氧化，遇水即爆炸。而烷基鋰常溫是液體或低熔點固體，能迅速與氧氣反應，因此在空氣中自燃，且與液態水及水蒸氣接觸，會發生劇烈反應。而第四類特殊易燃物之危險特性，請見右表所示。

　　自燃是一專業術語，對氣體而言，溫度可超過 1300℃的有焰燃燒。對固體可以是 300℃低溫悶燒現象。而本條所定之烷基鋁或烷基鋰，依內政部消防法令函釋及公告內容，係指純物質，而非混合物。假使室外儲槽儲存之丁基鋰混合物（12% 丁基鋰 +88% 環己烷）及三乙基鋁混合物（15% 三乙基鋁 +85% 環己烷）已非屬純物質，惟如欲依管理辦法第 40 條第 2 款設置安全槽，具有儲槽 100% 容量之安全槽，且設有防止雨水入侵構造，並以地下埋管方式將洩漏物導入安全槽中及留設保留空地，尚符管理辦法第 40 條第 2 款規定安全槽之設置意旨。

爆炸類型

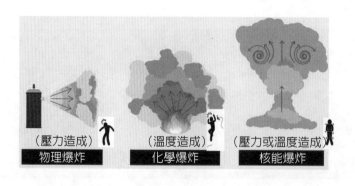

（壓力造成）	（溫度造成）	（壓力或溫度造成）
物理爆炸	化學爆炸	核能爆炸

特殊易燃物（發火點 ≤ 100°C或閃火點 ≤ -20°C且沸點 ≤ 40°C）

物質名稱	性質	閃火點	發火點	危險特徵
乙醚	非水溶性	-45°C	160°C	閃火點最低（-45°C） 甘甜刺激性 蒸氣麻醉性 嚴禁長時間置於陽光與空氣中 與過氧化氫發生爆炸
二硫化碳		-30°C	90°C	發火點最低（90°C） 液體比重 1.26 置於水中以免蒸氣發生 特殊難聞氣味 燃燒生成有害二硫化物
乙醛	水溶性	-39°C	175°C	沸點最低（20°C） 刺激臭味 蒸氣有毒 遇熱與光分解甲烷與一氧化碳
環氧丙烷		-37°C	449°C	同於乙醚氣味 與銅等金屬產生聚合反應

✚ 知識補充站
容器內體積膨脹圖

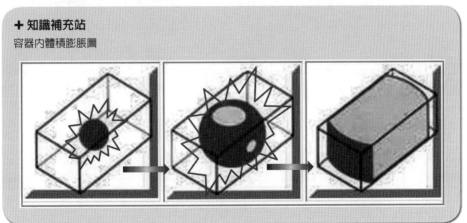

3-52 地下儲槽位置、構造及設備（一）

第41條

地下儲槽場所之位置、構造及設備應符合下列規定：

1. 儲槽應置於地下槽室。但儲存第4類公共危險物品且符合下列規定者，得直接埋設於地下。
   (1) 距離地下鐵道、地下隧道或中央主管機關指定場所之水平距離在10 m以上。
   (2) 儲槽應以水平投影長及寬各大於60cm以上，厚度為25cm以上之鋼筋混凝土蓋予以覆蓋。
   (3) 頂蓋之重量不可直接加於該地下儲槽上。
   (4) 地下儲槽應定著於堅固基礎上。
2. 儲槽側板外壁與槽室之牆壁間應有10cm以上之間隔，且儲槽周圍應填塞乾燥砂或具有同等以上效能之防止可燃性蒸氣滯留措施。
3. 儲槽頂部距離地面應在60cm以上。
4. 2座以上儲槽相鄰者，其間隔應在1 m以上。但其容量總和在管制量100倍以下者，其間隔得減為50cm以上。
5. 儲槽應以厚度3.2公釐以上之鋼板建造，並具氣密性。非壓力儲槽以每0.7kg/cm² 之壓力、壓力儲槽以最大常用壓力之1.5倍之壓力，實施10分鐘之水壓試驗，不得洩漏或變形。
6. 儲槽外表應有防蝕功能。
7. 壓力儲槽應設置安全裝置，非壓力儲槽應設置通氣管。
8. 儲存液體6類物品時，應有自動顯示儲量裝置。
9. 儲槽注入口應設置於室外，並準用第33條第1項第8款規定。
   （續）

【解說】

儲存第4類得直接埋設於地下，係其非禁水性且危險度較低。儲槽周圍填塞乾燥砂，旨在避免可燃性蒸氣滯留空間。如依「高壓氣體勞工安全規則」採用儲槽埋設於水中或在儲槽室內強制換氣，而具有同等效能者亦可。

直接埋入式地下儲槽構造

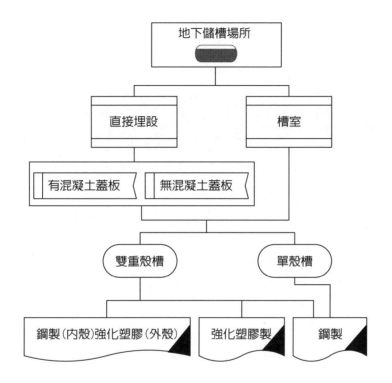

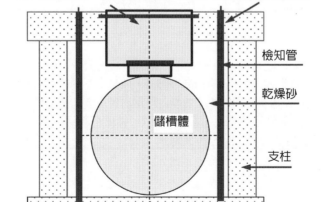

（橫濱市消防局，平成 26 年）

3-53 地下儲槽位置、構造及設備（二）

第41條（續）

10. 幫浦設備設置於地面者，準用第35條第1項第1款規定；幫浦設備設於儲槽之內部者，應符合下列規定：
    (1) 幫浦設備之電動機構造應符合下列規定：
       A. 定子為金屬製容器，並充填不受6類物品侵害之樹脂。
       B. 於運轉中能冷卻定子之構造。
       C. 電動機內部有防止空氣滯留之構造。
    (2) 連接電動機之電線，應有保護措施，不得與6類物品直接接觸。
    (3) 幫浦設備有防止電動機運轉升溫之功能。
    (4) 幫浦設備在下列情形時，電動機能自動停止：
       A. 電動機溫度急遽升高時。
       B. 幫浦吸引口外露時。
    (5) 幫浦設備應與儲槽法蘭接合。
    (6) 應設於保護管內。但有足夠強度之外裝保護者，不在此限。
    (7) 幫浦設備設於地下儲槽上部部分，應有6類物品洩漏檢測設備。
11. 配管準用第36條規定。
12. 儲槽配管應裝設於儲槽頂部。
13. 儲槽周圍應在適當位置設置4處以上之測漏管或具有同等以上效能之洩漏檢測設備。
14. 槽室之牆壁及底部應採用厚度30cm以上之混凝土構造或具有同等以上強度之構造，並有適當之防水措施；其頂蓋應採用厚度25cm以上之鋼筋混凝土構造。

【解說】

　　距離地下鐵道等場所距離在10 m以上，係考量公眾大量人命安全。安全裝置或通氣管設置，可調節因取存公共危險物品等因素，所造成之儲槽內部壓力，以確保其安全。如採用無閥通氣管具有同等以上效能者應屬可行。有關避雷設備之規定，能有效防護該對象物，旨在預防因雷擊造成火災事故。儲槽相鄰最小間隔不得少於50cm，以作為人員檢查通道及地震相碰摩擦問題。

地下非壓力儲槽通氣設計

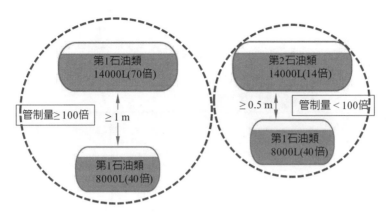

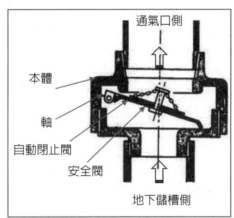

（橫濱市消防局，平成 26 年）

左：地下儲槽之槽室；右：地下儲槽注入口應設置於室外

未設儲槽室之既設地下儲槽例

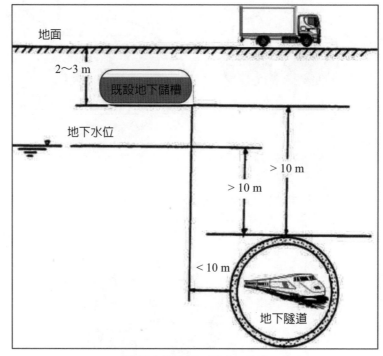

地面

2～3 m

既設地下儲槽

地下水位

> 10 m

> 10 m

< 10 m

地下隧道

（橫濱市消防局，平成 26 年）

埋入式鋼筋混凝土蓋板例

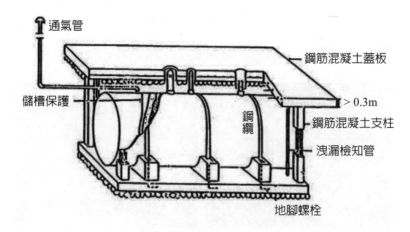

通氣管

鋼筋混凝土蓋板

儲槽保護

> 0.3m

鋼纜

鋼筋混凝土支柱

洩漏檢知管

地腳螺栓

（橫濱市消防局，平成26年）

地下槽室之構造設備規定

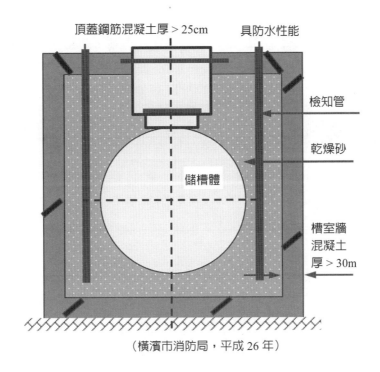

（橫濱市消防局，平成 26 年）

左：第四類地下槽室鋼製單殼槽；右：非壓力槽注入口於室外

3-54 地下儲槽雙重殼

第 42 條

儲槽為雙重殼之地下儲槽場所，其位置、構造及設備應符合下列規定：
1. 應符合前條第 3 款、第 4 款、第 5 款後段及第 7 款至第 12 款規定。
2. 直接埋設於地下者，並應符合前條第 1 款第 2 目至第 4 目規定。
3. 置於地下槽室者，並應符合前條第 2 款及第 14 款規定。
4. 儲槽應於雙重殼間設置液體洩漏檢測設備。
5. 儲槽應具有氣密性，並使用下列材料之一：
   (1) 厚度 3.2mm 以上之鋼板或具有同等以上性能之材質。
   (2) 經中央主管機關指定之強化塑料。
6. 使用強化塑料之儲槽者，應具有能承受荷重之安全構造。
7. 使用鋼板之儲槽者，其外表應有防蝕功能。

【解說】

雙重殼儲槽在火災熱傳上，具有其延緩火災傳熱至儲槽之作用；基本上，雙重殼之間是充滿空氣，空氣為一不良熱傳體，並使儲槽具有保溫效果。此外，本條儲槽為雙重殼之地下儲槽場所，與一般單殼鋼製槽規定上比較如次：

1. 在位置規定差異，因槽體本身係雙重殼，較無洩漏至槽外之可能，其位置可免除與地下大眾運輸工具之≥ 10m 安全距離；以及可免除儲槽側板外壁與槽室之牆壁間應有 10cm 以上之間隔。
2. 在設備規定差異，儲槽液體洩漏檢測設備應設置於雙重殼之間。
3. 在構造規定差異，雙重殼儲槽除使用鋼板（但為承受力厚度 3.2mm 以上之鋼板或具有同等以上性能之材質）外，還可使用經中央主管機關指定之強化塑料。在「強化塑料」依內政部消防法令函釋及公告內容，指出常用材料為樹脂及玻璃纖維，而 FRP（Fiberglass Reinforced Plastics）是玻璃纖維強化塑膠，係屬強化塑料。而所謂安全構造係指地下儲槽能承受土壓及內壓重量，不致變形或破損而影響結構之構造。

此外，使用鋼板之儲槽者，其外表應有防蝕功能，但防蝕功能是為達整體性，包括其配件設備等。

地下儲槽雙重殼構造例

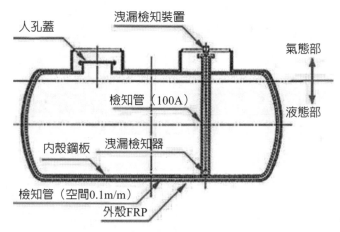

（日本CHIKATA株式會社，平成28年）

雙重殼之地下儲槽構造例

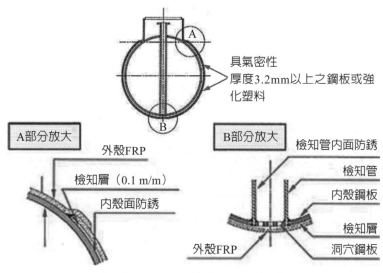

（日本CHIKATA株式會社，平成28年）

左：第 4 類地下儲槽場所外觀；右：地下儲槽場所標示板

槽隔 ≥ 1m 洩漏檢知裝置

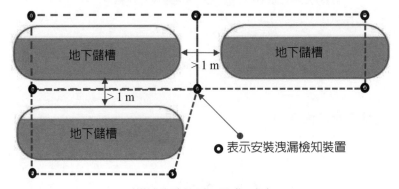

（橫濱市消防局，平成26年）

地下儲槽易爆危險區域

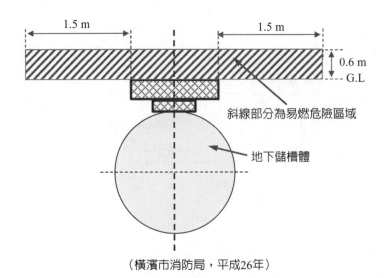

（橫濱市消防局，平成26年）

洩漏檢知裝置設置例

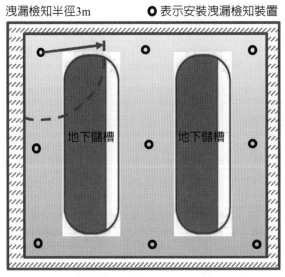

洩漏檢知半徑3m　　　◎ 表示安裝洩漏檢知裝置

地下儲槽　　　　地下儲槽

（橫濱市消防局，平成26年）

洩測漏檢知設備構造例

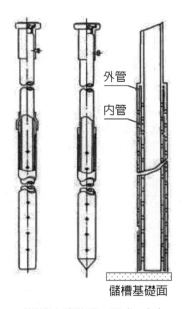

外管

內管

儲槽基礎面

（橫濱市消防局，平成26年）

3-55 地下儲槽儲存特殊物品、容器檢驗及6 類物品處理

第43條

地下儲槽場所儲存第3類公共危險物品之烷基鋁、烷基鋰、第4類公共危險物品之乙醛、環氧丙烷及中央主管機關公告之6類物品者，其位置、構造及設備除應符合第41條第2款至第14款規定外，並應符合下列規定：

1. 儲槽應置於地下槽室。
2. 準用第40條第3款規定。但儲槽構造具有可維持物品於適當溫度者，可免設冷卻裝置或保冷裝置。

【解說】

　　烷基鋁與烷基鋰是禁水性物質，在常溫中能迅速與空氣中氧氣反應發熱自燃，且與液態水及水蒸氣接觸會劇烈反應爆炸；乙醛或環氧丙烷同是閃火點很低，且沸點亦低，故需置以槽室並有冷卻裝置或保冷裝置爲之。

第44條

中央主管機關公告之容器，非經檢驗合格不得使用；其檢驗工作得委託專業機關（構）辦理。前項檢驗項目及基準，由中央主管機關定之。

【解說】

　　公共危險物品有其危險性，故其所使用容器需經專業檢驗合格。

第45條

6類公共危險物品之儲存及處理，應遵守下列規定：

1. 第1類物品應避免與可燃物接觸或混合，或與具有促成其分解物品接近，並避免過熱、衝擊、摩擦。無機過氧化物應避免與水接觸。
2. 第2類物品應避免與氧化劑接觸混合及火焰、火花、高溫物體接近及過熱。金屬粉應避免與水或酸類接觸。
3. 第3類物品之禁水性物質不可與水接觸。
4. 第4類物品不可與火焰、火花或高溫物體接近，並應防止其發生蒸氣。
5. 第5類物品不可與火焰火花或高溫物體接近，並避免過熱衝擊、摩擦。
6. 第6類物品應避免與可燃物接觸或混合，或具有促成其分解之物品接近，並避免過熱。

6 類物品之儲存及處理防火注意事項

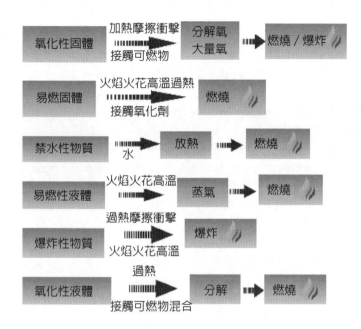

6 類危險物品危險屬性

3-56 販賣場所安全管理

第46條

六類物品製造、儲存及處理第1種及第2種販賣場所，其安全管理應遵守下列規定：

1. 儲存或處理公共危險物品，不得超過規定之數量。
2. 嚴禁火源。
3. 經常整理及清掃，不得放置空紙箱、內襯紙、塑膠袋、紙盒等包裝用餘材料，或其他易燃易爆之物品。
4. 儲存或處理公共危險物品，應依其特性使用不會破損、腐蝕或產生裂縫之容器，並應有防止傾倒之固定措施，避免倒置、掉落、衝擊、擠壓或拉扯。
5. 維修可能殘留公共危險物品之設備、機械器具或容器時，應於安全處所將公共危險物品完全清除後為之。
6. 嚴禁無關人員進入。
7. 集液設施或油水分離裝置內如有積存公共危險物品時，應隨時清理。
8. 廢棄之公共危險物品應適時清理。
9. 應使公共危險物品處於合適之溫度、濕度及壓力。
10. 有積存可燃性蒸氣或粉塵之虞場所，不得使用易產生火花之設備。
11. 指派專人每月對場所之位置、構造及設備自主檢查，檢查紀錄至少留存一年。

【解說】

　　本條主要係針對燃料之管理。依消防署民國108年6月修正說明，原規定第一種及第二種販賣場所安全管理規範，為強化製造、儲存及一般處理公共危險物品場所之安全管理，增訂安全管理規範，以強化各類公共危險物品場所之安全管理，如嚴禁無關人員進入、適時監控及清理場所公共危險物品與強化自主檢查等作為，以維護場所安全。

（改繪自勞働厚生省，平成31年）

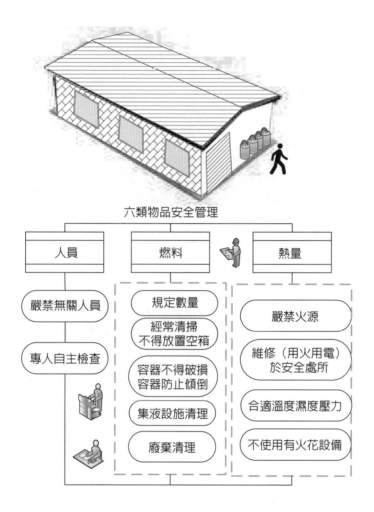

六類物品安全管理

公共危險物品 6 類之混合危險

物品	第 1 類	第 2 類	第 3 類	第 4 類	第 5 類	第 6 類
第 1 類		×	×	×	×	×
第 2 類	×		●	○	●	×
第 3 類	×	×		●	×	×
第 4 類	×	○	●		●	●
第 5 類	×	●	×	●		×
第 6 類	×	×	×	●	×	
× 表有混合危險者，●表有潛在危險者，○表無混合危險者。						

3-57 六類物品場所安全管理二

第 46 條之 1

六類物品製造及一般處理場所，其安全管理除應符合前二條規定外，並應遵守下列規定：

1. 蒸餾作業時，應防止因處理設備內部壓力變化，致液體、蒸氣或氣體外洩。
2. 萃取作業時，應防止處理設備內部壓力異常上升。
3. 乾燥作業時，應採取不使物品溫度局部上升方法為之。
4. 粉碎作業時，不得於產生大量可燃性粉塵情形下操作機械。
5. 填充換裝時，應於防火安全處所為之。
6. 噴漆及塗裝作業時，應於有效防火區劃內為之。
7. 淬火作業時，應使六類物品於危險溫度以下。
8. 清洗作業時，應於產生之可燃性蒸氣能良好通風情形下為之，且應將廢棄六類物品妥善處置。
9. 消耗六類物品進行燃燒時，應避免處理設備逆火及六類物品溢出。

六類物品販賣場所，其安全管理除應符合前條規定外，並應遵守下列規定：

1. 六類物品應存放於容器，不得散裝販賣。
2. 調配六類物品以塗料類為限，並應於調配室內為之。

【解說】

1. 蒸餾作業，指利用物質揮發性之差異，將液體加熱氣化，凝結成為液體後，達到分離之方式。
2. 萃取作業，指利用物質在不同溶劑中溶解度之差異，將特定物質自物品轉移至溶劑之分離方式。
3. 乾燥作業，指將物品去除水分或溶劑之作業方式。
4. 粉碎作業，指將物品加工使其變小之作業方式。
5. 填充，指將物品裝入容器中；換裝，指將物品自一容器換至另一容器中。
6. 噴漆及塗裝作業，指將物質噴灑或塗佈至物品之作業方式。
7. 淬火作業，指使鋼鐵製品增加抗疲勞性、抗磨耗性之熱處理方式。
8. 清洗作業，指將物品（非六類物品）附著物質吹除，或浸泡、攪拌之作業方式。
9. 消耗六類物品，指燃燒、耗損六類物品，使其減少之作業方式。
   販賣場所安全管理較其他一般處理場所單純，於第 2 項單獨規範。

六類物品製造及一般處理場所之作業安全管理

● 防止內部壓力	・ 蒸餾作業 ・ 萃取作業
● 控制溫度	・ 乾燥作業 ・ 淬火作業
● 產生可燃性粉塵	・ 粉碎作業
● 產生可燃性蒸氣	・ 清洗作業
● 防火安全處所	・ 填充換裝
● 有效防火區劃	・ 噴漆及塗裝作業
● 避免逆火及溢出	・ 消耗六類物品燃燒

危險物的安全管理

3-58 六類物品場所安全管理三

第 46 條之 2

六類物品儲存場所，其安全管理除應符合第 45 條及第 46 條規定外，並應遵守下列規定：

1. 室內儲存場所或室外儲存場所，不得儲存六類物品以外物品。但其不與儲存物品反應，且分類分區儲存，各分區距離在 1m 以上者，不在此限。
2. 室內儲存場所或室外儲存場所，不得儲存不同分類之六類物品。但分類分區儲存下列物品，且各分區距離在 1m 以上者，不在此限：
   (1) 第 1 類（鹼金屬過氧化物或含有其成分之物品除外）與第 5 類公共危險物品。
   (2) 第 1 類與第 6 類公共危險物品。
   (3) 第 2 類與第 3 類公共危險物品之發火性液體與發火性固體（黃磷或含有其成分之物品為限）。
   (4) 第 2 類公共危險物品之易燃性固體與第 4 類公共危險物品。
   (5) 烷基鋁或烷基鋰，與第 4 類公共危險物品含有烷基鋁或烷基鋰成分者。
   (6) 第 4 類公共危險物品含有有機過氧化物或其成分者，與第 5 類公共危險物品之有機過氧化物或含有其成分者。
   (7) 第 4 類公共危險物品與第 5 類公共危險物品之丙烯基縮水甘油醚或倍羰烯或含有其成分者。
3. 第 3 類公共危險物品之黃磷，不得與禁水性物質儲存於同一場所。
4. 室內儲存場所容器堆積高度，不得超過 3m；儲存閃火點在攝氏 21℃以上之第 4 類公共危險物品中之第 2 石油類、第 3 石油類、第 4 石油類或動植物油類時，其容器堆積高度準用第 30 條第 8 款規定。
5. 室內儲存場所應保持六類物品在 55℃以下之溫度。

室內（外）儲存場所能分類分區儲存下列物品，且各分區距離 ≥ 1m，得儲存不同類物品

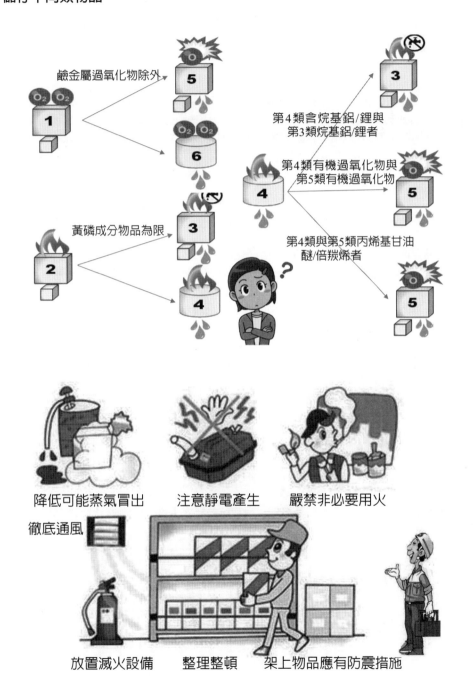

降低可能蒸氣冒出　　注意靜電產生　　嚴禁非必要用火

徹底通風

放置滅火設備　　整理整頓　　架上物品應有防震措施

3-59 保安監督人

第 47 條

製造、儲存或處理 6 類物品達管制量 30 倍以上之場所，應由管理權人選任管理或監督層次以上之幹部為保安監督人，擬訂消防防災計畫，報請當地消防機關核定，並依該計畫執行 6 類物品保安監督相關業務。

保安監督人選任後 15 日內，應報請當地消防機關備查；異動時，亦同。第 1 項保安監督人應經直轄市、縣（市）消防機關，或中央主管機關認可之專業機構，施予 24 小時之訓練領有合格證書者，始得充任，任職期間並應每 2 年接受複訓 1 次。

第 1 項消防防災計畫內容及前項講習訓練要點，由中央主管機關定之。

【解說】

在公共危險物品安全管理上，主要是防火防爆。而其管理目標，即火三要素：氧氣、熱量及可燃物（燃料）（如右圖）：

1. 氧氣方面，即第 1 類與第 6 類之助燃性公共危險物品，不可與可燃性之第 2、3、4、5 類接觸混合，因會產生氧化，而氧化即為發熱反應。此外，在構造方面規定，如不得設開口或窗戶，以限制氧氣供應。

2. 燃料方面，因第 2、3、4、5 類物品燃燒反應程度不一，即以管制量來管理不同危險性之燃料，在位置上採取安全距離、境界線距離及防火空地，如儲存面積及高度限制等管制燃料。

3. 熱量方面，嚴禁火源、去除靜電、場所距離高壓電線（≥ 7000V）、電線保護措施、電氣設備符合屋內線路裝置規則、化學熱（火焰）、物理熱（火花、高溫物體、過熱、衝擊、摩擦）等。

保安監督人之設置考量，與防火管理人依場所使用面積與人數而定，迥然不同，是依燃料量與危險度（二者合為管制量一詞），依場所合併計算後達管制量 30 倍以上（與日本稍有差異如右下表），即應依規定製作消防防災計畫書執行保安監督業務，重點主要擺在用火用電之熱量方面，其中有物理熱之管制。而同一人不得同時擔任 2 個以上不同場所之保安監督人。資格方面，在日本是取得甲或乙種危險物處理人員證且實務經驗 6 個月以上者，而臺灣是管理或監督層次人員，受訓 24 小時領有證書者。

＋小博士解說

危險物品法規設計原理，大部分是火三要素，其中限制空氣中氧，如外牆不得設置開口、防火門等；在燃料方面，如洩漏防制、防火構造或以不燃材料建造、防液堤及室內面積限制、管制量、四周保留空地等；在熱量方面，嚴禁火源、屋內配線、儲存處理不得接觸混合、靜電防制、避雷、高壓電安全距離等。

日本保安監督人應選任場所

公共危險物品種類		第四類物品				第四類以外物品	
管制量		< 30 倍		≥ 30 倍		< 30 倍	≥ 30 倍
閃火點		≥ 40℃	< 40℃	≥ 40℃	< 40℃		
製造場所		✓	✓	✓	✓	✓	✓
處理場所	一般處理	✓	✓	✓	✓	✓	✓
	第一種販賣	-	✓	-	-	✓	-
	第二種販賣	-	✓	-	✓	✓	-
儲存場所	室內儲存	-	✓	✓	✓	✓	✓
	室外儲存	-	-	✓	✓	-	✓
	室內儲槽	-	✓	-	✓	✓	✓
	室外儲槽	✓	✓	✓	✓	✓	✓
	地下儲槽	-	✓	-	✓	✓	✓
	移動式儲槽	-	-	-	-	-	-

保安監督火三要素管理

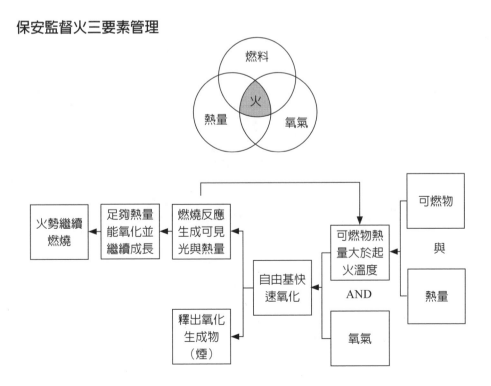

3-60 爆竹煙火法制化

第 48 條至第 59 條
（刪除）

【解說】

第 48 條至第 59 條爲爆竹煙火相關規定，從幾起爆竹煙火廠爆炸案，尤民 92 年 11 月苗栗巨豐爆竹煙火廠等爆炸，致 5 死 14 人傷，從管理辦法（法第 3 位階，如下圖）進一步推動爆竹煙火管理法制化（法第 2 位階）。於同年 12 月立法院完成立法，即「爆竹煙火管理條例」，而刪除了上揭條文。

爆竹煙火管理條例依內政部消防法令函釋及公告內容，包括儲存之爆竹煙火相關事項予以統一規範。而規範之內容除應將散見於各單行法規中之規定予以整合外，進一步參考日本相關法令之規定，就爆竹煙火之儲存安全管理以及包括違法爆竹煙火及進口爆竹煙火之各種管制規定予以重建、補強，使我國規範爆竹煙火儲存之法令更加完善。原爆竹煙火相關事項之規範，皆未似日本以專法之方式規範，此造成政府對於爆竹煙火相關事項進行規範時，因各行政機關之權責不一，而產生管理上的困難，因此將爆竹煙火相關事項歸由單一行政機關管理，並以專法規範，以收事權統一之效。

法位階圖

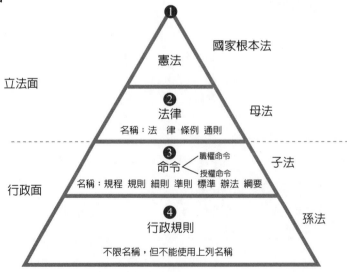

爆竹煙火之分類

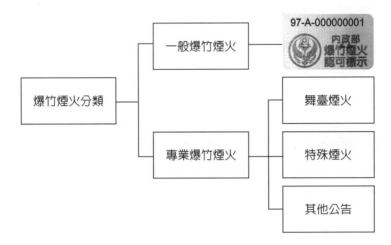

一般爆竹煙火之分類

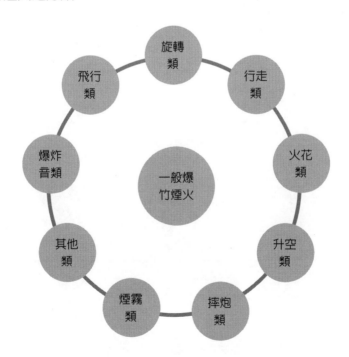

✚ 知識補充站

原油提煉依沸點不同蒸餾出不同氣（液）體油質

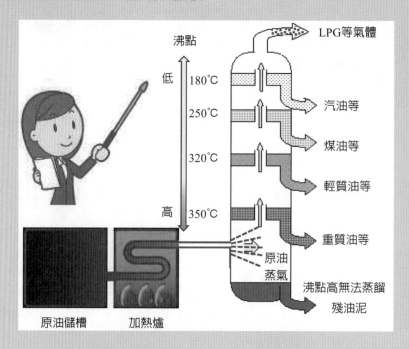

第一類氧化性物質

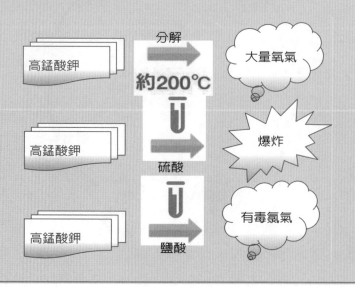

第4章
可燃性高壓氣體場所設置及安全管理

可燃性高壓氣體場所設置，可能會比6類物品場所法規更加嚴謹，如電氣設施須使用防爆型等。因氣體洩漏燃燒型態，是以瞬間燃燒之爆炸方式來呈現。

4-1 可燃性高壓氣體儲槽標準化定義

> **第 60 條**
> 本章所稱儲槽,係指固定於地盤之可燃性高壓氣體儲槽。

【解說】

以火災學而言,氣體燃燒能直接與空氣中的氧結合,不需像固體、液體類經分解、昇華、液化、蒸發過程;如氫、乙炔或瓦斯等可燃氣體與空氣接觸直接燃燒。而火是火焰紊流系統,以氣體燃燒火焰,僅擴散及預混合(混合)燃燒二種,混合燃燒即所謂化學性爆炸,其不在一般火災燃燒形式作探討。而氣體本身比液體或固體輕,能區別出氣體是在液態還是氣態,這對防火和滅火措施是重要的。火災期間氣體受熱膨脹,使容器中壓力增加,容器受高溫喪失強度而破裂。基本上,高溫對壓縮氣體和液化氣體,略有不同的影響。

在可燃性高壓氣體場所設置場所用地方面,於內政部於 90 年 11 月 22 日以臺(90)內消字第 9063273 號函頒「非都市土地申請容許使用為液化石油氣及其他可燃性高壓氣體容器儲存設施用地或變更編定為液化石油氣及其他可燃性高壓氣體容器儲存設施用地興辦事業計畫審查作業要點」,供辦理申請容許使用(或變更編定)為上開設施用地之審核作業依據。準此,有關土地位屬山坡地範圍內,興闢為液化石油氣容器儲存設施者,其面積得依「非都市土地使用管制規則」第 52 條之 1 第 3 款及其附表等規定,其面積免受不得少於 10 公頃之限制。

非都市土地工業區丁種建築用地應依「非都市土地申請容許使用為液化石油氣及其他可燃性高壓氣體容器儲存設施用地或變更編訂為液化石油氣及其他可燃性高壓氣體容器儲存設施用地興辦事業計畫審查作業要點」六之(二)「申請變更編定,限非都市土地劃屬特定農業區……工業區……及特定專用區之土地。……」規定申請變更編定為液化石油氣及其他可燃性高壓氣體容器儲存設施用地。

公共危險物品儲槽與可燃性高壓氣體之儲槽定義,前者係指本辦法第 6 條設置容量超過 600 L 且不可移動之儲槽儲存 6 類物品之場所。而後者並無論及內部設置容量多寡。

鏟車碰及乙炔瓶倒下洩漏例

漏氣引火

鏟車

乙炔瓶

(繪自厚生勞動省,令和元年)

可燃性高壓氣體場所設置及安全管理

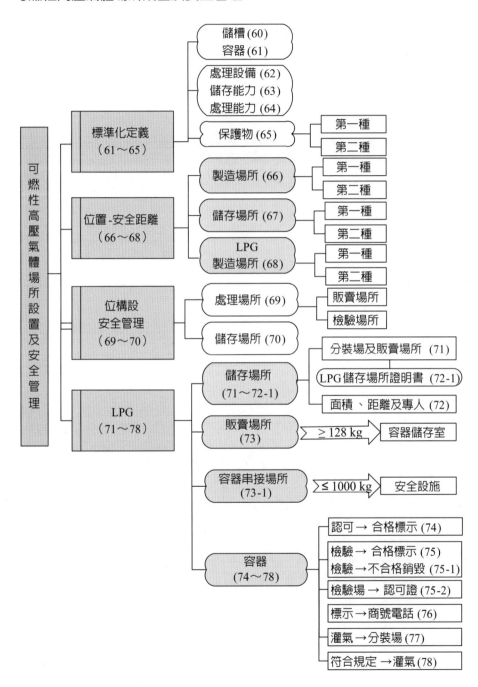

4-2 可燃性高壓氣體容器標準化定義

第 61 條
本章所稱容器，係指純供灌裝可燃性高壓氣體之移動式壓力容器。

【解說】

　　壓力容器通常是指一個專門設計能承受一定壓力載荷，用以承裝處理具有壓力的流體（氣體或液體）的密閉容器，材質包括金屬及非金屬材料的固定式容器和移動式容器；壓力容器因其常處於高壓、高溫或極低溫狀態下，具有潛在的危險；包括如次：
1. 固定性壓力容器，在本章主要指儲存槽方面，包括有球型、豎（立）型、臥（橫）型等。
2. 移動性壓力容器，指各種交通運輸工具運載之可搬移性壓力容器。
　　各種高壓容器處理儲存共通特性：
1. 保持攝氏四十度以下之溫度；容器並應防止日光之直射。
2. 容器應保持直立狀態，並設防止傾倒裝置。
3. 可燃性、毒性、助燃性等氣體容器應分開儲存處理。

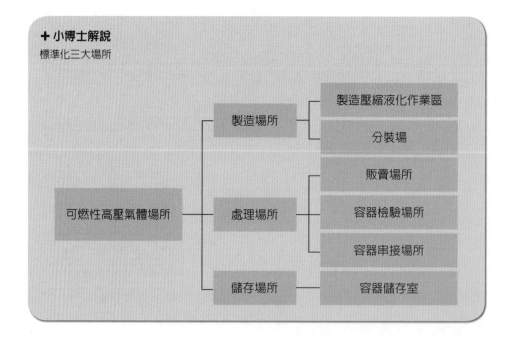

＋ 小博士解說
標準化三大場所

高壓容器標示與種類特性

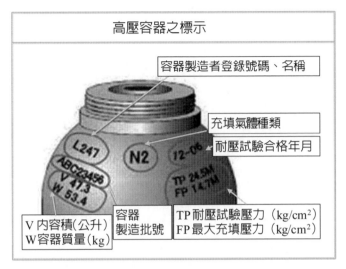

高壓容器之標示

容器製造者登錄號碼、名稱

充填氣體種類

耐壓試驗合格年月

V 內容積(公升)
W 容器質量(kg)

容器製造批號

TP 耐壓試驗壓力（kg/cm²）
FP 最大充填壓力（kg/cm²）

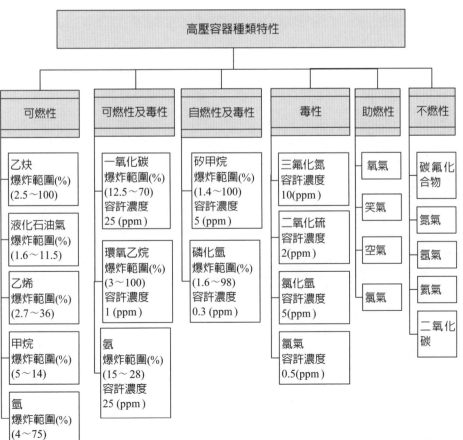

高壓容器種類特性

可燃性	可燃性及毒性	自燃性及毒性	毒性	助燃性	不燃性
乙炔 爆炸範圍(%) (2.5～100)	一氧化碳 爆炸範圍(%) (12.5～70) 容許濃度 25 (ppm)	矽甲烷 爆炸範圍(%) (1.4～100) 容許濃度 5 (ppm)	三氟化氮 容許濃度 10(ppm)	氧氣	碳氟化合物
液化石油氣 爆炸範圍(%) (1.6～11.5)	環氧乙烷 爆炸範圍(%) (3～100) 容許濃度 1 (ppm)	磷化氫 爆炸範圍(%) (1.6～98) 容許濃度 0.3 (ppm)	二氧化硫 容許濃度 2(ppm)	笑氣	氮氣
乙烯 爆炸範圍(%) (2.7～36)	氨 爆炸範圍(%) (15～28) 容許濃度 25 (ppm)		氯化氫 容許濃度 5(ppm)	空氣	氬氣
甲烷 爆炸範圍(%) (5～14)			氯氣 容許濃度 0.5(ppm)	氮氣	氦氣
氫 爆炸範圍(%) (4～75)					二氧化碳

4-3 處理設備、儲存能力與處理能力標準化定義

第 61 條之 1
本本章所稱供應設備,指液化石油氣販賣場所之經營者供氣予家庭用或營業用用戶時,所提供之容器或容器至氣量計出口為止之間所有設備。

【解說】

　　家用液化石油氣供氣定型化契約應記載及不得記載事項規定,採重量計價者,供應設備係指容器,所有權歸屬瓦斯業者;消費設備係指容器出口至燃氣器具 (如熱水器及瓦斯爐等) 為止之間所有設備 (含管線及相關附屬設備等),所有權歸屬消費者。採氣量計價者,供應設備係指容器至氣量計出口為止之間所有的設備 (含容器、氣量計、管線及相關附屬設備等),所有權歸屬瓦斯業者;消費設備係指氣量計出口至燃氣器具 (如熱水器及瓦斯爐等) 為止之間所有設備 (含管線及相關附屬設備等),所有權歸屬消費者。

第 62 條
本章所稱處理設備,係指以壓縮、液化及其他方法處理可燃性高壓氣體之高壓氣體製造設備。

第 63 條
本章所稱儲存能力,係指儲存設備可儲存之可燃性高壓氣體之數量,其計算式如下:
1. 壓縮氣體儲槽:$Q = (10P + 1) \times V1$
2. 液化氣體儲槽:$W = C1 \times w \times V2$
3. 液化氣體容器:$W = V2/C2$
算式中:
Q:儲存設備之儲存能力值(m³)。
P:儲存設備之溫度在 35℃(乙炔氣為 15℃)時之最高灌裝壓力值(Mpa)。
V1:儲存設備之內容積值(m³)。
V2:儲存設備之內容積值(L)。
W:儲存設備之儲存能力值(kg)。
w:儲存設備於常用溫度時液化氣體之比重值(kg/L)。
C1:0.9(在低溫儲槽,為對應其內容積之可儲存液化氣體部分容積比之值)
C2:中央主管機關指定之值。

【解說】

1. 球型儲槽儲存能力:$V = \dfrac{4}{3} \times \pi r^2$

　　V 為球型儲槽內容積(m³);π 為圓周率;r 為球型儲槽內之半徑(m)。

2. 臥式儲槽儲存能力:$V = \dfrac{\pi}{4} d^2 L \times \dfrac{4}{3} \times \pi r^2 h$

　　V 為儲槽之內容積(m³);π 為圓周率;r 為鏡板內之半徑(m);h 為鏡板之內側高(m);L 為胴體之長度(m)。

> **第 64 條**
> 本章所稱處理能力，係指處理設備以壓縮、液化或其他方法 1 日可處理之氣體容積
> （換算於溫度在 0℃、壓力為每 0 kg/cm 狀態時之容積）值。

【解說】

1. 幫浦設備處理能力：$Q = W \times 24 \times \rho \times 22.4/M$

    Q 為幫浦處理能力（m³ / 日）；W 為幫浦能力（公升 / 小時）；ρ 為液體密度（公斤 / 公升）；M 為分子量

2. 壓縮機處理能力：$Q = W \times 24$

    Q 為壓縮機處理能力（m³ / 日）；W 為壓縮機能力（m³ / 小時）

儲存能力值之計算

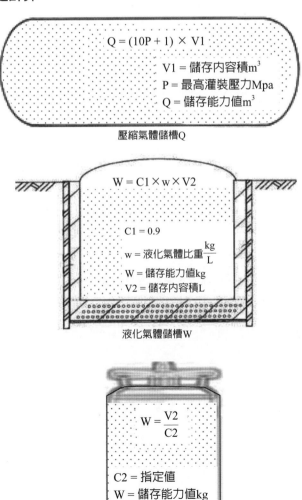

$Q = (10P + 1) \times V1$

V1 = 儲存內容積m³
P = 最高灌裝壓力Mpa
Q = 儲存能力值m³

壓縮氣體儲槽Q

$W = C1 \times w \times V2$

C1 = 0.9
w = 液化氣體比重$\frac{kg}{L}$
W = 儲存能力值kg
V2 = 儲存內容積L

液化氣體儲槽W

$W = \dfrac{V2}{C2}$

C2 = 指定值
W = 儲存能力值kg
V2 = 儲存內容積L

液化氣體容器W

4-4 第1類及第2類保護標準化定義

第 65 條

本章所稱之第 1 類保護物及第 2 類保護物如下：

1. 第 1 類保護物係指下列場所：
   (1) 古蹟。
   (2) 設備標準第 12 條第 2 款第 4 目所列之場所。
   (3) 設備標準第 12 條第 1 款第 6 目、第 2 款第 3 目及第 12 目所列之場所，其收容人員在 20 人以上者。
   (4) 設備標準第 12 條第 1 款第 1 目、第 2 款第 5 目及第 8 目所列之場所，其收容人員在 300 人以上者。
   (5) 設備標準第 12 條第 2 款第 1 目所列之場所，每日平均有 2 萬人以上出入者。
   (6) 設備標準第 12 條第 1 款第 2 目至第 5 目及第 7 目所列之場所，總樓地板面積在 1000 m^2 以上者。
2. 第 2 類保護物：係指第 1 類保護物以外供人居住或使用之建築物。但與製造、處理或儲存場所位於同一建築基地者，不屬之。

【解說】

1. 古蹟為國家所保護有價值對象物，而第 12 條第 2 款第 4 目之博物館、史蹟資料館等也是如此。
2. 第 12 條第 1 款第 6 目之醫院等、第 2 款第 3 目之學校教室等及第 12 目之幼兒園等收容人員在 20 人以上場所。
3. 第 12 條第 1 款第 1 目之電影院、第 2 款第 5 目之寺廟及第 8 目之體育館等收容人員在 300 人以上場所。
4. 第 12 條第 2 款第 1 目之車站等每日平均有 2 萬人以上出入場所。
5. 第 12 條第 1 款第 2 目之保齡球館、第 3 目之觀光旅館、第 4 目之商場、第 5 目之餐廳、第 7 目之三溫暖等總樓地板面積在 1000 m^2 以上場所。
6. 第 2 類保護物為第 1 類保護物以外供人居住或使用之定著於土地上或地面下具有頂蓋、樑柱或牆壁，供個人或公眾使用之構造物或雜項工作物。

第 1 類保護物定義

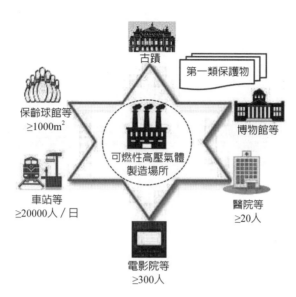

第 2 類保護物定義

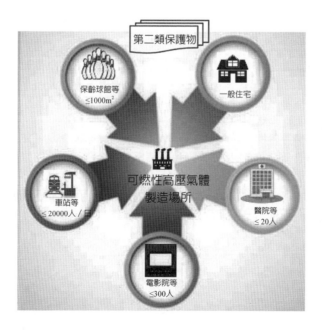

4-5 可燃性高壓氣體製造場所安全距離

> **第 66 條**
> 可燃性高壓氣體製造場所，其外牆或相當於該外牆之設施外側，與場外第 1 類保護物及第 2 類保護物之安全距離如右表所示。

【解說】

　　安全距離是考慮可燃性氣體爆炸之人命安全問題，高壓容器在壓力過大情況下，會產生容器破裂爆炸現象如氧氣瓶；或是容器內氣體加壓成液態，當容器故障破裂時，壓力會突然地釋放，這可能產生爆炸壓力波。而某些氣體也能發生分解爆炸條件，內在原因是能分解性氣體，且分解熱在 80 kJ/mol 以上氣體。外在原因需需一定壓力及發火源。常見的分解性爆炸氣體有：環氧乙烷、聯氨、乙炔、乙烯、氧化氮、丙烯、臭氧、疊氮鉛、雷汞、雷銀、三氯化氮、三碘化氮、三硫化二氮、乙炔銀、乙炔銅等。

　　最常見化學爆炸，是可燃碳氫氣體燃料燃燒所造成，為一種混合之非定常燃燒現象，通常火焰速度為 10 cm/s 左右。依內政部消防法令函釋及公告，本條所稱之「安全距離」係指廠區內從事製造、壓縮、液化或分裝可燃性高壓氣體之作業區及儲槽，與場外鄰近場所外牆之水平距離。在安全距離計算上，以該製造作業區之外牆或相當於外牆之設施，至場外鄰近場所外牆之水平距離計算之，不宜涵蓋他廠區內之基地。假使可燃性高壓氣體製造場所鄰近區域係為預定地，亦尚無建築物，其間安全距離計算，考量預定地未來建築物之興建，基此，二者間最近水平距離，仍應符合第 66 條之規定。

　　依內政部消防法令函釋及公告，有關乙炔製造場所與場外建物安全距離，應依第 66 條辦理，至其他相關設置標準及安全管理事項，依消防法第 15 條第 2 項「……中央目的事業主管機關另定有安全管理規定者，依其規定辦理」，係依其他規定辦理，如「高壓氣體勞工安全規則」等相關法令。

　　第 1 類及第 2 類保護物之安全距離得否縮減一節，如該可燃性高壓氣體係為液化石油氣，且設有符合第 68 條之保安措施者，其場外安全距離得依該條規定予以縮減；至其他可燃性高壓氣體之安全距離，查現行相關法令並無縮減之規定，應依該管理辦法第 66 條規定辦理。惟如其他主管機關另定有規定者，依其規定辦理。

可燃性高壓氣體製造場所與第 1 類及第 2 類保護物之安全距離

<table>
<tr><td colspan="2">x</td><td>0 ≤ x < 10000</td><td>10000 ≤ x < 52500</td><td>52500 ≤ x<990000</td><td>990000 ≤ x</td></tr>
<tr><td rowspan="2">保護物</td><td>第1類</td><td>$12\sqrt{2}$</td><td>$0.12\sqrt{x+10000}$</td><td>30
(但 y 為 $0.12\sqrt{x+10000}$)</td><td>30
(但 y 為 120)</td></tr>
<tr><td>第2類</td><td>$8\sqrt{2}$</td><td>$0.08\sqrt{x+10000}$</td><td>20
(但 y 為 $0.08\sqrt{x+10000}$)</td><td>30
(但 y 為 80)</td></tr>
<tr><td colspan="6">x 為儲存能力或處理能力
y 為低溫儲槽
儲存能力或處理能力單位：壓縮氣體為 m³、液化氣體為 kg</td></tr>
</table>

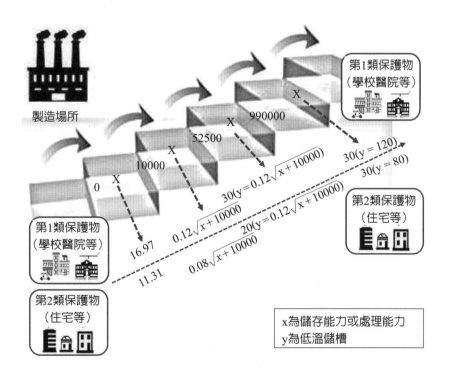

4-6 可燃性高壓氣體製造場所安全距離

> **第 67 條**
> 可燃性高壓氣體儲存場所，其外牆或相當於該外牆之設施外側，與場外第 1 類及第 2 類保護物之安全距離如下、如右上表。
> 前項儲存場所設有防爆牆或同等以上防護性能者，其與第 1 類保護物及第 2 類保護物安全距離得縮減如同右下表。
> 前項防爆牆之基準，由中央主管機關定之。

【解說】

　　可燃性高壓氣體儲存場所係指容器儲存室，依內政部消防法令函釋及公告，公共危險物品之製造場所與場所外鄰近場所之安全距離之認定，係以製造場所內，最靠近鄰近場所設施外壁，與其相鄰場所之外牆之水平距離為準。」而安全距離部分係以該場所容器儲存平臺外側或外牆為起算點，並預先考量安全距離內之未來有無興建保護物之可能性，其他視現場狀況實質認定。

容器儲存室與場外第 1 類及第 2 類保護物之安全距離

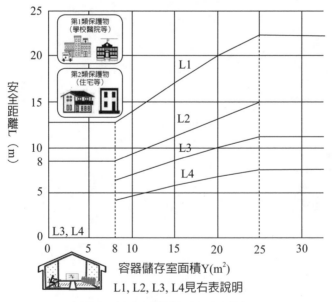

（液化石油器保安規則，平成28年）

可燃性高壓氣體儲存場所與第 1 類及第 2 類保護物之安全距離

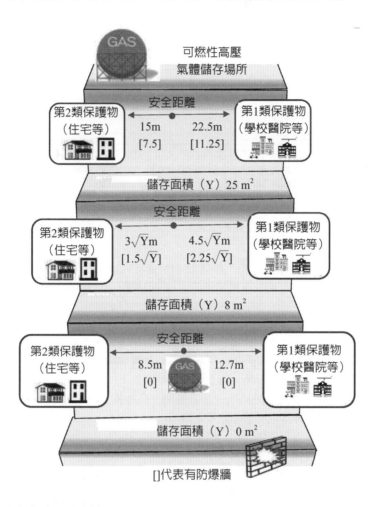

防爆牆得縮減安全距離

	Y 儲存面積（m²） 距離（m）	$0 \leq Y < 8$	$8 \leq Y < 25$	$25 \leq Y$
保護物	第 1 類無防爆牆（L1）	12.7	$4.5\sqrt{Y}$	22.5
	第 1 類設防爆牆（L2）	[0]	$[2.25\sqrt{Y}]$	[11.25]
	第 2 類無防爆牆（L3）	8.5	$3\sqrt{Y}$	15
	第 2 類設防爆牆（L4）	[0]	$[1.5\sqrt{Y}]$	[7.5]

4-7 液化石油氣製造場所安全距離

第 68 條

液化石油氣製造場所，其外牆或相當於該外牆之設施外側，與場外第 1 類及第 2 類保護物之安全距離應分別符合表 1 之 L1 及 L4 之規定。但與場外第 1 類或第 2 類保護物之安全距離未達 L1 或 L4，而達表 2 所列之距離，並依表 2 規定設有保安措施者，不在此限。

前項所稱之保安措施如下：

1. 儲槽或處理設備埋設於地盤下者。
2. 儲槽或處理設備設置水噴霧裝置或具有同等以上防火性能者。
3. 儲槽或處理設備與第 1 類或第 2 類保護物間設有防爆牆或具有同等以上之防護性能者。

【解說】

　　依內政部消防法令函釋及公告，第 68 條對於液化石油氣製造場所（分裝場）有關安全距離規定，並未明定與架空輸電線路之安全距離，依消防法第 15 條第 2 項後段但書意旨，其需依中央目的事業主管機關（經濟部）訂定「非都市土地申請變更為液化石油氣分裝場用地興辦事業計畫審查作業要點」辦理。

　　從上述作業要點第 5 點第 1 款規定液化石油氣分裝場各項設施及其安全距離，應符合中華民國國家標準規定 CNS 8069「液化石油氣灌裝場設施安全標準」之 7「電氣設備」，規定在第 1 種危險場所及第 2 種危險場所之上空，不得通過任何電線高壓架空電線，且需離開第 2 種危險場所（含分裝場）界線外水平距離 3 m 及 5 m 以上之上空，並有預防電線掉落地面措施之規定辦理。

　　事實上，液化石油氣製造場所比公共危險物品製造場所之危險度，一般來得高，畢竟其為氣體，氣體洩漏一遇一定發火源，以混合燃燒型態呈現，即化學性爆炸。而高壓架空電線為發火源之一種，因其會產生電氣火花，故需設有一定之防火距離。

---

1. 假設某一天然氣壓縮儲槽內容積為 600 m^3、最高灌裝壓力為 1.2 MPa，則此儲槽可儲存之數量為多少 m^3？

解：依公共危險物品暨可燃性高壓氣體管理辦法第 63 條，壓縮氣體儲槽儲存能力
　　（Q, m^3），Q = $(10P + 1) \times V_1$
　　P：儲存設備之溫度在 35℃（乙炔氣為 15℃）時之最高灌裝壓力值（MPa）。
　　V_1：儲存設備之內容積值（m^3）。
　　因此，Q = $(10 \times 1.2 + 1) \times 600 = 7800$（$m^3$）

液化石油氣製造場所與第 1 類及第 2 類保護物之安全距離

z	$0 \leq z < 10000$	$10000 \leq z < 52500$	$52500 \leq z < 990000$	$990000 \leq z$
L1	16.97	$0.12 \sqrt{z+10000}$	30 （但 y 為 $0.12 \sqrt{z+10000}$）	30 （但 y 為 120）
L2	13.58	$0.096 \sqrt{z+10000}$	24	24
L3	11.88	$0.084 \sqrt{z+10000}$	21	21
L4	11.31	$0.08 \sqrt{z+10000}$	20 （但 y 為 $0.08 \sqrt{z+10000}$）	20 （但 y 為 80）
L5	9.05	$0.064 \sqrt{z+10000}$	16	16
L6	7.92	$0.056 \sqrt{z+10000}$	14	14

z 為儲存能力或處理能力。y 為低溫儲槽
儲存能力或處理能力單位：壓縮氣體為 m^3、液化氣體為 kg

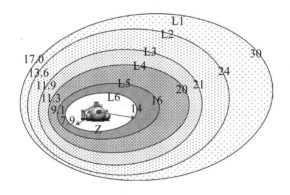

液化石油氣製造場所設有保安措施之安全距離

區分	第 1 類保護物（m）	第 2 類保護物（m）	保安措施
儲槽	$\geq$ L2	L6～L5	1. 設地盤下 2. 設水噴霧 3. 設防爆牆
儲槽	L3～L2	$\geq$ L6	
儲槽	$\geq$ L1	L5～L4	下列二者擇一 1. 設地盤下且設防爆牆 2. 設水噴霧且設防爆牆
儲槽	L2～L1	$\geq$ L5	
處理設備 幫浦　壓縮機	$\geq$ L1	L5～L4	
處理設備 幫浦　壓縮機	L2～L1	$\geq$ L5	

4-8 可燃性高壓氣體處理場所規定

第 69 條

可燃性高壓氣體處理場所之位置、構造、設備及安全管理,應符合下列規定:

一、販賣場所:

(一)應設於建築物之地面層。

(二)建築物供販賣場所使用部分,應符合下列規定:

1. 牆壁應為防火構造或不燃材料建造。但與建築物其他使用部分之隔間牆,應為防火構造。

2. 樑及天花板應以不燃材料建造。

3. 其上有樓層者,上層之地板應為防火構造;其上無樓層者,屋頂應為防火構造或以不燃材料建造。

(三)不得使用火源。

(四)儲氣量八十公斤以上者,應設置氣體漏氣警報器。

二、容器檢驗場所:

(一)應符合前款第 1 目及第 2 目規定。

(二)有洩漏液化石油氣之虞之設施,應設置氣體漏氣警報器。

(三)使用燃氣設備者,應連動緊急遮斷裝置。

(四)不得使用火源。但因檢驗作業需要者,不在此限。

【解說】

　　為強化販賣場所之安全性,及早發現可燃性高壓氣體漏氣情形,民國 108 年 6 月增訂儲氣量八十公斤以上者,應設置氣體漏氣警報器之規定。

　　依以往災例,一般容器儲存可燃液化氣體,當容器破裂爆炸(物理)在現場形成大量可燃蒸氣,並迅即與空氣混合形成可爆性混合氣,在擴散中遇明火即形成二次爆炸(化學),常使現場附近變成一片火海,造成重大危害。因此,法規對液化石油氣會有較嚴謹之規範。於液化石油氣處理場所(分銷商)變更營業地址時,該場所已屬新設立場所,應依第 69 條規定之位置、構造及設備,並與儲存場所之距離符合第 72 條第 2 項之規定。而住宅區僅可申請做為瓦斯行之辦公聯絡處所使用,不得設置瓦斯行;辦公聯絡處所之液化石油氣備用量則比照家庭使用之備用量。

可燃性高壓氣體處理場所之位置構造設備

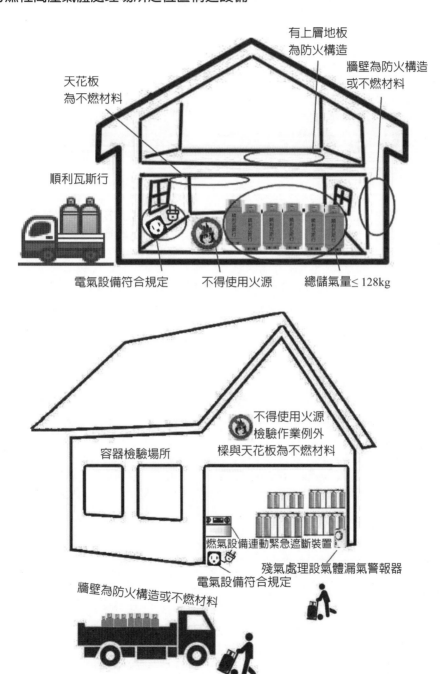

4-9 可燃性高壓氣體儲存場所規定

第 69 條之 1

供應設備應由液化石油氣販賣場所之經營者負責設置、維護及檢修。前項場所之經營者應每 6 個月向販賣場所及供應設備所在地之消防機關申報下列資料：
1. 供氣之容器串接使用場所名稱及地址。
2. 前款場所之串接使用量。
3. 第 1 款場所之供應設備維護及檢修情形。
4. 其他經中央主管機關公告之事項。

【解說】

　　由以往災例分析液化石油氣致災原因，主要為容器放置室內及使用不當所致。有關容器放置位置，法規已新增第 73 條之 2 予以規範；在新建建築物之供應設備設置於屋外，易受到日曬雨淋，為確保安全，強化供應設備之維護及檢修，爰於 110 年 11 月新增本條。

　　供應設備係液化石油氣販賣場所之經營者提供用戶使用，所有權歸屬瓦斯業者，故供應設備之設置、維護及檢修等責任，亦應歸屬於瓦斯業者，不應責由場所管理權人或消費者負責。

　　第 1 項明定液化石油氣販賣場所之經營者，對於其所提供用戶使用之供應設備負有設置、維護及檢修之責。

　　容器串接使用場所多屬營業用途（如：餐廳、小吃店及自助洗衣店等），且位於人口稠密處，為強化公共安全，第 2 項明定液化石油氣販賣場所之經營者，應定期向消防局申報所供氣之容器　接使用場所名稱、地址、串接使用量及供應設備維護情形等資料。

　　另液化石油氣販賣場所與供應設備所在地可能分屬不同直轄市、縣（市）轄管；因販賣場所所在地之消防機關亦有瞭解其供氣情形之必要，爰明定液化石油氣販賣場所之經營者應向販賣場所及供應設備所在地之消防機關申報。

> **第 70 條**
> 可燃性高壓氣體儲存場所之構造、設備及安全管理，應符合下列規定：
> 1. 設有警戒標示及防爆型緊急照明設備。
> 2. 設置氣體漏氣自動警報設備。
> 3. 設置防止氣體滯留之有效通風裝置。
> 4. 採用不燃材料構造之地面 1 層建築物，屋頂應以輕質金屬板或其他輕質不燃材料覆蓋，屋簷並應距離地面 2.5 m 以上。
> 5. 保持 40℃以下之溫度；容器並應防止日光之直射。
> 6. 灌氣容器與殘氣容器，應分開儲存，並直立放置，且不可重疊堆放。灌氣容器並應採取防止因容器之翻倒、掉落引起衝擊或損傷附屬之閥等措施。
> 7. 通路面積至少應占儲存場所面積之 20% 以上。
> 8. 周圍 2 m 範圍內，應嚴禁煙火，且不得存放任何可燃性物質。但儲存場所牆壁以厚度 9cm 以上鋼筋混凝土造或具有同等以上強度構築防護牆者，不在此限。
> 9. 避雷設備應符合 CNS12872 規定，或以接地方式達同等以上防護性能者。但因周圍環境，無致生危險之虞者，不在此限。
> 10. 人員不得攜帶可產生火源之機具或設備進入。
> 11. 設有專人管理。
> 12. 供 2 家以上販賣場所使用者，應製作平面配置圖，註明場所之面積、數量、編號及商號名稱等資料，並懸掛於明顯處所。
> 13. 場所專用，且不得儲放逾期容器。

【解說】

可燃性高壓氣體規定，勢必比 6 類物品（固體與液體）之法規更為嚴格，因氣體之燃燒是以爆炸之方式呈現。如需有警戒標示及照明設備需用防爆型、漏氣自動警報設備、有效通風裝置（防止氣體洩漏達到爆炸下限之濃度）、屋頂輕質金屬板（爆炸之釋壓口）、屋簷距地面 2.5 m 以上（空間加高是安全及通風問題）、40℃以下之溫度及日光直射（依 PV = nRT，溫度高氣體壓力也相對提高）、灌氣容器與殘氣容器分開（安全管理問題）、通路面積 20% 以上（檢查及應變空間）、周圍 2 m 範圍嚴禁煙火（管口微漏會囤積周邊）、避雷設備（電氣能量高避免發火源）等。

使用後容器未經殘氣回收及洗淨處理，仍屬殘氣容器，放置於合法之儲存場所；如已逾檢驗期限者，則應送容器檢驗場實施定期檢驗。而防止氣體滯留之「有效通風」裝置，可採自然通風或機械通風之方式任選一種，並符合高壓氣體勞工安全規則「不滯留之構造」之規定。

可燃性高壓氣體儲存場所之構造、設備及安全管理

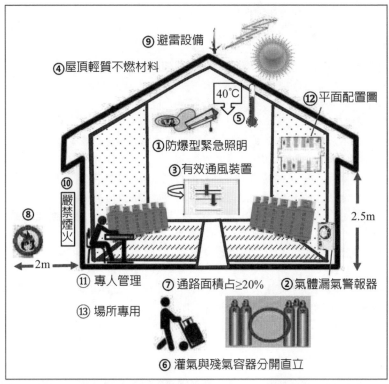

⑨ 避雷設備

④ 屋頂輕質不燃材料

40°C ⑤

⑫ 平面配置圖

① 防爆型緊急照明

③ 有效通風裝置

⑩ 嚴禁煙火

⑧

2.5m

2m

⑪ 專人管理　⑦ 通路面積占≧20%　② 氣體漏氣警報器

⑬ 場所專用

⑥ 灌氣與殘氣容器分開直立

LPG業者若將瓦斯桶置於貨車上，長期停放營業場所前，且容器與該業者有直接關係，則其車上放置之儲氣量得與營業場所合併計算，總儲氣量不得超過128 kg，違反者依消防法第42條予以處分。

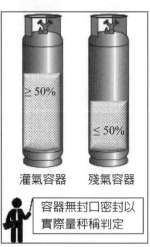

≧ 50%

≦ 50%

灌氣容器　　殘氣容器

容器無封口密封以實際量秤稱判定

Note

4-10 液化石油氣分裝場及販賣場所

第71條
液化石油氣分裝場及販賣場所應設置儲存場所。但販賣場所設有容器保管室者,不在此限。
液化石油氣分裝場及販賣場所所屬液化石油氣容器之儲存,除販賣場所依第73條規定外,應於儲存場所為之。

【解說】

　　液化石油氣分裝場及販賣場所應設置儲存場所,因 LPG 係屬易燃易爆之氣體,其存放位置禁止高溫或火源場所。因場所環境溫度增加,會促使容器內液化氣體膨脹,並產生大量蒸氣壓(依理想氣體定律溫度與壓力成正相關),所以必須控制現場溫度,更不可以放在陽光能曝曬之處,且環境要有通風良好等諸多要求。液化石油氣販賣場所設有容器保管室者,得不設置儲存場所。另因容器保管室之儲氣量以 1000kg 為限,設有容器保管室之販賣場所,倘儲存量超過 1000kg 時,仍應依第二項規定於儲存場所為之。

　　依內政部消防法令函釋及公告(以下同),分裝場應設置液化石油氣儲存場所,如分裝場以租賃儲存場所,則不符規定。而販賣場所所屬未灌氣容器亦應置於合格儲存場所,不得置放於其他處所,如各分銷業者分別將所屬容器儲存於非法場所者,應就個別違規行為依消防法第 42 條處分各分銷商之管理權人。至於未經殘氣回收及洗淨處理之殘氣容器,應依管理辦法規定放置於合法之儲存場所;如發現殘氣容器放置於貨車上(長期停放於固定處所)、空地上、倉庫等處所時,得依違反管理辦法相關規定處置。

　　另有關液化石油氣製造場所涉及灌裝臺之安全設備及儲槽、槽車連結至灌裝臺輸送設備之管理,則依「高壓氣體勞工安全規則」辦理。

　　於都市計畫法臺灣省施行細則第 17 條第 6 款規定商業區土地及建築物不得做為液化石油氣儲存使用,即 LPG 容器儲存場所不得設於商業區之土地及建築物。

　　另如儲存場所臨界第三人土地,其設立防爆牆(見右圖)後安全距離之計算,應符合管理辦法第 67 條第 2 項規定,惟安全距離事涉實質認定,由當地消防機關本於權責辦理。

防爆牆種類

儲存場所設有防爆牆或同等以上防護性能者，其與第1類保護物及第2類保護物安全距離得縮減

防爆牆種類	厚度	高度	圖例
鋼筋混凝土	≥ 0.15 m	≥2m	鋼筋混凝土牆　≥2 m　0.15m
混凝土空心磚	≥ 0.2 m	2～3 m	厚0.2m　高2～3m　混凝土空心磚牆
鋼板	≥ 0.15 m	≥2m	厚0.6cm　≥2 m　鋼板牆
備註	防爆牆之端部或隙角部分需用直徑 19mm 以上鋼筋		

4-11 液化石油氣儲存場所

> **第 72 條**
> 液化石油氣儲存場所僅供 1 家販賣場所使用之面積，不得少於 10m²；供 2 家以上共同使用者，每一販賣場所使用之儲存面積，不得少於 6m²。前項儲存場所設置位置與販賣場所距離不得超過 5km。但儲存場所設有圍牆防止非相關人員進入，並有 24 小時專人管理時，其距離得為 20km 內。

【解說】

依內政部消防法令函釋及公告（以下同），儲存場所設有圍牆防止非相關人員進入，並有 24 小時專人管理時，其距離得從 5km 內改為 20km。如此 24 小時專人管理得為放寬距離之規定，其意涵及實務做法係液化石油氣業者所設儲存場所應有所屬員工專責駐場管理，以負責儲存場所之安全等事宜。

儲存場所與分裝場合併設置者，分裝場應設專人負責廠內儲存場所之安全管理事項，如於非營業時間委由合格立案之保全公司負責（需出示契約），並設置監視系統及門禁管制系統等預警設施，應認定符合 24 小時專人管理之規定。

假使儲存場所單獨設立者，由分裝場或瓦斯行設置儲存場所提供 2 家以上瓦斯行使用時（儲存場所設置規模較大），應備有員工休息室；至僅供 1 家瓦斯行使用者，經裝設相關安全措施，得全日委請合法立案之保全公司負責監控管理。

> **計算例：**
> 假設某一液化石油氣分裝場，提供下游 15 家販賣業者儲存容器，依「公共危險物品及可燃性高壓氣體設置標準暨安全管理辦法」規定需至少有多大儲存面積？
> 解：
> 6 m² × 15 = 90 m²，如加上通道面積（需占儲存場所 1/5）
> 90+（90/5）=108 m²

燒焊作業火災例

氧乙炔瓶　　未完全熄火焰　　油筒

（繪自厚生勞動省，令和元年）

液化石油氣儲存場所規定

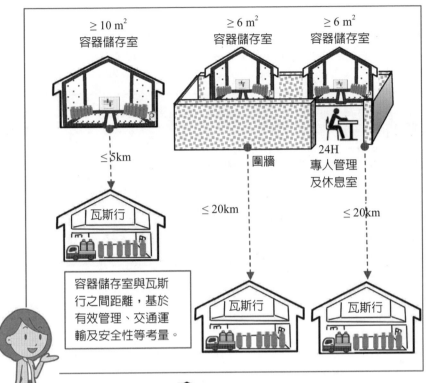

≥ 10 m² 容器儲存室

≥ 6 m² 容器儲存室

≥ 6 m² 容器儲存室

≤ 5km

瓦斯行

24H 專人管理 及休息室

圍牆

≤ 20km

瓦斯行

≤ 20km

瓦斯行

容器儲存室與瓦斯行之間距離，基於有效管理、交通運輸及安全性等考量。

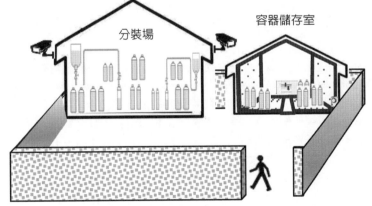

分裝場

容器儲存室

儲存場所與分裝場合併設置者，分裝場應設專人管理，於非營業委由保全公司負責，並設監視系統及門禁管制，視同24 小時專人管理。

4-12 液化石油氣證明書

第 72-1 條

液化石油氣分裝場、儲存場所與依第 71 條應設儲存場所之販賣場所之管理權人，應向直轄市、縣（市）主管機關申請核發液化石油氣儲存場所證明書。前項證明書內容應包括：

1. 儲存場所之名稱、地址及管理權人姓名。
2. 使用儲存場所之分裝場或販賣場所之名稱、地址及管理權人姓名。
3. 儲存場所建築物使用執照字號。
4. 儲存場所面積。
5. 分裝場或販賣場所使用之儲存場所之儲放地點編號。

前項證明書記載事項有變更時，管理權人應於事實發生之日起 1 個月內，向直轄市、縣（市）主管機關申請變更。

第 1 項儲存場所與販賣場所間之契約終止或解除時，終止或解除一方之管理權人應於 3 個月前通知他方及轄區直轄市、縣（市）主管機關，並由儲存場所管理權人依前項規定申請變更儲存場所證明書；販賣場所之管理權人應向轄區直轄市、縣（市）主管機關申請廢止儲存場所證明書。

【解說】

　　依內政部消防法令函釋及公告（以下同），若其液化石油氣儲存場所證明書登載之地址亦非其實際營業地址，應請該分銷商之管理權人依管理辦法第 72 條之 1 規定申請證明書變更。換發容器儲存證明文件，對已領有儲存場所證明書之業者，可檢附原儲存場所證明書及使用契約等 2 項文件辦理；如原儲存場所證明書遺失者，可向消防機關調閱原申請檔案併案辦理。受理之消防局能本著簡政便民之精神，輔導申請業者於申請換發時，能儘速取得儲存場所證明書。液化石油氣販賣場所應將證明書懸掛於營業場所明顯位置，以備查核。而液化石油氣販賣場所為辦公聯絡處所用途者，應設置儲存場所。假使販賣場所與儲存場所不在同一直轄市、縣（市）者，證明書應由該儲存場所所轄政府核發，並副知販賣場所轄區政府。此外，儲存場所供 2 家以上使用者設置壓克力板平面配置圖，係為清楚顯示使用單位，且因液化石油氣儲存場所多屬開放空間，較不易造成損壞。

申請核發液化石油氣儲存場所證明書

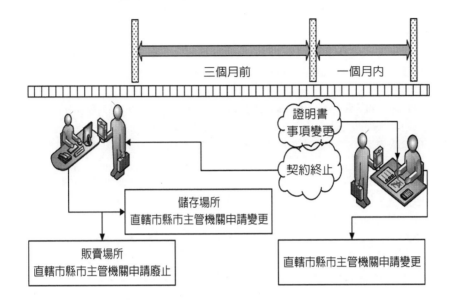

液化石油氣處理場所（瓦斯行）無自有儲存場所者，應檢附下列文件，向直轄市、縣（市）政府申請核發儲存場所證明書：

（一）其他儲存場所管理權人出具之代為儲存同意書。

（二）代為儲存場所之證明書。

（三）液化石油氣處理場所及代為儲存場所管理權人之身分證明文件（影本）。

（四）液化石油氣處理場所營利事業登記證。

（五）使用契約。

4-13 液化石油氣販賣場所總儲氣量（一）

第 73 條

液化石油氣販賣場所儲放之液化石油氣，總儲氣量不得超過 128kg，超過部分得設容器保管室儲放之。但總儲氣量以 1000kg 為限。

前項容器保管室應符合下列規定：

一、符合第 70 條第 1 款至第 3 款、第 5 款、第 6 款、第 10 款及第 13 款規定。

二、為販賣場所專用。

三、位於販賣場所同一建築基地之地面一層建築物。

四、屋頂應以輕質金屬板或其他輕質不燃材料覆蓋，並距離地面 2.5m 以上；如有屋簷者，亦同。

五、四周應有牆壁，且牆壁、地板應為防火構造。

六、外牆與第 1 類保護物及第 2 類保護物之安全距離在 8m 以上。但其外牆牆壁以厚度 15cm 以上鋼筋混凝土造或具有同等以上強度構築防爆牆者，其安全距離得縮減為 1m。

七、出入口應設置 30 分鐘以上防火時效之防火門。

液化石油氣備用量，供營業使用者，不得超過 80kg；供家庭使用者，不得超過 40kg。

【解說】

　分銷商（販賣場所）囿於土地使用管制規定，於住宅區內不得申請設置，惟分銷商所申請之營利事業登記證已註明現場僅供辦公聯絡使用者，得設置於住宅區。基此，分銷商如僅供辦公聯絡處所時，因實際用途係僅供辦公室使用，其液化石油氣儲存量應比照家庭之備用量為 40kg。至其實際營業地址之備用量，囿於土地使用管制規定，應依其土地使用分區判定為販賣場所或僅供辦公聯絡處所，並適用本條之規定。

　至於 128kg 儲存量之計算方式，係指營業場所內「已灌氣容器」之灌氣量總和，尚不包含殘氣容器之存量。貨車「長期停放」之實務認定係指該貨車非屬「預備駛離」之狀態，如查獲藉由貨車放置已灌裝液化石油氣容器，且違反總儲氣量，將依規定處分。

液化石油氣販賣場所儲放總儲氣量

LPG 分銷商於住宅區內不得申請設置

4-14 液化石油氣販賣場所總儲氣量（二）

【解說】

　　瓦斯行可於同一建築基地設置容器保管室暫存瓦斯桶，以及容器保管室總儲氣量之訂定。

　　這是容器儲存室之規定在國內執行上，部分業者反應有其窒礙難行之虞，因此，在政治上作出某種程度之妥協。亦即瓦斯行可於同一建築基地設置容器保管室，來暫存瓦斯桶，以及受到管制量（總儲氣量）之限制。雖然，在法規上似有鬆綁，其實是要付出相當代價的，這是性能法規之等價替代精神。

　　觀之韓國之液化石油氣販賣場所是不得存放容器，需於販賣場所旁來設置容器保管室，性質與我國容器儲存室相同，我國要求販賣場所之儲放量為 128 公斤以下，並應於距離販賣場所 5 公里內設置儲存場所來儲放容器（如 24 小時有人看守則放寬為 20 公里）。另我國販賣是以桶計價，但日本、韓國採行體積計價，沒有桶內殘氣之問題；而國內住宅區、商業區是不能設置儲存場所，致業者產生非法儲氣問題。

　　依內政部消防署於 106 年 5 月 8 日會衛經濟部修正公布「公共危險物品及可燃性高壓氣體設置標準暨安全管理辦法」第 73 條規定，明定瓦斯行可於同一建築基地設置容器保管室暫存瓦斯桶。為確保儲存安全，規定容器保管室總儲氣量以 1,000kg 為限，且四周牆壁及地板應為防火構造，與外圍建築物應有 8m 以上之安全距離（如四周設置防爆牆，安全距離得縮減為 1m）。另容器保管室應設置警戒標示、防爆型緊急照明設備、氣體漏氣警報設備、防止氣體滯留有效通風裝置、30 分鐘防火時效之防火門等位置、構造及設備，以兼顧液化石油氣販賣場所安全管理及實際營運需求之合理性。

　　從上揭看來，在人口稠密區域放置大量易燃易爆之瓦斯容器，當然必須受到一定程度之管制及管理，如管制量上限（1,000kg），避免一旦火災發生時，造成顯著滅火困難問題；而建築物防火構造要求，有雙種作用，是由鄰近建築物火災不會從外迅速燒進來，或從內部迅速延燒至鄰近建築物，能有一定防火時效，且公設消防部門亦能介入搶救，並有一定時間建築結構能抵擋火災之時效。

　　此外，LPG 因比空氣重 1.5 倍，一旦洩漏後常下沉滯留於場所內，其濃度很容易達到爆炸下限，且氣體難以消散；且建築物起火源常位於建築物之下部空間，如電氣插座，或火源（火柴棒、菸蒂、蠟燭或火星等）到地心引力皆會往下掉到地面。所以，此等場所應特別注意漏氣之問題，如需設有防爆型緊急照明設備、氣體漏氣警報設備、防止氣體滯留有效通風裝置等規定。

瓦斯行可於同一建築基地設置容器保管室

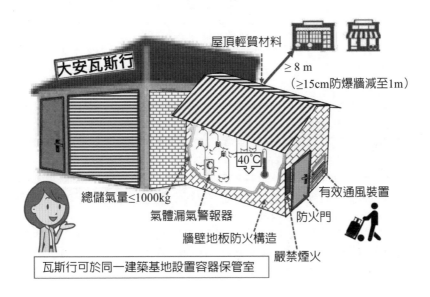

瓦斯行可於同一建築基地設置容器保管室

LPG 洩漏危險屬性

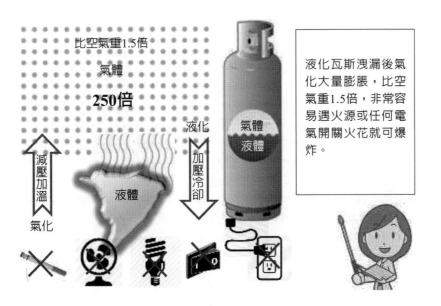

液化瓦斯洩漏後氣化大量膨脹，比空氣重1.5倍，非常容易遇火源或任何電氣開關火花就可爆炸。

4-15 容器串接使用場所 （一）

第 73-1 條

容器串接使用場所串接使用量不得超過 1000kg；其供應設備之安全設施及管理並
應符合下列規定：

1. 串接使用量在 80kg～120kg 者：
   (1) 容器應設置於室外。但設置於室外確有困難，且設置防止氣體滯留之有效通
       風裝置者，不在此限。
   (2) 有嚴禁煙火標示。
   (3) 場所之溫度應經常保持 40℃以下，並有防止日光直射措施。
   (4) 容器應直立放置且有防止傾倒之固定措施。
   (5) 燃氣導管應由領有氣體燃料導管配管技術士證照之人員，依國家標準或相關
       法規規定進行安裝並完成竣工檢查。
   (6) 燃氣用軟管長度不得超過一點八公尺，且最小彎曲半徑為一百十毫米以上，
       不得扭曲及纏繞；超過一點八公尺，應設置串接容器之燃氣導管。燃氣用軟
       管及燃氣導管應符合國家標準，銜接處應有防止脫落裝置。
   (7) 設置氣體漏氣警報器。
2. 串接使用量在 120kg～300kg 者，除應符合前款規定外，容器並應與用火設備保
   持二公尺以上距離。

【解說】

　　毫米係為公釐（mm），10^{-3} 為「毫」之意。而連接燃氣達一定數量（80kg）上使
用具有危險性，依內政部消防法令函釋及公告，如次：
1. 通風口應設於接近地面氣體易滯留處且可有效防止氣體滯留。
2. 機械換氣裝置啟動方式於測試時可正常動作。而氣體漏氣警報器則應設置於液化
   石油氣管線易漏洩或該場所液化石油氣易堆積之位置，故不可以氣體漏氣警報器
   替代機械換氣設備排氣管內之計測裝置。
3. 防爆措施無規範其設置細節，業者可依 JIS、NEC 及 IEC 等規範設置。
4. 氣體漏洩檢知警報設備其設置內容及標準，於勞安基準中業已明定。為避免管理
   競合，消防機關不宜再就該設備進行審查或檢查。
5. 防止傾倒固定措施部分，其措施能否確實防止容器傾倒進行認定。
   　　假使瓦斯分銷商將已裝填滿的鋼瓶存放於空地上，則得將上開空地視為液化石油
   氣放置場所，是項場所之構造、設備，應符合管理辦法第 26 條之規定，違反規定
   者，應依消防法第 42 條之規定處分。

容器串接使用場所串接使用量安全規定

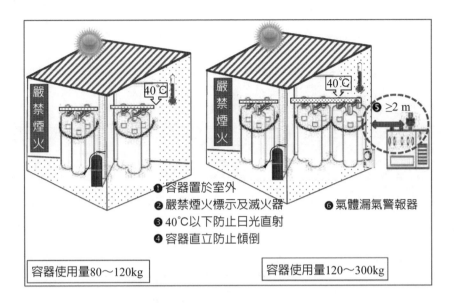

❶ 容器置於室外
❷ 嚴禁煙火標示及滅火器
❸ 40℃以下防止日光直射
❹ 容器直立防止傾倒
❺ ≥2 m
❻ 氣體漏氣警報器

容器使用量80～120kg

容器使用量120～300kg

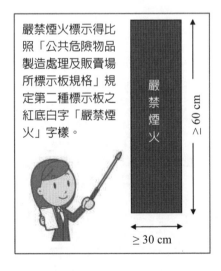

嚴禁煙火標示得比照「公共危險物品製造處理及販賣場所標示板規格」規定第二種標示板之紅底白字「嚴禁煙火」字樣。

嚴禁煙火

≥ 60 cm

≥ 30 cm

學校平時出入之師生等人員眾多，學校廚房如使用LPG燃氣裝置依規定檢討容器使用及備用量。

4-16 容器串接使用場所（二）

3. 串接使用量在300kg～1000kg者，除應符合前2款規定外，並應符合下列規定：
   (1) 設置自動緊急遮斷裝置。
   (2) 容器放置於室外者，應設有柵欄、容器櫃或圍牆等措施，其上方應以輕質金屬板或其他輕質不燃材料覆蓋，並距離地面2.5 m以上。
   (3) 應設置標示板標示緊急聯絡人姓名及電話。
4. 液化石油氣販賣場所之經營者應於第1項第1款第5目竣工檢查完成後十五日內，將竣工檢查資料報請當地消防機關備查。

第1項場所以無開口且具1小時以上防火時效之牆壁、樓地板區劃分隔者，串接使用量得分別計算。

液化石油氣販賣場所之經營者發現供氣之容器串接使用場所有下列情形之一者，不得供氣：

1. 容器置於地下室。
2. 無嚴禁煙火標示。
3. 使用或備用之容器未直立放置或未有防止傾倒之固定措施。
4. 未設置氣體漏氣警報器。
5. 違反第73條之2規定。

【解說】

因串接容器(不同公斤數)高度不同，管線設置連接時恐有安全疑慮，民國108年6月修正將設置漏氣警報器及書面陳報當地消防機關等規定，修正爲八十公斤以上場所即應設置及陳報，強化其安全管理。又容器防止傾倒，實務上有以鐵鏈，應個別容器於桶身圈鏈固定，而營業場所自主檢查每月至少一次，檢查資料保存二年。

液化石油氣係屬於高壓高危險物品，危險度比天然瓦斯高，主因是其爆炸下限低，連靜電、金屬火花及能量高之電氣開關火花都足以引爆。其儲存處理作業如有不慎極易造成危險。依內政部消防法令函釋及公告，業者如於液化石油氣使用場所在同一區劃空間內，採燃燒爐具分別串接規定量（80kg）以下方式，以規避設置安全設施，該放置容器場所之空間未以不燃材料區劃時，則該場所內之容器量應合併計算。至另如該空間內容器與燃氣設施之使用方式係採一對一方式連接（如燒烤店、火鍋店及薑母鴨店等場所），又如不同攤販使用之液化石油氣量，因其係不同管理權人且分別使用不同之燃氣設備連接液化石油氣容器，則該空間之容器得分別計算。

至家用或營業用場所串接使用液化石油氣容器達80kg以上，自應符合管理辦法第73條之1規定。

LPG 容器連接燃氣 80～1000kg 設施場所規定

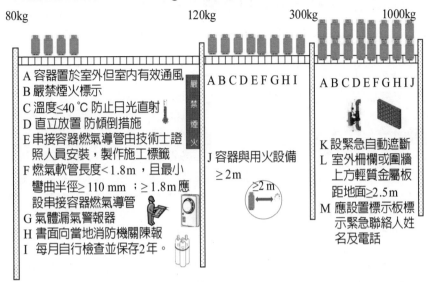

80kg

120kg

300kg

1000kg

A 容器置於室外但室內有效通風
B 嚴禁煙火標示
C 溫度<40 ℃ 防止日光直射
D 直立放置 防傾倒措施
E 串接容器燃氣導管由技術士證
　照人員安裝，製作施工標籤
F 燃氣軟管長度<1.8m，且最小
　彎曲半徑≥ 110 mm；≥1.8m 應
　設串接容器燃氣導管
G 氣體漏氣警報器
H 書面向當地消防機關陳報
I 每月自行檢查並保存2年。

嚴禁煙火

ABCDEFGHI

J 容器與用火設備
　≥2m

≥2 m

ABCDEFGHIJ

K 設緊急自動遮斷
L 室外柵欄或圍牆
　上方輕質金屬板
　距地面≥2.5m
M 應設置標示板標
　示緊急聯絡人姓
　名及電話

串接使用液化石油氣容器違規分類

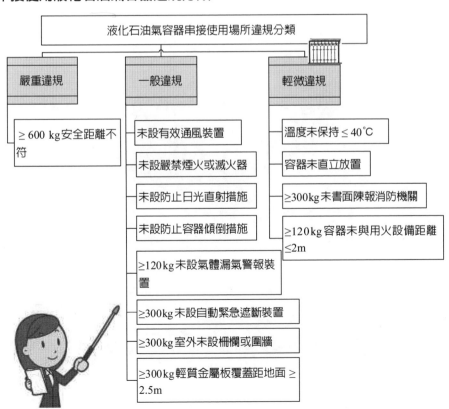

液化石油氣容器串接使用場所違規分類

嚴重違規	一般違規	輕微違規

≥ 600 kg安全距離不符

未設有效通風裝置

未設嚴禁煙火或滅火器

未設防止日光直射措施

未設防止容器傾倒措施

≥120kg未設氣體漏氣警報裝置

≥300kg未設自動緊急遮斷裝置

≥300kg室外未設柵欄或圍牆

≥300kg輕質金屬板覆蓋距地面 ≥2.5m

溫度未保持 ≤ 40℃

容器未直立放置

≥300kg未書面陳報消防機關

≥120kg 容器未與用火設備距離 ≤2m

4-17 液化石油氣容器置於室外

> **第 73-2 條**
> 新建建築物之容器應設置於室外或屋外，且不適用第 73 條之 1 第 1 項第 1 款第 1 目但書規定。
> 液化石油氣之使用量在 10 kg 以下者，容器得不受前項規定之限制。

【解說】

近年液化石油氣相關災例進行研究分析，多數液化石油氣洩漏造成之災害係發生於室內，主要係因民眾習慣將液化石油氣容器放置於室內，導致漏氣時容易產生蓄積，倘遇火源則易造成火災或氣爆，造成民眾傷亡之公安事件。明定容器設置於室外或屋外，以強化液化石油氣使用安全環境。屋外之定義係指建築物地面層之室外空間；室外之定義係指露臺或陽臺等室外空間。因新建建築物可預先規劃屋外容器設置空間，為推動容器設置屋外以強化液化石油氣使用安全，「但設置於屋外確有困難，且設置防止氣體滯留之有效通風裝置者，不在此限。」之規定。因既設建築物原設計時並未規劃容器置於屋外空間，為減少對既有建築物之衝擊影響，針對新建建築物予以規範；既有建築物部分將以宣導方式鼓勵民眾將容器移置屋外。

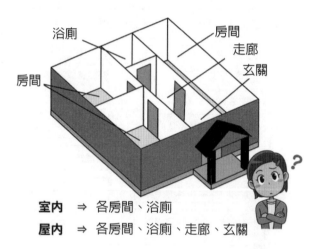

室內 ⇒ 各房間、浴廁
屋內 ⇒ 各房間、浴廁、走廊、玄關

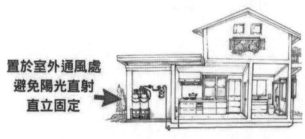

置於室外通風處
避免陽光直射
直立固定

瓦斯相關場所法令規定

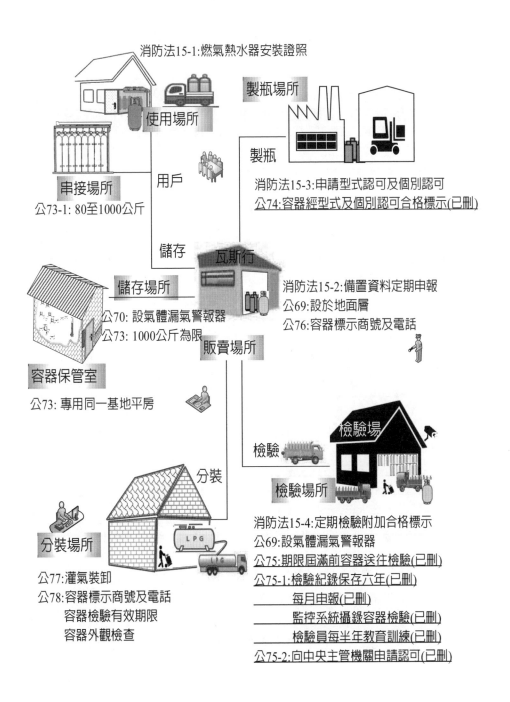

消防法15-1:燃氣熱水器安裝證照

使用場所

製瓶場所

製瓶

消防法15-3:申請型式認可及個別認可
公74:容器經型式及個別認可合格標示(已刪)

串接場所

公73-1: 80至1000公斤

用戶

儲存

瓦斯行

儲存場所

公70: 設氣體漏氣警報器
公73: 1000公斤為限

消防法15-2:備置資料定期申報
公69:設於地面層
公76:容器標示商號及電話

販賣場所

容器保管室

公73: 專用同一基地平房

檢驗

檢驗場所

分裝

分裝場所

公77:灌氣裝卸
公78:容器標示商號及電話
　　　容器檢驗有效期限
　　　容器外觀檢查

消防法15-4:定期檢驗附加合格標示
公69:設氣體漏氣警報器
公75:期限屆滿前容器送往檢驗(已刪)
公75-1:檢驗紀錄保存六年(已刪)
　　　　每月申報(已刪)
　　　　監控系統攝錄容器檢驗(已刪)
　　　　檢驗員每半年教育訓練(已刪)
公75-2:向中央主管機關申請認可(已刪)

4-18 液化石油氣容器標示

> **第 76 條**
> 液化石油氣販賣場所之經營者應於容器明顯位置標示可供辨識之商號及電話。

【解說】

液化石油氣販賣場所，因 LPG 係屬易燃易爆物質，而販賣場所往往位於人口稠密之地區；無論是壓縮和液化氣體是利用物質濃度大小，因此壓縮或液化氣體容器意味著有潛在很大的能量釋放。因此，在法規上必須有嚴格之管制規範。依內政部消防法令函釋及公告（以下同），指出「液化石油氣容器認可基準」第 2 點第 10 款第 4 目，液化石油氣容器表面應漆成灰色，並應以紅漆直寫填充內容物名稱（如註明「液化石油氣」字樣），字體大小不得小於 3cm。準此，液化石油氣容器瓶身應以紅漆標示液化石油氣處理場所經營者之商號及電話，以資辨識，不能以貼紙取代。

如發現瓦斯行之液化石油氣容器附加偽卡，係違反公共危險物品及可燃性高壓氣體設置標準暨安全管理辦法第 75 條，應於液化石油氣容器檢驗期限屆滿前送往檢驗場進行定期檢驗之規定，而裁處對象按行政罰法第 3 條規定：「本法所稱行為人，係指實施違反行政法上義務行為之自然人、法人、設有代表人或管理人之非法人團體、中央或地方機關或其他組織。」是以行政罰的對象係實施違反行政法上義務之行為人，故應以查獲違規事實當時之管理權人為裁處對象。

依行政院消費者保護委員會於 99 年 2 月 3 日召開會議決議，由內政部（消防署）主政，訂定「家用液化石油氣供氣定型化契約範本」，消費者如因購買液化石油氣而產生消費爭議時，得依消費者保護法第 43 條第 1 項規定向相關單位提起消費申訴，如由各直轄市、縣（市）政府消費者服務中心受理消費申訴，視其交易糾紛性質，屬安全管理事項部分（含客器保證金），移由消防單位處理，屬經濟交易行為事項部分（含油氣品質、重量等），移由商業單位處理；有關「桶裝瓦斯供氣契約消費爭議處理流程」如右下圖。

---

1. 假設某一低溫液化天然氣儲槽內容積為 1.2×10^6 L、液化比重 0.3，此儲槽可儲存之數量為多少 kg？

解：依公共危險物品暨可燃性高壓氣體管理辦法第 63 條，液化氣體儲槽儲存能力（W, kg），$W = C_1 \times w \times V_2$

C_1：0.9，低溫儲槽內容積可儲存液化氣體部分容積比值。

w：常用溫度時液化氣體之比重值（$\frac{kg}{L}$）。

V_2：儲存設備之內容積值（L）。

因此，$W = 0.9 \times 0.3 \times 1.2 \times 10^6 = 3.24 \times 10^5$ (kg)

液化石油氣容器標示

消費爭議

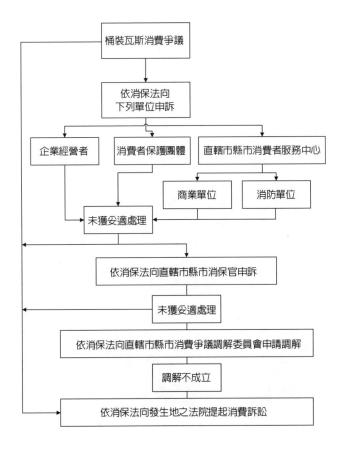

4-19 液化石油氣灌氣裝卸

第 77 條
家庭或營業用液化石油氣之灌氣裝卸，應於分裝場為之。

【解說】

在灌氣充填方面，在液化氣體充填密度方面，比重大物質能有較多充填量（因液體膨脹微小），大容器比小容器可充填更多數量，因其從大氣溫度或日光照射吸收熱量要花費較長時間。又地面下容器可充填得較多，因環境溫度相對恆定；但灌氣充填行為，可能因靜電或不當操作導致洩漏或爆炸。

按消防法第 2 條管理權人係指依法令或契約對各該場所有實際支配管理權者；其屬法人者，為其負責人。另消防法第 42 條規定，公共危險物品及可燃性高壓氣體之製造、儲存或處理場所，其位置、構造及設備未符合設置標準，或儲存、處理及搬運未符合安全管理規定者，處其管理權人或行為人新臺幣 2 萬元以上 10 萬元以下罰鍰。依內政部消防法令函釋及公告（以下同），有關分銷商容器於非法分裝場灌氣，應處該非法分裝場實際經營之管理權人罰鍰，如經調查該場所無管理權人，則處實施灌氣行為之行為人。如有故意共同違反本條規定之情事，始得依行政罰法第 14 條規定，依行為情節輕重，分別處罰之。

消防單位查獲瓦斯行使用電動馬達等工具違規分裝液化石油氣容器時，除違反本條規定，以消防法第 42 條規定處分；另涉違反勞工安全部分，應函送勞檢單位本權責依法處置。惟為確保證據之保全，得依「行政罰法」第 36 條規定，予以扣留現場相關證物，其扣留之程序應參照同法第 38 條（記載之必要之事項及簽名）、第 39 條（扣留之封緘及保管）及第 40 條（扣留物之處置）辦理。

依「液化石油氣容器認可基準」有關容器規格，適用於 2kg、4kg、10kg、16kg、20kg 及 50kg（如右圖）；50kg 以上及儲槽部分，或工業用儲槽之灌裝作業並非消防單位權管範圍，請依行政院勞工委員會釋示辦理。

有關使用瓦斯槽車灌裝液化石油氣於工廠之「瓦斯槽」之行為，應依「高壓氣體勞工安全規則」之相關規定辦理，屬勞工檢查單位權責。

液化石油氣容器規格

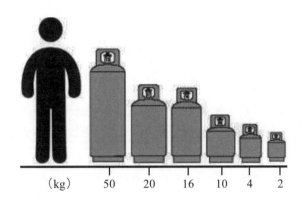

家庭或營業用LPG容器6種規格

液化石油氣非法灌氣

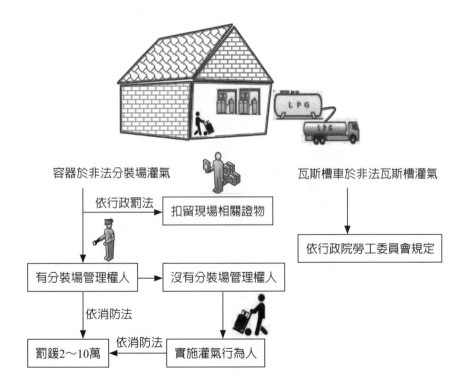

4-20 液化石油氣分裝場

第 78 條
液化石油氣分裝場應確認容器符合下列事項，始得將容器置於灌裝臺並予以灌氣：
1. 容器應標示或檢附送驗之販賣場所之商號及電話等資料。
2. 容器仍在檢驗合格有效期限內。
3. 實施容器外觀檢查，確認無腐蝕變形且容器能直立者。
不符合前項規定之容器不得灌氣或置於灌裝臺，分裝場之經營者並應迅速通知販賣場所之經營者處理。

【解說】

依內政部消防法令函釋及公告（以下同），於液化石油氣分裝場查獲已灌氣之逾期容器之處置流程及法令適用：（一）分裝場部分：依第 78 條第 2 項規定（違規灌氣），以消防法第 42 條規定處罰。（二）瓦斯行部分：依第 75 條規定（未依規定送驗），以消防法第 42 條規定處罰。

於分裝場以外場所查獲已灌氣容器之處置流程及法令適用：（一）分裝場部分：如可透過訪談筆錄、灌氣單據等其他方式舉證該逾期容器為誰所灌裝時，則應依舉證內容依違反管理辦法第 78 條第 2 項規定（違規灌氣），以消防法第 42 條規定處罰。（二）瓦斯行部分：依違反管理辦法第 75 條規定（未依規定送驗），以消防法第 42 條規定處罰。

查獲已灌氣逾期容器時，除依消防法舉發外，另依消費者保護法第 36 條，命其將逾期容器內之液化石油氣抽除；並予追蹤該逾期容器有無依限送經中央主管機關認可之容器檢驗場實施檢驗，違者依消防法第 42 條規定，予以連續處罰（經處罰緩後仍不改善）。

「容器有腐蝕變形且未能直立情形」之認定標準，不宜比照「液化石油氣容器定期檢驗基準」外觀檢查予以認定；應依經驗法則就個案實質認定，若容器外觀以目視即可發現有顯著之腐蝕變形或無法直立（如傾斜者），則不得灌氣。

在韓國檢驗不合格之瓦斯容器，於瓶身中間戳洞以避免重複使用，國內則是採取壓毀制。而國內檢驗合格之容器，係於護圈裝釘鋁製檢驗卡，檢驗卡並標註容器出廠日期、本次檢驗日期、下次檢驗日期、檢驗場代號、容器規則等資料；在韓國檢驗合格之容器，係於護圈打刻鋼印，打刻內容包含檢驗場代號、檢驗年、月等資料（王佩琪，2012）。

逾期液化石油氣檢驗規定

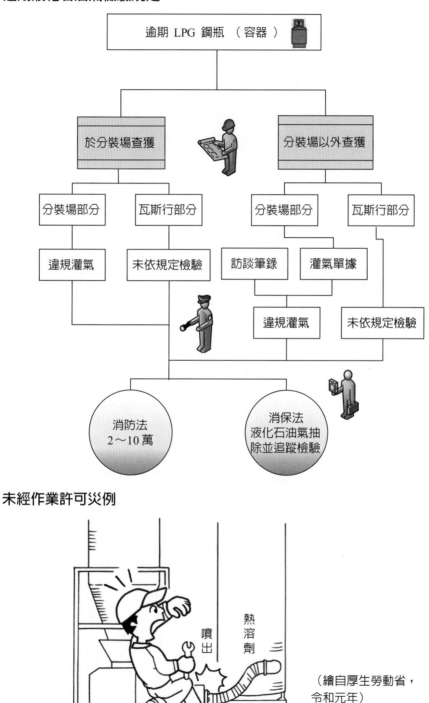

未經作業許可災例

（繪自厚生勞動省，
令和元年）

4-21 舊有場所改善規定

> **第 79 條　附則**
> 本辦法中華民國 95 年 11 月 1 日修正施行前，已設置之製造、儲存或處理公共危險物品及可燃性高壓氣體之場所，應自修正施行之日起 6 個月內，檢附場所之位置、構造、設備圖說及改善計畫陳報當地消防機關，並依附表 5 所列改善項目，於修正施行之日起 2 年內改善完畢，屆期未辦理且無相關文件足資證明係屬既設合法場所、逾期不改善，或改善仍未符附表 5 規定者，依本法第 42 條之規定處分。

【解說】

　　第 79 條附表五改善項目並無要求對設置位置進行，以改善硬體之構造與設備，因位置是很難改（空地與距離），且是針對既設合法製造、儲存或處理場所，因安全性考量採取法律溯及既往，僅針對重要構造設備進行要求，因要明確性，所以採逐一列舉式規定。倘若不合法，則依照新法規進行要求。

　　相關文件足資證明係屬既設合法場所，係指使用用途符合、有建照或雜項執照之場所而言，而保留空地並未溯及既往，適用當時設置之法規。

　　依內政部消防法令函釋及公告（以下同），附表五發布日於民國 95 年 11 月 1 日經濟部會銜修正發布，係 95 年 11 月 1 日前既設公共危險物品及可燃性高壓氣體場所應行改善之措施及設備，並無要求重新檢討場所位置，惟安全距離、保留空地、境界線等距離可於事故發生時避免火勢延燒，在場地環境許可下仍建議檢討。

　　『既設合法場所』係指『領有與實際場所用途相符合之使用執照或雜項執照者』或其他相關文件足資證明，係屬 95 年 11 月 1 日前實際設置存在之公共危險物品場所，即得認定為既設合法場所，至「建築物改良所有權狀」或「房屋稅籍證明書」是否足資證明符合既設合法場所之認定，則依個案實質審查及認定。

　　有關消防法第 42 條連續處罰定義部分：按消防法第 42 條，經處罰鍰後仍不改善者得連續處罰之規定，係立法者對於違規事實一直存在之行為，考量該違規事實之存在，對公益或公共秩序確有影響，得藉舉發其違規事實之次數，作為認定其違規行為之次數，從而對此多次違規行為得予以多次處罰。

　　於處分書未送達前，再次查獲同一違規事實時應如何處置部分，為維護公共安全，防止業者於處分書送達前心存僥倖，於查獲違規情事時，如違規事實客觀上明白足以確認者，得依行政程序法第 103 條規定不給予陳述意見之機會，立即開立處分書及送達。

79 條附表 5 改善項目規定

場所類別	改善項目（附表 5）
(1) 公共危險物品製造場所、一般處理場所	1. 圍阻措施或同等以上效能之防止流出措施。 2. 油水分離裝置。 3. 採光、照明及通風設備。 4. 排出設備。 5. 防止溢漏或飛散構造。 6. 測溫裝置。 7. 不直接用火加熱構造。 8. 壓力計及安全裝置。 9. 有效消除靜電裝置。 10.避雷設備或同等以上防護性能設備。 11.標示板。
(2) 公共危險物品販賣場所	1. 排出設備。 2. 在明顯處所標示有關消防之必要事項。 3. 標示板。
(3) 公共危險物品室內儲存場所	1. 採光、照明及通風設備。 2. 排出設備。 3. 通風裝置、空調裝置或維持內部溫度在該物品著火溫度以下之裝置。 4. 防火閘門。 5. 架臺（不燃材料建造、定著堅固基礎上、載重、防止儲放物品掉落裝置）。 6. 避雷設備或同等以上防護性能設備。 7. 標示板。
(4) 公共危險物品室外儲存場所	1. 圍欄（圍欄高度、區劃面積、不燃材料建造、防止硫磺洩漏構造、防水布固定裝置）。 2. 架臺（不燃材料建造、定著堅固基礎上、載重、防止儲放物品掉落裝置、架臺高度）。 3. 內部走道空間、分區儲存數量及容器堆積高度。 4. 排水溝、分離槽。 5. 標示板。

場所類別	改善項目（附表 5）
(5) 公共危險物品室內儲槽場所（含幫浦室）	1. 防止 6 類物品流出之措施。 2. 儲槽專用室出入口門檻或同等以上效能之防止流出措施。 3. 圍阻措施或同等以上效能之防止流出措施、幫浦設備之基礎高度。 4. 油水分離裝置。 5. 採光、照明及通風設備。 6. 排出設備。 7. 防火閘門。 8. 安全裝置、通氣管。 9. 自動顯示儲量裝置。 10. 注入口及儲槽閥（含不得洩漏、管閥或盲板、有效除去靜電之接地裝置）。 11. 幫浦設備定著堅固基礎上。 12. 儲槽或地上配管應有防蝕功能。 13. 標示板。
(6) 公共危險物品室外儲槽場所（含幫浦室）	1. 防液堤（含容量、分隔堤高度、排水設備、洩漏檢測設備、警報設備、出入之階梯或坡道）。但儲存第 4 類公共危險物品儲槽之防液堤，其容量不得小於最大儲槽之容量。） 2. 圍阻措施或同等以上效能之防止流出措施。 3. 油水分離裝置。 4. 採光、照明及通風設備。 5. 排出設備。 6. 安全裝置、通氣管。 7. 自動顯示儲量裝置。 8. 注入口及儲槽閥（含不得洩漏、管閥或盲板、有效除去靜電之接地裝置）。 9. 投入口上方防止雨水設備。 10. 侷限洩漏之儲存物並導入安全槽之設備、惰性氣體封阻設備、冷卻裝置或保冷裝置。 11. 避雷設備或同等以上防護性能設備。 12. 幫浦設備定著堅固基礎上。 13. 儲槽或地上配管應有防蝕功能。 14. 標示板。
(7) 公共危險物品地下儲槽場所（含幫浦室）	1. 圍阻措施或同等以上效能之防止流出措施。 2. 油水分離裝置。 3. 採光、照明及通風設備。 4. 排出設備。 5. 安全裝置、通氣管。 6. 自動顯示儲量裝置或計量口。 7. 注入口（含不得洩漏、管閥或盲板、除去靜電之接地裝置）。 8. 測漏管或同等以上效能之洩漏檢測設備。 9. 幫浦設備定著堅固基礎上。 10. 地上配管應有防蝕功能。 11. 標示板。

79 條附表 5 改善項目規定

場所類別	改善項目（附表 5 ）
(8) 可燃性高壓氣體儲存場所	1. 警戒標示、防爆型緊急照明設備。 2. 氣體漏氣自動警報設備。 3. 防止氣體滯留之有效通風裝置。 4. 通路面積。 5. 避雷設備或同等以上防護性能設備。
(9) 可燃性高壓氣體處理場所	1. 通風裝置。 2. 嚴禁煙火標示。 3. 防止傾倒之固定措施。 4. 燃氣用軟管及防止脫落裝置。 5. 容器與用火設備距離。 6. 氣體漏氣警報器。 7. 自動緊急遮斷裝置。 8. 柵欄、容器櫃或圍牆（含上方覆蓋、與地面距離）。 9. 標示板

1. 第 79 條及第 79 條之一所定已設置之製造、儲存或處理公共危險物品及可燃性高壓氣體之場所，應依場所建築型態，就上列改善項目進行改善，對於位置、構造或設備未列舉之項目得免改善。
2. 依上列改善項目進行改善確有困難，且經直轄市、縣（市）主管機關同意者，得採其他同等以上效能之措施。

可燃性高壓氣體儲存場所定義

場所類別			場所定義
製造場所			1. 從事製造、壓縮、液化或分裝可燃性高壓氣體之作業區及供應其氣源之儲槽。 2. 有下列情形即符合製造之定義： (1) 產製可燃性高壓氣體。 (2) 壓力變化：如以壓縮機將非高壓氣體增壓為高壓氣體；或將高壓氣體壓力更為提升。 (3) 狀態變化：如用冷凍機內之凝縮器將壓縮氣體液化。 (4) 充填容器：如從大容器（如儲槽）將氣體充填（分裝）至小容器。
儲存場所			可燃性高壓氣體製造（如分裝場）或處理場所（如瓦斯行）設置之容器儲存室。
處理場所	販賣場所		販賣裝於容器之可燃性高壓氣體之場所。
	容器檢驗場所		檢驗供家庭用或營業用之液化石油氣容器之場所。
	容器串接使用場所		使用液化石油氣作為燃氣來源，其串接使用量達 80kg 以上之場所。
其他	儲槽		固定於地盤之可燃性高壓氣體儲槽。
	容器		純供灌裝可燃性高壓氣體之移動式壓力容器。
	處理設備		以壓縮、液化及其他方法處理可燃性高壓氣體之高壓氣體製造設備。

4-22 公告前合法場所改善規定

第 79-1 條

經中央主管機關公告、附表一修正增列為公共危險物品或附表五修正列為改善項目者，於公告日、附表一中華民國一百零二年十一月二十一日修正生效日、附表五一百零八年六月十一日或一百十年十一月十日修正生效日前已設置之製造、儲存或處理該物品達管制量以上之合法場所，應自公告日或本辦法該次修正生效日起六個月內，檢附場所之位置、構造、設備圖說及改善計畫陳報當地消防機關，並依附表五所列改善項目，於公告日或本辦法該次修正生效日起二年內改善完畢，屆期不改善或改善仍未符附表五規定者，依本法第四十二條之規定處分。

【解說】

依消防署民 108 年 6 月修正說明，指出第三十七條增訂第十一款室外儲槽場所應設置自動顯示儲量裝置規定，第七十三條之一並增列可燃性高壓氣體處理場所通風裝置、防止傾倒之固定措施等安全設施規定，第七十九條附表五亦配合增列公共危險物品室外儲槽場所與液化石油氣製造及處理場所之改善項目，故比照第三條附表一於一百零二年十一月二十一日修正增列公共危險物品項目後，要求相關既設合法場所應依第七十九條附表五所列改善項目進行改善，並給予業者充分改善時間之管理方式。

1. 增訂既設公共危險物品製造、一般處理、室內（外）儲存與儲槽場所及可燃性高壓氣體處理場所改善項目規定。（修正條文第七十九條附表五）
2. 本辦法修正生效後，其構造及設備應依附表五進行改善之既設合法製造、儲存或處理場所，應於一定時間內改善完畢。（修正條文第七十九條之一）

公共危險物品製造、儲存及處理場所之位置、構造、設備等審查，依內政部消防法令函釋及公告（以下同），係以建造執照（或雜項執照）申請當時之法令為依據。基此，倘既設場所在管理辦法修正施行後涉及增建、改建或修建者，其審查應以增建、改建或修建時建造執照（或雜項執照）申請當時之法令為審查標準。另該場所倘因故無法提供上開執照，建議請其逕向貴轄建管單位申請提供；若未依規定申領執照或未依執照用途之違規使用場所，則應依現行規定檢討改善。

場所如係於中央主管機關公告或管理辦法附表 1 修正增列相關公共危險物品生效日前之既設合法場所，除有設置標準第 13 條規定之情形外，免依設置標準第 4 編重新檢討其消防安全設備；惟如係於中央主管機關公告或管理辦法附表 1 修正增列相關公共危險物品生效日後設立之場所，倘當時申請並非以設置標準第 4 編檢討設置，之後檢查發現該場所存放公共危險物品達管制量者，應依設置標準第 4 編重新檢討其消防安全設備。

無相關文件足資證明係屬既設合法場所者，依消防法第 42 條處分後，需符合 95 年 11 月 1 日修正施行之管理辦法規範，亦即未領有與場所實際用途相符合之使用執照或雜項執照之公共危險物品等相關場所，仍應依現行規定進行改善，不再適用管理辦法第 79 條之附表 5 改善項目。又場所用途與使用執照用途不符，仍應依「各類場所消防安全設備設置標準」第 4 編重新檢討其消防安全設備。

公告前合法場所改善規定

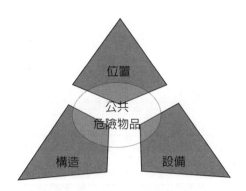

公共危險物品場所審查以建造執照或雜項執照申請當時法令為依據

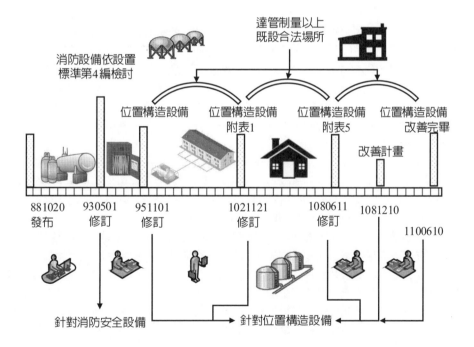

4-23 法規發布

第 80 條
本辦法自發布日施行。
本辦法中華民國一百十年十一月十日修正發布條文,除第 73 條之 2 施行日期由中央主管機關另定外,自發布日施行。

【解說】

本辦法發布日於民國 88 年 10 月 20 日,依據消防法第 15 條第 1 項規定,消防機關主要係針對製造、儲存或處理公共危險物品達管制量之場所進行管理,至如符合行政執行法第 36 條第 1 項規定,為阻止犯罪、危害之發生或避免急迫危險,而有即時處置之必要時,未依規定儲存之公共危險物品得依同法第 38 條扣留該公共危險物品,其扣留期間不得逾 30 日,但扣留之原因未消失時,得延長之,延長期間不得逾 2 個月。

於 102 年 11 月 21 日附表 1 及 108 年 6 月 11 日附表 5 前既設公共危險物品室內儲槽場所應行改善之措施及設備,並無要求重新設置儲槽專用室,亦未針對場所應予區劃。惟既設場所仍應依附表 5 改善其圍阻措施或同等以上效能之防止流出措施。已設置之公共危險物品儲油槽,如已領有建照(雜項)執照,因故未能辦妥使用執照,致上開執照被廢照需重新申請者,倘其建築物結構體已完成,且消防安全設備均已完工,則其消防安全設備之設置,得以該建築物原建造(雜項)執照當時依相關法令規定審查通過之消防安全設備圖說檢討之。

有關既設合法場所改善應視該場所建築型態,就附表 5 所列改善項目進行改善,除已設置之固定設施如儲槽,無法改善外,其餘公共危險物品種類及其數量,仍應依現行法規檢討之。假使工廠於 79 年開始營運,96 年註銷登記,則該場所已不存在,嗣後另於 97 年重新申辦工廠登記獲准,乃屬新設之場所。

於本條附表 5 改善項目並無要求對設置位置進行改善,未列舉改善項目無需改善。惟查室內儲存場所公共危險物品係儲存於可移動式容器中,並非固定無法移動,基於儲存於地下層之公共危險容器於災害預防及搶救考量上均屬不宜,建議指導業者改以儲槽方式儲存或遷至其他安全地點進行儲存。

既設室外儲槽之防液堤是否得以配管連通合併計算容量,依室外儲槽場所之防液堤規定,儲存第四類公共危險物品儲槽之防液堤,其容量不得小於最大儲槽之容量。

公共危險物品及可燃性高壓氣體管理遵循海因里希法則

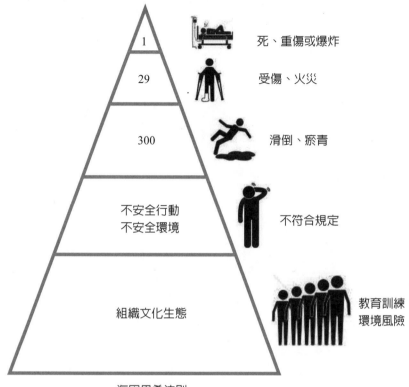

海因里希法則

➕ 知識補充站

氣體體積為溫度與壓力之函數

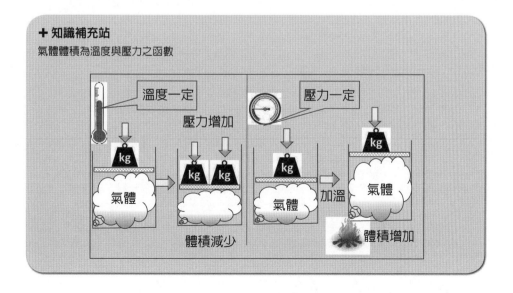

Note

第5章
公共危險物品等場所消防設備設計

公共危險物品等場所消防設備設計，勢必比一般供公眾使用建築物之消防設備設計更嚴格，因6類物品使用場所，增加了其火災爆炸之危險度，且其發火源更是多樣化如靜電、化學熱（氧化熱、分解熱、聚合熱等自燃發火）、物理熱（撞擊、摩擦）等，致使保安監督人之防火管理力度更需強化。因此，為了確保公共安全，法規做了最小化保障，規範其位置、構造及設備，並依本章規定來設置相關消防安全及防護設備。

5-1 適用場所（一）

第 193 條
適用本編規定之場所（以下簡稱公共危險物品等場所）如下：
一、公共危險物品及可燃性高壓氣體製造儲存處理場所設置標準暨安全管理辦法規定之場所。
二、加油站。
三、加氣站。
四、天然氣儲槽及可燃性高壓氣體儲槽。
五、爆竹煙火製造、儲存及販賣場所。

【解說】

　　在本條規範係為 6 類公共危險製造儲存處理場所、加油站、可燃性氣體儲槽場所，包括天然氣，以及易燃易爆之爆竹煙火製造、儲存及販賣場所。因上述這些場所不具非易燃特性，且大多場所具易燃特性。因此，有必要使用消防設備或火災防護設備，使其有災害發生之虞或災害已發生時，進行火勢控制及撲滅抑制之目的。

　　依內政部消防法令函釋及公告（以下同），於 93 年 5 月 1 日前既設合法之場所，除有「各類場所消防安全設備設置標準」第 13 條之情形外，得免重新檢討其消防安全設備。於 93 年 5 月 1 日後設立之場所，倘當時申請並非以「各類場所消防安全設備設置標準」第 4 編檢討設置，之後檢查發現該場所存放公共危險物品達管制量者，應依上開標準第 4 編重新檢討其消防安全設備。

　　於危險物品場所（設施）消防安全設備設置方面，指出設於建築物內部者，應考量整棟建築物或樓層之特性（如樓層數、無開口樓層、總樓地板面積等），因結構共同體；設於建築物以外部分者，應以整體安全考量為前提。

　　在漁船加油站方面，其設置型態及危害特性與設置標準第 193 條第 2 款所定加油站類似，大多屬第 4 類公共危險物品場所，其消防安全設備得比照加油站相關規定檢討設置；至該場所如設置地上式儲油槽，其消防安全設備得比照室內、室外儲槽場所之相關規定辦理。

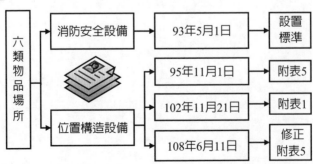

各類場所消防安全設備設置標準架構及檢討

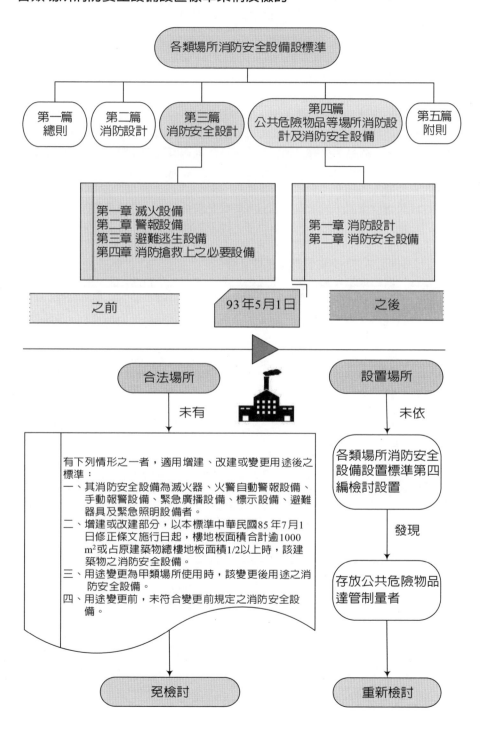

5-2 適用場所（二）

危險物品場所等之消防安全設備設置，依內政部消防法令函釋及公告，應依下列原則辦理：

（一）危險物品場所等如位於建築物內者：

    1. 建築物專供危險物品場所等使用者：

        (1) 設置標準第 4 編及第 1 至 3 編均有規定部分（如滅火器、室內消防栓、自動撒水設備、水霧滅火設備、泡沫滅火設備、二氧化碳滅火設備、乾粉滅火設備、火警自動警報設備、手動報警設備及標示設備等）：危險物品場所等應符合第 4 編規定，得免依設置標準第 1 至 3 編之規定檢討設置。

        (2) 設置標準第 4 編未規範部分（如緊急廣播設備、避難器具、緊急照明設備、連結送水管、消防專用蓄水池及排煙設備等）：準用第 1 至 3 編之規定。

    2. 建築物之部分供危險物品場所等使用者：

        (1) 設置標準第 4 編及第 1 至 3 編均有規定部分：危險物品場所等應符合第 4 編規定；至該場所以外部分之消防安全設備之檢討，如涉建築物整棟或整層之特性（如樓層數、該樓層面積或總樓地板面積等），危險物品場所等部分仍應納入，依第 1 至 3 編規定一併檢討設置，惟危險物品場所等部分如依第 4 編規定已設有設備，得免重複設置。

        (2) 設置標準第 4 編未規範部分：納入危險物品場所等以外場所，依第 1 至 3 編之規定，一併檢討設置。

（二）危險物品場所等如位於建築物以外部分者：依第 4 編進行檢討，但於檢討整體廠區或建築基地內之室外消防栓設備及消防專用蓄水池時，危險物品場所等之面積應納入一併計算檢討。

事實上，建築物供危險物品使用，增加了其火災爆炸之危險度，且其發火源更是多樣化如靜電、化學熱（氧化熱、分解熱、聚合熱等自燃發火）、物理熱（撞擊、摩擦）等，在保安監督人之防火管理力度更需加強。因此，為了確保公共安全，法規做了最小化保障，規範其位置、構造及設備，並設置相關消防及防護設備。

危險物品場所等之消防安全設備設置

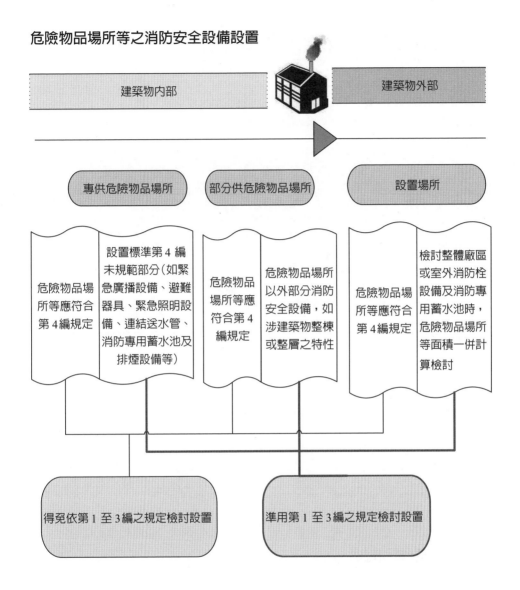

5-3 製造或一般處理顯著滅火困難場所

> **第 194 條**
> 顯著滅火困難場所，指公共危險物品等場所符合下列規定之一者：
> 一、公共危險物品製造場所或一般處理場所符合下列規定之一：
> （一）總樓地板面積在 1000m² 以上。
> （二）公共危險物品數量達管制量 100 倍以上。但第 1 類公共危險物品之氯酸
> 　　　鹽類、過氯酸鹽類、硝酸鹽類、第 2 類公共危險物品之硫磺、鐵粉、金
> 　　　屬粉、鎂、第 5 類公共危險物品之硝酸酯類、硝基化合物、金屬疊氮化
> 　　　合物，或含有以上任一種成分之物品且供作爆炸物原料使用，或高閃火
> 　　　點物品其操作溫度未滿攝氏一百度者，不列入管制量計算。
> （三）製造或處理設備高於地面 6 m 以上。但高閃火點物品其操作溫度未滿
> 　　　100℃者，不在此限。
> （四）建築物除供一般處理場所使用以外，尚有其他用途。但以無開口且具 1
> 　　　小時以上防火時效之牆壁、樓地板區劃分隔者，或處理高閃火點物品其
> 　　　操作溫度未滿 100℃者，不在此限。
> （續）

【解說】

公共危險物品等場所在消防管理上，係以滅火困難程度來作分類，本條是顯著滅火困難場所，因此以樓地板面積、管制量、離地面高度及複合用途來作定義。依內政部消防法令函釋及公告指出：第 1 款第 1 目之總樓地板面積係指公共危險物品製造或一般處理場所所在建築物之總樓地板面積。符合顯著滅火困難場所所指之對象，僅為公共危險物品製造或一般處理場所部分。第 1 款及第 2 款主要係規範「一般處理場所」及「室內儲存場所」為顯著滅火困難場所，其範圍仍應依「公共危險物品及可燃性高壓氣體設置標準暨安全管理辦法」第 5 條至第 7 條所定義範圍為主，而非指該棟建築物。於第 1 款第 3 目規定，製造或處理設備高於地面 6m 以上，即屬顯著滅火困難場所，其製造或處理設備高度應以地面至設備頂端之高度核算。

一般處理場所所在建築物如尚供其他用途使用者，即符合第 1 款第 4 目規定，屬顯著滅火困難場所。至該顯著滅火困難場所，僅指建築物內之一般處理場所部分。

高壓清洗劑靜電引燃例

高壓吹霧清洗

高壓氣體

正己烷清潔劑

（繪自厚生勞動省，令和元年）

顯著滅火困難場所

場所分類	設施規模等	公共危險物品種類
製造或一般處所場所	總樓地板面積≥ 1000m²	6 類
	管制量≥ 100 倍	高閃火點物品操作溫度 <100℃者或火藥原料類除外
	高於地面≥ 6 m	高閃火點物品操作溫度 <100℃者除外
	尚有其他用途（無開口且≥ 1 小時防火時效牆壁地板區劃除外）	
室內儲存場所	管制量≥ 150 倍	高閃火點物品操作溫度 <100℃者或火藥原料類除外
	總樓地板面積≥ 150m²（每 150m² 內無開口且≥ 0.5 小時防火時效牆壁地板區劃除外）	儲存第 1、3、5、6 類
	尚有其他用途（無開口且≥ 1 小時防火時效牆壁地板區劃除外）	
	總樓地板面積≥ 150m²（每 150m² 內無開口且≥ 1 小時防火時效牆壁地板區劃除外）	第 2 類（閃火點 <40℃除外）或第 4 類閃火點 <70℃
	尚有其他用途（無開口且≥ 1 小時防火時效牆壁地板區劃除外）	
	高於地面≥ 6 m	6 類

（接下單元）

✚ 知識補充站

輸送第 4 類液體接地措施例

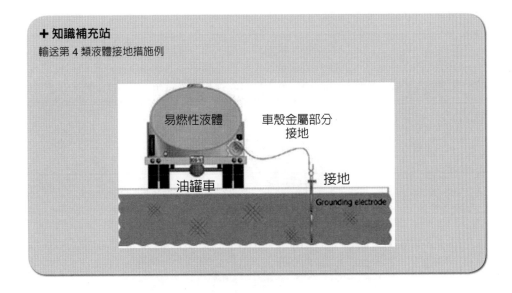

5-4 室內儲存顯著滅火困難場所

【解說】

在室內儲存場所方面，以管制量、樓地板面積、複合用途及地面高度來作定義。前二者係考量儲存量問題，而複合用途是管理較不易問題，地面高度是立體快速延燒及消防有效射水問題。依內政部消防法令函釋及公告，「以無開口且具 1 小時以上防火時效之牆壁、樓地板區劃分隔者」，指不得設置門、窗或其他開口，於火災時無法或難以延燒，而降低該等場所之危險度及侷限火災範圍。

顯著滅火困難場所（續）

場所分類	設施規模等	公共危險物品種類
室外儲存場所	面積≥ 100m²	硫磺
室內儲槽場所	液體表面積≥ 40m²	高閃火點物品或第 6 類操作溫度 <100℃者除外
	儲槽高度≥ 6 m	
	閃火點 40～70℃儲槽專用室設於一層以外之建築物（無開口且≥1小時防火時效牆壁地板區劃除外）	
室外儲槽場所	液體表面積≥ 40m²	高閃火點物品或第 6 類操作溫度 <100℃者除外
	儲槽高度≥ 6 m	
	固體公共危險物品管制量≥ 100 倍	
室內加油站	一面開放且其上方層尚有其他用途	第 4 類

＋ 知識補充站

填充或分裝作業進行接地措施例

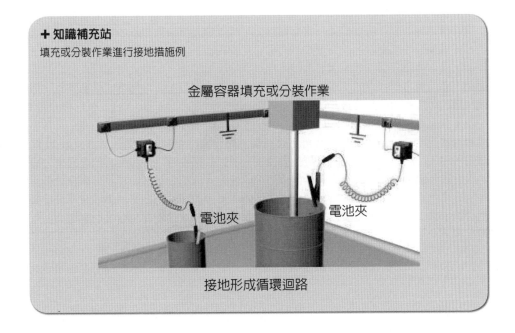

金屬容器填充或分裝作業

電池夾　　電池夾

接地形成循環迴路

5-5 室外儲存及儲槽顯著滅火困難場所

第 194 條（續）

三、室外儲存場所儲存塊狀硫磺，其面積在 100m² 以上。

四、室內儲槽場所符合下列規定之一。但儲存高閃火點物品或第六類公共危險物品，其操作溫度未滿 100℃者，不在此限：

（一）儲槽儲存液體表面積在 40m² 以上。

（二）儲槽高度在 6 m 以上。

（三）儲存閃火點在 40℃以上未滿 70℃之公共危險物品，其儲槽專用室設於一層以外之建築物。但以無開口且具 1 小時以上防火時效之牆壁、樓地板區劃分隔者，不在此限。

五、室外儲槽場所符合下列規定之一。但儲存高閃火點物品或第六類公共危險物品，其操作溫度未滿 100℃者，不在此限：

（一）儲槽儲存液體表面積在 40m² 以上。

（二）儲槽高度在 6m 以上。

（三）儲存固體公共危險物品，其儲存數量達管制量 100 倍以上。

六、室內加油站一面開放且其上方樓層供其他用途使用。

【解說】

　　室外儲存場所儲存塊狀硫磺一定面積以上，代表燃料量多且以堆疊方式，一旦火災勢必成為深層悶燒型態，欲完全撲滅火勢必耗費相當長之射水時間。在室內儲槽場所方面，儲存液體表面積大，因液體燃燒係以蒸發燃燒型態，油類火勢規模取決於其表面積；而儲槽專用室設於一層以外之建築物，意謂二層以上會增加消防活動難度。依內政部消防法令函釋及公告指出：

　　第 4 款儲存閃火點在 40℃以上未達 70℃之第 4 類公共危險物品（如柴油），其儲槽專用室符合「公共危險物品及可燃性高壓氣體設置標準暨安全管理辦法」第 34 條規定，出入口設置甲種防火門且無設置窗戶，並以具半小時以上防火時效之牆壁、樓地板區劃分隔之獨立防火區劃者，得依第 194 條第 4 款第 3 目但書規定，排除顯著滅火困難場所之適用。第 6 款所稱顯著滅火場所之室內加油站係指室內加油站設於建築物之第 1 層，且其上方樓層為非屬加油站用途使用者，並且僅有一面供車輛加油出入使用者。

建築物供室內儲存場所使用，尚有其他用途，以無開口且具 1 小時以上防火時效之牆壁、樓地板區劃分隔

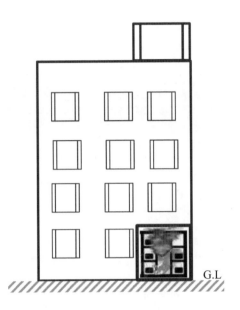

面臨戶外出入口無區劃分隔適用

5-6 一般滅火困難場所

第 195 條

一般滅火困難場所，指公共危險物品等場所符合下列規定之一者：

一、公共危險物品製造場所或一般處理場所符合下列規定之一：

（一）總樓地板面積在 600m² 以上未滿 1000m²。

（二）公共危險物品數量達管制量 10 倍以上未滿 100 倍。但處理第 1 類公共危險物品之氯酸鹽類、過氯酸鹽類、硝酸鹽類、第 2 類公共危險物品之硫磺、鐵粉、金屬粉、鎂、第 5 類公共危險物品之硝酸酯類、硝基化合物、金屬疊氮化合物，或含有以上任一種成分之物品且供作爆炸物原料使用，或高閃火點物品其操作溫度未滿攝氏一百度者，不列入管制量計算。

（三）未達前條第 1 款規定，而供作噴漆塗裝、淬火、鍋爐或油壓裝置作業場所。但儲存高閃火點物品或第六類公共危險物品，其操作溫度未滿 100℃者，不在此限。

二、室內儲存場所符合下列規定之一：

（一）一層建築物以外。

（二）儲存公共危險物品數量達管制量 10 倍以上未滿 150 倍。但儲存第 1 類公共危險物品之氯酸鹽類、過氯酸鹽類、硝酸鹽類、第 2 類公共危險物品之硫磺、鐵粉、金屬粉、鎂、第 5 類公共危險物品之硝酸酯類、硝基化合物、金屬疊氮化合物，或含有以上任一種成分之物品且供作爆炸物原料使用，或高閃火點物品者，不列入管制量計算。

（三）總樓地板面積在 150m² 以上。

三、室外儲存場所符合下列規定之一：

（一）儲存塊狀硫磺，其面積在 5 m² 以上，未滿 100m²。

（二）儲存公共危險物品管制量在 100 倍以上。但其為塊狀硫磺或高閃火點物品者，不在此限。

四、室內儲槽場所或室外儲槽場所未達顯著滅火困難場所規定。但儲存第六類公共危險物品或高閃火點物品者，不在此限。

五、第 2 種販賣場所。

六、室內加油站未達顯著滅火困難場所。

【解說】

公共危險物品等場所消防安全設備，是以消防搶救觀點來進行分類。而公共危險物品場所危險等級，也是以搶救滅火難度來劃分。在公共危險物品製造場所或一般處理場所總樓地板面積超過 1000m² 者，為顯著滅火困難場所，在未滿 600m² 者為其他滅火困難場所，這是考量燃料量收容問題，也就是火載量。在加油站方面，室內加油站一面開放且其上方樓層供其他用途使用，因室內加油站有大量地下儲存之汽柴油類，一旦起火燃燒時，在室內區劃空間會產生大量輻射熱回饋效應，其上方樓層供其他用途，增加複合使用，造成管理驅於複雜性，且一面開放勢必成為火煙流宣洩途徑，使其上方易陷入火煙中，造成上方人員之傷亡率。而室外加油站則屬其他滅火困難場所，因室外一旦火災時，較無火災生成物及建築結構邊界層（牆壁天花板等）之輻射熱回饋現象，及濃煙遮蔽問題，較易於搶救滅火。

一般滅火困難場所

場所分類	設施規模等	公共危險物品種類
製造或一般處所場所	總樓地板面積 600～1000m²	6 類
	管制量 10～100 倍	高閃火點物品操作溫度 <100℃者或火藥原料類除外
	未達顯著滅火規定	供作噴漆塗裝、淬火、鍋爐或油壓裝置作業（高閃火點物品或第 6 類操作溫度 <100℃者除外）
室內儲存場所	一層建築物以外（非平房）	6 類
	總樓地板面積≥ 150m²	
	管制量 10～150 倍	高閃火點物品或火藥原料類除外
室外儲存場所	面積 5～100m²	硫磺
	管制量≥ 100 倍	塊狀硫磺或高閃火點物品者除外
室內（外）儲槽場所	未達顯著滅火規定	高閃火點物品或第 6 類除外
第 2 種販賣場所	管制量 15～40 倍	6 類
室內加油站	未達顯著滅火規定	第 4 類

＋ 知識補充站

可燃物比表面積與起火能量關係

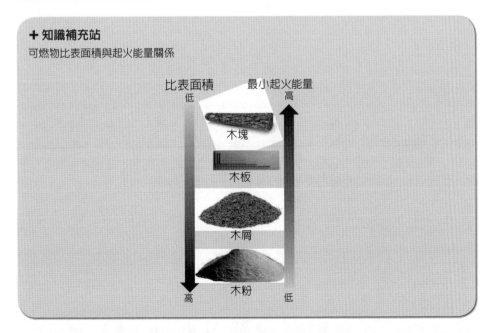

5-7 其他滅火困難場所與滅火設備分類

> **第 196 條**
> 其他滅火困難場所,指室外加油站、未達顯著滅火困難場所或一般滅火困難場所者。

【解說】

公共危險物品等場所消防安全設備,考量當其發生火災後之控制程度,並依氧氣(無開口)、熱量(防火區劃、防火時效)、燃料之火載量(管制量、儲存面積)、強度(危險物品種類、高度、複合用途)等,搶救難度來區分顯著、一般及其他三種等級。

> **第 197 條**
> 公共危險物品等場所之滅火設備分類如下:
> 一、第 1 種滅火設備:指室內或室外消防栓設備。
> 二、第 2 種滅火設備:指自動撒水設備。
> 三、第 3 種滅火設備:指水霧、泡沫、二氧化碳或乾粉滅火設備。
> 四、第 4 種滅火設備:指大型滅火器。
> 五、第 5 種滅火設備:指滅火器、水桶、水槽、乾燥砂、膨脹蛭石或膨脹珍珠岩。
> 可燃性高壓氣體製造場所、加氣站、天然氣儲槽及可燃性高壓氣體儲槽之防護設備分類如下:
> 一、冷卻撒水設備。
> 二、射水設備:指固定式射水槍、移動式射水槍或室外消防栓。

【解說】

公共危險物品等場所在消防防護上設備,可分火災撲滅抑制目的(Fire Suppression)及火災控制(Fire Control)目的二種。滅火設備是火災撲滅,而防護設備僅作火災控制之作用。公共危險物品製造場所及一般處理場所,在火災時有充滿濃煙之虞者,不得使用第 1 種或第 3 種之移動式滅火設備,因火災時會造成煙霧蓄積,致無法人為靠近操作進行滅火。在可燃性高壓氣體製造等場所防護設備,主要以水作為唯一消防藥劑,因這些場所火災是以擴散燃燒或混合燃燒型態,且常以混合之化學爆炸型態呈現,在消防觀點主要是以降低輻射、對流及傳導熱為主。

公共危險物品滅火設備分類

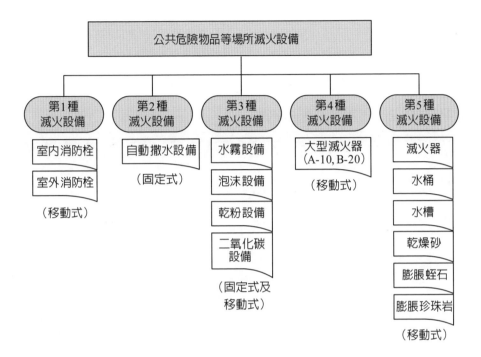

可燃性高壓氣體等場所防護設備分類

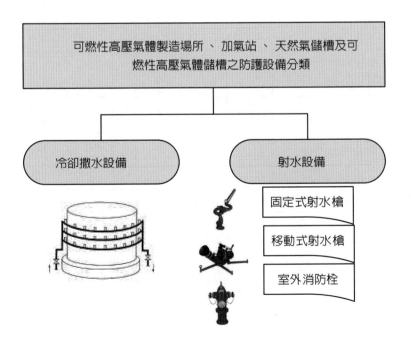

5-8 選擇滅火設備

> **第 198 條**
> 公共危險物品製造、儲存或處理場所，依下表選擇滅火設備。

【解說】

公共危險物品等場所選擇滅火設備

滅火設備 ＼ 防護對象		建築物及附屬設施	電氣設備	第一類 鹼金屬過氧化物	第一類 其他	第二類 鐵粉、金屬粉、鎂	第二類 硫化磷、赤磷、硫磺	第二類 其他	第三類 禁水性物質	第三類 其他	第四類	第五類	第六類	爆竹煙火
第一種	室内或室外消防栓	O			O		O	O		O		O	O	O
第二種	自動撒水設備	O			O		O	O		O		O	O	O
第三種	水霧滅火設備	O	O		O		O	O		O	O	O	O	O
第三種	泡沫滅火設備	O			O		O	O		O	O	O	O	O
第三種	二氧化碳滅火設備		O					O		O				
第三種 乾粉	磷酸鹽類等	O	O		O			O		O			O	
第三種 乾粉	碳酸鹽類等		O	O		O		O	O	O				
第三種 乾粉	其他			O		O			O					
第四種 大型滅火器	柱狀水滅火器	O			O		O	O		O		O	O	O
第四種 大型滅火器	霧狀水滅火器	O	O		O		O	O		O		O	O	O
第四種 大型滅火器	柱狀強化液滅火器	O			O		O	O		O		O	O	O
第四種 大型滅火器	霧狀強化液滅火器	O	O		O		O	O		O	O	O	O	O
第四種 大型滅火器	泡沫滅火器	O			O		O	O		O	O	O	O	O
第四種 大型滅火器	二氧化碳滅火器		O					O		O				

公共危險物品等場所選擇滅火設備（續）

種別	設備	項目	建築物及附屬設施	電氣設備	第一類 鹼金屬過氧化物	第一類 其他	第二類 鐵粉、金屬粉、鎂	第二類 硫化磷、赤磷、硫磺	第二類 其他	第三類 禁水性物質	第三類 其他	第四類	第五類	第六類	爆竹煙火
	乾粉	磷酸鹽類等	O	O		O		O	O			O		O	
	乾粉	碳酸鹽類等		O	O		O		O	O	O	O			
	乾粉	其他			O		O			O					
第五種	滅火器	柱狀水滅火器	O			O		O	O		O		O	O	O
第五種	滅火器	霧狀水滅火器	O	O		O		O	O		O		O	O	O
第五種	滅火器	柱狀強化液滅火器	O			O		O	O		O		O	O	O
第五種	滅火器	霧狀強化液滅火器	O	O		O		O	O		O	O	O	O	O
第五種	滅火器	泡沫滅火器	O			O		O	O		O	O	O	O	O
第五種	滅火器	二氧化碳滅火器		O					O			O			
第五種	滅火器 乾粉	磷酸鹽類等	O	O		O		O	O			O		O	
第五種	滅火器 乾粉	碳酸鹽類等		O	O		O		O	O	O	O			
第五種	滅火器 乾粉	其他			O		O			O					
第五種	水桶或水槽		O			O		O	O		O		O	O	O
第五種	乾燥砂				O	O	O	O	O	O	O	O	O	O	O
第五種	膨脹蛭石或膨脹珍珠岩				O	O	O	O	O	O	O	O	O	O	O

備註

1. 本表中「O」標示代表可選設該項滅火設備，但在一大氣壓時，閃火點 <22.8°C 且沸點 <37.8°C 之第 4 類公共危險物品不得選用第 2 種自動撒水設備。
2. 大型滅火器之藥劑數量應符合 CNS 1387 之規定。
3. 磷酸鹽類等為磷酸鹽類、硫酸鹽類及其他含有防焰性藥劑。
4. 碳酸鹽類等為碳酸鹽類及碳酸鹽類與尿素反應生成物。

5-9 第5種滅火設備效能值

【解說】

設置第5種滅火設備使用時機，僅限於火勢初起階段，一旦過了這時機，其使用已不具意義，因爲消防力已小於火勢規模。而外牆具防火構造，代表其能耐火至少半小時以上，在火勢延燒上扮演一定作用，因此可減算滅火效能值。例：於室外一般處理場所，工作物（防火構造）290m²、辦公室等（非防火構造）100m²、公共危險物品管制量542倍、變電設備5 m²（防火構造），請問設置第5種滅火設備（A3B10C），應需多少支？

答：

建築物及工作物 $\dfrac{290}{100} + \dfrac{100}{50} = 4.9$

建築物及工作物（A類火災）設置第5種滅火設備個數

$$\frac{4.9}{3} = 1.63 \quad 設置 2 支$$

公共危險物品（B類火災）$\dfrac{542}{10} = 54.2$

公共危險物品（B類火災）設置第5種滅火設備個數

$$\frac{54.2}{10} = 5.42 \quad 設置 6 支$$

變電設備 $\dfrac{5}{100} = 0.05 \quad 設置 1 支$

因此，設置第5種滅火設備爲

2（建築物及工作物）+ 6（公共危險物品）+ 1（電氣設備）= 9 個

設置第 5 種滅火設備者最低滅火效能值之計算方法

對象物		最低滅火效能值	第 5 種滅火設備設置數
製造或處理場所	外牆為防火構造者	$A1 = \dfrac{總樓地板面積}{100(m^2)}$	$\dfrac{A1 + A2 + A3}{第\ 5\ 種滅火設備能力單位}$
	外牆為非防火構造者	$A2 = \dfrac{總樓地板面積}{50(m^2)}$	
	室外附屬設施	$A3 = \dfrac{工作物水平最大面積合計}{150(m^2)}$	
儲存場所	外牆為防火構造者	$B1 = \dfrac{總樓地板面積}{150(m^2)}$	$\dfrac{B1 + B2 + B3}{第\ 5\ 種滅火設備能力單位}$
	外牆為非防火構造者	$B2 = \dfrac{總樓地板面積}{75(m^2)}$	
	室外工作物	$B3 = \dfrac{工作物水平最大面積合計}{150(m^2)}$	
公共危險物品		$C = \dfrac{公共危險物品許可倍數}{10（倍）}$	$\dfrac{C}{第\ 5\ 種滅火設備能力單位}$
電氣設備			$\dfrac{電氣設備場所面積}{100\ m^2}$
註：計算小數點進位，取整數			

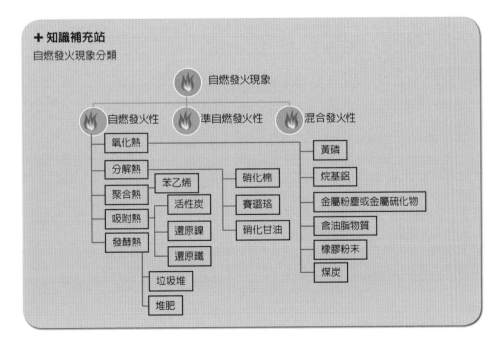

✚ 知識補充站

自燃發火現象分類

5-10 核算滅火效能値

第 200 條

第 5 種滅火設備除滅火器外之其他設備，依下列規定核算滅火效能値：

一、8 L 之消防專用水桶，每 3 個為 1 滅火效能値。

二、水槽每 80 L 為 1.5 滅火效能値。

三、乾燥砂每 50 L 為 0.5 滅火效能値。

四、膨脹蛭石或膨脹珍珠岩每 160 L 為 1 滅火效能値。

【解說】

第 5 種滅火設備（滅火器除外）		相當於一滅火效能値
消防專用水桶		24 L
水槽		53.3 L
乾燥砂		100 L
膨脹蛭石或膨脹珍珠岩		160 L

　　水桶移動性佳，且水冷卻能力好，而砂與膨脹蛭石（岩）以窒息滅火，砂細小窒息佳，膨脹蛭石（岩）因空隙關係，需大量完全覆蓋，始有滅火效能。

　　有關滅火效能値試驗方式

　　A 類火災：A1 火災模型與 A2 火災模型如右上圖所示。

1. 滅火於燃燒盤點火 3 分鐘才開始進行，當燃燒盤尚有餘焰時不得對下一個燃燒盤進行滅火。

2. 操作滅火器人員得穿著防火衣及面具且應在風速 3m/sec 以下狀態進行。

3. 滅火劑噴射完畢時並無餘焰，且於噴射完畢後 2 分鐘以內不再復燃者才可判熄滅。如測得 S 個 A2 模型所得値就為 2S 滅火效能値，如測得 S 個 A2 模型 +1 個 A1 模型所得値就為（2S+1）滅火效能値。

　　B 類火災：B 火災模型如右下圖所示。

1. 滅火動作應於點火 1 分鐘後才開始。

2. 操作滅火器人員得穿著防火衣及面具且應在風速 3m/sec 以下狀態進行。

3. 滅火劑噴射完畢後如經過 1 分鐘以內不再復燃，則可判定已完全熄滅。

A 類與 B 類滅火效能值火災滅火模型

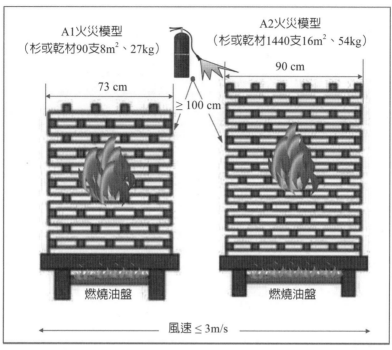

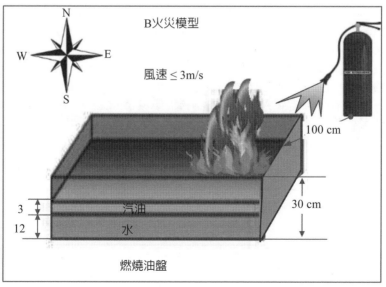

5-11 顯著滅火困難場所滅火設備

【解說】

　　依內政部消防法令函釋及公告（以下同），物流倉庫倘屬有分裝用途之顯著滅火困難場所，且爲一般處理場所者，依第 201 條如在火災時有充滿濃煙之虞，則不得設置移動式之第 3 種滅火設備；若專爲儲存用途，倘其倉庫爲高度 6m 以上之 1 層建築物，亦不得設置移動式之第 3 種滅火設備。

　　又室內（外）儲槽場所依第 201 條選擇固定式泡沫滅火設備或水霧滅火設備者，規定如下：（一）固定式泡沫滅火設備部分：室內（外）儲槽場所之固定式泡沫應依第 213 條規定，設置固定式泡沫放出口（Foam Chamber）。至第 217 條所定之泡沫噴頭，係設置於公共危險物品製造、一般處理、室內儲存及室外儲存等場所。（二）水霧滅火設備部分：設於室內儲槽場所者，考量火災或洩漏易延燒至整個儲槽專用室，水霧滅火設備之防護範圍應涵蓋整個儲槽專用室；如設於室外儲槽場所者，應針對儲槽頂部及其側壁予以防護；至噴頭之設置位置應於儲槽頂部及側壁上部，使防護對象之表面積均在水霧噴頭放水之有效防護範圍內，但儲槽設有風樑或補強環等阻礙水流路徑者，風樑或補強環等下方亦應設置；另噴頭數量應依總放水量、每一噴頭之防護範圍及放水量核算，其中總放水量係以防護對象總表面積（即儲槽頂部及側壁之表面積合計）與第 212 條第 1 項第 3 款所定單位面積放水量（每 m^2 每分鐘 20L 以上）之乘積以上。

顯著滅火困難場所應設消防設備

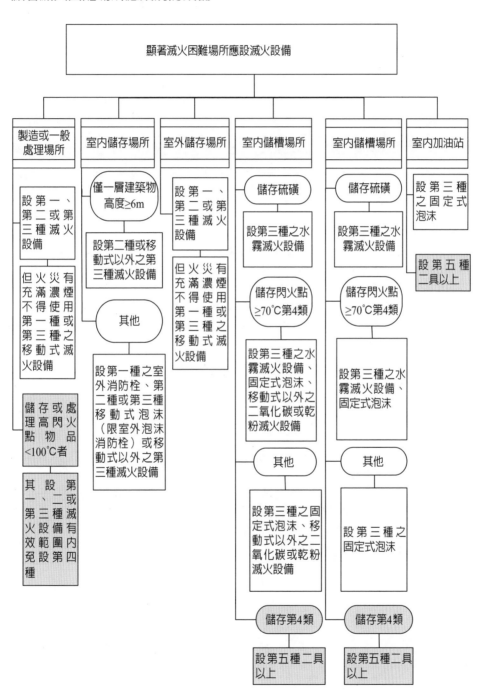

5-12 一般滅火困難場所滅火設備

第 202 條

一般滅火困難場所，依下列設置滅火設備：

一、公共危險物品製造場所及一般處理場所、室內儲存場所、室外儲存場所、第 2
種販賣場所及室內加油站設置第 4 種及第 5 種滅火設備，其第 5 種滅火設備之
滅火效能值，在該場所儲存或處理公共危險物品數量所核算之最低滅火效能值
1/5 以上。

二、室內及室外儲槽場所，設置第 4 種及第 5 種滅火設備各 1 具以上。

前項設第 4 種滅火設備之場所，設有第 1 種、第 2 種或第 3 種滅火設備時，在該設
備有效防護範圍內，得免設。

【解說】

基本上，第 4 種及第 5 種滅火設備因滅火效能值有限，大多只能使用於初期滅火階
段，因其非自動滅火，需靠場所人員發現火勢後取用進行釋放或噴灑，以抑制、冷卻
或窒息火勢之作用。

上揭第 2 種販賣場所係販賣裝於容器之 6 類物品，其數量達管制量 15～40 倍之場
所，如與第 1 種販賣場所（管制量≤ 15 倍）比較，燃料量（火載量）相對較多，需
設置第 4 種及第 5 種滅火設備，其第 5 種滅火設備之滅火效能值，在該場所儲存或處
理公共危險物品數量所核算之最低滅火效能值 1/5 以上。

在製造、處理與儲存之顯著滅火困難場所之公共危險物品場所，原則上其火載
量、火災猛烈度及潛在爆炸性皆相對較大，在選擇滅火設備時，以第 1 種、第 2 種或
第 3 種固定系統式消防設備為主要考量，因上揭場所全天皆有人在，倘發生火災時，
一般能早期即發現，為初期滅火之需要，需設人員操作使用之第 4 種或第 5 種滅火設
備。而在選取第 1 種或第 3 種時，於火災時易充滿濃煙處所，則不得使用由人員操作
使用之移動式滅火設備。

而製造、處理與儲存之各類公共危險物品場所，其滅火方法可選取如次：

1. 冷卻法：水、強化化學液、泡沫等。
2. 窒息法：二氧化碳、乾砂、膨脹蛭石或膨脹珍珠岩或泡沫等。
3. 抑制法：乾粉、海龍替代藥劑。

公共危險物品場所滅火設備之設置規定

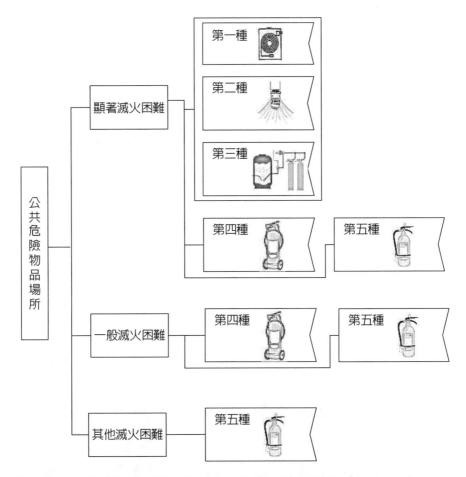

公共危 險物品	滅火方法
第 1 類	用大量的水冷卻，乾粉抑制，乾砂窒息滅火
第 2 類	用水 / 強化液 / 泡沫冷卻，乾砂 / 不燃性氣體之窒息滅火
第 3 類	用乾砂窒息滅火，用水 / 強化液 / 泡沫之冷卻滅火
第 4 類	用強化液 / 泡沫 / 二氧化碳窒息，海龍替代 / 乾粉抑制滅火
第 5 類	如疊氮化鈉類（NaN_3）窒息，否則水 / 強化液 / 泡沫之冷卻滅火
第 6 類	用海龍替代抑制滅火，否則水 / 泡沫之冷卻滅火

5-13 其他滅火困難場所滅火設備

第 203 條

其他滅火困難場所，應設置第 5 種滅火設備，其滅火效能值應在該場所建築物與其附屬設施及其所儲存或處理公共危險物品數量所核算之最低滅火效能值以上。

但該場所已設置第 1 種至第 4 種滅火設備之一時，在該設備有效防護範圍內，其滅火效能值得減至 1/5 以上。

地下儲槽場所，應設置第 5 種滅火設備 2 具以上。

【解說】

其他滅火困難場所已設第 1 種至第 4 種之一時仍應設第 5 種滅火設備。

第 204 條

電氣設備使用之處所，每 100m^2（含未滿）應設置第 5 種滅火設備 1 具以上。

【解說】

電氣設備使用處所設置二化碳手提滅火器之第 5 種滅火設備 1 具以上。

項目		設置第四種及第五種滅火設備
顯著滅火困難場所	 製造及一般處理場所儲存或處理高閃火點物品之操作溫度 <100°C	 大型滅火器　　小型滅火器
	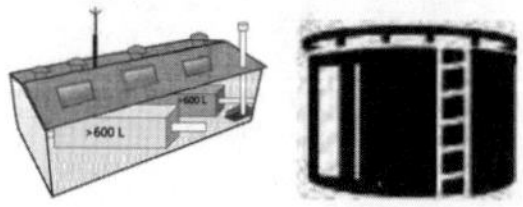 儲存第 4 類公共危險物品之室外儲槽場所或室內儲槽場所	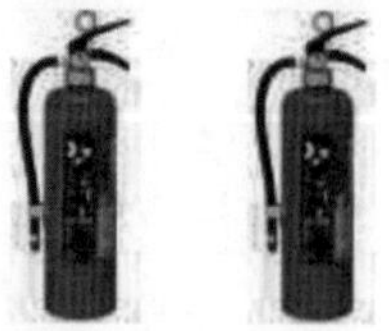 小型滅火器　　小型滅火器
	 室內加油站	 小型滅火器

項目		設置第四種及第五種滅火設備
一般滅火困難場所	製造及一般處理場所	大型滅火器　小型滅火器
	室內及室外儲存場所	大型滅火器　小型滅火器
	室內及室外儲槽場所	大型滅火器　小型滅火器
	第2種販賣場所	大型滅火器　小型滅火器
	室內加油站	大型滅火器　小型滅火器
其他滅火困難場所	全部	小型滅火器
	地下儲槽場所	小型滅火器　小型滅火器

5-14 火警自動警報設備場所

第 205 條

下列場所應設置火警自動警報設備：

一、公共危險物品製造場所及一般處理場所符合下列規定之一者：

　（一）總樓地板面積在 500m² 以上者。

　（二）室內儲存或處理公共危險物品數量達管制量 100 倍以上者。但處理操作溫度未滿 100℃之高閃火點物品者，不在此限。

　（三）建築物除供一般處理場所使用外，尚供其他用途者。但以無開口且具 1 小時以上防火時效之牆壁、樓地板區劃分隔者，不在此限。

二、室內儲存場所符合下列規定之一者：

　（一）儲存或處理公共危險物品數量達管制量 100 倍以上者。但儲存或處理高閃火點物品，不在此限。

　（二）總樓地板面積在 150m² 以上者。但每 150m² 內以無開口且具 1 小時以上防火時效之牆壁、樓地板區劃分隔，或儲存、處理易燃性固體以外之第 2 類公共危險物品或閃火點在 70℃以上之第 4 類公共危險物品之場所，其總樓地板面積在 500m² 以下者，不在此限。

　（三）建築物之一部分供作室內儲存場所使用者。但以無開口且具 1 小時以上防火時效之牆壁、樓地板區劃分隔者，或儲存、處理易燃性固體以外之第 2 類公共危險物品或閃火點在 70℃以上之第 4 類公共危險物品，不在此限。

　（四）高度在 6 m 以上之一層建築物。

三、室內儲槽場所達顯著滅火困難者。

四、一面開放或上方有其他用途樓層之室內加油站。

　前項以外之公共危險物品製造、儲存或處理場所儲存、處理公共危險物品數量達管制量 10 倍以上者，應設置手動報警設備或具同等功能之緊急通報裝置。但平日無作業人員者，不在此限。

【解說】

　本條僅限公共危險物品數量達管制量 10 倍以上者，始設置手動報警設備或具同等功能之緊急通報裝置，可能考量場所規模小，一有狀況用呼喊或無線電通報即可。室內外加油站主要以油泵島設於建築物內或外區分之。

應設火警自動警報設備之公共危險物品場所

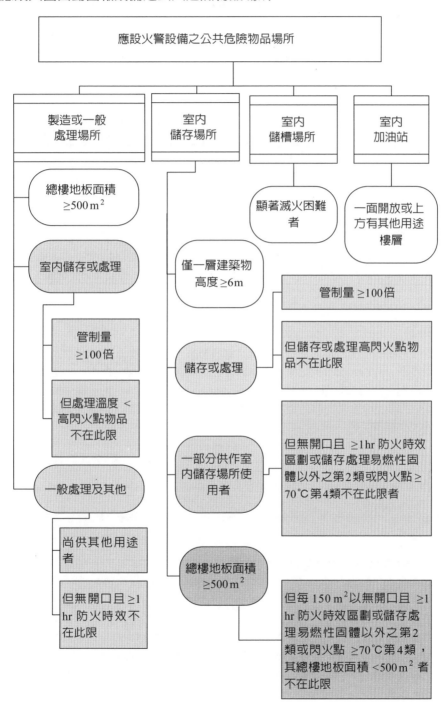

5-15 加油站等設置第5種滅火設備

> **第 206 條**
> 加油站所在建築物，其 2 樓以上供其他用途使用者，應設置標示設備。

【解說】

　　室內、外加油站如何區分，主要以其油泵島設於建築物內或建築物外。至油泵島上方設置遮雨棚蓋者，原則上係屬室外加油站。而 2 樓以上非避難層，在公眾得使用建築物可能有不特定人員，因此作此規定。

> **第 206-1 條**
> 下列爆竹煙火場所應設置第 5 種滅火設備：
> 一、爆竹煙火製造場所有火藥區之作業區或庫儲區。
> 二、達中央主管機關所定管制量以上之爆竹煙火儲存、販賣場所。
> 建築物供前項場所使用之樓地板面積合計在 150m² 以上者，應設置第 1 種滅火設備之室外消防栓。但前項第 2 款規定之販賣場所，不在此限。

【解說】

　　爆竹煙火場所危險性類似於第 5 類公共危險物品，在作業或工作人員製造、處理及儲存過程中，倘遇火焰、火花或高溫物體接近，或過熱、衝擊、摩擦，而造成起火，能就近取用小型滅火設備；而樓地板面積合計 ≥ 150m²，已具一定規模火載量，恐非小型滅火設備克竟全功，需使用室外栓大量水來進行冷卻壓制；但排除面積有限之販賣場所（如線香店等）。

> **第 207 條**
> 可燃性高壓氣體製造、儲存或處理場所及加氣站、天然氣儲槽、可燃性高壓氣體儲槽，應設置滅火器。

【解說】

　　依消防法第 15 條，中央目的事業主管機關（經濟部）已訂定安全管理，本管理辦法已無再訂定之需要。至其消防設備應依設置標準第 207 條（滅火器）、第 208 條（防護設備）設置。基本上，相對足夠滅火器在初期火災控制上扮演關鍵性角色，又此與火載量、火災猛烈度、發現使用時間及人員使用能力有關。在這些可燃性氣體場所，燃燒型式僅有二種，即擴散燃燒與混合燃燒，其與氣體洩漏後起火時間有關，倘若一洩漏即起火，這會形成擴散性火柱，火柱形成是其內部壓力造成；假使洩漏未即起火，可燃氣體已與空氣中氧進行混合，一遇起火源（靜電、過熱等）即形成混合燃燒之爆炸型態。

爆竹煙火場所應設置第 5 種滅火設備

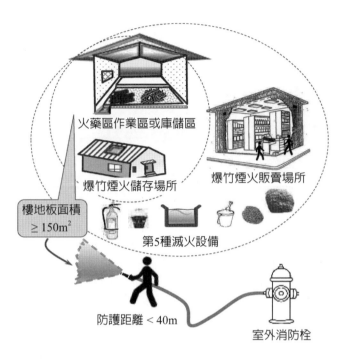

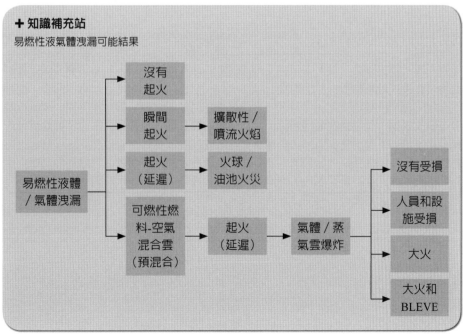

5-16 設置防護設備

第 208 條
下列場所應設置防護設備。但已設置水噴霧裝置者，得免設：
一、可燃性高壓氣體製造場所。
二、儲存可燃性高壓氣體或天然氣儲槽在 3000kg 以上者。
三、氣槽車之卸收區。
四、加氣站之加氣車位、儲氣槽人孔、壓縮機、幫浦。

【解說】

依內政部消防法令函釋及公告，依設置標準第 208 條規定設置防護設備者，得依第 197 條第 2 項規定擇一設置。至水噴霧裝置非指第 3 種滅火設備，而係指符合高壓氣體勞工安全規則第 35 條規定之裝置，此與第 3 種滅火設備具同等性能者，因此可等價替代之。

而「天然氣儲槽」一詞用語，係為與管理辦法所稱之「可燃性高壓氣體」有所區別，天然氣中央主管機關為經濟部，在用戶端方面非同液化石油氣一樣，採取地面上道路搬運移送方式，而是採取地下輸送方式，二者從供應端到用戶端大有不同，所以本管理辦法主管機關（內政部），將其有所區別。

可燃性高壓氣體場所設置防護設備，並非以滅火為目的，因此項以滅火為設計目標將是不切實際。因氣體燃燒不是火焰擴散燃燒，就是混合燃燒之化學性爆炸型態。當本項場所較有洩漏之虞位置如製程區、注入口、洩漏孔附近或防護之重要動力設備如壓縮機或幫浦等，或是儲存量已達一定規模（≥ 3000kg）之場所或位置區，在其可燃性氣體一旦外洩，無論是否起火燃燒，此時，理想應變方式應是起動自衛防編組，避難引導班儘速疏散人員至安全處，滅火班啟動冷卻撒水設備、射水設備（固定式射水槍、移動式射水槍或室外消防栓）等任一種，假使於未起火時進行撒水冷卻，使其惰化起火源或大幅提高起火能量，使之不受任何可能起火源（靜電、火焰、電氣火花等）引火或爆；如果是洩漏已起火，此時開啟防護設備，進行大量冷卻，無論是儲槽或容器，使其不受火焰高溫，致形成高壓之危險狀態；另外考量是此等場所當起火燃燒時，如果冷卻降溫速度低於其蓄溫速度，則最後會演變成儲槽或容器高熱高壓而爆炸，此時無論此狀況是否形成，持續使用該無人操作之冷卻撒水設備、固定式射水槍進行供應水源使其繼續仍發揮冷卻之效果。

可燃性高壓氣體場所防護設備種類

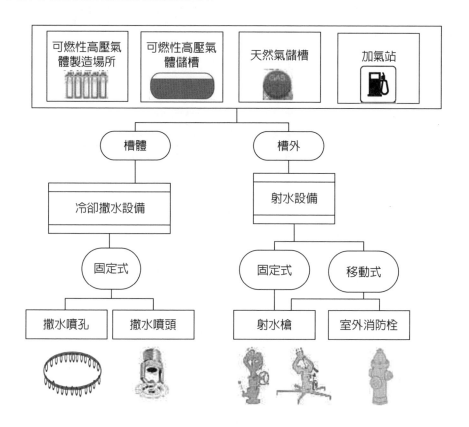

場所種類		位置、規模及危險	防護設備種類
製造	可燃性高壓氣體製造場所	（高壓製程易洩漏，危險度較高）	冷卻撒水設備 射水設備（固定式射水槍、移動式射水槍或室外消防栓） 擇一設置，已設置水噴霧裝置者，具同等性能者，得免設
儲存	可燃性高壓氣體儲存場所	≥ 3000kg（儲存量已達一定規模，冷卻降溫避免大規模爆炸）	
	天然氣儲槽		
處理	氣槽車	卸收區（注入口具洩漏危險）	
	加氣站	加氣車位（注入口危險） 儲氣槽人孔（洩漏孔危險） 壓縮機（重要動力設備） 幫浦（重要動力設備）	

公共危險物品消防安全設備一覽表

消防安全設備			主要規定	條文
第 1 種	室內消防栓		壓力 3.5〜7 放水量 260 防護 25 電源 45	§ 209
	室外消防栓		壓力 3.5〜7 放水量 450 防護 40 電源 45	§ 210
第 2 種	自動撒水設備		壓力 1 放水量 80 防護 1.7〜2.6 電源 30	§ 211
第 3 種	水霧滅火設備		壓力 2.7〜3.5 防護 150 電源 45	§ 212
	泡沫滅火設備	固定式放出口	分固定、外浮與內浮，放出口 I〜V 型	§ 213
		補助泡沫栓	壓力 3.5 放射量 400 防護 75 電源 30	§ 214
		泡沫射水槍	放射量 1900 防護 30 電源 30	§ 215
		冷卻撒水設備	撒水量 $2L/min.m^2$ 電源 240	§ 216
		泡沫噴頭	每 1 噴頭防護 $9m^2$ 放射區域 $100\ m^2$	§ 217
		放射量原液等	泡水放射量 75L/min 泡沫 3.7〜6.5L/min	§ 218
		移動式泡沫	壓力 3.5 室內防護 25 室外防護 40	§ 219
		水源容量	依上列計算各有不同	§ 220
		加壓送水裝置	重力、壓力水箱與幫浦，供電 ×1.5 倍	§ 221
	二氧化碳滅火設備		高壓 14 低壓 9 移動式防護 15 電源 60	§ 222
	乾粉滅火設備		壓力 1 全區藥劑 $0.6〜0.24kg/m^3$ 電源 60	§ 223
第 4 種 防護距離			≤ 30m	§ 224
第 5 種 防護距離			≤ 20m	§ 225
警報設備			每一分區≤ $600m^2$ 邊長≤ 50m 電源 10	§ 226
標示設備			出口燈 15〜60 避難燈 10〜20 電源 10〜60	§ 227
可燃性高壓氣體	滅火器		≤ 15m 場所 2 具儲槽 3 加氣站 1〜4 具	§ 228
	冷卻撒水設備		壓力 3.5 放水量 450 防護 $5L/min.m^2$	§ 229
	冷卻撒水防護面積		$2m^2$（加氣車位及幫浦）〜$30m^2$（卸收區）	§ 230
	射水設備		壓力 3.5〜6 放水量 450 電源 30	§ 231
	射水位置數量		防護 40 儲槽 $50m^2$ 1 具（隔熱 $100m^2$）	§ 232
	射水配管電源等		分重力、壓力水箱與幫浦（400L/min）	§ 233

＋知識補充站

撒水頭 RTI

$$RTI = \tau\sqrt{V} = \left(\frac{mc}{hA}\sqrt{V}\right)$$

撒水頭之感知作動，靠熱對流（流速V與熱對流係數h）傳遞至感熱元件（質量m、表面積A與比熱c）再感熱元件內部熱傳導至動作。RTI值愈小，表示撒水頭反應時間愈快。

τ：時間常數（sec）
V：熱空氣流速（m/sec）
m：感熱元件質量（g）
c：感熱元件比熱（cal/g℃）
A：感熱元件表面積（m²）
h：熱對流傳導係數

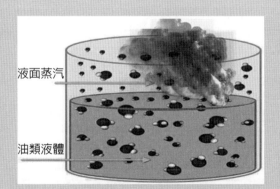

液面蒸汽

油類液體

易燃液體起火，一些安全設計如儲槽通風孔使爆炸可能性最小化，及防止火焰竄入儲槽內部之滅陷器。大量儲存易燃液體的儲存與分隔規定，可燃液體之蒸氣和可燃氣體，二者顯示相似之燃燒特性；在碳氫類燃燒通常橘色火焰並有濃厚黑煙，醇類燃燒通常透明藍色火焰且不生煙霧。多種混合液體的燃燒速率往往是先快後慢，先蒸發出來的主要是低沸點的成分，故此時燃燒速率快，而隨後燃燒速率會逐漸減慢。（盧守謙，火災學，2017）

5-17 室內消防栓設備規定

第 2 章　消防設備

第 209 條

室內消防栓設備，應符合下列規定：

一、設置第 1 種消防栓。

二、配管、試壓、室內消防栓箱、有效水量及加壓送水裝置之設置，準用第 32 條、第 33 條、第 34 條第 1 項第 1 款第 3 目、第 2 項、第 35 條、第 36 條第 2 項、第 3 項及第 37 條之規定。

三、所在建築物其各層任一點至消防栓接頭之水平距離在 25 m 以下，且各層之出入口附近設置一支以上之室內消防栓。

四、任一樓層內，全部室內消防栓同時使用時，各消防栓瞄子放水壓力在 3.5kg/cm² 以上或 0.35MPa 以上；放水量在 260L/min 以上。但全部消防栓數量超過 5 支時，以同時使用 5 支計算之。

五、水源容量在裝置室內消防栓最多樓層之全部消防栓繼續放水 30 分鐘之水量以上。但該樓層內，全部消防栓數量超過 5 支時，以 5 支計算之。

室內消防栓設備之緊急電源除準用第 38 條規定外，其供電容量應供其有效動作 45 分鐘以上。

【解說】

　　在公共危險物品場所之消防安全設備，會比一般場所規定嚴格，主要係其物品理化性，會形成多樣化起火源（氧化、分解等化學熱及過熱、衝擊、摩擦或火花等物理熱），且有不同火災猛烈度如禁水性、爆炸性等特性。

　　依內政部消防法令函釋及公告，公共危險物品及可燃性高壓氣體場所儲槽區，其水系統消防安全設備之消防幫浦及配管應以專用為原則，於無妨礙各設備之性能時，其室內消防栓設備與冷卻撒水設備之消防幫浦及配管得併用，此時其揚程應為兩者中之最大者，出水量應為兩者最大出水量之合計計算。

　　公共危險物品及可燃性高壓氣體場所儲槽區無法以自來水作消防水源時，在不影響消防安全設備各項性能及確保有效水源容量下，得採用海水當作消防水源，惟各項設備、器材應採取有效之防蝕措施。

未裝溫度上升防止裝置火災例

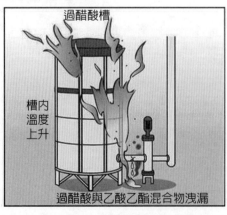

過醋酸槽

槽內溫度上升

過醋酸與乙酸乙酯混合物洩漏

（繪自厚生勞動省，令和元年）

室內消防栓配管及水源規定

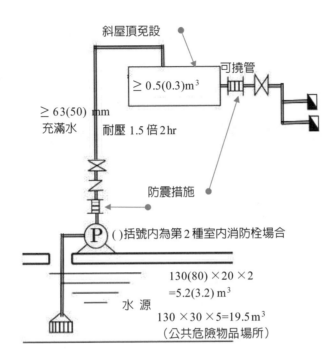

斜屋頂免設

可撓管

$\geq 0.5(0.3)m^3$

$\geq 63(50)$ mm
充滿水

耐壓 1.5 倍 2hr

防震措施

( )括號內為第 2 種室內消防栓場合

$130(80) \times 20 \times 2$
$=5.2(3.2)$ m^3

水　源

$130 \times 30 \times 5 = 19.5$ m^3
（公共危險物品場所）

一般與公共危險物品場設置室內消防栓規定比較

項目		第一種室內消防栓	第二種室內消防栓
防護水平距離	一般場所	≤ 25 m	≤ 25 m
	公共危險物品場所	≤ 25 m	-
放水壓力（kgf/cm^2）	一般場所	1.7～7 m	1.7～7 m
	公共危險物品場所	3.5～7 m	-
放水量（ℓ/min）	一般場所	1 支消防栓 130×1 ≥ 2 支消防栓 130×2	1 支消防栓 80×1 ≥ 2 支消防栓 80×2
	公共危險物品場所	1 支消防栓 ≥ 5 支消防栓 260×5	-
口徑		38 或 50 mm	25 mm
水帶		15m×2 水帶架	30×1 管盤
瞄子		13 mm 直線水霧兩用	直線水霧兩用

室內消防栓放水壓力測試例

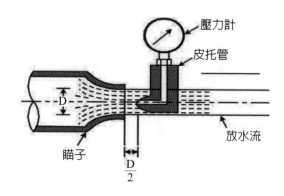

壓力計

皮托管

放水流

瞄子

D

$\dfrac{D}{2}$

室內消防栓昇位圖示

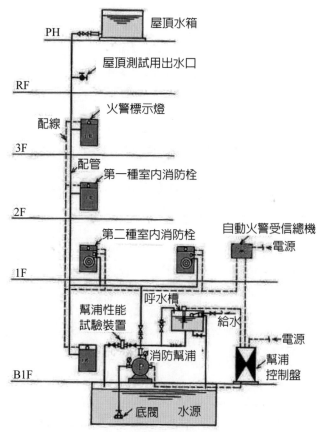

PH

屋頂水箱

屋頂測試用出水口

RF

配線

火警標示燈

3F

配管

第一種室內消防栓

2F

第二種室內消防栓

自動火警受信總機

電源

1F

呼水槽

給水

幫浦性能
試驗裝置

電源

消防幫浦

幫浦
控制盤

B1F

底閥　水源

（東京防災設備保守協會，平成28年）

室內消防栓箱放水壓力及放水量

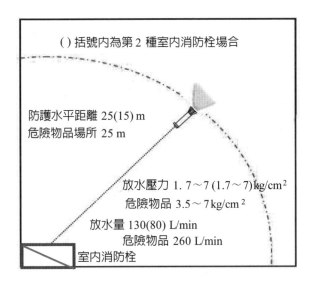

（）括號內為第 2 種室內消防栓場合

防護水平距離 25(15) m
危險物品場所 25 m

放水壓力 1.7～7 (1.7～7) kg/cm²
危險物品 3.5～7 kg/cm²

放水量 130(80) L/min
危險物品 260 L/min

室內消防栓

樓梯間室內消防栓裝設位置設計例

防火構造樓梯間附近

消防栓

防火構造樓梯間附近

消防栓

5-18 室外消防栓設備規定

第 210 條
室外消防栓設備應符合下列規定：
一、配管、試壓、室外消防栓箱及有效水量之設置，準用第 39 條、第 40 條第 3 款
　　至第 5 款、第 41 條第 2 項、第 3 項之規定。
二、加壓送水裝置，除室外消防栓瞄子放水壓力超過 $7kg/cm^2$ 或 0.7MPa 時，應採
　　取有效之減壓措施外，其設置準用第 42 條之規定。
三、口徑在 63mm 以上，與防護對象外圍或外牆各部分之水平距離在 40m 以下，
　　且設置 2 支以上。
四、採用鑄鐵管配管時，使用符合 CNS832 規定之壓力管路鑄鐵管或具同等以上強
　　度者，其標稱壓力在 $16kg/cm^2$ 以上或 1.6MPa 以上。
五、配管埋設於地下時，應採取有效防腐蝕措施。但使用鑄鐵管，不在此限。
六、全部室外消防栓同時使用時，各瞄子出水壓力在 $3.5kg/cm^2$ 以上或 0.35MPa 以
　　上；放水量在 450 L/min 以上。但全部室外消防栓數量超過 4 支時，以 4 支計
　　算之。
七、水源容量在全部室外消防栓繼續放水 30 分鐘之水量以上。但設置個數超過 4
　　支時，以 4 支計算之。
室外消防栓設備之緊急電源除準用第 38 條規定外，其供電容量應供其有效動作 45
分鐘以上。

【解說】
　　室外消防栓擁有大量源源不斷的水，可投入火場，進行大量冷卻能力，在公共危險
物品場所因物質理化性，燃燒速度快或可能爆炸，初期即需以大量水（放水壓力、放
水量及水源容量等），比一般場所規定來得大。在放水壓力方面，一般場所為 2.5～6
kgf/cm^2，公共危險物品卻為 3.5～7 kgf/cm^2，顯然公共危險物品火勢較猛烈，輻射熱
也較大，有較難以靠近射水滅火之問題；所以，法規要求其水量及射程規定，可以用
大量水且可射水較遠，快速有效壓制火勢之可能發展。而室外消防栓瞄子超過 7kg/
cm^2，應採取有效之減壓措施，這是考量其瞄子射水所產生反作用力問題，依 F = 1.5
d^2p = 1.5×1.92×7 = 37.9 kg，勢必需二、三個人才能使得住射水力道。

重物掉落重擊氣瓶引爆例

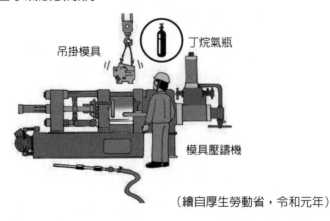

吊掛模具　　丁烷氣瓶

模具壓鑄機

（繪自厚生勞動省，令和元年）

室外消防栓設置場所比較

防護距離	一般場所	< 40 m
	公共危險物品	< 40 m（設 2 支消防栓）
放水壓力	一般場所	2.5～6 kgf/cm^2
	公共危險物品	3.5～7 kgf/cm^2
放水量	一般場所	≧ 350 L/min
	公共危險物品	1 支消防栓 450 L/min ≧ 4 支消防栓 450 L/min ×4
電源容量	一般場所	1 發電機設備或蓄電池 ×30 min
	公共危險物品	1 發電機設備或蓄電池 ×45 min 2 丁類場所得使用引擎動力系統
水源容量 （m^3）	一般場所	2 支消防栓 30 min×2
	公共危險物品	1 支消防栓 30 min×1 ≧ 4 支消防栓 30 min×4

減壓閥或限流孔等減壓措施

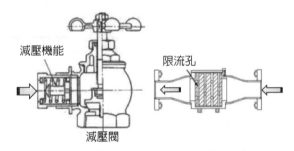

（福岡市消防設備技術基準，平成26年）

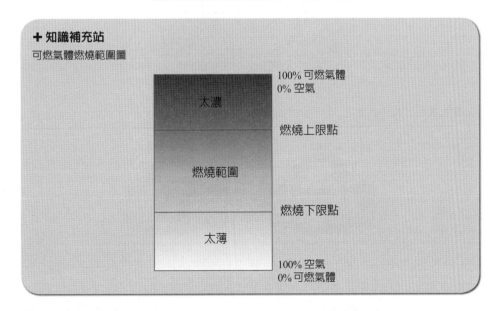

＋ 知識補充站

可燃氣體燃燒範圍圖

室內消防栓與室外消防栓開關高度示意圖

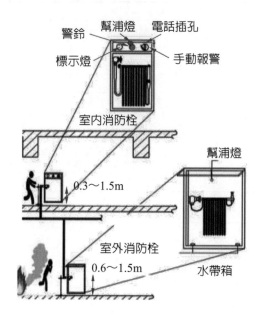

水系統配管水流標示

1. 止水閥以明顯之方式標示開關之狀態

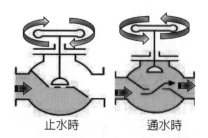

2. 逆止閥標示水流之方向，並符合CNS規定

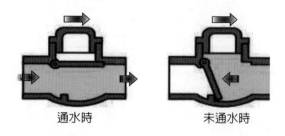

一般場所與公共危險物品場所室外消防栓比較

（　）括號內表公共危險物品場所

防護半徑 <40m, 2.5(3.5)～6(7) kg/cm², 350(450) L/min

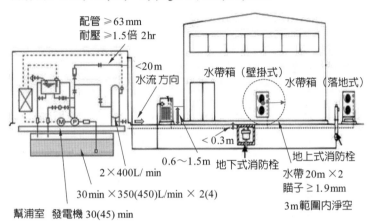

滅火水汽化潛熱與冷卻能力

項目	水	水蒸氣	煙
密度	在 20 時 1000kg/m³	在 100 時 0.59 kg/m³	在 500 時 0.71 kg/m³
比熱能力	4.2 kJ/kg	2.0 kJ/kg	1.0 kJ/kg
潛熱能力	2260 kJ/kg	-	-
冷卻能力	2.6 MJ/kg	-	-

➕ 知識補充站

水蒸氣爆炸

5-19 自動撒水設備規定

第 211 條

自動撒水設備,應符合下列規定:

一、配管、配件、屋頂水箱、試壓、撒水頭、放水量、流水檢知裝置、啟動裝置、
　　一齊開放閥、末端查驗閥、加壓送水裝置及送水口之設置,準用第 43 條至第
　　45 條、第 48 條至第 53 條、第 55 條、第 56 條、第 58 條及第 59 條規定。

二、防護對象任一點至撒水頭之水平距離在 1.7m 以下。

三、開放式撒水設備,每一放水區域樓地板面積在 150m² 以上。但防護對象樓地板
　　面積未滿 150m² 時,以實際樓地板面積計算。

四、水源容量,依下列規定設置:

　　(一) 使用密閉式撒水頭時,應在設置 30 個撒水頭繼續放水 30 分鐘之水量以
　　　　上。但設置撒水頭數在 30 個以下者,以實際撒水頭數計算。

　　(二) 使用開放式撒水頭時,應在最大放水區域全部撒水頭,繼續放水 30 分
　　　　鐘之水量以上。

　　(三) 前二目撒水頭數量,在使用密閉乾式或預動式流水檢知裝置時,應追加
　　　　10 個。

五、撒水頭位置之裝置,準用第 47 條規定。但存放易燃性物質處所,撒水頭迴水
　　板下方 90cm 及水平方向 30cm 以內,應保持淨空間,不得有障礙物。

自動撒水設備之緊急電源除準用第 38 條規定外,其供電容量應供其有效動作 45 分
鐘以上。

【解說】

　　如與一般場所自動撒水設備做比較,無論其密閉式撒水防護半徑等要求,勢必皆相
對較大。這是因為公共危險物品等場所之火災猛烈度及活性反應大,而不是火載量問
題,為能有效控制或抑制火勢,法規上採取相對較嚴格之考量。在水源容量方面,應
繼續放水 30 分鐘之水量以上。30 分鐘後則由公設消防部門來接管,以消防栓給水至
消防車,後繼續供應撒水設備用水。而使用密閉乾式或預動式流水檢知裝置時,應追
加 10 個撒水頭之水量,這是因火警發生後其啟動較慢,火勢可能相對較大,則需要
較多水量來做壓制。

一般場所與公共危險物品場所撒水設備比較

項目		一般場所	公共危險物品場所
撒水頭	防護半徑	＜1.7～2.6m	＜1.7m
	淨空間	水平30cm下方45cm	水平30cm下方90cm
	放水時間	≧20min	≧30min
開放式每放水區域		≧100m²	≧150m²
緊急電源		≧30min	≧45min

自動撒水設備分類

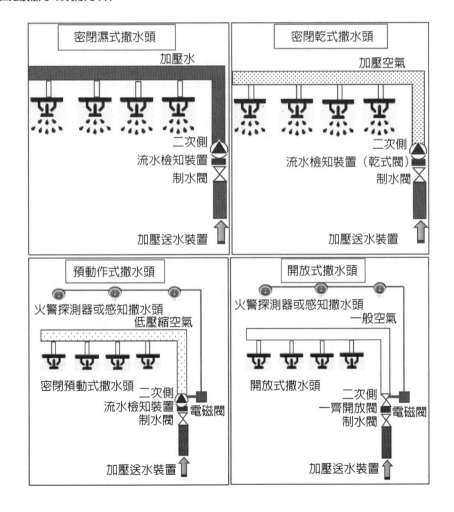

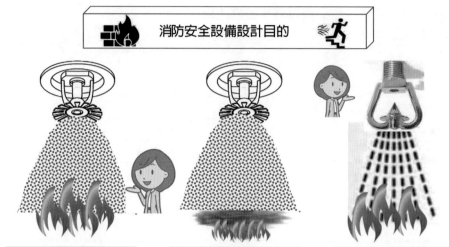

消防安全設備設計目的

火災控制 (Fire Control)

設計目標是將火勢冷卻並控制其成長，如室內停車空間設計撒水頭，殘火則由消防人員撲滅。

火災撲滅 (Fire Suppression)

設計目標是將火勢抑制至撲滅為止，如室內停車空間設計泡沫頭，持續泡沫覆蓋至火勢撲滅。

火災防護 (Fire Protection)

設計目標是防護輻射熱，如冷卻撒水設備或射水設備，達到冷卻避免受高熱之起火延燒發生。

密閉型自動撒水設備壓力表位置

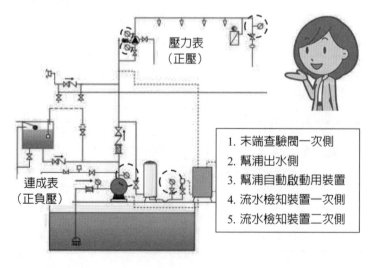

壓力表（正壓）

連成表（正負壓）

1. 末端查驗閥一次側
2. 幫浦出水側
3. 幫浦自動啟動用裝置
4. 流水檢知裝置一次側
5. 流水檢知裝置二次側

屋頂水箱水位能轉成壓力能

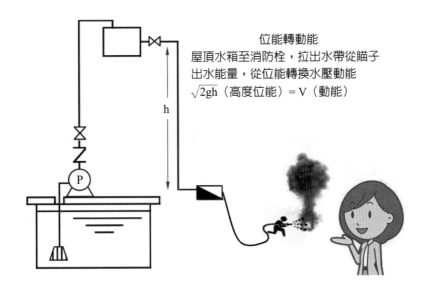

位能轉動能
屋頂水箱至消防栓，拉出水帶從瞄子
出水能量，從位能轉換水壓動能
$\sqrt{2gh}$（高度位能）＝ V（動能）

泡消防幫浦防止水溫上升裝置

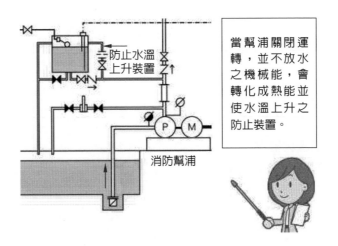

防止水溫
上升裝置

消防幫浦

當幫浦關閉運
轉，並不放水
之機械能，會
轉化成熱能並
使水溫上升之
防止裝置。

5-20 水霧滅火設備規定

第 212 條
水霧滅火設備，應符合下列規定：
一、水霧噴頭、配管、試壓、流水檢知裝置、啟動裝置、一齊開放閥及送水口設置規定，準用第 61 條、第 62 條、第 66 條及第 67 條規定。
二、放射區域，每一區域在 150m² 以上，其防護對象之面積未滿 150m² 者，以其實際面積計算之。
三、水源容量在最大放射區域，全部水霧噴頭繼續放水 30 分鐘之水量以上。其放射區域放水量在 20 L/m².min 以上。
四、最大放射區域水霧噴頭同時放水時，各水霧噴頭之放射壓力在 3.5 kg/cm² 以上或 0.35MPa 以上。
水霧滅火設備之緊急電源除準用第 38 條規定外，其供電容量應供其有效動作 45 分鐘以上。

【解說】
　　如與一般場所水霧滅火設備作比較，無論其放水壓力、放射區域或是緊急源供應時間，勢必皆相對較大。這是因為公共危險物品等場所之火災猛烈度及活性反應大，而不是火載量問題，為能有效控制或抑制火勢，法規上採取相對較嚴格之考量。

一般場所與公共危險物品場所水霧滅火設備比較

項目	一般場所	公共危險物品場所
放水壓力	$\geq 2.7 \sim 3.5 \ kg/m^2$	$\geq 3.5 \ kg/m^2$
每放射區域	$\geq 50m^2$	$\geq 150m^2$
緊急電源	$\geq 30min$	$\geq 45min$

水霧滅火設備滅火機制

原理	項目	內容
主要滅火機制	熱移除	水之蒸發潛熱為 539 cal/g，能顯著降溫達到冷卻作用。
	稀釋氧氣	蒸發為水蒸氣，大量膨脹氧氣受到排擠作用。
	表面濕潤降溫	使表面濕潤吸收熱能，使氣相燃料之生成遭到抑制。
次要滅火機制	降低輻射回饋	產生遮蔽及吸收輻射熱，使其難以有熱量反饋。
	流場動態效應	水微粒體積小空氣中漂浮及流場動態效應冷卻。

水霧滅火設備火災動作流程

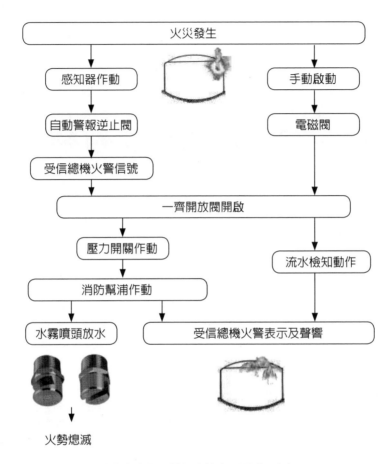

（東京防災設備保守協會，平成28年）

油水分離裝置

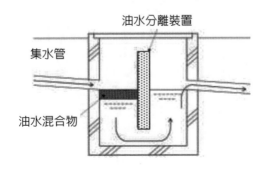

室內停車空間水霧滅火設備

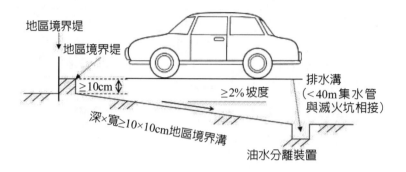

地區境界堤

地區境界堤

≥10cm

≥2% 坡度

排水溝
（<40m集水管
與滅火坑相接）

深×寬≥10×10cm地區境界溝

油水分離裝置

水霧自動滅火設備系統

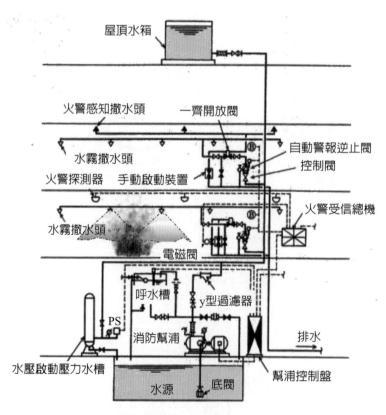

屋頂水箱

火警感知撒水頭　　一齊開放閥

水霧撒水頭

火警探測器　　手動啟動裝置

自動警報逆止閥

控制閥

火警受信總機

水霧撒水頭

電磁閥

呼水槽

y型過濾器

PS

消防幫浦

排水

水壓啟動壓力水槽

幫浦控制盤

水源　　底閥

（東京防災設備保守協會，平成28年）

水霧噴頭種類及原理

種類	內容	圖示
紊流式	高壓水至噴頭內部擴大區劃空間垂直角大灣流時，形成紊流動態水粒流，高壓撞擊斜度限流孔，引流擴大水霧粒子流。	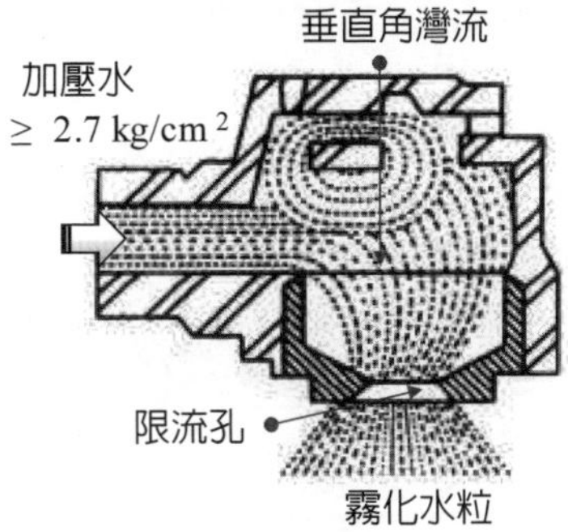
迴水板式	高壓水至噴頭內部直流，高速直接撞擊斜度外齒形迴水板，引流擴大水霧粒子流。	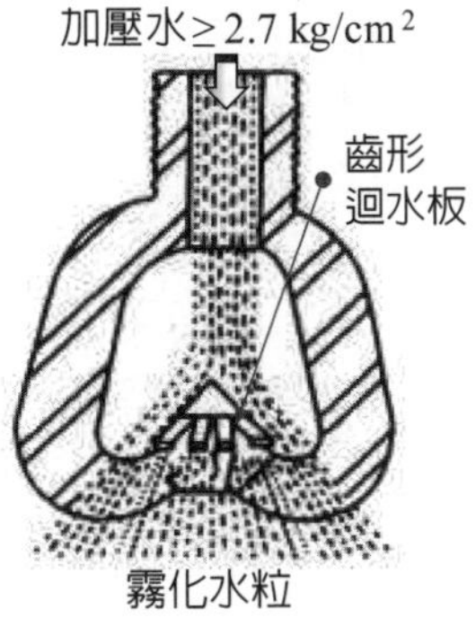
螺旋式	高壓水至噴頭內部螺旋室時，產生高速螺旋水流撞擊斜度限流孔，引流擴大水霧粒子流。	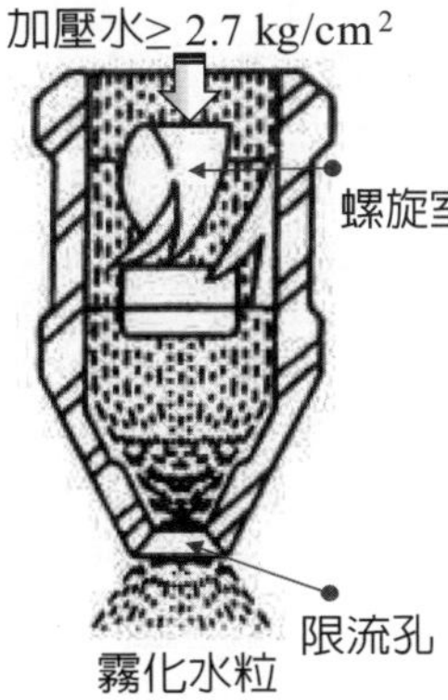

（危險物設施基準指南，平成 7 年）

5-21 固定式泡沫滅火設備

第 213 條

設於儲槽之固定式泡沫滅火設備,依下列規定設置:

一、泡沫放出口,依表 1 之規定設置,且以等間隔裝設在不因火災或地震可能造成損害之儲槽側板外圍上。

二、儲槽儲存不溶性之第 4 類公共危險物品時,依前款所設之泡沫放出口,並就表 2 所列公共危險物品及泡沫放出口種類,以泡沫水溶液量乘以該儲槽液面積所得之量,能有效放射,且在同表所規定之放出率以上。

三、儲槽儲存非不溶性之第 4 類公共危險物品時,應使用耐酒精型泡沫,其泡沫放出口之泡沫水溶液量及放出率,依表 3 規定。

四、前款並依表 4 公共危險物品種類乘以所規定的係數值。但未表列之物質,依中央主管機關認可之試驗方法求其係數。

前項第 2 款之儲槽如設置特殊型泡沫放出口,其儲槽液面積為浮頂式儲槽環狀部分之表面積。

【解說】

　　本條規定,設於儲槽之固定式泡沫滅火設備(如 II 型泡沫放出口),其使用泡沫之膨脹比種類係屬設置標準第 70 條所列之低發泡者,於竣工查驗時,仍應依消防安全設備審查及查驗作業基準規定,實施泡沫放射試驗。

表 1　泡沫放出口

儲槽直徑(m)	泡沫放出口應設數量			
	固定頂儲槽		內浮頂儲槽	外浮頂儲槽
	I 或 II 型	III 或 IV 型	II 型	特殊型
<13			2	2
13～19	1	1	3	3
19～24			4	4
24～35	2	2	5	5
35～42	3	3	6	6
42～46	4	4	7	7
46～53	5	6	7	7
53～60	6	8	8	8

儲槽直徑（m）	泡沫放出口應設數量			
	固定頂儲槽		內浮頂儲槽	外浮頂儲槽
	Ⅰ或Ⅱ型	Ⅲ或Ⅳ型	Ⅱ型	特殊型
60～67	8	10		9
67～73	9	12		10
73～79	11	14		11
79～85	13	16		12
85～90	14	18		12
90～95	16	20		13
95～99	17	22		13
≥ 99	19	24		14

註：
1. 特殊型泡沫放出口使用安裝在浮頂上方者，得免附設泡沫反射板。
2. 本表之Ⅲ型泡沫放出口，限於處理或儲存在 20℃時 100g 中水中溶解量 <1g 之公共危險物品，及儲存溫度 < 50℃或動粘度在 100cst 以下之危險物品儲槽使用。
3. 內浮頂儲槽浮頂採用鋼製雙層甲板或鋼製浮筒式甲板，其泡沫系統之泡沫放出口種類及數量，得比照外浮頂儲槽設置。

表 2　儲槽儲存不溶性第四類之泡沫放出口水溶液量及放出率

第四類危險物品	Ⅰ型		Ⅱ型		特殊型		Ⅲ型		Ⅳ型	
	X	Y	X	Y	X	Y	X	Y	X	Y
閃火點 <21℃	120	4	220	4	240	8	220	4	220	4
閃火點 21℃～70℃	80	4	120	4	160	8	120	4	120	4
閃火點≥ 70℃	60	4	100	4	120	8	100	4	100	4

註：
1. X 為泡沫水溶液量，Y 為放出率。
2. 泡沫水溶液量單位 L/m^2，放出率單位 $L/min.m^2$。

表 3　儲槽儲存非不溶性之第四類公共危險物品之泡沫水溶液量及放出率

Ⅰ型		Ⅱ型		特殊型		Ⅲ型		Ⅳ型	
X	Y	X	Y	X	Y	X	Y	X	Y
160	8	240	8	1	1	1	1	240	8

註：
1. X 為泡沫水溶液量，Y 為放出率。
2. 耐酒精型泡沫，泡沫水溶液量及放出率，得依廠商提示值核計。
3. 泡沫水溶液量單位 L/m^2，放出率單位 $L/min.m^2$。

表 4　公共危險物品種類乘以所規定的係數值

第四類公共危險物品種類		
類別	詳細分類	係數
醇類	甲醇、3- 甲基 -2- 丁醇、乙醇、烯丙醇、1- 戊醇、2- 戊醇、第三戊醇（2-甲基 -2- 丁醇）、異戊醇、1- 己醇、環己醇、糠醇、苯甲醇、丙二醇	1.0
	2- 丙醇、1- 丙醇、異丁醇、1- 丁醇、2- 丁醇	1.25
	第三丁醇	2.0
醚類	異丙醚、乙二醇乙醚（2- 羥基乙醚）、乙二醇甲醚、二甘醇乙醚、二甲醇甲醚	1.25
	1,4 二氧雜環己烷	1.5
	乙醚、乙縮醛（1,1- 雙乙氧基乙烷）、乙基丙基醚、四氫呋喃、異丁基乙烯醚、乙基丁基醚	2.0
酯類	乙酸乙脂、甲酸乙酯、甲酸甲酯、乙酸甲酯、乙酸乙烯酯、甲酸丙酯、丙烯酸甲酯、丙烯酸乙酯、異丁烯酸甲酯、異丁烯酸乙酯、乙酸丙酯、甲酸丁酯 - 乙酸 -2- 乙氧基丁酯、乙酸 -2- 甲氧基丁酯	1.0
酮類	丙酮、丁酮、甲基異丁基酮、2,4- 戊雙酮、環己酮	1.0
醛類	丙烯醛、丁烯醛（巴豆醛）、三聚乙醛	1.25
	乙醛	2.0
胺類	乙二胺、環己胺、苯胺、乙醇胺、二乙醇胺、三乙醇胺	1.0
	乙胺、丙胺、烯丙胺、二乙胺、丁胺、異丁胺、三乙胺、戊胺、第三丁胺	1.25
	異丙胺	2.0
腈類	丙烯腈、乙腈、丁腈	1.25
有機酸	醋酸、醋酸酐、丙烯酸、丙酸、甲酸	1.25
其他非不溶性者	氧化丙烯	2.0

＋知識補充站

在不同壓力之氧濃度與燃燒速率關係圖

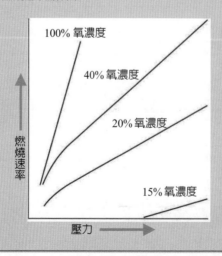

固定式泡沫放出口種類

種類	內容	圖示 （日本危險物設施基準指南，平成 7 年）
Ⅰ型	由固定頂儲槽上部注入泡沫之放出口。該泡沫放出口設於儲槽側板上方，具有泡沫導管或滑道等附屬裝置，不使泡沫沉入液面下或攪動液面，而使泡沫在液面展開有效滅火，並且具有可以阻止儲槽內公共危險物品逆流之構造。	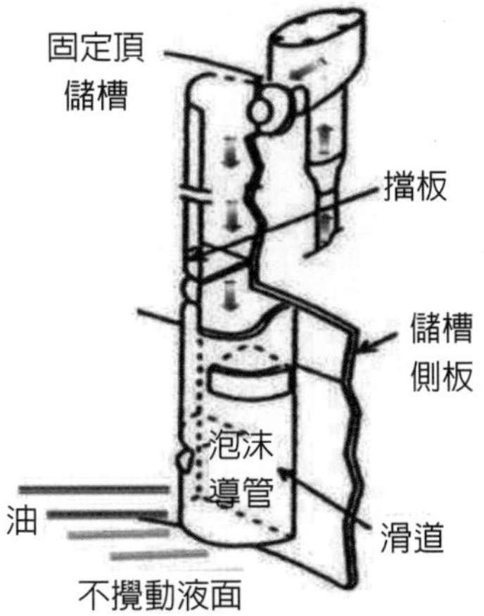
Ⅱ型	由固定頂儲槽之部分注入。在泡沫放出口上附設泡沫反射板可以使放出之泡沫能沿著儲槽之側板內面流下，又不使泡沫沉入液面下或攪動液面，可在液面展開有效滅火，並且具有可以阻止槽內公共危險物品逆流之構造。	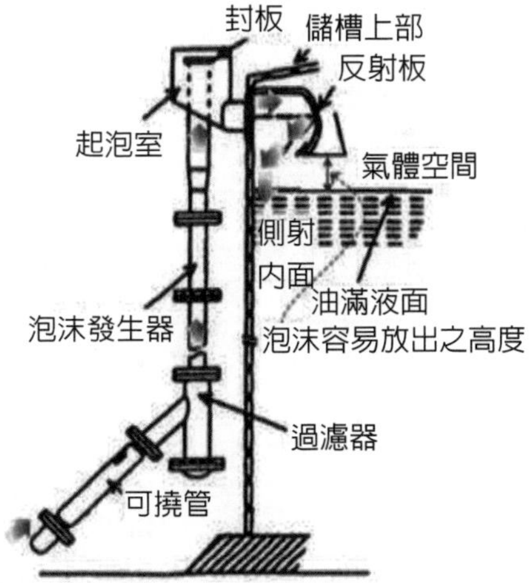

種類	內容	圖示 （日本危險物設施基準指南，平成 7 年）
特殊型	供外浮頂儲槽上部注入泡沫，並附設泡沫反射板，注入於側板與隔板所形成之環狀部分。該泡沫隔板係指在浮頂上方設有高度≥ 0.3m，且距離儲槽內側≥ 0.3m 鋼製隔板，可阻止泡沫外流，且該區預期最大降雨量，設有可充分排水之排水口為限。	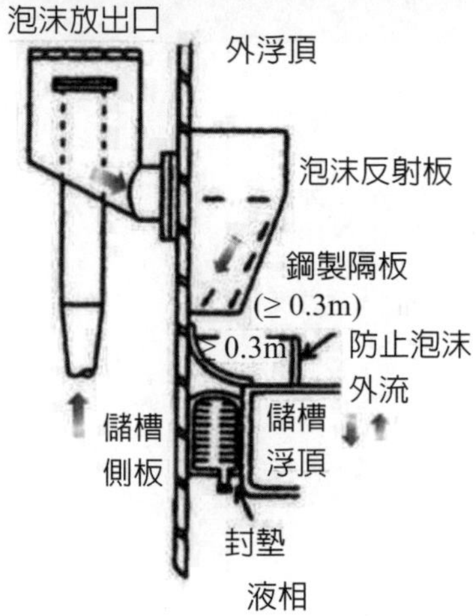
III型	供固定頂儲槽槽底注入泡沫法之放出口，該泡沫放出口由泡沫輸送管，將發泡器或泡沫發生機所發生之泡沫予以輸送注入儲槽內，並由泡沫放出口放出泡沫。	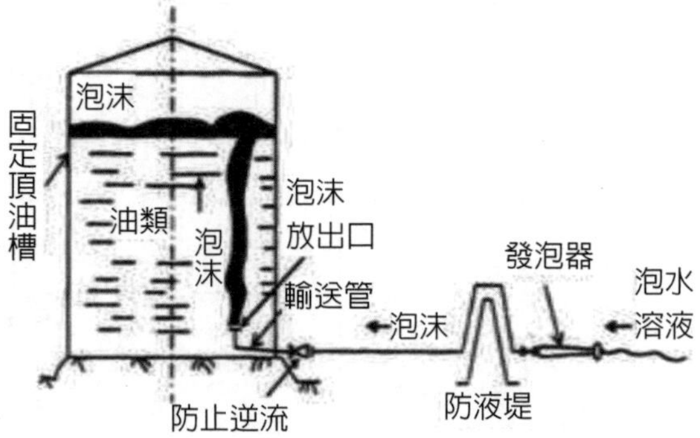
IV型	供固定頂儲槽槽底注入泡沫法之放出口，將泡沫輸送管末端與平時設在儲槽液面下底部之存放筒所存放之特殊軟管等相連接，於送入泡沫時可使特殊軟管等伸直，使特殊軟管等之前端到達液面而放出泡沫。	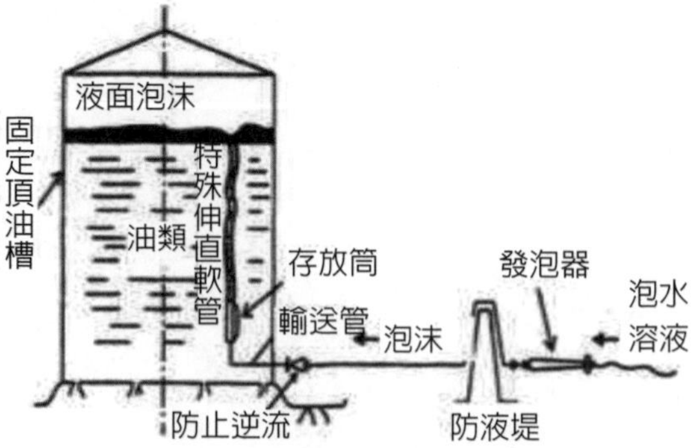

公共危險物品場所泡沫系統

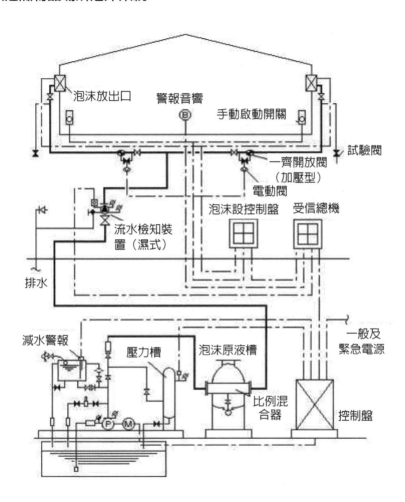

固定式泡沫放出口配置

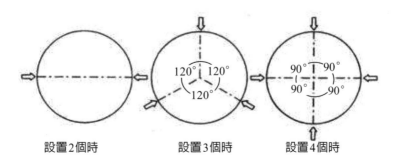

設置2個時　　　　　設置3個時　　　　　設置4個時

泡沫滅火設備應用型態

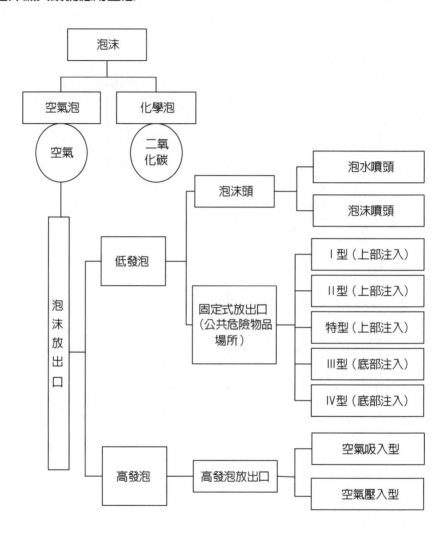

消防幫浦啟動方式

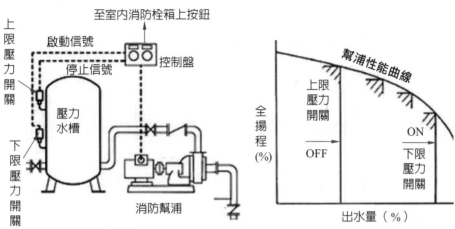

幫浦手動啟動：控制盤手動開關、防災中心遠隔操作及室內消防箱栓按鈕
幫浦自動啟動：壓力水槽之壓力開關上下限。

✚ 知識補充站

體積與壓力關係圖

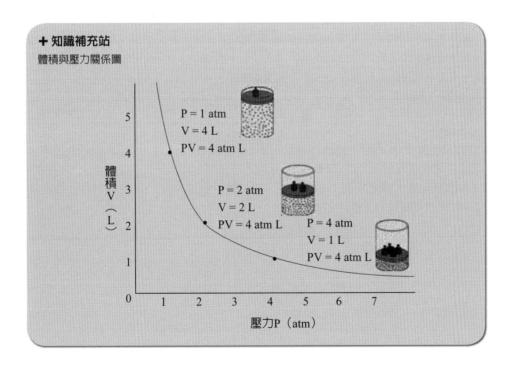

5-22 補助泡沫消防栓及連結送液口

第 214 條

儲槽除依前條設置固定式泡沫放出口外,並依下列規定設置補助泡沫消防栓及連結送液口:

一、補助泡沫消防栓,應符合下列規定:

（一）設在儲槽防液堤外圍,距離槽壁 ≥ 15m,便於消防救災處,且至任一泡沫消防栓之步行距離≤ 75m,泡沫瞄子放射量≥ 400L/min,放射壓力≥ 3.5kg/cm² 或 0.35 Mpa 以上。但全部泡沫消防栓數量≥ 3 支時,以同時使用 3 支計算之。

（二）補助泡沫消防栓之附設水帶箱之設置,準用第 40 條第 4 款規定。

二、連結送液口所需數量,依下列公式計算:

$$N = Aq/C$$

N：連結送液口應設數量

A：儲槽最大水平斷面積。但浮頂儲槽得以環狀面積核算（m²）。

q：固定式泡沫放出口每平方公尺放射量（L/min m²）

C：每一個連結送液口之標準送液量（800L/min）

【解說】

儲槽基本上,由固定式泡沫滅火設備來作防護,這不需人員待在第一線操作,也無需慮重油儲槽火災特有沸溢或濺溢現象發生。而補助泡沫消防栓有其機動性與移動性,在儲槽周邊施工不慎起火,即可使用此項設備,予以有效制火勢發展。

對付第 4 類公共危險物品火災,使用泡沫藥劑是一種非常有效之滅火設備,如使用乾粉、二氧化碳等第 3 種滅火設備,皆有火災撲滅後再復燃之可能,其冷卻效果無法如泡沫之有效。

補助泡沫消防栓應設在儲槽防液堤外圍,距離槽壁 15m 以上,便於消防救災處,且至任一泡沫消防栓之步行距離在 75m 以下。亦即泡沫消防栓與最遠處之步行距離如小於 75m 時,僅需設置 1 支補助泡沫消防栓；惟如大於 75m 時,應於步行距離 75m 範圍內再增設 1 支補助泡沫消防栓。

儲槽設泡沫放出口、補助泡沫消防栓及連結送液口

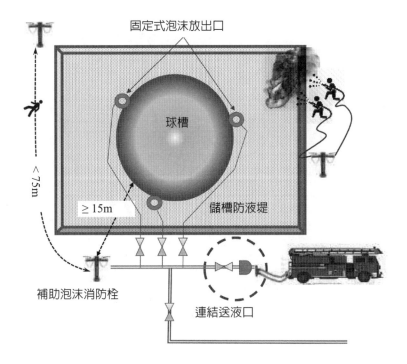

連結送液口構造

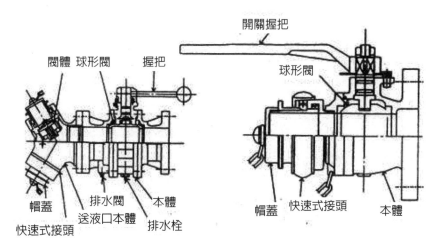

（日本危險物設施基準指南，平成7年）

例題：由下圖求出所需泡沫水溶液量？放出口數？連結送液口數？

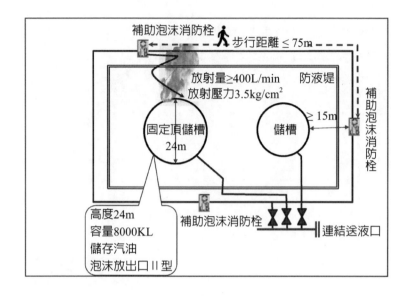

【解說】

(1) 泡沫水溶液量

$$M = A \times F$$

M：所需泡沫水溶液量（L）

A：液表面積（m²）圓柱體為 $A = \pi r^2$

F：液表面積每平方公尺所需泡沫水溶液量（L/m²）（第 213 條表 2）

$M = (12 \times 12 \times 3.14) \times 220 = 99476$ L

(2) 泡沫放出口設置數

查表（第 213 條表 1）

泡沫放出口設置數為 2 個以上

(3) 連結送液口個數

$$N = \frac{A \times q}{c}$$

N：連結送液口應設數量

A：儲槽最大水平斷面積。但浮頂儲槽得以環狀面積核算（m²）。

q：固定式泡沫放出口每平方公尺放射量（L/min m²）（第 213 條表 2）

C：每一個連結送液口之標準送液量（800L/min）

$$N = \frac{(12 \times 12 \times 3.14) \times 4}{800} = 2.3$$

連結送液口個數為 3 個

泡沫滅火設備方式

固定式（自動）	高發泡	局部放出方式	從放出口放出高膨脹泡沫體，覆蓋下方火勢之一種滅火系統。
		全區放出方式	在一封閉之防護區劃空間，從數個放出口均一放出高膨脹泡沫的發泡體，淹沒或覆蓋整個空間火勢之一種滅火系統。
	低發泡		在一定火勢半徑範圍內以泡沫瞄子延伸放射皮管至火勢區域，放出低發泡體覆蓋火勢之一種滅火系統，操作方式類似於室內消防栓。以半徑每 15m 為防護範圍，設置一延伸放射皮管接續口。

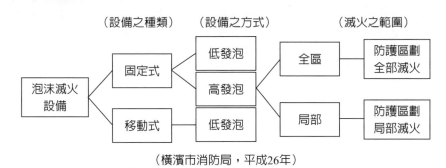

（橫濱市消防局，平成26年）

第四類場所泡沫系統 NFPA 規定

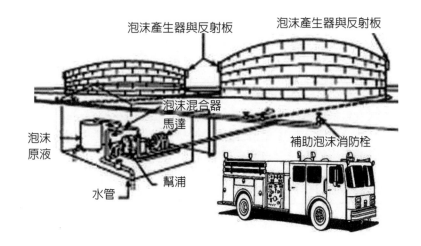

（NFPA 11, 2016）

5-23 泡沫射水槍滅火設備

第 215 條

以室外儲槽儲存閃火點在 ≤ 40℃之第 4 類公共危險物品之顯著滅火困難場所者，且設於岸壁、碼頭或其他類似之地區，並連接輸送設備者，除設置固定式泡沫滅火設備外，並依下列規定設置泡沫射水槍滅火設備：
一、室外儲槽之幫浦設備等設於岸壁、碼頭或其他類似之地區時，泡沫射水槍應能防護該場所位於海面上前端之水平距離 ≤ 15m 之海面，而距離注入口及其附屬之公共危險物品處理設備各部分之水平距離 ≤ 30m，其設置個數 ≥ 2 具。
二、泡沫射水槍為固定式，並設於無礙滅火活動及可啟動、操作之位置。
三、泡沫射水槍同時放射時，射水槍泡沫放射量為 ≥ 1900L/min，且其有效水平放射距離 ≥ 30m。

【解說】

使用空氣泡沫（Air-Foams）進行滅火時，可分固定式（常見於油槽或室內停車場）、移動式（泡沫消防栓、補助泡沫消防栓）及泡沫射水槍（常見於第 4 類公共危險物品之顯著滅火困難場所）。泡沫供應越平穩滅火就越迅速，所需的滅火劑總量就越低。所有泡沫產生裝置超過其壓力限度，泡沫體品質將會降低，且混合泡沫、乾粉等，可能會破壞原有滅火特性。此外，泡沫是黏著的，泡沫噴霧比水沫的導電性更大。

使用泡沫的成功，取決於供應速率。供應速率是以每分鐘到達燃料表面的泡沫液體積量。如果發泡膨脹倍數為 8：1，那麼 4.1（L/min）供應速率於每分鐘可提供 32.8 L/m³ 體積泡沫量。如果供應速率非常低，使熱和燃料造成泡沫損耗速率大於泡沫供應速率，火災就不能被控制。

室外儲槽儲存閃火點在 ≤ 40℃之第 4 類公共危險物品，在液體燃燒方式為蒸發蒸氣燃燒，本項閃火點低燃燒特性為電不良導體，當靜電放電時，發生的火花即會點燃，形成著火或爆炸之危險、有些蒸汽比重大於 1，將滯留在低窪區易有著火的危險，但大多數液體比重是小於 1，當其流出於水面上，液體表面積增大。因此，當防護幫浦時海面上前端 ≤ 15m 內，或距離注入口等距離 ≤ 30m 內皆需防護，且設置 ≥ 2 具，以大量壓制潛在大規模油面上火災。

公共危險物品場所泡沫滅火設備應用

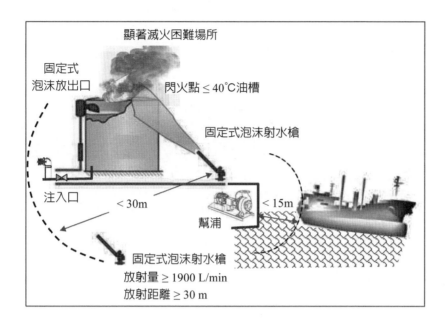

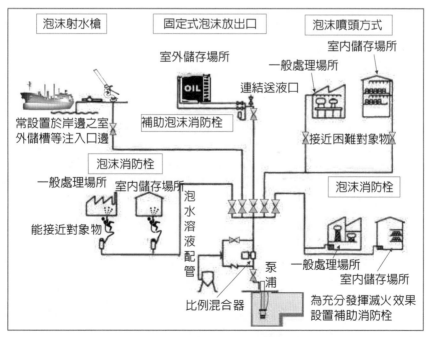

（危險物設施基準指南，平成7年）

5-24 冷卻撒水設備（一）

第 216 條

以室內、室外儲槽儲存閃火點在 70℃以下之第 4 類公共危險物品之顯著滅火困難
場所，除設置固定式泡沫滅火設備外，並依下列規定設置冷卻撒水設備：

一、撒水噴孔符合 CNS12854 之規定，孔徑在 4 mm 以上。

二、撒水管設於槽壁頂部，撒水噴頭之配置數量，依其裝設之放水角度及撒水量核
　　算；儲槽設有風樑或補強環等阻礙水路徑者，於風樑或補強環等下方增設撒水
　　管及撒水噴孔。

三、撒水量按槽壁總防護面積 2 L/m².min 以上計算之，其管徑依水力計算配置。

四、加壓送水裝置爲專用，其幫浦出水量在前款撒水量乘以所防護之面積以上。

五、水源容量在最大一座儲槽連續放水 4 小時之水量以上。

六、選擇閥（未設選擇閥者爲開關閥）設於防液堤外，火災不易殃及且容易接近之
　　處所，其操作位置距離地面之高度在 0.8～1.5 m。

七、加壓送水裝置設置符合下列規定之手動啟動裝置及遠隔啟動裝置。但送水區域
　　距加壓送水裝置在 300m 以內者，得免設遠隔啟動裝置：

　　（一）手動啟動裝置之操作部設於加壓送水裝置設置之場所。

　　（二）遠隔啟動裝置由下列方式之一啟動加壓送水裝置：

　　　　　1. 開啟選擇閥，使啟動用水壓開關裝置或流水檢知裝置連動啟動。

　　　　　2. 設於監控室等平常有人駐守處所，直接啟動。

八、加壓送水裝置啟動後 5 分鐘以內，能有效撒水，且加壓送水裝置距撒水區域在
　　500m 以下。但設有保壓措施者，不在此限。

九、加壓送水裝置連接緊急電源。

前項緊急電源除準用第 38 條規定外，其供電容量應在其連續放水時間以上。

【解說】

　　本條物品因閃火點低且達顯著滅火困難，所以需加強槽體自我防衛能力，除滅火泡
沫外尙需安裝槽體火災冷卻熱傳，及避免鄰近油槽受到輻射熱而起火。

　　水源容量在最大一座儲槽連續放水 4 小時之水量以上，因可燃液體儲槽火災往往形
成滅火困難情況，首先是儲槽高度問題，造成地面滅火人員射水形成拋物線，在儲槽頂
面上有射水死角及盲點；第二，大面積油類火災一旦進入穩定期燃燒，本身油體溫度相
當高，造成泡沫液體易消泡快速。第三，滅火機制是與二氧化碳一樣採取窒息滅火，但
二氧化碳是以稀釋氧氣達到窒息，而泡沫是採遮蓋且需全面 100% 覆蓋，始能達到窒息
滅火之目的，但泡沫液遇到高溫則消泡快速，因此需藉由冷卻撒水設備，使油體溫度降
低，使泡沫能發揮其滅火功能。因此，法規規定連續放水 4 小時之水量以上。

　　在選擇閥（未設選擇閥者爲開關閥）設於防液堤外，火災不易殃及且容易接近之處
所，其操作位置距離地面之高度在 0.8～1.5 m。這是可容易理解的，防液堤內離槽體
近，且堤內如有積油，也有延燒之可能；因任何消防設備，必須靠由人爲操作，其位
置需特別講究，避免設於不當之處，使人員必須冒著生命危險深入火場，方能實施操
作設備。而消防手動開關位置，原則上是以距離地面之高度在 0.8～1.5 m。

固定式泡沫滅火設備及冷卻撒水設備

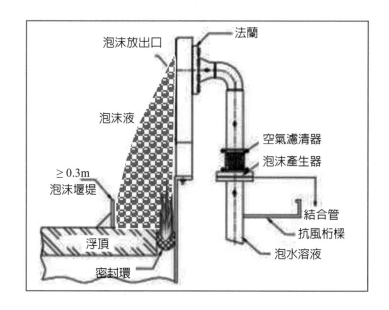

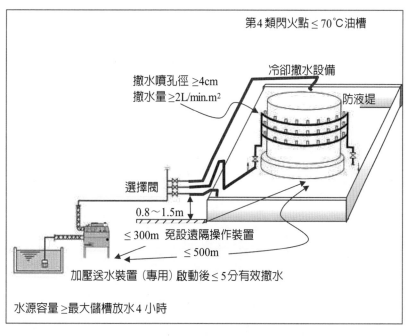

5-25 冷卻撒水設備（二）

【解說】

可燃性高壓氣體等場所之火災防護，主要滅火劑仍以水爲主，其僅作爲火災控制作用，而非以火災滅火作用。氣體容器易受火災高熱而產生高壓狀態，倘若溫度仍繼續增高，終會使氣體容器產生高壓失效，而破裂造成大規模爆炸後火災。所以，控制火災溫度即顯得相當重要。而控制火災高熱最有效滅火劑仍以取得容易且經濟之水爲主，當其從液體受熱變成氣體時，可以自我體積膨脹約 1700 倍之大量空間，有效冷卻降低溫度之效（如右圖所示）。而水具高密度性質，無論是從儲槽體撒水或消防瞄子等，能射出相當長距離；因水最大表面張力值爲 72.8 mN/m，使用上能有不同形態，從水滴到水柱流，也使水滴能保持相對穩定性。

依內政部消防法令函釋及公告（以下同），關於防護設備設置係指冷卻撒水或射水設備擇一設置即可。關於冷卻撒水設備之撒水頭配置數量、間距、撒水頭種類及地下儲氣槽區檢討設置撒水頭部分，依設置標準並無明定冷卻撒水設備之撒水頭配置數量、間距、撒水頭種類等之規定，惟其性能應符合該標準第 229 條第 3、4 款及第 230 條之撒水量、放水時間及防護面積規定，且能均勻有效涵蓋防護對象。此外，地下儲氣槽區檢討設置撒水頭部分，依設置標準第 230 條第 3 款規定，僅針對儲氣槽人孔處以冷卻撒水設備予以防護，儲氣槽區之其餘部分並無明定，但應依該標準第 228 條第 3 款第 1 目規定設置滅火器 4 具以上。在冷卻撒水設備之放水區域之分區、構造及手動啟動裝置、選擇閥部分，有關其中之構造（指撒水噴頭、管線及管配件等之配置）及手動啟動裝置依設置標準第 229 條第 5 款規定，並準用 216 條之規定，至放水區域應否分區及選擇閥應否設置一節，應依所防護對象之位置、火災規模大小等危險特性予以規劃考量。

漁船加油站設計案，倘其儲槽屬以室內或室外儲槽儲存閃火點在 70℃以下之第 4 類公共危險物品之顯著滅火困難場所者，應依本標準第 216 條規定設置冷卻撒水設備，且其撒水管應設於槽壁頂部；倘其儲槽屬地下儲槽場所，則無上開規定之適用。

滅火作業人員死亡例

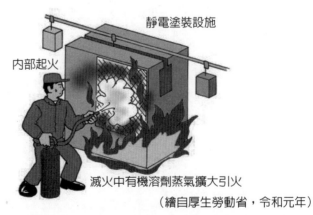

靜電塗裝設施

內部起火

滅火中有機溶劑蒸氣擴大引火

（繪自厚生勞動省，令和元年）

水消防滅火機制

水轉變水蒸氣將大量膨脹，依理想氣體定律計算：

$$PV = nRT$$

P為一大氣壓101325 Pa（1 Pa = 1 J/m^3）
V為體積，水的密度在20℃（293.15 K）為
998kg/m^3（998000 g/m^3）
n為莫耳，水分子質量為18 g/mol
R為理想氣體常數8.3145 J/mol.K
T為溫度（單位K），水的沸點在大氣壓力為100℃（373.15 K）
在1莫耳（n）純蒸汽（100℃）的體積V（m^3）

$$V = \frac{nRT}{P}$$

$$V = \frac{1\,mol \times 8.3145\,\frac{J}{mol \times R} \times 373.15\,K}{101325\,\frac{J}{m^3}} = \frac{3102.6\,J}{101325\,\frac{J}{m^3}} = 0.0306\,m^3 \;（100℃時）$$

而1莫耳水質量為18克。密度為質量（g）／體積（m^3），所以100℃蒸汽的密度，可以計算（$D = \frac{M}{V}$）如下：

$$\frac{18g}{0.0306m^3} = 588.2\,g/m^3$$

在100℃蒸汽密度除以水密度，決定水特定質量在此溫度下汽化膨脹比

$$\frac{998000\,g/m^3（20℃時）}{588.2\,\frac{g}{m^3}（100℃時）} = 1696.7$$

所以，水從20℃至100℃蒸汽體積將擴增1696.7倍。

＋知識補充站

液體蒸氣壓結構圖

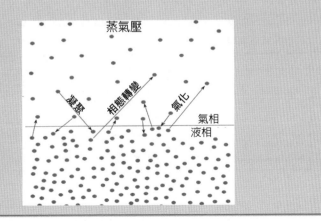

5-26 泡沫噴頭規定

> **第 217 條**
> 採泡沫噴頭方式者，應符合下列規定：
> 一、防護對象在其有效防護範圍內。
> 二、防護對象之表面積（為建築物時，為樓地板面積），每 9m² 設置一個泡沫噴頭。
> 三、每一放射區域在 100m² 以上。其防護對象之表面積未滿 100m² 時，依其實際表面積計算。

【解說】

泡水噴頭具有開放式撒水頭與泡沫頭之功能，與撒水頭一樣外部具有迴水板，是適用於大規模防護體如飛機庫，法令要求較大放射量如 75 L/min，另使用泡沫原液量 1～6% 之泡沫噴頭，其迴水板較小位於泡沫頭內部，適用於汽車類或公共危險物品場所火災，泡沫噴頭比泡水噴頭有較佳之泡沫窒息效果，但放射量從 3.7～8 L/min。在放射區域法規要求每一放射區域在 100m² 以上，以大面積一齊放射來達有效冷卻覆蓋範圍，因此常應用於室內停車空間，車輛火災具有 A 類與 B 類火災型態，因 B 類燃燒具相當火災猛烈度，形成一定火勢燃燒規模，滅火方式以一齊開放區域放射，以達有效控制此種場所潛在火災型態。

防護對象在其有效防護範圍內，每一放射區域及放射量規定

噴頭	防護對象	防護對象表面積
泡水噴頭	飛機庫	於 8m² 設 1 個
泡沫噴頭	室內停車空間或汽車修理廠	於 9m² 設 1 個
	公共危險物品場所	於 9m² 設 1 個

噴頭	放射區域	放射量		
泡水噴頭	放射區域占其樓地板面積 ≥ 1/3 且 ≥ 200 m²	75 L/min×20min		
		但樓地板面積 <200 m² 者，放射區域依其實際樓地板面積計		
泡沫噴頭	一般場所每一放射區域 50～100 m²	蛋白質	3%～6%	6.5 L/min×20min
		合成界面活性	1%～3%	8 L/min×20min
		水成膜	3%～6%	3.7 L/min×20min
	公共危險物品每一放射區域 ≥ 100 m²	以最大泡沫放射區域，繼續射水 ≥ 10min 水量		

固定式低發泡滅火設備

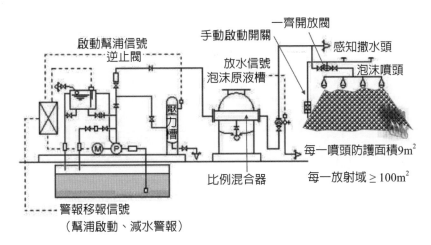

（福岡市消防局，平成26年）

公共危險物品場所泡沫滅火設備

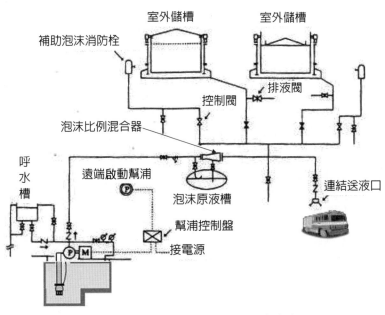

（日本危險物設施基準指南，平成7年）

5-27 泡沫滅火設備規定

> **第 218 條**
> 泡沫滅火設備之泡沫放出口、放射量、配管、試壓、流水檢知裝置、啟動裝置、一齊開放閥、泡沫原液儲存量、濃度及泡沫原液槽設置規定,準用第 69 條、第 70 條、第 72 條至第 74 條、第 78 條、第 79 條及第 81 條之規定。
> 儲槽用之泡沫放出口,依第 213 條之規定設置。

【解說】

　　泡沫滅火設備對第 4 類危險物品火災,有良好滅火之窒息及冷卻效果,因具有相當水分,使滅火後不像乾粉滅火設備或二氧化碳滅火設備一樣產生復燃現象。儲槽用泡沫放出口常用於公共危險物品,分上部注入方式與下部注入方式。在高架式危險物品之儲存倉庫,常形成難以滅火之深層火災型態,且高架式火災向上延燒,形成初期火勢成長快速現象。因此,在火災防護上使用高發泡沫,即可採取具黏著性泡沫覆蓋,並限制及冷卻可燃物與空氣中氧接觸面積,如同地下室火災一樣,使用高發泡是一正確滅火之消防戰術。

第 70 條 固定式泡沫滅火設備之泡沫放出口,依泡沫膨脹比,就下表選擇設置之:

膨脹比種類	泡沫放出口種類
膨脹比 ≤ 20（低發泡）	泡沫噴頭或泡水噴頭
膨脹比 80～1000（高發泡）	高發泡放出口

　　前項膨脹比,指泡沫發泡體積與發泡所需泡沫水溶液體積之比值。

第 72 條 泡沫頭之放射量,依下列規定:

一、泡水噴頭放射量 ≥ 75 L/min。

二、泡沫噴頭放射量,依下表規定:

泡沫原液種類	樓地板面積每平方公尺之放射量
蛋白質泡沫液	≥ 6.5 L/min
合成界面活性泡沫液	≥ 8.0 L/min
水成膜泡沫液	≥ 3.7 L/min

公共危險物品場所泡沫滅火設備各式應用

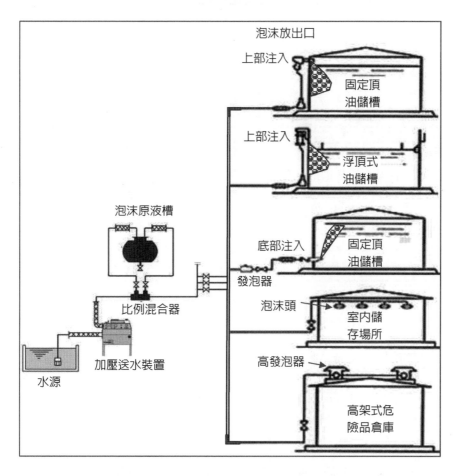

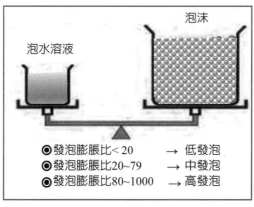

5-28 移動式泡沫滅火設備

第 219 條
移動式泡沫滅火設備，依下列規定設置：
一、泡沫瞄子放射壓力在 3.5kg/cm² 以上或 0.35MPa 以上。
二、泡沫消防栓設於室內者，準用第 34 條第 1 項第 1 款第 1 目及第 35 條規定；設
　　於室外者，準用第 40 條第 1 款及第 4 款規定。

【解說】
　　移動式泡沫滅火設備常用於室內或室外場所，能接近滅火對象物，且其在一定高度
以下物體。為了能有效接近及控制公共危險物品火災，法規要求放射壓力需在 3.5kg/
cm² 以上，避免高輻射熱迫使滅火人員無法靠近，且防護對象物不能太高，不然無法
有效覆蓋火勢。
第 34 條 除第 12 條第 2 款第 11 目或第 4 款之場所，應設置第一種消防栓外，其他場
　　所應就下列二種消防栓選擇設置之：
　　一、第一種消防栓，依下列規定設置：
　　　　（一）各層任一點至消防栓接頭之水平距離≤ 25m。
　　　　（二）任一樓層內，全部消防栓同時使用時，各消防栓瞄子放水壓力
　　　　　　　≥ 1.7kg/cm²，放水量≥ 130L/min。但全部消防栓數量超過 2 支時，
　　　　　　　以同時使用 2 支計算之。
　　　　（三）消防栓箱內，配置口徑 38mm 或 50mm 之消防栓一個，口徑
　　　　　　　38mm 或 50mm、長 15m 並附快式接頭之水帶 2 條，水帶架 1 組
　　　　　　　及口徑≥ 13mm 之直線水霧兩用瞄子一具。但消防栓接頭至建築
　　　　　　　物任一點之水平距離≤ 15m 時，水帶部分得設 10m 水帶 2 條。
第 40 條 室外消防栓，依下列規定設置：
　　一、口徑≥ 63mm，與建築物一樓外牆各部分之水平距離≤ 40m。
　　四、於其 5m 範圍內附設水帶箱，並符合下列規定：
　　　　（一）水帶箱具有足夠裝置水帶及瞄子之深度，箱底二側設排水孔，其
　　　　　　　箱面表面積≥ 0.8m²。
　　　　（二）箱面有明顯而不易脫落之水帶箱字樣，每字≥ 20cm²。
　　　　（三）箱內配置口徑 63mm 及長 20m 水帶 2 條、口徑≥ 19mm 直線噴霧
　　　　　　　兩用型瞄子 1 具及消防栓閥型開關 1 把。

移動式泡沫滅火設備設置

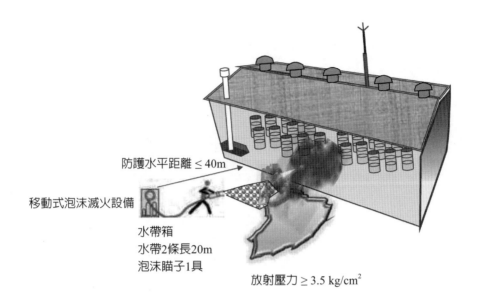

防護水平距離 ≤ 40m

移動式泡沫滅火設備

水帶箱
水帶2條長20m
泡沫瞄子1具

放射壓力 ≥ 3.5 kg/cm²

泡沫滅火設備種類

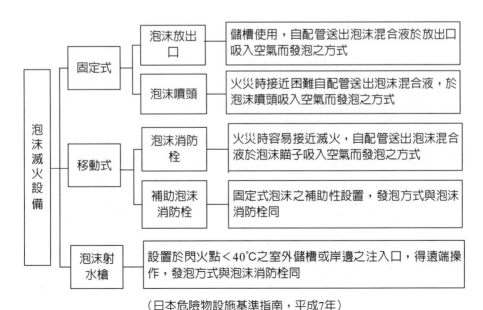

泡沫滅火設備	固定式	泡沫放出口	儲槽使用，自配管送出泡沫混合液於放出口吸入空氣而發泡之方式
		泡沫噴頭	火災時接近困難自配管送出泡沫混合液，於泡沫噴頭吸入空氣而發泡之方式
	移動式	泡沫消防栓	火災時容易接近滅火，自配管送出泡沫混合液於泡沫瞄子吸入空氣而發泡之方式
		補助泡沫消防栓	固定式泡沫之補助性設置，發泡方式與泡沫消防栓同
	泡沫射水槍		設置於閃火點＜40℃之室外儲槽或岸邊之注入口，得遠端操作，發泡方式與泡沫消防栓同

（日本危險物設施基準指南，平成7年）

5-29 泡沫滅火設備水源容量

第 220 條

泡沫滅火設備之水源容量需達下列規定水溶液所需之水量以上，並加計配管內所需之水溶液量：

一、使用泡沫頭放射時，以最大泡沫放射區域，繼續射水 10 分鐘以上之水量。

二、使用移動式泡沫滅火設備時，應在 4 具瞄子同時放水 30 分鐘之水量以上。但瞄子個數未滿 4 個時，以實際設置個數計算。設於室內者，放水量在 200 L/min 以上；設於室外者，在 400 L/min 以上。

三、使用泡沫射水槍時，在 2 具射水槍連續放射 30 分鐘之水量以上。

四、設置於儲槽之固定式泡沫滅火設備之水量，為下列之合計：

（一）固定式泡沫放出口依第 213 條第 2 款、第 3 款表列之泡沫水溶液量，乘以其液體表面積所能放射之量。

（二）補助泡沫消防栓依第 214 條規定之放射量，放射 20 分鐘之水量。

【解說】

　　泡沫滅火設備之水源容量，依應用防護對象之種類方式不同。使用泡沫頭放射時，只需 10 分鐘以上水量，這是因為防護對象物非車輛（停車空間能在區劃內採取較長時間放射），但公共危險物品有些場所無區劃，持續放射時間長，只會徒增大量泡沫擴散流動至非燃燒區域，衍生其他次要污染問題。在採短時間大量放射（日本規定皆以 6.5L/min.m²），就已使相當泡沫體完全覆蓋防護對象物上，使火焰熄滅。此外，日本採取 8 分消防政策，意謂 10 分鐘消防隊能到達並接管現場，能依實際個案來進行最適宜之消防活動。

　　使用移動式時需放水 30 分鐘之水量以上，這是因為有效射水問題，於室外由人員移動射水，有時輻射熱及風勢問題，造成過遠無效射水，並考量室外人員避難較安全，較不易長時間射水而受困。使用泡沫射水槍時 30 分鐘水量，也如同上述。設置於儲槽使用補助泡沫消防栓 20 分鐘水量，這是自衛編組人員初期滅火之時間，之後即由公設消防單位到達接管。

泡沫滅火機制示意

冷卻　　　　覆蓋　　窒息

可燃性液體

抑制液體蒸發

泡沫放出口從槽體上部及底部注入法

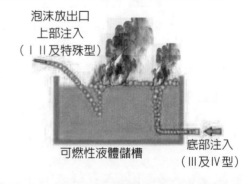

泡沫放出口
上部注入
（Ⅰ Ⅱ及特殊型）

底部注入
（Ⅲ及Ⅳ型）

可燃性液體儲槽

公共危險物品場所泡沫滅火水源容量

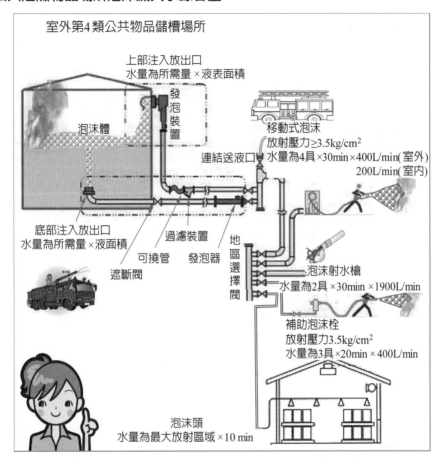

過濾系統

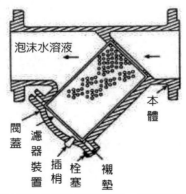

（日本危險物設施基準指南，平成7年）

公共危險物品場所泡沫滅火設備條文整合

213條　泡沫放出口

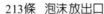
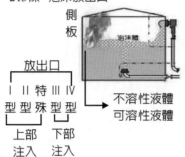

側板

放出口

| Ⅰ型 | Ⅱ型 | 特殊 | Ⅲ型 | Ⅳ型 |

上部注入　下部注入

不溶性液體
可溶性液體

214條　補助泡沫栓及連結送液口

儲槽

補助泡沫栓(≧3.5kg/cm2每≦75m設一支)
3具×20min×400L/min
連結送液口

$$N = \frac{儲槽水平表面積\ m2 \times 放射量\left(\frac{L}{min \times m2}\right)}{800\ L/min}$$

215條　閃火點≦40℃設泡沫射水槍

儲槽

泡沫射水槍 (≦每30m設一支)
2具×30min×1900L/min

216條　閃火點≦70℃設冷卻撒水設備

儲槽

冷卻撒水量
=防護面積(m2)×2 L/(min×m2)
（最大儲槽4小時放水）

217條　泡沫噴頭

噴頭 每9m2設一個
放射區域 ≧100m2×10min

218條　準用規定

219條　移動式泡沫滅火設備

移動式泡沫(≧3.5kg/cm2，室外每≦40m
室內每≦25m設一支)
4具×30min×室外400L/min或室內
200L/min

220條　泡沫水源容量

水源容量=所需水量+配管水量
儲槽固定式泡沫=(放出口量×液體
表面積)+補助泡沫栓放射量

221條　緊急電源時間

泡沫噴頭 =10min×1.5　　泡沫射水槍 =30min×1.5

補助泡沫栓 =20 min×1.5　　移動式泡沫 =30min×1.5

泡沫滅火設備之整體關聯

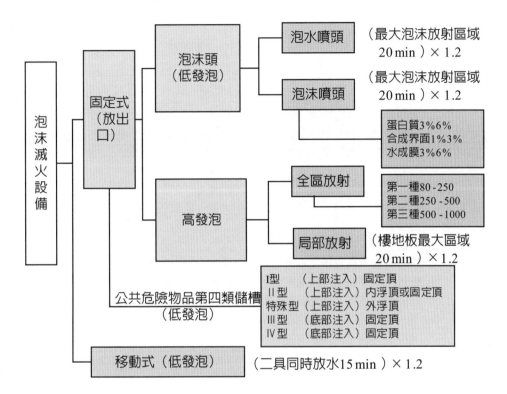

5-30 加壓送水裝置

第 221 條

依前條設置水源應連結加壓送水裝置，並依下列各款擇一設置：

一、重力水箱，應符合下列規定：

（一）有水位計、排水管、溢水用排水管、補給水管及人孔之裝置。

（二）水箱必要落差在下列計算值以上：

必要落差＝移動式泡沫設備水帶摩擦損失水頭＋配管摩擦損失水頭＋泡沫放出口、泡沫瞄子或泡沫射水槍之放射壓力（計算單位：m）

$$H = h1 + h2 + h3m$$

二、壓力水箱，應符合下列規定：

（一）有壓力表、水位計、排水管、補給水管、給氣管、空氣壓縮機及人孔之裝置。

（二）水箱內空氣占水箱容積 1/3 以上，壓力在使用建築物最高處之消防栓維持規定放水水壓所需壓力以上。當水箱內壓力及液面減低時，能自動補充加壓。空氣壓縮機及加壓幫浦，與緊急電源相連接。

（三）必要壓力在下列計算值以上：

必要壓力＝消防水帶摩擦損失壓力＋配管摩擦損失壓力＋落差＋泡沫放出口、泡沫瞄子或泡沫射水槍之放射壓力（計算單位：kg/cm^2，MPa）

$$P = P1 + P2 + P3 + P4$$

三、消防幫浦，應符合下列規定：

（一）幫浦全揚程在下列計算值以上：

幫浦全揚程＝消防水帶摩擦損失水頭＋配管摩擦損失水頭＋落差＋泡沫放出口、泡沫瞄子或射水槍之放射壓力，並換算成水頭（計算單位：m）

$$H = h1 + h2 + h3 + h4$$

（二）連結泡沫設備採泡沫噴頭方式者，其出水量及出水壓力準用第 77 條規定。

（三）應為專用。但與其他滅火設備並用，無妨礙各設備性能不在此限。

（四）連接緊急電源。

前項緊急電源除準用第 38 條規定外，其供電容量應在所需放射時間之 1.5 倍以上。

加壓送水裝置之壓力水箱（左）及重力水箱（右）

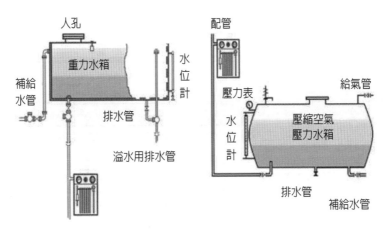

（琦玉市消防局，平成28年）

水源之有效水量範圍（圖左）及消防用水與普通用水合併使用之有效水量（圖右）

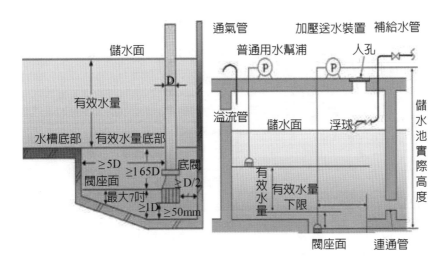

（福岡市消防局，平成26年）

泡沫滅火設備緊急電源與出水壓力等

第 38 條

緊急電源	容量	一般場所	1. 發電機設備或蓄電池 ×30 min
		公共危險物品	1. 發電機設備或蓄電池 ×45 min 2. 丁類場所得使用引擎動力系統

第 77 條

項目			內容
連結泡沫滅火設備採泡沫噴頭方式者	全區及局部	出水壓力	泡沫放射區域有≥ 2 區域時，以最大 1 個泡沫放射區域之最低出水量加倍計算
		出水量	最末端 1 個泡沫放射區域全部泡沫噴頭放射壓力均≥ 1kg/m²
	移動式	出水量	同一樓層 1 泡沫消防栓箱 ≥ 130 L/min 同一樓層≥ 2 泡沫消防栓箱 ≥ 260 L/min
		出水壓力	最末端 1 泡沫消防栓放射壓力 ≥ 3.5 kg/m²
	連接緊急電源		

泡沫滅火設備緊急電源配線

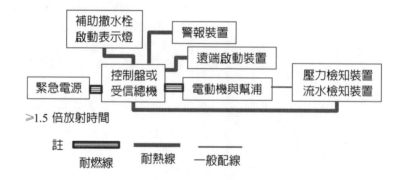

泡沫噴頭之作動示意圖

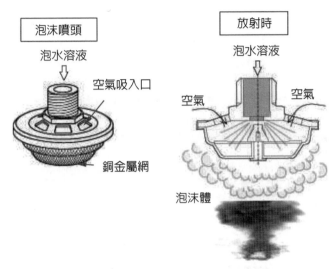

（NOHMI BOSAI株式會社，平成29年）

滅火泡沫種類

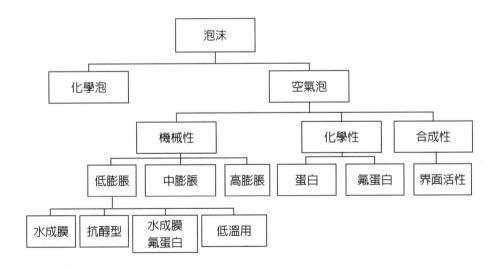

5-31 二氧化碳滅火設備

第 222 條

二氧化碳滅火設備準用第 82 條至 97 條規定。但全區放射方式之二氧化碳滅火設備，依下列規定計算其所需滅火藥劑量：

一、以表 1 所列防護區域體積及其所列每 m^3 防護區域體積所需之滅火藥劑量，核算其所需之量。但實際量未達所列之量時，以該滅火藥劑之總量所列最低限度之基本量計算。

二、防護區域之開口部未設置自動開閉裝置時，除依前款計算劑量外，另加算該開口部面積每 $5kg/m^2$ 之量。

於防護區域內或防護對象係為儲存、處理之公共危險物品，依表 2 之係數，乘以前項第 1 款或第 2 款所算出之量。未表列之公共危險物品，依中央主管機關認可之試驗方式求其係數。

【解說】

二氧化碳滅火設備是集氣體及安全裝置之一種滅火系統。當火災發生時，由噴頭放射出不活性氣體（即 CO_2）滅火藥劑，遮斷空氣供給，稀釋氧氣濃度達到窒息效果，使區域內燃燒停止目的之設備。於相同溫度下 CO_2 氣體是空氣密度 1.5 倍。冷的 CO_2 有較大的密度，這就是能覆著燃燒表面，保持窒息性原因。因任何 CO_2 和空氣混合物都比空氣重，所以含 CO_2 濃度最高的氣層沉在最下部位。

二氧化碳滅火設備之滅火原理係利用窒息，使燃燒因缺氧而無法化學氧化反應，使燃燒停止。用於全區放射方式之二氧化碳滅火設備，因是使用窒息，因此滅火濃度勢必具有相當濃度以上，且區劃空間具有密閉性，始能使火勢達到窒息作用；因二氧化碳比空氣重 1.5 倍，且允許在一定高度以上牆壁具有開口，假使防護區域之開口部未設置自動開閉裝置時，需再加算該開口部面積每 $5kg/m^2$ 之二氧化碳量，以作補充其漏出量。

因其比空氣重，開口部位於距樓地板面高度 2/3 以上部分，對滅火藥劑放射較無影響。而供電信機械室使用時，因其為深層火災悶燒型態，不設自動關閉裝置之開口部總面積會被限制在圍壁面積 1% 以下，以維持全區放射方式防護區域之滅火濃度；另外開口部問題，是提供外來空氣中的氧，使燃燒再度活性化。

表 1　防護區域體積藥劑量

防護區域體積（m³）	每立方公尺防護區域體積所需之滅火藥劑量（kg/m³）	滅火藥劑之基本需要量（kg）
＜ 5	1.2	－
5～15	1.1	6
15～50	1.0	17
50～150	0.9	50
150～1500	0.8	135
≧ 1500	0.75	1200

表 2　係數乘以表 1 所算出之量

公共危險物品	二氧化碳	乾粉			
		第一種	第二種	第三種	第四種
丙烯腈	1.2	1.2	1.2	1.2	1.2
氰甲烷	1.0	1.0	1.0	1.0	1.0
丙酮	1.0	1.0	1.0	1.0	1.0
乙醇	1.2	1.2	1.2	1.2	1.2
汽油	1.0	1.0	1.0	1.0	1.0
輕油	1.0	1.0	1.0	1.0	1.0
原油	1.0	1.0	1.0	1.0	1.0
醋酸乙酯	1.0	1.0	1.0	1.0	1.0
重油	1.0	1.0	1.0	1.0	1.0
潤滑油	1.0	1.0	1.0	1.0	1.0
煤油	1.0	1.0	1.0	1.0	1.0
甲苯	1.0	1.0	1.0	1.0	1.0
石腦油	1.0	1.0	1.0	1.0	1.0
丙醇	1.0	1.0	1.0	1.0	1.0
己烷	1.0	1.2	1.2	1.2	1.2
庚烷	1.0	1.0	1.0	1.0	1.0
苯	1.0	1.2	1.2	1.2	1.2
戊烷	1.0	1.4	1.4	1.4	1.4
甲醛	1.6	1.2	1.2	1.2	1.2
丁酮	1.0	1.0	1.0	1.2	1.0

氣體滅火設備種類及方式

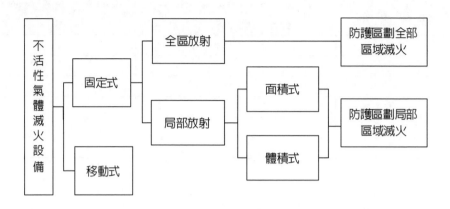

CO_2 儲存容器分類與儲存方法

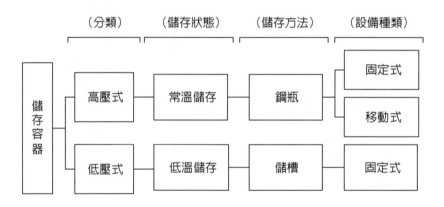

CO_2 滅火設備藥劑重量計算

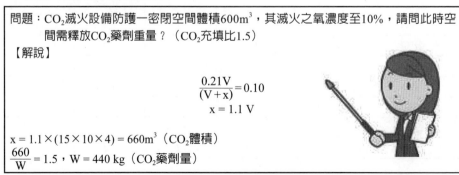

問題：CO_2滅火設備防護一密閉空間體積600m^3，其滅火之氧濃度至10%，請問此時空間需釋放CO_2藥劑重量？（CO_2充填比1.5）

【解說】

$$\frac{0.21V}{(V+x)} = 0.10$$
$$x = 1.1\,V$$

$x = 1.1 \times (15 \times 10 \times 4) = 660m^3$（$CO_2$體積）

$\dfrac{660}{W} = 1.5$，$W = 440\ kg$（CO_2藥劑量）

CO$_2$ 鋼瓶釋放選擇閥與安全裝置

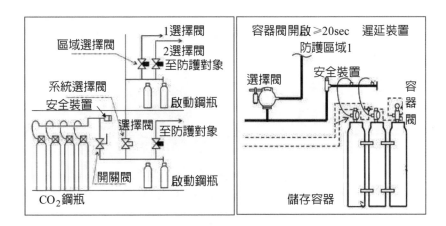

CO$_2$ 全區放射方式

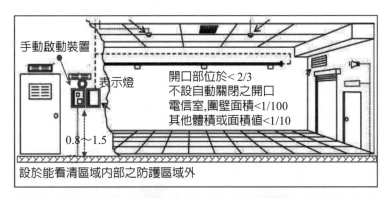

CO$_2$ 濃度	對人體的影響
0.036%	空氣中的一般濃度
0.5%	職業健康之容許濃度（每日 8 小時工作場所）
3%	呼吸困難、頭痛、噁心，伴有視力下降，血壓和脈率的減少
4%	激烈頭疼
5%	約 30 分鐘後，出前頭痛、頭暈、冒汗徵兆
8%	頭暈、陷入昏迷
9%	血壓失衡、充血、約 4 小時死亡
15~20%	嚴重視力障礙、驚厥、呼吸變強、血壓升高、意識喪失
25~30%	中樞神經受損嚴重、昏迷、抽搐，數小時後死亡

CO₂ 滅火設備動作流程

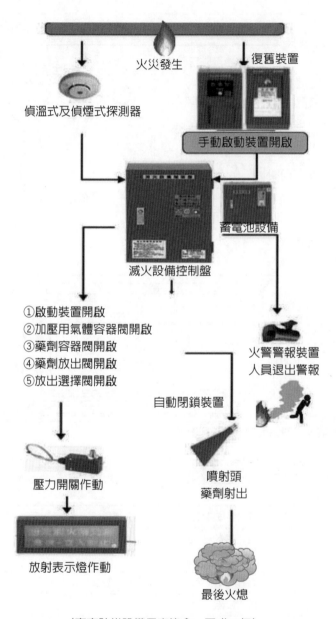

火災發生

復舊裝置

偵溫式及偵煙式探測器

手動啟動裝置開啟

蓄電池設備

滅火設備控制盤

①啟動裝置開啟
②加壓用氣體容器閥開啟
③藥劑容器閥開啟
④藥劑放出閥開啟
⑤放出選擇閥開啟

火警警報裝置
人員退出警報

自動閉鎖裝置

壓力開關作動

噴射頭
藥劑射出

放射表示燈作動

最後火熄

（東京防災設備保守協會，平成28年）

＋知識補充站

汽油與柴油危險性比較

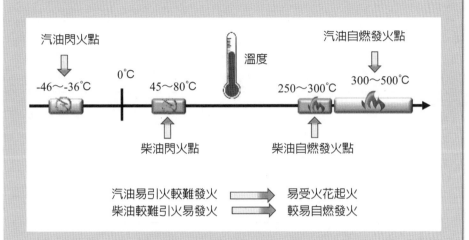

質量不變原理

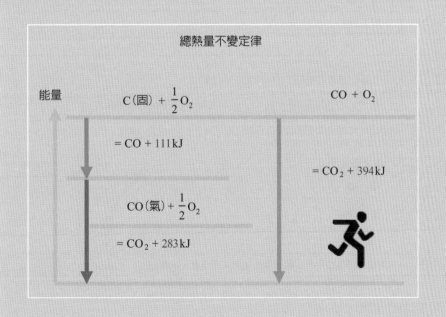

5-32 乾粉滅火設備

> **第 223 條**
> 乾粉滅火設備，準用第 98 條至第 111 條之規定。但全區放射方式之乾粉滅火設備，於防護區域內儲存、處理之公共危險物品，依前條第 3 款表列滅火劑之係數乘以第 99 條所算出之量。前條第 3 款未表列出之公共危險物品，依中央主管機關認可之試驗求其係數。

【解說】

　　乾粉與二氧化碳一樣，因本身比重大，在應用上可分全區與局部放射方式。因臺灣海島型潮濕氣候，應用乾粉滅火設備是相當少見的。

<table>
<tr><td rowspan="10">第 99 條局部防護方式</td><td rowspan="5">藥劑量（面積式）</td><td colspan="3">可燃性固體或易燃性液體存放於上方開放式容器，火災發生時，燃燒限於一面且可燃物無向外飛散之虞者，所需之滅火藥劑量。</td></tr>
<tr><td colspan="3">S m²×Q kg/m²×1.1
S：防護對象物之邊長在＜0.6m 時，以 0.6m 計</td></tr>
<tr><td>乾粉種類</td><td>每平方公尺表面積滅火藥劑量（kg/ m²）</td><td>追加倍數</td></tr>
<tr><td>第 1 種</td><td>8.8</td><td rowspan="3">1.1</td></tr>
<tr><td>第 2,3 種</td><td>5.2</td></tr>
<tr><td>第 4 種</td><td>3.6</td><td></td></tr>
</table>

第 99 條局部防護方式	藥劑量（體積式）	V m²×Q kg/m²×1.1 V：防護對象物之邊長在＜0.6m 時，以 0.6m 計 Q = X-Y×a/A Q：假想防護空間滅火藥劑量（kg/m³）所需追加倍數比照前目規定。 a：防護對象周圍實存牆壁面積之合計（m²）。 A：假想防護空間牆壁面積之合計（m²）。 X 及 Y 值，依下表規定為準：		
		乾粉種類	X 值	Y 值	追加倍數
		第 1 種	5.2	3.9	1.1
		第 2,3 種	3.2	2-4.	
		第 4 種	2.0	1.5	
		供電信機器室使用者，所核算出之滅火藥劑量，需乘以 0.7			

乾粉滅火設備動作流程

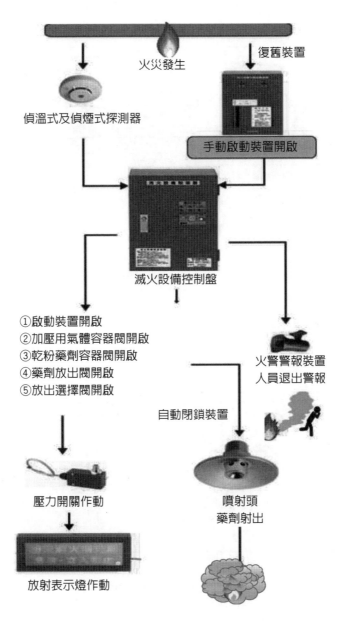

火災發生

復舊裝置

偵溫式及偵煙式探測器

手動啟動裝置開啟

滅火設備控制盤

①啟動裝置開啟
②加壓用氣體容器閥開啟
③乾粉藥劑容器閥開啟
④藥劑放出閥開啟
⑤放出選擇閥開啟

火警警報裝置
人員退出警報

自動閉鎖裝置

壓力開關作動

噴射頭
藥劑射出

放射表示燈作動

（東京防災設備保守協會，平成28年）

乾粉滅火設備全區防護概念圖

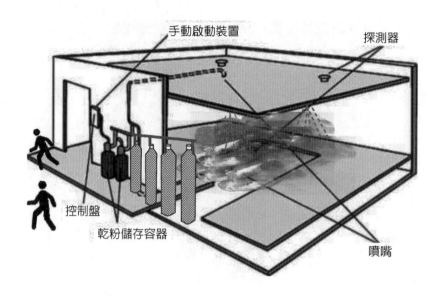

手動啟動裝置　探測器

控制盤

乾粉儲存容器

噴嘴

乾粉滅火設備全區防護

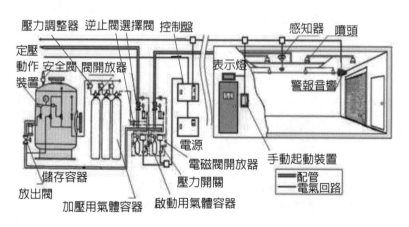

壓力調整器　逆止閥選擇閥　控制盤　　　感知器　噴頭

定壓
動作　安全閥　閥開放器
裝置

表示燈

警報音響

儲存容器

放出閥

加壓用氣體容器　啟動用氣體容器

電源

電磁閥開放器　手動起動裝置

壓力開關

■■ 配管
── 電氣回路

（福岡市消防局，平成26年）

乾粉滅火藥劑種類

項	目	內容	化學式
第一種乾粉	碳酸氫鈉 （NaHCO₃）	碳酸氫鈉即小蘇打粉，適用 BC 類火災，為白色粉末，為增加其流動性與防濕性，會加入一些添加劑。碳酸氫鈉易受熱分解為碳酸鈉、CO_2 和水。	$2NaHCO_3 \rightarrow Na_2CO_3+H_2O+CO_2$ $Na_2CO_3 \rightarrow Na_2O+ CO_2$ $Na_2O+ H_2O \rightarrow 2NaOH$ $NaOH +H^+ \rightarrow Na+H_2O$ $NaOH +OH^- \rightarrow NaO+H_2O$
第二種乾粉	碳酸氫鉀 （KHCO₃）	適用 BC 類火災，效果會比第一種乾粉佳，為紫色乾粉，受熱分解為碳酸鉀、CO_2 與水。本身吸濕性較高，儲藏時應注意防濕。	$2KHCO_3 \rightarrow K_2CO_3+H_2O+CO_2$ $2KHCO_3 \rightarrow K_2O+H_2O+2CO_2$ $K_2O+H_2O \rightarrow 2KOH$ $KOH +OH^- \rightarrow KO+ H_2O$ $KOH +K^- \rightarrow K_2O+ H^+$
第三種乾粉	磷酸二氫銨 （NH₄H₂PO₄）	適用 ABC 類火災，為淺粉紅色粉末。磷酸二氫銨受熱後形成磷酸與 NH_3，後形成焦磷酸與水，偏磷酸，最後五氧化二磷與較多水分。與燃燒面產生玻璃薄膜，有覆蓋隔絕效果。	$NH_4H_2PO_4 \rightarrow NH_3+H_3PO_4$ $2H_3PO_4 \rightarrow H_4P_2O_7+H_2O$ $H_4P_2O_7 \rightarrow 2HPO_3+H_2O$ $2HPO_3 \rightarrow P_2O_5+H_2O$
第四種乾粉	碳酸氫鉀及尿素 （KHCO₃ + H₂NCONH₂）	適用 BC 類火災，為偏灰色，美國 ICI 產品，又稱錳鈉克斯（Monnex）乾粉。在滅火上，除抑制連鎖外，在熱固體燃料面熔化形成隔絕層，達到物理窒息。	$KHCO_3 + H_2NCONH_2 \rightarrow$ $KC_2N_3O_3+ H_2O$

乾粉滅火設備配管迴路

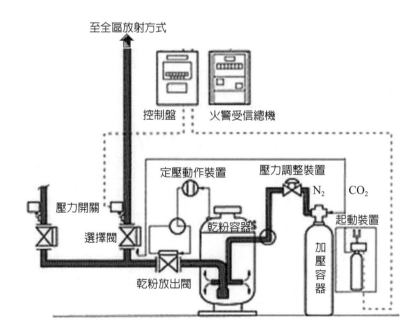

5-33 第4種滅火設備

> **第 224 條**
> 第 4 種滅火設備距防護對象任一點之步行距離,應在 30m 以下。但與第 1 種、第 2
> 種或第 3 種滅火設備併設者,不在此限。

【解說】

第 4 種滅火設備係指大型滅火器,距防護對象任一點之步行距離,應在 30m 以下。
但與第 1 種、第 2 種或第 3 種滅火設備併設者不在此限。滅火器使用時機,係初期滅
火之階段,非常講求時效性,希能就近就取得,速往火場進行打開噴灑滅火。所以,
大型滅火器配置係採分散制,分布於廠區各處,不能以集中管理之方式。如果現場有
更好之滅火設備如第 1 種、第 2 種或第 3 種滅火設備,則能完全取代第 4 種滅火設備。

步行距離是相對於水平距離,在地面上常擺置各種物品或是於轉角通道問題,在滅
火上以人員驅近使用滅火,以實際之步行距離來作計算,在 30m 以下需設第 4 種滅
火設備,除非該處所已有更佳之第 1～3 種滅火設備。

基本上,滅火器使用時機係處於初期滅火之階段,非常講求時效性,所以每一步
行距離在 30m 以下,就能就近取得,再速往一定距離內火場進行打開噴灑滅火。所
以,大型滅火器配置係採分散制,分布於廠區各處,不能以集中管理之方式。如果現
場有更好之滅火設備如第 1 種、第 2 種或第 3 種滅火設備,則能完全取代並免設第 4
種滅火設備。

第 4 種滅火設備比第 5 種滅火設備劑量多 2 倍以上,滅火效能值較高,以應付公共
危險物品場所可能之起火事件;另一方面,為使大型滅火器能完全發揮效能,所以人
員必須經過教育訓練,知其滅火原理及滅火能力。

第 4 種滅火設備適用於 A 類火災者應在 10 以上;適用於 B 類火災者應在 20 以上。
大型滅火器所充填之滅火劑量規定如下:

(一)機械泡沫滅火器:20 L 以上。

(二)二氧化碳滅火器:45kg 以上。

(三)乾粉滅火器:18kg 以上。

依第 202 條指出,於公共危險物品製造場所及一般處理場所、室內儲存場所、室外
儲存場所、第 2 種販賣場所及室加油站或室內及室外儲槽場所,依規定應設第 4 種滅
火設備之場所。

第 4 種滅火設備防護距離

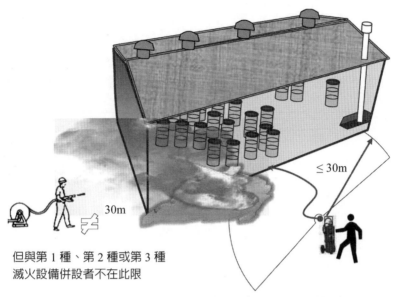

≤ 30m

30m

但與第 1 種、第 2 種或第 3 種
滅火設備併設者不在此限

第 4 種滅火設備設於有效滅火處所且步行距離 ≤ 30m

日本第 4 種滅火設備種類

日本第 4 種滅火設備係指移動式大型滅火設備：
1. 水或化學泡沫滅火器：80 L 以上。
2. 機械泡沫滅火器：20 L 以上。
3. 二氧化碳滅火器：　50 kg 以上。
4. 乾粉滅火器：20 kg 以上。
5. 鹵化物滅火器：30 kg 以上。
6. 強化液滅火器：60 L 以上。

5-34 第5種滅火設備

第 225 條
第 5 種滅火設備應設於能有效滅火之處所，且至防護對象任一點之步行距離應在
20m 以下。但與第 1 種、第 2 種、第 3 種或第 4 種滅火設備併設者，不在此限。
前項選設水槽應備有 3 個 1 L 之消防專用水桶，乾燥砂、膨脹蛭石及膨脹珍珠岩應
備有鏟子。

【解說】

與上一條第 4 種滅火設備比較而言，顯然第 5 種滅火設備設置密度較高，且滅火
設備種類具多元化。基本上，第 5 種滅火設備為小型手提滅火器、水桶、水槽、乾燥
砂、膨脹蛭石及膨脹珍珠岩。

以手提式滅火器而言，其在 19 世紀末開始研製發展，一開始滅火器裝有酸性玻璃
瓶，當玻璃瓶破裂時，瓶內酸液便流入蘇打溶液中，從而產生具有足夠氣壓的混合
物，使滅火劑溶液自動噴出。而泡沫滅火器於 1917 年開始，二氧化碳滅火器與泡沫
一樣產於第一次大戰期間，到 1950 年代手提乾粉滅火器受到世人青睞，並於 1957 年
NFPA 17 訂定乾粉滅火系統標準。

水對 A 類火災是一種非常優良滅火劑，第 5 種滅火設備為以水桶或水槽，進行取
水滅火，其透過冷卻燃料表面及水分滲入燃料內層來熄滅火勢；且水引入到火勢促進
熱傳冷卻作用，減少輻射熱通量（Radiant Heat Flux），降低燃料熱裂解（Pyrolysis）
速率，造成燃燒熱損失。當熱損失超過火勢熱獲得（Heat Gain），此繼續撒水將使
燃料表面持續降溫，直到火災熄滅為止。

乾燥砂、膨脹蛭石及膨脹珍珠岩是對付一些難以撲滅之危險物品火災，主要是以窒
息作用來達到滅火之目的。既然是窒息就需以全面完全覆蓋，始能達到無氧供應，所
以必須具備一定量以上。但此類滅火設備不像手提滅火器一樣，僅能適用於火勢初期
階段，在一定火勢成長階段，仍能撒於火堆中，使成燃燒障礙體，但此效果應不大，
如果燃燒障礙體量多時，可能在控制火勢上就另當別論。

再者，第 5 種滅火設備主要是初期滅火，火勢尚不大，以人員取用之手動操作為
主，必須設於能靠近且安全之有效滅火處所，且考量時效性，必須就近能立即取用，
所以至防護對象任一點之步行距離在 20m 以下。

第 5 種滅火設備防護距離

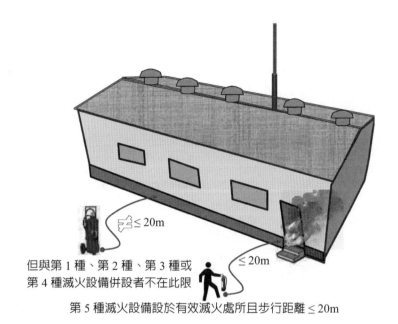

≤ 20m

但與第 1 種、第 2 種、第 3 種或
第 4 種滅火設備併設者不在此限

≤ 20m

第 5 種滅火設備設於有效滅火處所且步行距離 ≤ 20m

第 5 種滅火設備種類

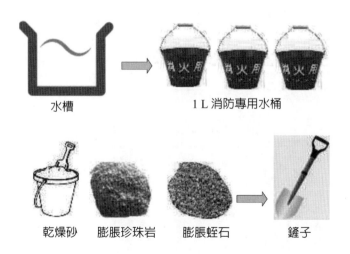

水槽　　　　　　　1 L 消防專用水桶

乾燥砂　　膨脹珍珠岩　　膨脹蛭石　　　　鏟子

5-35 警報設備設置

第 226 條
警報設備之設置，依第 112 條至第 132 條之規定。

【解說】

　警報設備主要是火災通報之告知功能，除人類眼睛發現後，室內有火有煙產生，確實為火災後即能以手動按下發出警報聲，使建築物內部使用人亦能在第一時間知道，發生火災之緊急事故；此外，藉由火災發生之生成物煙、火、熱，依其時間順序而有偵煙式、火焰式及偵溫式探測器等，自動加以感知，並送出信號至受信總機，表示火災發生的迴路位置，及發出音響警報，通知建築物使用人採取火災應變動作，或由受信總機連動相關設備（滅火設備、避難逃生設備、消防人員搶救設備等）；所以，警報設備有消防安全設備中之火車頭之稱，由其感知後帶動一切其他消防設備。

　火警受信總機在國內多為 P 型與 R 型；P（Proprietary）型是專有、所有的意思，是指每一火警分區迴路為專有的一組配線至受信總機，而受信總機面板上小燈有其相對應專屬迴路，能夠判定哪一迴路之探測器動作，但無法判定該迴路中哪一探測器動作。如此使 P 型依其迴路數之配線多，大都使用在迴路數不多的建築物；因此，因應 P 型使火警受信總機應具有火警區域表示裝置，指示火警發生之分區，且受信總機附近備有識別火警分區之圖面資料，又當火警發生時，能發出促使警戒人員注意之音響。而 R（Record）型是記錄式的意思，為受信總機所接收的信號並非直接式，需經過中繼器記錄、解碼、轉換數位式，再傳送到受信總機之警報信號。因 R 型具有可定址之功能，當某一探測器感知能以數字或圖形送出並顯示位置，使火災位置 易搜尋掌握；因 P 型只知某一火警分區，可能是一樓層整個範圍。

　劃定火警分區旨在能顯示火警發生之區域，以一迴路為一區域，並作為日後檢修查知。因此，如同防火（煙）區劃一樣，將建築物內部使用劃分為若干區域，以作為火災在建築物一區域位置發生。

　蓄積式探測器或中繼器之火警分區，該分區在受信總機不得有雙信號功能。而受信總機、中繼器及偵煙式探測器，有設定蓄積時間時，其蓄積時間之合計，每一火警分區在六十秒以下，使用其他探測器時，在二十秒以下。

原料粉末投入靜電引爆例

化學肥料製造業

金屬漏斗　　真空乾燥裝置

（繪自厚生勞動省，令和元年）

蓄積型火警受信總機

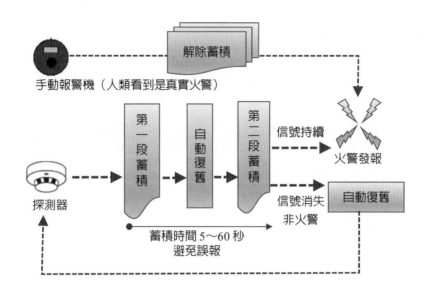

二信號式火警受信總機

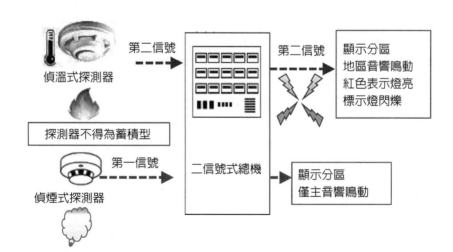

差動式侷限型火警探測器構造

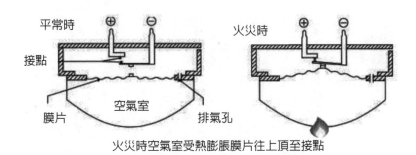

火災時空氣室受熱膨脹膜片往上頂至接點

定溫式侷限型火警探測器構造

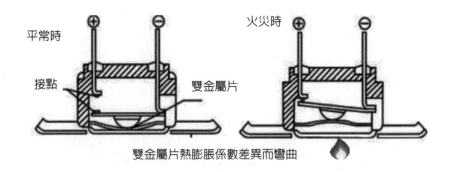

雙金屬片熱膨脹係數差異而彎曲

定溫式線型火警探測器構造

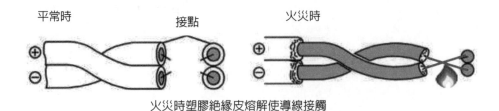

火災時塑膠絕緣皮熔解使導線接觸

火警探測器種類結構圖（日本）

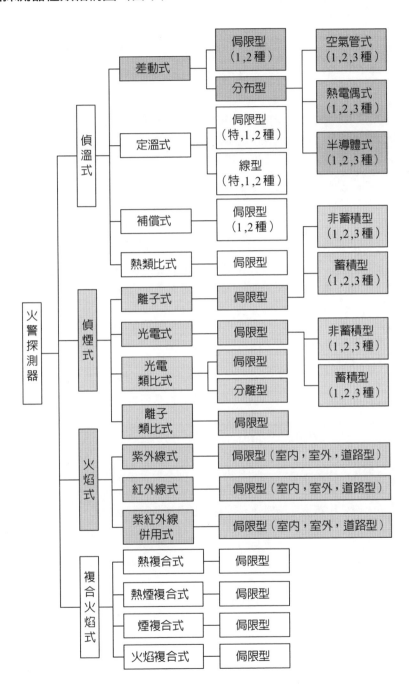

5-36 標示設備設置

【解說】

建築物內部可燃物品在用火用電不慎引起火災，因燃燒生成物對內部使用人造成威脅，並增加環境空間呼吸及能見度之困難，而標示設備應提供燈源或反光標示，以提供人員視覺上之導引，在法規上要求標示設備之設置距離、規格、亮度及顏色等。

出口標示燈本質上也具有避難方向指示之效果，為引導內部使用人之正確引導，引導至相對安全區之排煙室或另一區劃之防火門上方，或是絕對安全區之室外出入口。基本上，避難引導的照明器具，分成出口標示燈、避難方向指示燈，平日以常用電源點燈，停電時自動切換成緊急電源點燈。

標示面光度的單位（cd）為燭光，如 1 cd 為 1 個蠟燭之光度，為 1 燭光。燈具之光源應使用螢光燈、冷陰極管、LED 等。標示面光度係指常用電源點燈時其標示面平均亮度（cd/m^2）乘以標示面面積（m^2）所得之值（單位 cd）。有不易看清是指被遮蔽等。

假使避難方向指示燈之縱向尺度為 0.4，則其有效範圍為 D = k × h = 50 × 0.4 = 20 m，又顯示避難方向符號者之出口標示燈，其縱向尺度為 0.5 則其有效範圍為 D = k × h = 100 × 0.5 = 50 m。

此外，照度是光通量與受照面積之比值，亦即每一單位區域面積所接受光通量的密度，單位為勒克斯（Lux）。而標示面光度係指常用電源點燈時其標示面平均亮度（cd/m^2）乘以標示面面積（m^2）所得之值（單位 cd）。

依內政部消防法令函釋及公告指出，各類場所消防安全設備設置標準規定設置之滅火器、室內消防栓設備、自動撒水設備、水霧滅火設備、二氧化碳滅火設備、乾粉滅火設備、避難器具、連結送水管、消防專用蓄水池及緊急電源插座設備等所需之中文標示（識）字樣，除滅火器、二氧化碳及乾粉滅火設備、出口標示燈及避難方向指示燈標示之顏色，應依相關規定辦理外，其他並無限制各項設備中文標示之顏色及是否應採直式書寫之規定。此外，安全門、安全梯、逃生門等之中英文標示等，屬建築法規範疇。

免設標示設備之處所

地下建築物、地下層或無開口不適用

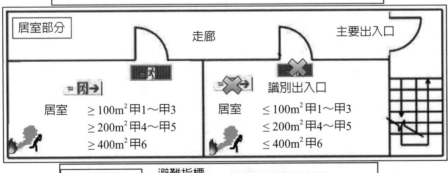

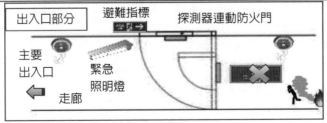

出口標示燈及避難方向指示燈裝置規定

區分			步行距離（公尺）
出口標示燈	A 級	未顯示避難方向符號者	60
		顯示避難方向符號者	40
	B 級	未顯示避難方向符號者	30
		顯示避難方向符號者	20
	C 級		15
避難方向指示燈	A 級		20
	B 級		15
	C 級		10

區分		k 值
出口標示燈	未顯示避難方向符號者	150
	顯示避難方向符號者	100
避難方向指示燈		50

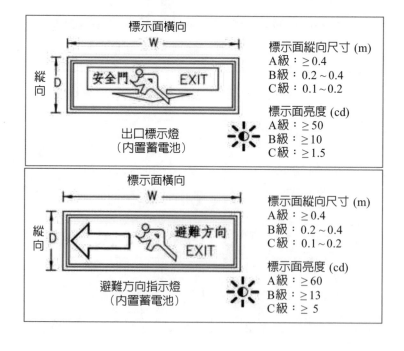

出口標示燈有效步行距離

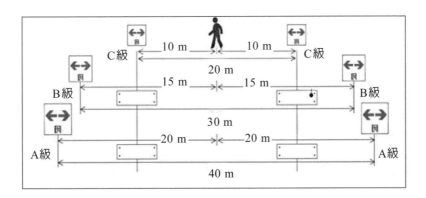

出口標示燈設於有效引導避難出入口上方

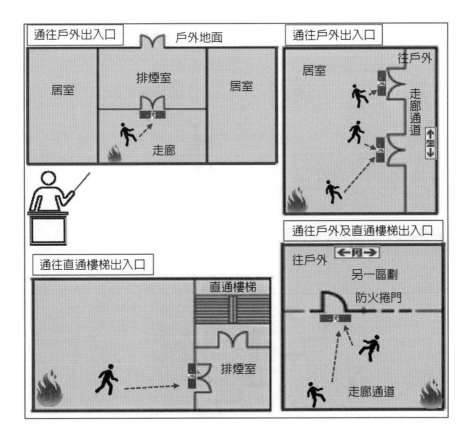

避難方向指示燈裝設於走廊、樓梯及通道

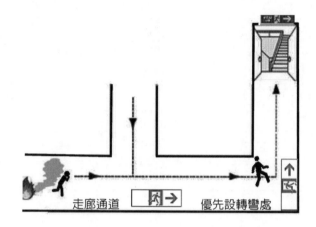

走廊通道　　　　　　　優先設轉彎處

出口標示燈及避難方向指示燈之裝設

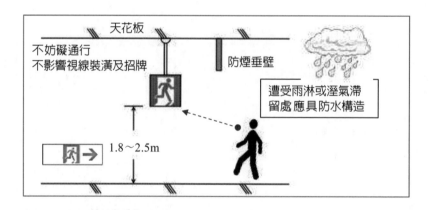

避難方向指示燈設於樓梯或坡道者在地面之照度

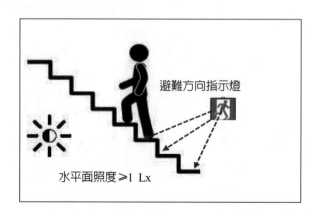

出口標示燈及避難方向指示燈緊急電源容量

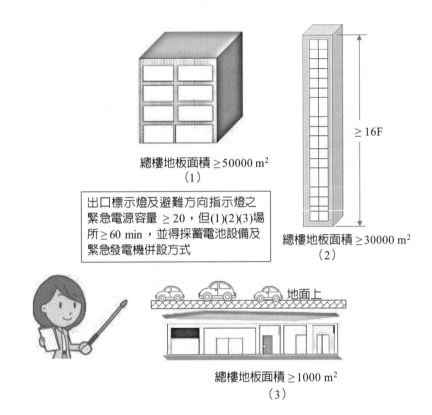

總樓地板面積 ≥ 50000 m²
(1)

≥ 16F

出口標示燈及避難方向指示燈之
緊急電源容量 ≥ 20，但(1)(2)(3)場
所 ≥ 60 min，並得採蓄電池設備及
緊急發電機併設方式

總樓地板面積 ≥ 30000 m²
(2)

地面上

總樓地板面積 ≥ 1000 m²
(3)

出口標示燈及避難方向指示燈之配線

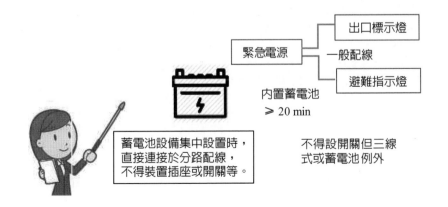

緊急電源 ─── 一般配線 ─┬─ 出口標示燈
　　　　　　　　　　　　└─ 避難指示燈

內置蓄電池
≥ 20 min

蓄電池設備集中設置時，
直接連接於分路配線，
不得裝置插座或開關等。

不得設開關但三線
式或蓄電池例外

5-37 可燃性高壓氣體場所滅火器

第 228 條

可燃性高壓氣體場所、加氣站、天然氣儲槽及可燃性高壓氣體儲槽之滅火器，依下列規定設置：

一、製造、儲存或處理場所設置 2 具。但樓地板面積 200m² 以上者，每 50m²（含未滿）應增設 1 具。

二、儲槽設置 3 具以上。

三、加氣站，依下列規定設置：

　　（一）儲氣槽區 4 具以上。

　　（二）加氣機每臺 1 具以上。

　　（三）用火設備處所 1 具以上。

　　（四）建築物每層樓地板面積在 100m² 以下設置 2 具，超過 100m² 時，每增加（含未滿）100m² 增設 1 具。

四、儲存場所任一點至滅火器步行距離在 15m 以下並不得妨礙出入作業。

五、設於屋外者，滅火器置於箱內或有不受雨水侵襲之措施。

六、每具滅火器對普通火災具有 4 個以上之滅火效能值，對油類火災具有 10 個以上之滅火效能值。

七、滅火器之放置及標示依第 31 條第 4 款之規定。

【解說】

　　可燃性高壓氣體場所、加氣站、天然氣儲槽及可燃性高壓氣體儲槽之火災防護設備，有初期之手提滅火器、冷卻撒水設備及射水設備，只有滅火器是作為火災抑制（Fire Suppression）之撲滅目的，但使用時機僅限火勢剛起火階段，一過這個初起很短的階段，使用手提滅火器已失去其存在意義了，因氣體火勢已起，但氣體火勢初起階段使用時機非常短，法規仍要求設置，這是火勢初起如仍有機會能予以撲滅，當然是最好的，不然會很快演變成儲槽爆炸階段；而冷卻撒水設備與射水設備在消防設備扮演作用（Fire Control），不是撲滅火勢，而是冷卻控制或防護火勢不再擴大，或是不使其高溫致儲槽高壓演變成爆炸現象。在一般場所任一點至滅火器之步行距離在 20m 以下，而在此儲存場所任一點至滅火器之步行距離在 15m 以下，而每具滅火器滅火效能值為 A-4、B-10 以上，顯然比一般場所要求要高。

可燃性高壓氣體場所等設置滅火器之規定數量

5-38 冷卻撒水設備設置

第 229 條

可燃性高壓氣體場所、加氣站、天然氣儲槽及可燃性高壓氣體儲槽之冷卻撒水設備，依下列規定設置：

一、撒水管使用撒水噴頭或配管穿孔方式，對防護對象均勻撒水。

二、使用配管穿孔方式者，符合 CNS 12854 之規定，孔徑在 4mm 以上。

三、撒水量為防護面積 $5L/min.m^2$ 以上。但以厚度 25mm 以上之岩棉或同等以上防火性能之隔熱材被覆，外側以厚度 0.35mm 以上符合 CNS 1244 規定之鋅鐵板或具有同等以上強度及防火性能之材料被覆者，得將其撒水量減半。

四、水源容量在加壓送水裝置連續撒水 30 分鐘之水量以上。

五、構造及手動啟動裝置準用第 216 條之規定。

【解說】

可燃性高壓氣體場所、加氣站、天然氣儲槽及可燃性高壓氣體儲槽之冷卻撒水設備，是扮演冷卻，並防護周邊鄰近槽體不會受熱致高壓爆炸；所以其設置非達到火災撲滅之目的。依內政部消防法令函釋及公告指出：

有關冷卻撒水設備之放水區域之分區、構造及手動啟動裝置、選擇閥部分：其中之構造（指撒水噴頭、管線及管配件等之配置）及手動啟動裝置依設置標準第 229 條第 5 款規定，準用 216 條之規定，至放水區域應否分區及選擇閥應否設置一節，應依所防護對象之位置、火災規模大小等危險特性予以規劃考量。

關於冷卻撒水設備之撒水頭配置數量、間距、撒水頭種類及地下儲氣槽區檢討設置撒水頭部分：

設置標準無明定冷卻撒水設備之撒水頭配置數量、間距、撒水頭種類等之規定，其性能應符合該標準第 229 條第 3、4 款及第 230 條之撒水量、放水時間及防護面積規定，且能均勻有效涵蓋防護對象。

地下儲氣槽區檢討設置撒水頭部分，依設置標準第 230 條第 3 款規定，僅針對儲氣槽人孔處以冷卻撒水設備予以防護，儲氣槽區其餘部分並無明定，但應依第 228 條第 3 款第 1 目規定設置滅火器 4 具以上。

關閉閥門破裂氨水濺潑死亡例

氨水槽

噴濺潑及

旋轉關閉作業

老舊球閥裂開

（繪自厚生勞動省，令和元年）

冷卻撒水設備以 4 等分割方法配置可燃性氣體儲槽

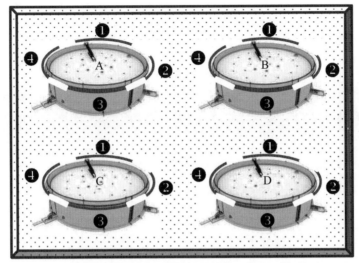

（橫濱市危險物規制事務審查基準，平成 26 年）

冷卻撒水設備之止水閥、選擇閥、排水閥及過濾器之位置關係

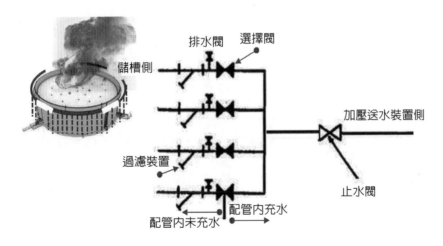

（橫濱市消防局，平成 26 年）

5-39 防護面積計算

第 230 條
前條防護面積計算方式，依下列規定：
一、儲槽為儲槽本體之外表面積（圓筒形者含端板部分）及附屬於儲槽之液面計及
　　閥類之露出表面積。
二、前款以外設備為露出之表面積。但製造設備離地面高度超過 5 m 者，以 5 m 之
　　間隔作水平面切割所得之露出表面積作為應予防護之範圍。
三、加氣站防護面積，依下列規定：
　　（一）加氣機每臺 3.5 m²。
　　（二）加氣車位每處 2m²。
　　（三）儲氣槽人孔每座 3 處共 3m²。
　　（四）壓縮機每臺 3m²。
　　（五）幫浦每臺 2m²。
　　（六）氣槽車卸收區每處 30m²。

【解說】
　　可燃性高壓氣體場所、加氣站、天然氣儲槽及可燃性高壓氣體儲槽之冷卻撒水設
備之撒水量為防護面積 5 L/min.m² 以上。但以厚度 25mm 以上之岩棉或同等以上防
火性能之隔熱材被覆，外側以厚度 0.35mm 以上符合 CNS 1244 規定之鋅鐵板及防火
性能之材料被覆者，得將其撒水量減半。在此防護面積計算方式在儲槽為儲槽本體
之外表面積（圓筒形者含端板部分）及附屬於儲槽之液面計及閥類之露出表面積，
法規希望槽體受熱之外表面積及附屬於液面計及閥類露出表面積，皆能撒水冷卻，
避免火災傳導高熱使其裂開致氣體逸出，造成防護失效。依傅立葉定律（Fourier's
Law），單位時間通過一定截面積，正比於熱傳量；又根據牛頓冷卻定律（Newton
law of cooling），溫度高於周圍環境的物體向周圍介質傳遞熱量逐漸冷卻時所遵循的
規律，即流體與固體表面間的對流熱通量，與流體和固體表面間的溫度差成正比，且
截面積越大接觸熱量將越多，熱傳導越快。因此，露出表面積受到冷卻撒水接觸面越
多，冷卻熱傳也愈快。製造設備離地面高度超過 5 m 者，意謂其越高，越愈成立體火
災；因以垂直位置燃燒，可透過對流、傳導和輻射同時進行多種之熱傳方式，故做相
對熱量增加之切割，以相對增加冷卻撒水防護面積。

冷卻撒水設備防護面積計算

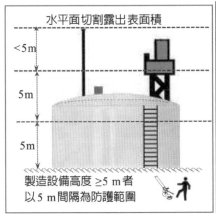

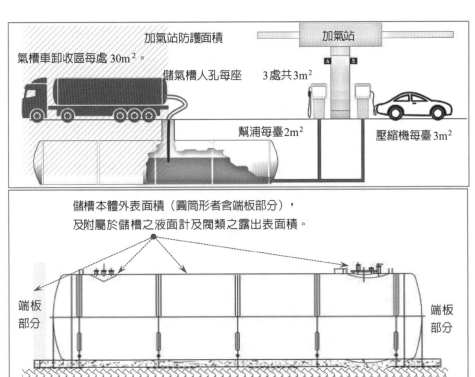

5-40 射水設備

【解說】

1. 可燃性高壓氣體場所、加氣站、天然氣儲槽及可燃性高壓氣體儲槽，皆為可燃氣體，與可燃固體、液體相比，可燃氣體組成最為簡單，大多為多種分子碳氫化合物之組合。氣體本身無形狀亦無體積，而液體無形狀但有一定體積，而固體則具有形狀和體積。氣體是由恆定運動（Constant Motion）的極微小粒子所組成的，這種運動影響氣體的性質和行為，如溫度越高分子運動則越迅速。

2. 氣體燃燒能直接與空氣中氧結合，不需像固體、液體類經分解、昇華、液化、蒸發過程；如氫、乙炔或瓦斯等可燃氣體與空氣接觸直接燃燒。以氣體燃燒而言，僅有擴散及預混合（混合）燃燒二種，混合燃燒即所謂化學性爆炸，擴散火焰是起火前燃料和空氣是不相混合，在氧化燃料與空氣相遇時發生。透過分子擴散（Molecular Diffusion）方式，是一相對緩慢的過程，其燃燒速率由氧化燃料分子擴散，與氧氣接觸至燃燒區之物理作用所控制；火焰僅發生於兩種氣體交界處，此火焰是較穩定的。而擴散火焰通常是黃色的，這是燃燒中煤灰（Soot）形成。擴散火焰之燃料分子與層流或紊流之氧氣混合，這分別產生了層流和紊流擴散火焰，而紊流有助於加速氧氣混合過程。

3. 於火災期間氣體受熱膨脹，使容器中壓力增加，容器受高溫喪失強度而破裂。本條即以大量水來冷卻降溫，避免形成大規模二次災害（爆炸）。

洗淨後殘留氣體引爆例

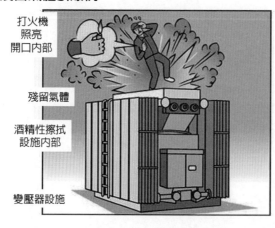

打火機
照亮
開口內部

殘留氣體

酒精性擦拭
設施內部

變壓器設施

（繪自厚生勞動省，令和元年）

可燃性高壓氣體儲槽之射水設備（室外消防栓）

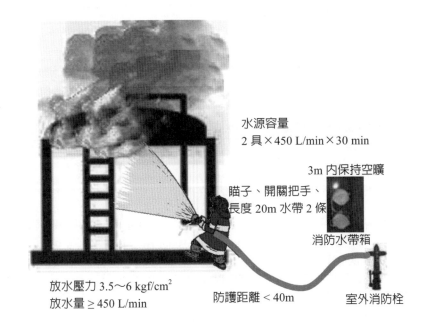

水源容量
2 具×450 L/min×30 min

3m 內保持空曠

瞄子、開關把手、
長度 20m 水帶 2 條

消防水帶箱

放水壓力 3.5～6 kgf/cm²
放水量 ≥ 450 L/min

防護距離 ＜ 40m

室外消防栓

可燃性高壓氣體儲槽之射水設備（固定式射水槍）

反射板

泡沫產生器

可燃性高壓氣體
儲槽

泡沫射水槍

5-41 射水設備位置數量

第 232 條
射水設備設置之位置及數量應依下列規定：
一、設置個數在 2 支以上，且設於距防護對象外圍 40m 以內，能自任何方向對儲槽放射之位置。
二、依儲槽之表面積，每 50m² (含未滿) 設置 1 具射水設備。但依第 229 條第 3 款但書規定設置隔熱措施者，每 100m² (含未滿) 設置 1 具。

【解說】

　　射水設備係指固定式射水槍、移動式射水槍或室外消防栓，主要防護於可燃性高壓氣體製造場所、加氣站、天然氣儲槽及可燃性高壓氣體儲槽之火災熱量使其不致過高，使槽體高熱致高熱膨脹破裂，成 BLEVE 現象。而 BLEVE 爲沸騰液體膨脹蒸汽爆炸現象 (Bolilng Liquid Expansion Vapor Explosion, BLEVE)，因容器無法維持內部壓力，致內部液體外洩，在非常高溫及低壓下整個體積瞬時沸騰，形成快速膨脹擴張狀態，速度如此快能被歸類爲一種爆炸現象。

　　爲能有效冷卻設置個數在 2 支以上，能交叉防護設置，其防護表面積效果是最佳的，且設於距防護對象外圍 40m 以內，這是考量其有效射程距離，並能自任何方向對儲槽放射之位置。而每具射水設備依儲槽之表面積，每 50m² (含未滿) 設置 1 具。但依規定設置隔熱措施者，不易熱傳導至內部時，每 100m² (含未滿) 設置 1 具即可；畢竟射水設備僅是達到槽體火災溫度或鄰近槽體溫度不致過高即可。

　　隔熱措施使用熱傳導係數 (k) 低之無機材質，固定在結構之厚度越厚，保護效果越佳，以隔絕火焰對底材加熱，達到防火之作用。而射水設備中，因無需人員操作，假使射水冷卻仍不使槽體有效冷卻，有潛在爆炸之可能，此時固定式射水槍即可派上用場，其缺點是不能改變位置；而移動式射水槍即可改善固定式之不能移位，其因應火勢方位而擺在最佳戰術位置；此外，室外消防栓必須有二人以上方可使用，第一是其後作用力問題，第二是前進後退充滿水之水帶拖動移位，質量很重之問題，且受槽體高輻射熱，而射程因水帶摩擦損失且水壓不能太高，所以使其射程相對較短。

電焊作業火災例

電焊火花

下層隱匿處可燃物起火

(繪自厚生勞動省，
令和元年)

射水設備設置之位置及數量

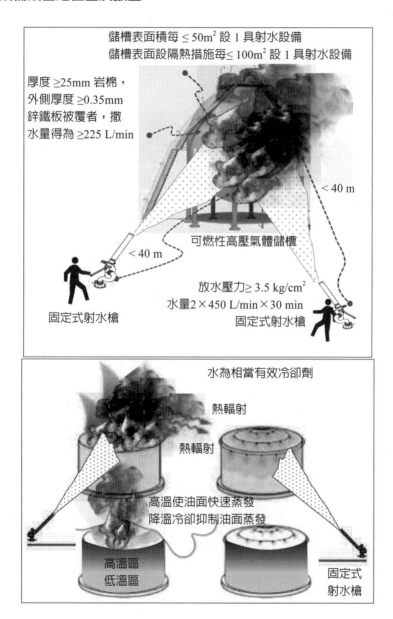

5-42 射水設備配管等規定

第 233 條
射水設備之配管、試壓、加壓送水裝置及緊急電源準用第 39 條及第 42 條之規定。

【解說】

射水設備應用於公共危險物品與可燃性高壓氣體場所，主要於槽體之間作爲冷卻輻射熱之火災控制之目的，並非爲達到撲滅之火災抑制目的，有效消防射水，防止災害擴大，因此有其配管之耐壓、遠程水壓到達及有效供應電源之相關問題。

第 39 條 室外消防栓設備之配管、試壓及緊急電源，準用第 32 條第 1 款第 1 目至第 5 目、第 7 目、第 2 款、第 33 條及第 38 條規定設置。

配管除符合前項規定外，水平主幹管外露部分，應於 ≤ 20m 以明顯方式標示水流方向及配管名稱。

第 42 條 依前條設置之水源，應連結加壓送水裝置，並依下列各款擇一設置：

加壓送水裝置	重力水箱	必要落差＝消防水帶摩擦損失水頭＋配管摩擦損失水頭＋ 25（m） H = h1 + h2 + 25m		
	壓力水箱	必要壓力＝消防水帶摩擦損失水頭＋配管摩擦損失水頭＋落差＋ 2.5（kg/cm²） $P = P1 + P2 + P3 + 2.5kgf/cm^2$		
	消防幫浦	出水量	1 支消防栓 400 ℓ/min×1 ≧ 2 支消防栓 400 ℓ/min×2	
		全揚程	幫浦全揚程＝消防水帶摩擦損失水頭＋配管摩擦損失水頭＋落差＋ 25（m） H = h1 + h2 + h3 + 25m	
		專用		
		連接緊急電源		

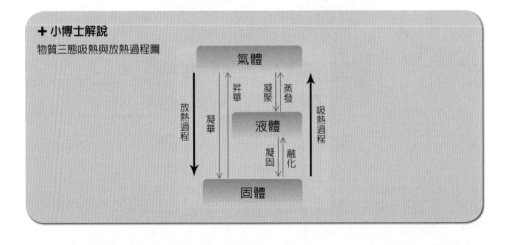

＋ 小博士解說

物質三態吸熱與放熱過程圖

射水設備配管等規定

構件	項目	第一種	第二種
射水設備準用第 32 條、第 33 條及第 38 條規定			
配管	材質	1. CNS6445 配管用碳鋼鋼管、4626 壓力配管用碳鋼鋼管、6331 配管用不銹鋼鋼管或具同等以上強度、耐腐蝕性及耐熱性者。 2. 經中央主管機關認可具氣密性、強度、耐腐蝕性、耐候性及耐熱性等性能之合成樹脂管。	
	管徑	≧ 63 mm	≧ 50 mm
	位置	裝置於不受外來損傷及火災不易殃及之位置。	
	連接	連接屋頂水箱、重力水箱或壓力水箱，配管平時充滿水。	
	防震	採取有效之防震措施。	
	耐壓	加壓試驗壓力不得小於加壓送水裝置全閉揚程 1.5 倍以上，維持 2 小時無漏水現象。	
配件	閥類	1. 止水閥以明顯之方式標示開關之狀態 2. 逆止閥標示水流之方向，並符合 CNS 規定 通水時　　未通水時	
緊急電源	配線	啟動表示燈 啟動裝置與消防栓箱 控制盤或受信總機 緊急電源 ≧ 30 min 電動機與幫浦 註 耐燃線　耐熱線　一般配線	

+ **知識補充站**

CO_2 固態液態與氣態臨界點

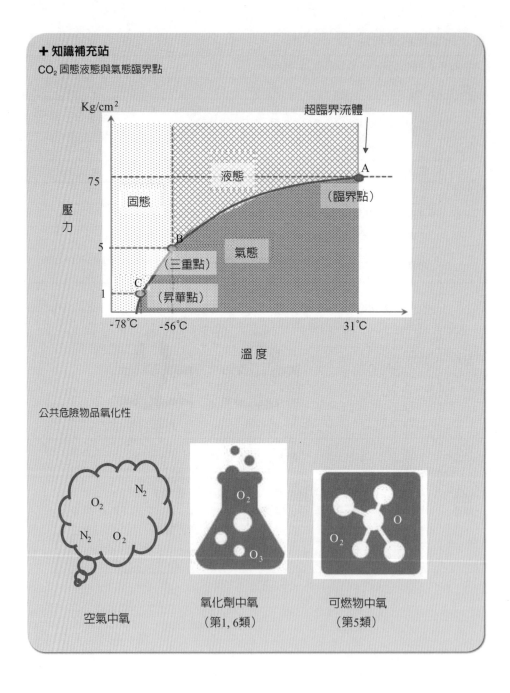

公共危險物品氧化性

| 空氣中氧 | 氧化劑中氧
（第1, 6類） | 可燃物中氧
（第5類） |

第6章
公共危險物品等場所考題精解

6-1 歷屆選擇題

1. (C) 下述關於公共危險物品之分類與儲存場所之敘述，下列何者錯誤？
    (A) 易燃固體屬於第二類公共危險物品
    (B) 易燃液體及可燃液體屬於第四類公共危險物品
    (C) 室內儲槽場所為建築物內設有容量超過 800 公升且不可移動之儲槽，槽內儲存六類物品場所
    (D) 室外儲存場所為位於建築物外、以儲槽以外方式儲存六類物品之場所

2. (C) 依公共危險物品及可燃性高壓氣體設置標準暨安全管理辦法之規定，公共危險物品之製造場所，其外牆與廠區外鄰近收容人數為 300 人之零售市場，至少應有多少公尺以上之安全距離？
    (A) 10　(B) 20　(C) 30　(D) 50

3. (D) 某變壓器室屬於公共危險物品的一般處理場所，現場儲存絕緣油（第四類公共危險物品非水溶性的第三石油類），其儲存量為 16,000 公升，請問依照公共危險物品及可燃性高壓氣體設置標準暨安全管理辦法之規定，該場所四周保留空地寬度至少應為多少公尺以上？
    (A) 5 公尺　(B) 10 公尺　(C) 2 公尺　(D) 3 公尺

4. (B) 依公共危險物品及可燃性高壓氣體設置標準暨安全管理辦法之規定，對於公共危險物品之名稱及管制量，下列敘述何者正確？①硫磺 100 公斤　②黃磷 20 公斤　③鐵粉 500 公斤　④烷基鋁 20 公斤
    (A) ②③④　(B) ①②③　(C) ①②④　(D) ①③④

5. (D) 依照公共危險物品及可燃性高壓氣體設置標準暨安全管理辦法，室外儲槽場所儲槽儲存第四類公共危險物品者，其防液堤高度應在 X 公分以上。但儲槽容量合計超過 20 萬公秉者，高度應在 Y 公尺以上。前述 X、Y 為何？
    (A) X=40、Y=1.2　(B) X=50、Y=1.2　(C) X=40、Y=1　(D) X=50、Y=1

6. (A) 室外儲槽儲存高閃火點物品者，其位置、構造及設備之規定，下列敘述何者錯誤？
    (A) 儲槽側板外壁與廠區外加氣站之安全距離應在 30 公尺以上
    (B) 儲槽內壓力異常上升時，有能將內部氣體及蒸氣由儲槽上方排出之構造
    (C) 儲槽容量未達管制量 2000 倍者，保留空地寬度 3 公尺以上
    (D) 幫浦設備周圍保留空地寬度，應在 1 公尺以上

7. (D) 有關室內儲槽場所儲存閃火點在 40℃ 以上第四類公共危險物品者，下列敘述何者正確？
    (A) 應設置於一層建築物之儲槽專用室
    (B) 儲槽專用室之儲槽側板外壁與室內牆面之距離應在 60 公分以上
    (C) 儲槽容量不得超過管制量之 30 倍，且第二石油類及第三石油類，不得超過 2 萬公升

(D) 儲槽材質應為厚度 3.2 毫公尺以上之鋼板或具有同等以上性能者

8. (C)　下列場所何者非屬於公共危險物品及可燃性高壓氣體設置標準暨安全管理辦法所稱之第一類保護物？
(A) 古蹟
(B) 總樓地板面積 2,000 平方公尺之博物館
(C) 收容人員 15 人之產後護理機構
(D) 每日平均有 30,000 人出入之火車站

9. (C)　某一液化石油氣儲存場所供多家共同使用，其容器儲存室的儲存面積為 180 平方公尺，依照公共危險物品及可燃性高壓氣體設置標準暨安全管理辦法之規定，請問至多可供幾家販賣場所使用？
(A) 18 家　(B) 36 家　(C) 24 家　(D) 30 家

10. (C)　公共危險物品之第五類，其範圍為何？
(A) 氧化性固體　(B) 氧化性液體　(C) 自反應物質及有機過氧化物　(D) 發火性液體及禁水性物質

11. (B)　下列何種公共危險物品不包含在第六類氧化性液體範圍？
(A) 硝酸　(B) 酒精類　(C) 過氯酸　(D) 鹵素間化合物

12. (B)　依公共危險物品及可燃性高壓氣體設置標準暨安全管理辦法之規定，所稱高閃火點物品，指閃火點在攝氏多少度以上之第四類公共危險物品？
(A) 50 度以上　(B) 100 度以上　(C) 200 度以上　(D) 300 度以上

13. (A)　依公共危險物品及可燃性高壓氣體設置標準暨安全管理辦法之規定，下列有關液化石油氣的敘述何者錯誤？
(A) 液化石油氣容器串接使用場所串接使用量不得超過 600 公斤
(B) 液化石油氣販賣場所儲放之液化石油氣，總儲氣量不得超過 128 公斤
(C) 液化石油氣備用量，供營業使用者，不得超過 80 公斤
(D) 液化石油氣備用量，供家庭使用者，不得超過 40 公斤

14. (D)　依公共危險物品及可燃性高壓氣體設置標準暨安全管理辦法之規定，液化石油氣容器檢驗場實施檢驗應向中央主管機關申請認可，經審查合格發給認可證書，認可證書之有效期限 A 年，期限屆滿 B 個月前得向中央主管機關申請展延，每次展延期間 C 年，下列 A, B, C 何者正確？
(A) A=1, B=1, C=1　(B) A=2, B=2, C=2　(C) A=3, B=2, C=3　(D) A=3, B=3, C=3

15. (D)　依公共危險物品及可燃性高壓氣體設置標準暨安全管理辦法之規定，有關六類物品製造場所，其外牆或相當於該外牆之設施外側，與廠區外鄰近場所之安全距離，下列何者正確？
(A) 與博物館之距離，應在 30 公尺以上
(B) 與電壓超過 35,000 伏特之高架電線之距離，應在 3 公尺以上
(C) 與爆竹煙火製造場所之距離，應在 10 公尺以上
(D) 與加氣站之距離，應在 20 公尺以上

16. (B) 依公共危險物品及可燃性高壓氣體設置標準暨安全管理辦法之規定，下列何種氣體為「其他經中央主管機關指定之氣體」，所指定之可燃性高壓氣體？
(A) 氯丙烯　(B) 丁二烯　(C) 氯氣　(D) 氨氣

17. (B) 依公共危險物品及可燃性高壓氣體設置標準暨安全管理辦法之規定，有關公共危險物品之種類、名稱及管制量，下列何者正確？
(A) 硫磺：第二類，易燃固體，管制量 50 公斤
(B) 乙醛：第四類，易燃液體，管制量 50 公升
(C) 動植物油類：第四類，易燃液體，管制量 6,000 公升
(D) 烷基鋁：第三類，發火性液體、發火性固體及禁水性物質，管制量 50 公斤

18. (B) 依公共危險物品及可燃性高壓氣體設置標準暨安全管理辦法第三章，可燃性高壓氣體場所設置及安全管理之規定，下列何者錯誤？
(A) 液化石油氣販賣場所儲放之液化石油氣，總儲氣量不得超過 128 公斤
(B) 液化石油氣儲存場所僅供一家販賣場所使用之面積，不得少於 6 平方公尺
(C) 容器串接使用場所，串接使用量在 120 公斤以上未滿 300 公斤者，容器與用火設備保持 2 公尺以上距離
(D) 可燃性高壓氣體儲存場所採用不燃材料構造之地面一層建築物，屋頂應以輕質金屬板或其他輕質不燃材料覆蓋，屋簷並應距離地面 2.5 公尺以上

19. (C) 依公共危險物品及可燃性高壓氣體設置標準暨安全管理辦法之規定，有關六類物品製造場所位置、構造及設備規定之敘述，下列何者正確？
(A) 若無積存可燃性蒸氣或可燃性粉塵之虞之建築物，得免除充分之通風設備相關規定
(B) 外牆與加油站之距離應在 10 公尺以上
(C) 構造不得設於建築物之地下層
(D) 外牆與古蹟之距離應在 30 公尺以上

20. (D) 依公共危險物品及可燃性高壓氣體設置標準暨安全管理辦法之規定，室外儲槽場所儲存易燃液體者，應設置防液堤，下列何者正確？
(A) 防液堤高度應在 1.5 公尺以上
(B) 防液堤內面積不得超過 6 萬平方公尺
(C) 儲槽容量超過 1 萬公秉，應在各個儲槽周圍設置分隔堤，分隔堤高度應在 30 公分以上，且至少低於防液堤 10 公分
(D) 防液堤周圍應設道路，並與區內道路連接，道路寬度不得小於 6 公尺

21. (C) 依公共危險物品及可燃性高壓氣體設置標準暨安全管理辦法之六類物品儲槽之容量、內容量、空間容積規定，下列何者錯誤？
(A) 儲槽之容量不得大於儲槽之內容積扣除其空間容積後所得之量
(B) 豎型圓筒形儲槽內容積不含槽頂部分

(C) 儲槽（無需設置固定式滅火設備者）空間容積為內容積之 5% 至 15%

(D) 儲槽上部設有固定式滅火設備者，其空間容積以其滅火藥劑放出口下方 30 公分以上，未達 1 公尺之水平面上部計算之

22. (D) 依消防法規定，公共危險物品及可燃性高壓氣體之製造、儲存或處理場所，其位置、構造及設備未符合設置標準，或儲存、處理及搬運未符合安全管理規定者，其處罰下列何者錯誤？

(A) 處其管理權人或行為人新臺幣 2 萬元以上 10 萬元以下罰鍰

(B) 經處罰鍰後仍不改善者，得連續處罰

(C) 得予以 30 日以下停業或停止其使用之處分

(D) 直接強制斷水斷電並拆除

23. (D) 依公共危險物品及可燃性高壓氣體設置標準暨安全管理辦法規定，有關液化石油氣的敘述，下列何者錯誤？

(A) 液化石油氣販賣場所儲放之液化石油氣，總儲氣量不得超過 128 公斤

(B) 液化石油氣備用量，供營業使用者，不得超過 80 公斤

(C) 液化石油氣備用量，供家庭使用者，不得超過 40 公斤

(D) 液化石油氣容器串接使用場所串接使用量不得超過 600 公斤

24. (C) 六類公共危險物品之製造、儲存及處理場所，依主管機關規定所設置的「第二種標示板」內容應包括下列何者？①公共危險物品之名稱　②公共危險物品之種類　③全球調和制度（GHS）危害物質圖示　④最大數量及換算管制倍數

(A) ①③④　　(B) ①②③　　(C) ①②④　　(D) ②③④

25. (D) 依公共危險物品及可燃性高壓氣體設置標準暨安全管理辦法之規定，液化石油氣販賣場所儲放之液化石油氣，總儲氣量不得超過 X 公斤。液化石油氣備用量，供營業使用者，不得超過 Y 公斤；供家庭使用者，不得超過 Z 公斤，下列何者正確？

(A) X=100，Y=50，Z=25　　(B) X=120，Y=60，Z=30　　(C) X=128，Y=60，Z=30　　(D) X=128，Y=80，Z=40

26. (#) 鑒於液化石油氣分裝場不論在設置處所或安全設施方面之規定，均甚嚴格，因此同意該分裝場容器儲存室得為瓦斯行來儲存容器。假設某一液化石油氣分裝場，提供下游 20 家販賣業者儲存容器，依「公共危險物品及可燃性高壓氣體設置標準暨安全管理辦法」規定需至少有多大儲存面積？

(A) 100 平方公尺　　(B) 120 平方公尺　　(C) 150 平方公尺　　(D) 200 平方公尺

註：6 m^2×20=120，如加上通道 120 + (120×1/5)=144（選項至 150）。因此，答案 (B) 與 (C) 皆可

27. (A) 民國 95 年 11 月 1 日前已設置之製造、儲存或處理公共危險物品及可燃性高壓氣體之場所，依公共危險物品及可燃性高壓氣體設置標準暨安全管理辦法，如迄今仍未改善完畢者，依消防法可處下列何項處罰？

(A) 處其管理權人或行為人新臺幣 2 萬元以上 10 萬元以下罰鍰

(B) 處其管理權人或行為人新臺幣 10 萬元以上 30 萬元以下罰鍰

(C) 處其管理權人及行為人新臺幣 2 萬元以上 10 萬元以下罰金

(D) 處其管理權人新臺幣 2 萬元以上 10 萬元以下罰金

28. (D) 依公共危險物品及可燃性高壓氣體設置標準暨安全管理辦法，六類公共危險物品製造場所或一般處理場所之構造規定，下列何者錯誤？

(A) 應設於建築物之地面層或地上層

(B) 牆壁、樑、柱、地板及樓梯，應以不燃材料建造；外牆有延燒之虞者，除出入口外，不得設置其他開口，且應採用防火構造

(C) 窗戶及出入口應設置至少 30 分鐘防火時效之防火門窗；牆壁開口有延燒之虞者，應設置至少 1 小時防火時效之常時關閉式防火門

(D) 窗戶及出入口裝有玻璃時，應使用強化玻璃

29. (B) 依公共危險物品及可燃性高壓氣體設置標準暨安全管理辦法，公共危險物品六類物品製造場所，其外牆或相當於該外牆之設施外側，與廠區外鄰近場所之安全距離規定，下列何者錯誤？

(A) 與古蹟之距離，應在 50 公尺以上

(B) 與博物館、美術館之距離，應在 30 公尺以上

(C) 與加油站、加氣站、天然氣儲槽、可燃性高壓氣體儲槽之距離，應在 20 公尺以上

(D) 與電壓超過 3 萬 5 千伏特之高架電線之距離，應在 5 公尺以上

30. (D) 依公共危險物品及可燃性高壓氣體設置標準暨安全管理辦法，下列用語定義，何者錯誤？

(A) 第三類公共危險物品指發火性液體、發火性固體及禁水性物質

(B) 在常用溫度下或溫度在攝氏 15 度時，表壓力達每平方公分 2 公斤以上或 0.2 百萬帕斯卡（MPa）以上之壓縮乙炔氣屬可燃性高壓氣體之一

(C) 公共危險物品販賣裝於容器之六類物品，其數量達管制量 15 倍以上，未達 40 倍之場所，稱為第二種販賣場所

(D) 儲槽係純供灌裝可燃性高壓氣體之移動式高壓容器

31. (C) 依公共危險物品及可燃性高壓氣體設置標準暨安全管理辦法，液化石油氣販賣場所儲放之液化石油氣，總儲氣量不得超過 X 公斤。液化石油氣備用量，供營業使用者，不得超過 Y 公斤；供家庭使用者，不得超過 Z 公斤。則 X、Y、Z 各為何？

(A) X=140；Y=80；Z=40　(B) X=128；Y=80；Z=30　(C) X=128；Y=80；Z=40　(D) X=120；Y=60；Z=30

32. (C) 依公共危險物品及可燃性高壓氣體設置標準暨安全管理辦法規定，下列場所何者為可燃性高壓氣體處理場所？①販賣裝於容器之六類物品，其數量未達管制量 15 倍之場所　②販賣裝於容器之可燃性高壓氣體之場所　③檢驗供家庭用或營業用之液化石油氣容器之場所　④使用液化石油氣作為燃氣來源，其串接使用量達 80 公斤以上之場所　⑤從事壓縮、液化或分裝可燃性

高壓氣體之作業區及供應其氣源之儲槽
(A) ①②③　　(B) ②④⑤　　(C) ②③④　　(D) ②③④⑤

33. (A) 儲存公共危險物品之數量在管制量 20 倍以下者,建築物之一部分得供作室
內儲存場所使用,其有關位置、構造及設備規定之敘述,下列何者正確?
(A) 供作室內儲存場所使用之部分,通風及排出設備,應設置防火閘門。但
管路以不燃材料建造,或內部設置撒水頭防護,或設置達同等以上防護
性能之措施者,不在此限
(B) 供作室內儲存場所使用之部分,地板應高於地面,且樓層高度不得超過
4 公尺
(C) 供作室內儲存場所使用之部分,樓地板面積不得超過 60 平方公尺
(D) 僅能設於牆壁、柱及地板均為防火構造建築物之第 1 層

34. (B) 依據公共危險物品及可燃性高壓氣體設置標準暨安全管理辦法規定,其中公
共危險物品種類分為六類,第二類屬於易燃固體,下列何者不屬於該類物
質?
(A) 硫化磷　　(B) 黃磷　　(C) 赤磷　　(D) 硫磺

35. (C) 依據公共危險物品及可燃性高壓氣體設置標準暨安全管理辦法規定,其所稱
公共危險物品儲存場所之室內儲槽場所,係指在建築物內部設置容量超過多
少公升且不可移動之儲槽儲存六類物品之場所?
(A) 1,000　　(B) 800　　(C) 600　　(D) 500

36. (D) 依公共危險物品及可燃性高壓氣體設置標準暨安全管理辦法規定,某場所若
儲存公共危險物品種類有二種,分別為黃磷數量 x 公斤,其管制量為 20 公
斤;二硫化碳數量 y 公升,其管制量為 50 公升,則 x、y 各為下列何者時,
其儲存總量即達管制量以上?
(A) x=10、y=20　　(B) x=10、y=25　　(C) x=4、y=40　　(D) x=5、y=40

37. (D) 製造、儲存或處理六類公共危險物品達管制量 30 倍以上之場所,應由管理
權人選任管理或監督層次以上之幹部為下列何種人員,擬訂消防防災計畫?
(A) 防火管理人　　(B) 防災管理人　　(C) 防災計畫人　　(D) 保安監督人

38. (D) 依公共危險物品及可燃性高壓氣體設置標準暨安全管理辦法規定,各項場所
之敘述,下列何者錯誤?
(A) 可燃性高壓氣體製造場所,係指從事製造、壓縮、液化或分裝可燃性高
壓氣體之作業區及供應其氣源之儲槽
(B) 公共危險物品儲存場所之室外儲槽場所,係指在建築物外地面上設置容
量超過 600 公升且不可移動之儲槽儲存六類物品之場所
(C) 公共危險物品處理場所之第二種販賣場所,係指販賣裝於容器之六類物
品,其數量達管制量 15 倍以上,未達 40 倍之場所
(D) 可燃性高壓氣體處理場所之容器串接使用場所,係指使用液化石油氣作
為燃氣來源,其串接使用量達 60 公斤以上之場所

39. (B) 某棟儲存第四類公共危險物品之建築物(儲存倉庫)建築物之牆壁、柱及地

板爲防火構造者，如儲存量達管制量 10 倍以上未達 20 倍者，其四周保留空地寬度應至少爲多少？

(A) 1.5 公尺以上　(B) 2 公尺以上　(C) 3 公尺以上　(D) 5 公尺以上

40. (C) 某一設於建築物之地面層的液化石油氣販賣場所，①建築物供販賣場所使用部分，牆壁爲防火構造或不燃材料建造　②樑及天花板以不燃材料建造　③其上無樓層，屋頂爲非防火構造或以耐燃材料建造　④電氣設備符合屋內線路裝置規則相關規定　⑤儲放之液化石油氣，總儲氣量未超過 128 公斤。以上對其建築物構造、設備及儲存量等之敘述，何者正確？

(A) ①②③④　(B) ①②③⑤　(C) ①②④⑤　(D) ①②③④⑤

41. (B) 室外儲槽場所儲槽儲存第四類公共危險物品者，其防液堤應符合下列何者規定？

(A) 防液堤之高度應在 50 公分以上。但儲槽容量合計超過 12 萬公秉者，高度應在 1 公尺以上

(B) 防液堤內面積不得超過 8 萬平方公尺

(C) 室外儲槽容量在 5 千公秉以上者，其防液堤應設置洩漏檢測設備，並應於可進行處置處所設置警報設備

(D) 高度 1 公尺以上之防液堤，每間隔 50 公尺應設置出入防液堤之階梯或土質坡道

42. (D) 液化石油氣容器檢驗場應依液化石油氣容器定期檢驗基準依序執行容器及容器閥檢驗，不合格容器及容器閥應予銷毀，銷毀時並應報請轄區消防機關監毀。下列有關檢驗程序之敘述，何者錯誤？

(A) 檢驗場應將檢驗記錄保存 6 年以上，每月並應申報中央主管機關及轄區消防機關備查

(B) 檢驗場應設置監控系統攝錄容器及容器閥檢驗情形，錄影資料並應保存 1 個月以上

(C) 檢驗場應維護場內檢驗及安全設施之正常功能，並定期辦理校正及自主檢查

(D) 其檢驗員應每一年接受教育訓練一次

43. (A) 有關公共危險物品之管理事項，下列何者錯誤？

(A) 有機過氧化物係屬第三類公共危險物品

(B) 位於建築物內以儲槽以外方式儲存六類物品之場所謂之室內儲存場所

(C) 六類公共危險物品製造場所，其外牆或相當於該外牆之設施外側，與廠區外鄰近場所其用途爲收容人員在 15 人之安養機構之安全距離應在 10 公尺以上

(D) 六類物品製造場所或一般處理場所不得設於建築物之地下層

44. (D) 有關可燃性高壓氣體場所之管理事項，下列何者錯誤？

(A) 在常用溫度下或溫度在 35℃以下時，表壓力達每平方公分 2 公斤以上或 0.2 百萬帕斯卡（MPa）以上之液化氣體中之丁烷，係屬可燃性高壓氣體

(B) 可燃性高壓氣體製造場所，係指從事製造、壓縮、液化或分裝可燃性高壓氣體之作業區及供應其氣源之儲槽

(C) 可燃性高壓氣體處理場所之販賣場所應設於建築物之地面層

(D) 液化石油氣儲存場所供三家以上販賣場所共同使用者，不得少於 12 平方公尺

45. (C) 依據公共危險物品及可燃性高壓氣體設置標準暨安全管理辦法之規定，第一種販賣場所內設六類物品調配室者，應符合的規定下列敘述何者有誤？

(A) 應以牆壁分隔區劃

(B) 出入口應設置 1 小時以上防火時效之防火門

(C) 樓地板面積應在 5 平方公尺以上，20 平方公尺以下

(D) 有積存可燃性蒸氣之虞者，應設置將蒸氣有效排至屋簷以上或室外距地面 4 公尺以上高處之設備

46. (D) 依公共危險物品及可燃性高壓氣體設置標準暨安全管理辦法，所稱高閃火點物品，係指閃火點在攝氏 X 度以上之第 Y 類公共危險物品，X、Y 為下列何者？

(A) 70；一　(B) 90；二　(C) 110；三　(D) 130；四

47. (A) 依據公共危險物品及可燃性高壓氣體設置標準暨安全管理辦法之規定，下列氣體狀態何者為符合本辦法之可燃性高壓氣體？

(A) 溫度在 35℃時，表壓力達每平方公分 15 公斤之壓縮氫氣

(B) 在常用溫度下，表壓力達每平方公分 5 公斤之壓縮甲烷

(C) 在常用溫度下，表壓力達每平方公分 1.5 公斤之壓縮乙炔氣

(D) 在 35℃以下，表壓力達每平方公分 1.5 公斤之液化丙烷

48. (D) 依據公共危險物品及可燃性高壓氣體設置標準暨安全管理辦法之規定，室內儲存場所儲存六類物品之數量，如未達管制量 50 倍者，下列儲存倉庫周圍保留空地寬度，何者符合規定？

(A) 達管制量 6 倍者，無保留空地

(B) 達管制量 12 倍者，無保留空地

(C) 達管制量 25 倍者，保留空地寬度為 1 公尺

(D) 達管制量 40 倍者，保留空地寬度為 3 公尺

49. (B) 根據公共危險物品及可燃性高壓氣體設置標準暨安全管理辦法之規定，室內儲槽場所，係指在建築物內設置容量超過多少公升且不可移動之儲槽儲存六類物品之場所？

(A) 300　(B) 600　(C) 1,000　(D) 2,500

50. (A) 根據公共危險物品及可燃性高壓氣體設置標準暨安全管理辦法之規定，若儲槽上部未設有固定式滅火設備者，該儲槽空間容積等於該儲槽內容積之百分之 A 到百分之 B 之間。則 A、B 各值為何？

(A) A=5，B=10　(B) A=3，B=5　(C) A=3，B=10　(D) A=5，B=20

51. (A) 依公共危險物品及可燃性高壓氣體設置標準暨安全管理辦法規定，室外儲槽

儲存高閃火點物品者，其位置、構造及設備下列敘述何者錯誤？

(A) 儲存容量未達管制量 1,000 倍者，周圍保留空地寬度為 2 公尺以上

(B) 儲存容量未達管制量 2,000 倍者，周圍保留空地寬度為 3 公尺以上

(C) 儲存容量達管制量 2,000 倍以上者，周圍保留空地寬度為 5 公尺以上

(D) 幫浦設備周圍保留空地寬度，應在 1 公尺以上

52. (C) 依公共危險物品及可燃性高壓氣體設置標準暨安全管理辦法規定，六類公共危險物品製造場所，其外牆與廠區外鄰近場所之安全距離，下列敘述何者錯誤？

(A) 與古蹟之距離，應在 50 公尺以上

(B) 與博物館之距離，應在 50 公尺以上

(C) 與加油站之距離，應在 30 公尺以上

(D) 與爆竹製造工廠之距離，應在 20 公尺以上

53. (D) 製造、儲存或處理六類物品達管制量多少倍以上之場所，應由管理權人選任管理或監督層次以上之幹部為保安監督人，擬訂消防防災計畫，報請當地消防機關核定，並依該計畫執行六類物品保安監督相關業務？

(A) 10　(B) 15　(C) 20　(D) 30

54. (B) 根據可燃性高壓氣體儲存場所防爆牆設置基準之規定，防爆牆長度應超過設置方位儲存場所建築物牆面長度。其牆腳與儲存場所建築物之距離不得少於多少公尺？

(A) 1　(B) 2　(C) 3　(D) 5

55. (B) 依公共危險物品及可燃性高壓氣體設置標準暨安全管理辦法規定，硫磺及黃磷分屬第幾類公共危險物品？

(A) 第一類及第三類　(B) 第二類及第三類　(C) 第二類及第四類　(D) 第三類及第五類

56. (D) 依據公共危險物品及可燃性高壓氣體設置標準暨安全管理辦法，室外儲槽場所儲槽儲存第四類公共危險物品者，其防液堤之規定何者為錯誤？

(A) 室外儲槽之直徑未達 15 公尺者，防液堤與儲槽壁板間之距離，不得小於儲槽高度之 1/3

(B) 同一地區設有 2 座以上儲槽者，其周圍所設置防液堤之容量，應為最大之儲槽容量 110% 以上

(C) 防液堤內面積不得超過 8 萬平方公尺

(D) 室外儲槽容量在 2 萬公秉以上者，其防液堤應設置洩漏檢測設備，並應於可進行處置處所設置警報設備

57. (B) 依據公共危險物品及可燃性高壓氣體設置標準暨安全管理辦法，室內儲槽場所之位置、構造及設備之規定何者為錯誤？

(A) 儲槽專用室出入口應設置 20 公分以上之門檻，或設置具有同等以上效能之防止流出措施

(B) 儲槽專用室之儲槽與室內牆面之距離應在 30 公分以上

(C) 儲槽專用室之外牆有延燒之虞者，出入口應設置常時關閉式 1 小時以上防火時效之防火門

(D) 儲槽容量不得超過管制量之 40 倍，且第四類公共危險物品中之第二石油類及第三石油類，不得超過 2 萬公升

58. (B) 依據公共危險物品及可燃性高壓氣體設置標準暨安全管理辦法之規定，下列之敘述何者正確？

(A) 禁水性物質屬於第二類公共危險物品

(B) 可燃性高壓氣體包含在常用溫度下或溫度在攝氏 15 度時，表壓力達每平方公分 2 公斤以上之壓縮乙炔氣

(C) 室內儲槽場所為在建築物內設置容量超過 1,000 公升，且不可移動之儲槽儲存六類物品之場所

(D) 六類物品製造場所，其外牆或相當於該外牆之設施外側與古蹟之距離，應在 80 公尺以上

59. (C) 依據公共危險物品及可燃性高壓氣體設置標準暨安全管理辦法之規定，下列何者錯誤？

(A) 第一種販賣場所係指販賣裝於容器之六類物品，其數量未達管制量 15 倍之場所

(B) 第一種販賣場所其使用建築物之窗戶及出入口應設置 30 分鐘以上防火時效之防火門窗

(C) 內設六類物品調配室者出入口應設置 30 分鐘以上防火時效之防火門

(D) 內設六類物品調配室者，有積存可燃性蒸氣或可燃性粉塵之虞者，應設置將蒸氣或粉塵有效排至屋簷以上或室外距地面 4 公尺以上高處之設備

60. (C) 依據「公共危險物品及可燃性高壓氣體設置標準暨安全管理辦法」有關室外儲槽場所之位置、構造及設備規定，下列敘述何者錯誤？

(A) 幫浦設備與儲槽之距離不得小於儲槽保留空地寬度之 1/3

(B) 儲存二硫化碳之儲槽，槽壁厚度不得小於 20 公分，並應沒入於無漏水之虞之鋼筋混凝土水槽中

(C) 固定式儲槽直徑 45 公尺以上者，儲存閃火點未達攝氏 60 度之六類物品時，相鄰儲槽間之距離應為相鄰二座儲槽直徑和之 1/4

(D) 儲存高閃火點物品之幫浦設備保留空地寬度不得小於 1 公尺

61. (B) 依據「公共危險物品及可燃性高壓氣體設置標準暨安全管理辦法」規定，室內儲存場所儲存第五類公共危險物品之有機過氧化物，儲存倉庫應以分隔牆區劃，每一區劃面積應在 A 平方公尺以下；儲存倉庫窗戶距離地板應在 B 公尺以上，設於同一壁面窗戶之總面積不得超過該壁面面積之 C 分之一，且每一窗戶之面積不得超過 D 平方公尺，請問前述 A，B，C，D 為何？

(A) 500，1.5，100，0.5　　(B) 150，2，80，0.4　　(C) 130，1.5，60，0.5

(D) 100，1，50，0.5

62. (C) 依「公共危險物品及可燃性高壓氣體設置標準暨安全管理辦法」規定，液化

石油氣容器檢驗場應將檢驗記錄保存幾年以上？

(A) 3 年　(B) 5 年　(C) 6 年　(D) 10 年

63. (B) 依「公共危險物品及可燃性高壓氣體設置標準暨安全管理辦法」規定，化學品「赤磷」係屬於第幾類公共危險物品？

(A) 第一類公共危險物品　(B) 第二類公共危險物品　(C) 第三類公共危險物品　(D) 第五類公共危險物品

64. (A) 依「公共危險物品及可燃性高壓氣體設置標準暨安全管理辦法」之規定，下列有關可燃性高壓氣體儲存場所之敘述何者錯誤？

(A) 通路面積至少應占儲存場所面積之 10% 以上

(B) 周圍 2 公尺範圍內，應嚴禁煙火，且不得存放任何可燃性物質

(C) 保持 40°C 以下之溫度

(D) 採不燃材料構造之地面一層建築物，屋頂應以輕質金屬板或其他輕質不燃材料覆蓋，屋簷並應距離地面 2.5 公尺以上

65. (B) 依「公共危險物品及可燃性高壓氣體設置標準暨安全管理辦法」之規定，第一種販賣場所之位置、構造及設備，下列何者錯誤？

(A) 使用建築物之部分之樑及天花板應以不燃材料建造

(B) 應設於建築物之地面二層以下

(C) 內設六類物品調配室之樓地板面積應在 6 平方公尺以上，10 平方公尺以下

(D) 使用建築物之窗戶應設置 30 分鐘以上防火時效之防火門窗

66. (A) 依「公共危險物品及可燃性高壓氣體設置標準暨安全管理辦法」之規定，液化石油氣儲存場所供二家以上共同使用者，每一販賣場所使用之儲存面積，不得少於多少；且該儲存場所設置位置與販賣場所距離不得超過幾公里？

(A) 6 平方公尺；5 公里　(B) 6 平方公尺；10 公里　(C) 10 平方公尺；5 公里　(D) 10 平方公尺；10 公里

67. (B) 依「公共危險物品及可燃性高壓氣體設置標準暨安全管理辦法」規定，有關可燃性高壓氣體容器儲存室之規定，下列何者正確：

(A) 周圍 5 公尺範圍內，應嚴禁煙火

(B) 灌氣容器與殘氣容器，應分開儲存，並直立放置

(C) 設置一般型緊急照明設備

(D) 通路面積至少應占儲存場所面積 15%

68. (B) 依據公共危險物品及可燃性高壓氣體設置標準暨安全管理辦法之規定，六類物品製造場所，其外牆與廠區外鄰近場所之距離，下列何者符合安全距離規定？

(A) 與電壓超過 3 萬 5 千伏特之高架電線距離 4 公尺

(B) 與收容人員在 20 人以上之大型醫院距離 40 公尺

(C) 與古蹟距離 40 公尺

(D) 與圖書館距離 40 公尺

69. (B) 依據公共危險物品及可燃性高壓氣體設置標準暨安全管理辦法之規定，有關儲存鍋爐油之室內儲槽場所其位置、構造及設備應符合項目及說明何者不正確？

(A) 鍋爐油屬第四類易燃液體之第三石油類

(B) 儲槽容量不得超過管制量之 40 倍，儲存數量不得超過 2 萬 5 千公升

(C) 儲槽專用室之儲槽與室內牆面之距離應在 50 公分以上

(D) 儲槽材質應爲厚度 3.2 公釐以上之鋼板或具有同等以上性能者

70. (D) 下列何種公共危險物品，得儲放於室外儲存場所？

(A) 第一類公共危險物品中之氯酸鹽類

(B) 第二類公共危險物品中之金屬粉

(C) 第三類公共危險物品中之黃磷

(D) 第四類公共危險物品中之第四石油類

71. (D) 有關六類物品製造場所或一般處理場所構造之規定，下列何者有誤？

(A) 不得設於建築物之地下層

(B) 窗戶及出入口裝有玻璃時，應爲鑲嵌鐵絲網玻璃或具有同等以上防護性能者

(C) 牆壁、樑、柱、地板及樓梯，應以不燃材料建造；外牆有延燒之虞者，除出入口外，不得設置其他開口，且應採用防火構造

(D) 窗戶及出入口應設置 30 分鐘以上防火時效之防火門窗；牆壁開口有延燒之虞者，應設置常開式一小時以上防火時效之防火門

72. (A) 同一建築基地內，設置二個以上相鄰儲存第一類公共危險物品之氯酸鹽類、過氯酸鹽類、硝酸鹽類、第二類公共危險物品之硫磺、鐵粉、金屬粉、鎂、第五類公共危險物品之硝酸酯類、硝基化合物或含有任一種成分物品之儲存場所，其場所間保留空地寬度，得縮減至多少？

(A) 50 公分　(B) 5 公尺　(C) 50 公尺　(D) 500 公尺

73. (B) 依「公共危險物品及可燃性高壓氣體設置標準暨安全管理辦法」之規定，液化石油氣備用量，供營業使用者，不得超過多少公斤？

(A) 40　(B) 80　(C) 128　(D) 160

74. (C) 依「公共危險物品及可燃性高壓氣體設置標準暨安全管理辦法」之規定，下列有關室外儲槽場所之敘述何者錯誤？

(A) 儲存閃火點未達 21℃之六類物品，其容量 40 公秉以上者，儲槽之周圍保留空地應在 10 公尺以上

(B) 儲存閃火點未達 60℃之六類物品；固定式儲槽直徑未達 45 公尺者，相鄰儲槽間之距離爲相鄰二座儲槽直徑和之 1/6，最低爲 90 公分

(C) 儲存二硫化碳之儲槽，槽壁厚度不得小於 10 公分

(D) 幫浦設備與儲槽之距離不得小於儲槽保留空地寬度之 1/3

75. (A) 依照「公共危險物品及可燃性高壓氣體設置標準暨安全管理辦法」，有關液化石油氣之規定，下列何者錯誤？

(A) 販賣場所儲放之液化石油氣，總儲氣量不得超過 130 公斤
(B) 儲存場所僅供一家處理場所使用之面積，不得少於 10 平方公尺
(C) 液化石油氣備用量，供營業使用者，不得超過 80 公斤
(D) 液化石油氣備用量，供家庭使用者，不得超過 40 公斤

76. (D) 依照「公共危險物品及可燃性高壓氣體設置標準暨安全管理辦法」之規定，某一可燃性高壓氣體儲存場所的儲存面積為 9 平方公尺，試問其外牆設施之外側，與第一類保護物及第二類保護物之安全距離，分別為 X 公尺及 Y 公尺以上，請問前述 X，Y 為何？
(A) 12.6，8.4　(B) 22.5，15　(C) 11.25，7.5　(D) 13.5，9

77. (A) 某一公共危險物品及可燃性高壓氣體之製造場所，其位置、構造、設備未符合設置標準，將處其管理權人之罰鍰為何？
(A) 新臺幣 2 萬元以上，10 萬元以下　(B) 新臺幣 1 萬元以上，10 萬元以下
(C) 新臺幣 1 萬元以上，5 萬元以下　(D) 新臺幣 2 萬元以上，15 萬元以下

78. (C) 依「公共危險物品及可燃性高壓氣體設置標準暨安全管理辦法」之規定，禁水性物質屬於第幾類公共危險物品？
(A) 第一類　(B) 第二類　(C) 第三類　(D) 第四類

79. (D) 依「公共危險物品及可燃性高壓氣體設置標準暨安全管理辦法」之規定，下列敘述何者錯誤？
(A) 六類物品製造場所不得設於建築物之地下層
(B) 六類物品製造場所之窗戶及出入口應設置 30 分鐘以上防火時效之防火門窗
(C) 室外儲槽場所儲槽儲存第四類公共危險物品者，儲槽容量合計超過 20 萬公秉者，防液堤之高度應在 1 公尺以上
(D) 地下儲槽場所之儲槽頂部距離地面應在 1 公尺以上

80. (D) 依照「公共危險物品及可燃性高壓氣體設置標準暨安全管理辦法」之規定，六類物品之製造場所，其外牆設施外側，與廠區外鄰近的博物館之安全距離至少為 X 公尺；如與廠區外鄰近的收容人數在 300 人以上之車站，其安全距離至少為 Y 公尺，請問前述 X，Y 為何？
(A) 30，20　(B) 20，20　(C) 40，30　(D) 50，30

81. (A) 依「公共危險物品及可燃性高壓氣體設置標準暨安全管理辦法」第 13 條規定，六類物品製造場所，未有擋牆或具有同等以上防護性能者，其外牆與廠區外鄰近加氣站場所之安全距離為何？
(A) 20 公尺以上　(B) 10 公尺以上　(C) 5 公尺以上　(D) 3 公尺以上

82. (C) 下列何種物質為公共危險物品第四類「易燃性液體」中之第二石油類？
(A) 丙酮　(B) 汽油　(C) 柴油　(D) 1 大氣壓時，閃火點未達攝氏 21 度者

83. (A) 依照「公共危險物品及可燃性高壓氣體設置標準暨安全管理辦法」的規定，六類危險物品製造或一般處理場所四周保留空地寬度應在 X 公尺以上；儲存量達管制量 10 倍以上者，四周保留空地寬度應在 Y 公尺以上，請問前述

X，Y為何？

　　(A) 3，5　(B) 5，8　(C) 5，10　(D) 4，6

84. (B)　依照「公共危險物品及可燃性高壓氣體設置標準暨安全管理辦法」的規定，
有關液化石油氣的販賣場所，其液化石油氣備用量，供營業使用者，不得超
過 X 公斤；供家庭使用者，不得超過 Y 公斤，請問前述 X，Y 為何？

　　(A) 100，50　(B) 80，40　(C) 70，35　(D) 60，30

85. (A)　按「公共危險物品及可燃性高壓氣體設置標準暨安全管理辦法」之規定，一
般處理場所係指一日處理六類物品數量達多少以上之場所：

　　(A) 數量達管制量以上之場所　(B) 數量達管制量 10 倍以上之場所　(C) 數
量達管制量 15 倍以上之場所　(D) 數量達管制量 40 倍以上之場所

86. (C)　依「公共危險物品及可燃性高壓氣體設置標準暨安全管理辦法」規定，有關
擋牆之設置規定何者錯誤？

　　(A) 設置位置距離場所外牆或相當於該外牆之設施外側 2 公尺以上

　　(B) 不得超過該場所應保留空地寬度之 1/5，其未達 2 公尺者，以 2 公尺計

　　(C) 厚度在 10 公分以上之鋼筋或鋼骨混凝土牆

　　(D) 堆高斜度不超過 60 度之土堤

87. (A)　按「公共危險物品及可燃性高壓氣體設置標準暨安全管理辦法」之規定，六
類物品儲槽之空間容積之計算方式為何？

　　(A) 內容積之 5% 至 10%　(B) 內容積之 1% 至 3%

　　(C) 內容積之 1% 至 10%　(D) 內容積之 3% 至 10%

88. (D)　公共危險物品製造場所之屋頂，應以不燃材料建造，下列何者屬建築技術規
則所稱之不燃材料？

　　(A) 石膏板　(B) 耐燃合板　(C) 耐燃塑膠板　(D) 玻璃纖維

89. (C)　儲存六類物品之室內儲存場所，同一建築基地內，設置二個以上相鄰儲存第
一類公共危險物品之氯酸鹽類、過氯酸鹽類、硝酸鹽類，其場所間保留空地
寬度，得縮減至多少公分？

　　(A) 40　(B) 20　(C) 50　(D) 30

90. (D)　公共危險物品製造場所，儲存量達管制量幾倍以上之作業場所，應保留 5 公
尺以上寬度之空地？

　　(A) 3　(B) 5　(C) 8　(D) 10

91. (B)　下列何者非「公共危險物品及可燃性高壓氣體設置標準暨安全管理辦法」所
稱可燃性高壓氣體？

　　(A) 甲烷、乙烷　(B) 氯氣、乙烯　(C) 乙炔、氫氣　(D) 丙烷、丁烷

92. (C)　依據「公共危險物品及可燃性高壓氣體設置標準暨安全管理辦法」之規定，
自反應物質及有機過氧化物屬於第幾類公共危險物品？

　　(A) 第三類　(B) 第四類　(C) 第五類　(D) 第六類

93. (A)　依據「公共危險物品及可燃性高壓氣體設置標準暨安全管理辦法」之規定，
六類物品製造場所或一般處理場所之構造，應符合下列何規定？

.

(A) 不得設於建築物之地下層　(B) 不得設於建築物 2 層以上　(C) 不得設於建築物 3 層以上　(D) 不得設於建築物 4 層以上

94. (A) 依據「公共危險物品及可燃性高壓氣體設置標準暨安全管理辦法」之規定，六類物品製造場所或一般處理場所四周保留空地寬度應在幾公尺以上？
(A) 3　(B) 4　(C) 5　(D) 6

95. (C) 依「公共危險物品及可燃性高壓氣體設置標準暨安全管理辦法」「內政部99.01.06 內授消字第 0980825192 號函」之規定，同一儲槽專用室設置 2 座以上之儲槽時，各儲槽之容量應合併計算，該專用室全部儲槽之容量合計不得超過管制量之 A 倍，儲槽之內容物如儲存第四類公共危險物品中之第二石油類及第三石油類等之儲槽之容量合計，不得超過 B 萬公升，請問前述 A，B 為何？
(A) 100，10　(B) 50，8　(C) 40，2　(D) 30，5

96. (D) 依「公共危險物品及可燃性高壓氣體設置標準暨安全管理辦法」之規定，設於室外之製造或處理液體六類物品之設備，應在周圍設置距地面高度在多少公分以上之圍阻措施，或設置具有同等以上效能之防止流出措施？
(A) 5　(B) 10　(C) 12　(D) 15

97. (C) 關於可燃性高壓氣體之安全管理，下列何者為誤？
(A) 液化石油氣儲存場所僅供一家處理場所使用之面積，不得少於 10 平方公尺
(B) 液化石油氣儲存場所設置位置與處理場所距離，不得超過 5 公里
(C) 可燃性高壓氣體儲存場所，通路面積至少應占儲存場所面積之 12% 以上
(D) 液化石油氣儲存場所供二家以上共同使用者，每一處理場所使用之儲存面積，不得少於 6 平方公尺

98. (A) 關於公共危險物品，下列敘述何者為誤？
(A) 高閃火點物品係指閃火點在攝氏 110 度以上之第四類公共危險物品
(B) 製造、儲存或處理場所，六類物品容器之容量達管制量 30 倍者，容器外部應標示緊急應變搶救代碼
(C) 地下儲槽場所係指在地面下埋設容量超過 600 公升之儲槽儲存六類物品之場所
(D) 室內儲槽場所係指在建築物內設置容量超過 600 公升且不可移動之儲槽儲存六類物品之場所

99. (D) 關於檢修時間之間隔，下列何者為正確？
(A) 甲類以外場所不得少於 10 個月　(B) 甲類以外場所不得少於 9 個月
(C) 甲類場所不得少於 7 個月　(D) 甲類場所不得少於 5 個月

100. (B) 六類物品儲槽空間容積應為內容積之多少？
(A) 5% 以下　(B) 5% 至 10%　(C) 10% 以下　(D) 10% 至 20%

101. (B) 依公共危險物品及可燃性高壓氣體設置標準暨安全管理辦法規定，下列有關擋牆之規定，何者錯誤？

(A) 厚度在 15 公分以上之鋼筋或鋼骨混凝土牆

(B) 設置位置距離場所外牆或相當於該外牆之設施外側 1 公尺以上

(C) 厚度在 20 公分以上之鋼筋或鋼骨補強空心磚牆

(D) 堆高斜度不超過 60 度之土堤

102. (D) 依公共危險物品及可燃性高壓氣體設置標準暨安全管理辦法規定，可燃性高壓氣體儲存場所，下列敘述何者錯誤？

(A) 保持攝氏 40 度以下之溫度；容器並應防止日光之直射

(B) 通路面積至少應占儲存場所面積之 20% 以上

(C) 周圍 2 公尺範圍內，應嚴禁煙火，且不得存放任何可燃性物質

(D) 採用不燃材料構造之地面一層建築物，屋簷應距離地面 1.5 公尺以上

103. (C) 依公共危險物品及可燃性高壓氣體設置標準暨安全管理辦法規定，液化石油氣儲存場所供二家以上共同使用者，每一販賣場所使用之儲存面積，不得少於多少平方公尺？

(A) 3 平方公尺　(B) 5 平方公尺　(C) 6 平方公尺　(D) 10 平方公尺

104. (C) 依公共危險物品及可燃性高壓氣體設置標準暨安全管理辦法規定，禁水性物質在公共危險物品分類上是屬於第幾類？

(A) 第一類　(B) 第二類　(C) 第三類　(D) 第四類

105. (D) 依公共危險物品及可燃性高壓氣體設置標準暨安全管理辦法規定，高閃火點物品係指閃火點在攝氏幾度以上之第四類公共危險物品？

(A) 100　(B) 110　(C) 120　(D) 130

106. (D) 公共危險物品製造、儲存或處理場所違反消防法規定，經連續處罰，並予以停業或停止使用之處分後，仍不改善者，得依行政執行法規定處新臺幣多少元之怠金？

(A) 3 千元以上，1 萬 5 千元以下　(B) 6 千元以上，3 萬元以下　(C) 1 萬元以上，5 萬元以下　(D) 5 千元以上，30 萬元以下

107. (D) 依公共危險物品及可燃性高壓氣體設置標準暨安全管理辦法規定，六類物品製造場所，其外牆或相當於該外牆之設施外側，與廠區外某古蹟之安全距離應在多少公尺以上？

(A) 10 公尺以上　(B) 20 公尺以上　(C) 30 公尺以上　(D) 50 公尺以上

108. (C) 依公共危險物品及可燃性高壓氣體設置標準暨安全管理辦法規定，下列何者不屬於第一類氧化性固體？

(A) 過氧化鉀　(B) 硝酸銨　(C) 磷化鈣　(D) 亞硝酸鉀

109. (A) 依公共危險物品及可燃性高壓氣體設置標準暨安全管理辦法規定，設於室外之製造或處理液體六類物品之設備，應在周圍設置距地面高度多少公分以上之圍阻措施，或設置具有同等以上效能之防止流出措施？

(A) 15 公分以上　(B) 20 公分以上　(C) 30 公分以上　(D) 45 公分以上

110. (C) 液化石油氣備用量，供營業使用者，不得超過每桶 20 公斤裝者幾桶？

(A) 2　(B) 3　(C) 4　(D) 5

111. (B) 依公共危險物品及可燃性高壓氣體設置標準暨安全管理辦法規定,六類物品製造場所或一般處理場所儲存量達管制量十倍以上者,四周保留空地寬度應在多少公尺以上?
    (A) 3 公尺以上　(B) 5 公尺以上　(C) 10 公尺以上　(D) 15 公尺以上

112. (C) 依公共危險物品及可燃性高壓氣體設置標準暨安全管理辦法規定,六類物品製造場所或一般處理場所之構造,應符合下列何項規定?
    (A) 得設於建築物之地下層
    (B) 建築物之屋頂,設置設施使該場所無產生爆炸之虞者,應以輕質金屬板或其他輕質不燃材料覆蓋
    (C) 窗戶及出入口應設置 30 分鐘以上防火時效之防火門窗
    (D) 牆壁開口有延燒之虞者,應設置常時關閉式 30 分鐘以上之防火門

113. (B) 依公共危險物品及可燃性高壓氣體設置標準暨安全管理辦法規定,可燃性高壓氣體儲存場所,應符合下列何項規定?
    (A) 保持攝氏 45 度以下之溫度;容器並應防止日光之直射
    (B) 通路面積至少應占儲存場所面積之 20% 以上
    (C) 周圍 3 公尺範圍內,應嚴禁煙火,且不得存放任何可燃性物質
    (D) 採用不燃材料構造之地面一層建築物,屋簷應距離地面 1.5 公尺以上

114. (B) 依公共危險物品及可燃性高壓氣體設置標準暨安全管理辦法規定,下列有關擋牆之規定,何者錯誤?
    (A) 厚度在 15 公分以上之鋼筋或鋼骨混凝土牆
    (B) 設置位置距離場所外牆或相當於該外牆之設施外側 1 公尺以上
    (C) 厚度在 20 公分以上之鋼筋或鋼骨補強空心磚牆
    (D) 堆高斜度不超過 60 度之土堤

115. (D) 依公共危險物品及可燃性高壓氣體設置標準暨安全管理辦法規定,可燃性高壓氣體儲存場所,下列敘述何者錯誤?
    (A) 保持攝氏 40 度以下之溫度;容器並應防止日光之直射
    (B) 通路面積至少應占儲存場所面積之 20% 以上
    (C) 周圍 2 公尺範圍內,應嚴禁煙火,且不得存放任何可燃性物質
    (D) 採用不燃材料構造之地面一層建築物,屋簷應距離地面 1.5 公尺以上

116. (C) 依公共危險物品及可燃性高壓氣體設置標準暨安全管理辦法規定,液化石油氣儲存場所供二家以上共同使用者,每一販賣場所使用之儲存面積,不得少於多少平方公尺?
    (A) 3 平方公尺　(B) 5 平方公尺　(C) 6 平方公尺　(D) 10 平方公尺

117. (B) 液化石油氣儲存場所僅供一家處理場所使用之面積,不得少於多少平方公尺?
    (A) 6 平方公尺　(B) 10 平方公尺　(C) 20 平方公尺　(D) 30 平方公尺

118. (D) 室內儲槽場所之儲槽容量(第四類公共危險物品之第四石油類及動植物油類,不在此限)不得超過管制量之多少倍,且不得超過多少公升?

(A) 10 倍；一萬公升　(B) 20 倍；一萬公升　(C) 30 倍；二萬公升　(D) 40 倍；二萬公升

119. (C) 公共危險物品之第一種販賣場所，內設六類物品調配室者，有關該調配室之樓地板面積，下列何者正確？
(A) 3 平方公尺以上，5 平方公尺以下
(B) 5 平方公尺以上，8 平方公尺以下
(C) 6 平方公尺以上，10 平方公尺以下
(D) 10 平方公尺以上，15 平方公尺以下

120. (A) 若於室外儲存場所直接堆積公共危險物品（不含第四類公共危險物品中之第三石油類、第四石油類及動植物油類）之容器時，依規定堆積高度不得超過多少公尺？
(A) 3 公尺　(B) 6 公尺　(C) 9 公尺　(D) 10 公尺

121. (C) 依公共危險物品及可燃性高壓氣體設置標準暨安全管理辦法規定，六類物品儲槽空間容積應為內容積之多少？
(A) 5% 以下　(B) 5% 至 10%　(C) 10% 以下　(D) 11% 至 20%

122. (A) 關於公共危險物品，下列敘述何者錯誤？
(A) 高閃火點物品係指閃火點在攝氏 110 度以上之第四類公共危險物品
(B) 製造、儲存或處理場所，六類物品容器之容量達管制量 30 倍者，容器外部應標示緊急應變搶救代碼
(C) 地下儲槽場所係指在地面下埋設容量超過 600 公升之儲槽儲存六類物品之場所
(D) 室內儲槽場所係指在建築物內設置容量超過 600 公升，且不可移動之儲槽儲存六類物品之場所

123. (C) 關於可燃性高壓氣體之安全管理，下列何者錯誤？
(A) 液化石油氣儲存場所僅供一家處理場所使用之面積，不得少於 10 平方公尺
(B) 液化石油氣儲存場所設置位置與處理場所距離，不得超過 5 公里
(C) 可燃性高壓氣體儲存場所，通路面積至少應占儲存場所面積之 12% 以上
(D) 液化石油氣儲存場所供二家以上共同使用者，每一處理場所使用之儲存面積，不得少於 6 平方公尺

124. (B) 關於公共危險物品種類之敘述，下列何者正確？
(A) 二硫化碳為氧化性液體　(B) 鎂粉為第二類危險物品　(C) 硝酸為第五類危險物品　(D) 黃磷為可燃性固體

125. (#) 下列何種情形，屬於儲存液體儲槽側板外壁與儲存場所廠區境界線距離之除外規定？
(A) 儲存閃火點比較高之第四石油類時　(B) 以不燃材料建造之防火牆時
(C) 不易延燒者　(D) 設置防火水幕者
註：答案為 (C)(D)

126. (B) 販賣裝於容器之六類公共危險物品,其數量達管制量十五倍以上,未達四十倍之場所,是屬於下列何者?
(A) 第一種販賣場所　(B) 第二種販賣場所　(C) 第三種販賣場所　(D) 一般處理場所

127. (C) 下列有關「六類公共危險物品製造場所,其外牆或相當於該外牆之設施外側,與廠區外鄰近場所之安全距離」之敘述,何者為誤?
(A) 與古蹟場所之距離,應在 50 公尺以上
(B) 與公共危險物品及可燃性高壓氣體製造、儲存或處理場所之距離,應在 20 公尺以上
(C) 與電壓超過 3 萬 5 千伏特之高架電線之距離,應在 10 公尺以上
(D) 與電壓超過 7 千伏特,3 萬 5 千伏特以下之高架電線之距離,應在 3 公尺以上

128. (B) 有關可燃性高壓氣體儲存場所之構造、設備及安全管理規定,下列敘述何者錯誤?
(A) 採用不燃材料構造之地面一層建築物,屋頂應以輕質金屬板或其他輕質不燃材料覆蓋,屋簷並應距離地面 2.5 公尺以上
(B) 周圍 3 公尺範圍內,應嚴禁煙火,且不得存放任何可燃性物質。但儲存場所牆壁以厚度 8 公分以上鋼筋混凝土造,或具有同等以上強度構築防護牆者,不在此限
(C) 通路面積至少應占儲存場所面積之 20% 以上
(D) 設置警戒標示、防爆型緊急照明設備、氣體漏氣自動警報設備、防止氣體滯留之有效通風裝置

129. (B) 依據公共危險物品及可燃性高壓氣體設置標準暨安全管理辦法規定,有關可燃性高壓氣體,下列何者非在常用溫度下或溫度在 35℃時,表壓力達每平方公分 10 公斤以上之壓縮氣體?
(A) 氫氣　(B) 乙炔氣　(C) 乙烯　(D) 甲烷

130. (D) 有關六類公共危險物品製造場所或一般處理場所之構造、設備及安全管理規定,下列敘述何者正確?
(A) 設有擋牆防護或具有同等以上防護性能的六類物品製造場所,其外牆或相當於該外牆之設施外側,與廠區外鄰近加油站之安全距離,應在 20 公尺以上
(B) 六類物品製造場所或一般處理場所四周保留空地寬度應在 5 公尺以上;儲存量達管制量 10 倍以上者,四周保留空地寬度應在 10 公尺以上
(C) 有積存可燃性蒸氣或可燃性粉塵之虞之建築物,應設置將蒸氣或粉塵有效排至屋簷以上或室外距地面 2 公尺以上高處之設備
(D) 設於室外之製造或處理液體六類物品之設備,應在周圍設置距地面高度 15 公分以上之圍阻措施,或設置具有同等以上效能之防止流出措施

131. (D) 依公共危險物品及可燃性高壓氣體設置標準暨安全管理辦法規定,容器串接

使用場所串接使用量在 80 公斤以上未滿 120 公斤者，其安全設施之規定下列何者錯誤？

(A) 容器應放置於室外

(B) 有嚴禁煙火標示及滅火器

(C) 容器直立放置且有防止傾倒之固定措施

(D) 場所之溫度應經常保持在常用溫度下，並有防止日光直射措施

132. (C) 依公共危險物品及可燃性高壓氣體設置標準暨安全管理辦法規定，液化石油氣在常用溫度下或溫度在攝氏 35 度以下時，表壓力達每平方公分多少公斤以上時，為可燃性高壓氣體？

(A) 10　(B) 7　(C) 2　(D) 1

133. (B) 依據公共危險物品儲存場所之規定，下列何者錯誤？

(A) 地下儲槽場所：在地面下埋設容量超過 600 公升之儲槽儲存六類物品之場所

(B) 室內儲槽場所：在建築物內設置容量超過 600 公升且可移動之儲槽儲存六類物品之場所

(C) 室內儲存場所：位於建築物內以儲槽以外方式儲存六類物品之場所

(D) 室外儲存場所：位於建築物外以儲槽以外方式儲存六類物品之場所

134. (D) 依公共危險物品及可燃性高壓氣體設置標準暨安全管理辦法規定，下列有關「擋牆」之敘述，何者錯誤？

(A) 設置位置距離場所外牆或相當於該外牆之設施外側 2 公尺以上

(B) 高度能有效阻隔延燒

(C) 厚度在 15 公分以上之鋼筋或鋼骨混凝土牆

(D) 堆高斜度不超過 45 度之土堤

135. (B) 依公共危險物品及可燃性高壓氣體設置標準暨安全管理辦法之規定，有關公共危險物品之種類名稱及管制量敘述，何者正確？

(A) 亞硝酸鹽類：第一類 / 氧化性固體，管制量 100 公斤

(B) 固態酒精：第二類 / 易燃性固體，管制量 1000 公斤

(C) 三聚甲醛：第四類 / 易燃液體，管制量 50 公斤

(D) 三氯矽甲烷：第三類 / 發火性液體、發火性固體及禁水性物質，管制量 100 公斤

136. (D) 依公共危險物品及可燃性高壓氣體設置標準暨安全管理辦法之規定，有關液化石油氣販賣場所儲放液化石油氣，得設容器保管室儲放，容器保管室應符合：

(A) 為儲存場所專用

(B) 位於販賣場所同一建築基地之地面二層建築物

(C) 屋頂應以輕質金屬板或其他輕質不燃材料覆蓋，並距離地面 2 公尺以上

(D) 出入口應設置 30 分鐘以上防火時效之防火門

137. (D) 依據公共危險物品及可燃性高壓氣體設置標準暨安全管理辦法，可燃性高壓

氣體儲存場所之構造、設備及安全管理之規定，下列何者正確？

(A) 採用不燃材料構造之地面一層建築物，屋頂應以輕質金屬板或其他輕質不燃材料覆蓋，屋簷並應距離地面 1.5 公尺以上

(B) 保持攝氏 50 度以下之溫度；容器並應防止日光之直射

(C) 路面積至少應占儲存場所面積之百分之十以上

(D) 周圍 2 公尺範圍內，應嚴禁煙火，且不得存放任何可燃性物質。但儲存場所牆壁以厚度 9 公分以上鋼筋混凝土造或具有同等以上強度構築防護牆者，不在此限

138. (C) 依據公共危險物品及可燃性高壓氣體設置標準暨安全管理辦法，有關第三類公共危險物品之三氯矽甲烷，其第一、二、三級管制量分別為多少？

(A) 20 公斤、100 公斤、200 公斤　　(B) 5 公斤、50 公斤、100 公斤

(C) 10 公斤、50 公斤、300 公斤　　(D) 10 公斤、100 公斤、200 公斤

139. (A) 依爆竹煙火管理條例之規定，下列何者非中央主管機關之權責？

(A) 爆竹煙火製造之許可、撤銷及廢止

(B) 一般爆竹煙火認可相關業務之辦理

(C) 爆竹煙火監督人講習、訓練之規劃及辦理

(D) 爆竹煙火輸入之許可

140. (D) 依公共危險物品及可燃性高壓氣體設置標準暨安全管理辦法之規定，有關六類物品製造場所設置位置，下列敘述何者錯誤？

(A) 外牆或相當於該外牆之設施外側，與廠區外鄰近古蹟場所之距離，應在 50 公尺以上

(B) 外牆或相當於該外牆之設施外側，與廠區外鄰近公共危險物品及可燃性高壓氣體製造、儲存或處理場所之距離，應在 20 公尺以上

(C) 四周保留空地寬度應在 3 公尺以上；儲存量達管制量 10 倍以上者，四周保留空地寬度應在 5 公尺以上

(D) 與加油站之距離應在 15 公尺以上

141. (A) 依公共危險物品及可燃性高壓氣體設置標準暨安全管理辦法之規定，有關瓦斯行之儲存場所下列敘述何者正確？

(A) 通路面積至少應占儲存場所面積之 20% 以上

(B) 採用不燃材料構造之地面二層建築物，屋頂應以輕質金屬板或其他輕質不燃材料覆蓋，屋簷並應距離地面 2.5 公尺以上

(C) 灌氣容器、殘氣容器及逾期鋼瓶，應分開儲存，並直立放置，且不可重疊堆放

(D) 周圍 3 公尺範圍內，應嚴禁煙火，且不得存放任何可燃性物質

142. (C) 依爆竹煙火管理條例施行細則之規定，下列物品何者非為一般爆竹煙火種類？

(A) 火花類　(B) 旋轉類　(C) 舞臺煙火類　(D) 摔炮類

143. (D) 依爆竹煙火管理條例之規定，下列何種爆竹煙火場所應投保公共意外責任

險？　①爆竹煙火製造場所　②一般爆竹煙火施放場所　③達管制量之爆竹煙火販賣場所　④達管制量之爆竹煙火儲存場所

(A) ②④　(B) ①②③　(C) ②③④　(D) ①③④

144. (D) 依公共危險物品及可燃性高壓氣體設置標準暨安全管理辦法所稱室內儲槽場所輸送液體六類物品之配管，應經該配管最大常用壓力 X 倍以上水壓進行耐壓試驗 Y 分鐘，不得洩漏或變形。請問 X 與 Y 下列何者正確？

(A) X = 1.2、Y = 5　　　　　　(B) X = 1.3、Y = 7

(C) X = 1.4、Y = 8　　　　　　(D) X = 1.5、Y = 10

145. (B) 有關儲存六類物品之建築物四周保留空地寬度，當其儲存量超過管制量 20 倍之室內儲存場所，與設在同一建築基地之其他儲存場所間之保留空地寬度，得減縮至規定寬度之 X，最小以 Y 公尺為限，請問 X 與 Y 下列何者正確？

(A) X = 1/4、Y = 2　　　　　　(B) X = 1/3、Y = 3

(C) X = 1/2、Y = 4　　　　　　(D) X = 2/3、Y = 5

146. (B) 有關公共危險物品及可燃性高壓氣體之分類及其場所之定義，下列何者正確？

(A) 在常用溫度下，表壓力達每平方公分 10 公斤以上之液化石油氣，符合可燃性高壓氣體定義

(B) 從事分裝可燃性高壓氣體之作業區及供應其氣源之儲槽，可稱為可燃性高壓氣體製造場所

(C) 室外儲槽場所係指位於建築物外以儲槽以外方式儲存六類物品之場所

(D) 販賣裝於容器之六類物品，其數量達管制量 15 倍以上，未達 40 倍之場所，稱為第一種販賣場所

147. (D) 公共危險物品製造場所設有擋牆防護，與鄰近收容人員 30 人之療養院之安全距離至少應在幾公尺以上？

(A) 50 公尺　(B) 40 公尺　(C) 30 公尺　(D) 15 公尺

148. (B) 下列何者與公共危險物品管制量之倍數，具有相關聯性？　①製造場所之廠外安全距離　②儲存場所之構造、設備　③一般處理場所之四周保留空地寬度　④設置危險物品保安監督人

(A) ①②③　(B) ②③④　(C) ①②④　(D) ③④

149. (B) 有一設有防爆牆之液化石油氣容器儲存室面積為 16 平方公尺，其與第一類及第二類保護物之安全距離為 X、Y 公尺，請問 X、Y 為：

(A) 8、6　(B) 9、6　(C) 16、12　(D) 18、12

6-2 歷屆申論題

1. 請依「公共危險物品及可燃性高壓氣體設置標準暨安全管理辦法」之規定，說明公共危險物品之範圍及分類爲何？可燃性高壓氣體，係指符合那些規定之一者？（25分）（96年消防升等考）

【解】：

第3條　公共危險物品之範圍及分類如下：

一、第一類：氧化性固體。

二、第二類：易燃固體。

三、第三類：發火性液體、發火性固體及禁水性物質。

四、第四類：易燃液體。

五、第五類：自反應物質及有機過氧化物。

六、第六類：氧化性液體。

第4條　可燃性高壓氣體，係指符合下列各款規定之一者：

一、在常用溫度下或溫度在攝氏35度時，表壓力達每平方公分10公斤以上或100萬帕斯卡（MPa）以上之壓縮氣體中之氫氣、乙烯、甲烷及乙烷。

二、在常用溫度下或溫度在攝氏15度時，表壓力達每平方公分2公斤以上或0.2百萬帕斯卡（MPa）以上之壓縮乙炔氣。

三、在常用溫度下或溫度在攝氏35度以下時，表壓力達每平方公分2公斤以上或0.2百萬帕斯卡（MPa）以上之液化氣體中之丙烷、丁烷及液化石油氣。

四、其他經中央主管機關指定之氣體。

2. 在「公共危險物品及可燃性高壓氣體設置標準暨安全管理辦法」中，有關六類物品製造場所及一般處理場所之構造與設備，分別應符合哪些規定？（25分）（97-1年設備師）

【解】：

第15條　六類物品製造場所或一般處理場所之構造，應符合下列規定：

一、不得設於建築物之地下層。

二、牆壁、樑、柱、地板及樓梯，應以不燃材料建造；外牆有延燒之虞者，除出入口外，不得設置其他開口，且應採用防火構造。

三、建築物之屋頂，應以不燃材料建造，並以輕質金屬板或其他輕質不燃材料覆蓋。但設置設施使該場所無產生爆炸之虞者，得免以輕質

　　　　金屬板或其他輕質不燃材料覆蓋。

四、窗戶及出入口應設置 30 分鐘以上防火時效之防火門窗；牆壁開口有
　　延燒之虞者，應設置 1 小時以上防火時效之常時關閉式防火門。

五、窗戶及出入口裝有玻璃時，應為鑲嵌鐵絲網玻璃或具有同等以上防
　　護性能者。

六、製造或處理液體六類物品之建築物地板，應採用不滲透構造，且作
　　適當之傾斜，並設置集液設施。但設有洩漏承接設施及洩漏檢測設
　　備，能立即通知相關人員有效處理者，得免作適當之傾斜及設置集
　　液設施。

七、設於室外之製造或處理液體六類物品之設備，應在周圍設置距地面
　　高度在 15 公分以上之圍阻措施，或設置具有同等以上效能之防止流
　　出措施；其地面應以混凝土或六類物品無法滲透之不燃材料鋪設，
　　且作適當之傾斜，並設置集液設施。處理易燃液體中不溶於水之物
　　質，應於集液設施設置油水分離裝置，以防止直接流入排水溝。

第 16 條　六類物品製造場所或一般處理場所之設備，應符合下列規定：

一、應有充分之採光、照明及通風設備。

二、有積存可燃性蒸氣或可燃性粉塵之虞之建築物，應設置將蒸氣或粉
　　塵有效排至屋簷以上或室外距地面 4 公尺以上高處之設備。

三、機械器具或其他設備，應採用可防止六類物品溢漏或飛散之構造。
　　但設備中設有防止溢漏或飛散之附屬設備者，不在此限。

四、六類物品之加熱、冷卻設備或處理六類物品過程會產生溫度變化之
　　設備，應設置適當之測溫裝置。

五、六類物品之加熱或乾燥設備，應採不直接用火加熱之構造。但加熱
　　或乾燥設備設於防火安全處所或設有預防火災之附屬設備者，不在
　　此限。

六、六類物品之加壓設備或於處理中會產生壓力上升之設備，應設置適
　　當之壓力計及安全裝置。

七、製造或處理六類物品之設備有發生靜電蓄積之虞者，應設置有效消
　　除靜電之裝置。

八、避雷設備應符合中華民國國家標準（以下簡稱 CNS）12872 規定，
　　或以接地方式達同等以上防護性能者。但因周圍環境，無致生危險
　　之虞者，不在此限。

九、電動機及六類物品處理設備之幫浦、安全閥、管接頭等，應裝設於
　　不妨礙火災之預防及搶救位置。

十、電氣設備應符合屋內線路裝置規則相關規定。

3. 公共危險物品製造場所等應留設保留空地之目的為何？（10 分）並說明有關規定為何？（15 分）（92 年消防升等考）

【解】：

(1) 避免由外面向製造場所或一般處理場所延燒；或避免由製造場所或一般處理場所向外面延燒，目的如防火巷之作用。

(2) 消防搶救活動空間。

第 14 條　六類物品製造場所或一般處理場所四周保留空地寬度應在 3 公尺以上；儲存量達管制量 10 倍以上者，四周保留空地寬度應在 5 公尺以上。

前項場所，如因作業流程具有連接性，四周依規定保持距離會嚴重妨害其作業者，於設有高於屋頂，為不燃材料建造，具 2 小時以上防火時效之防火牆，並將二者有效隔開者，得不受前項距離規定之限制。

4. 公共危險物品之儲存及處理作業若不小心，甚易引起爆炸或火災之意外。試述公共危險物品之儲存及處理，應遵守那些規定？（25 分）（91 年消防升等考）

【解】：

第 45 條　六類物品之儲存及處理，應遵守下列規定：

一、第一類公共危險物品應避免與可燃物接觸或混合，或與具有促成其分解之物品接近，並避免過熱、衝擊、摩擦。無機過氧化物應避免與水接觸。

二、第二類公共危險物品應避免與氧化劑接觸混合及火焰、火花、高溫物體接近及過熱。金屬粉應避免與水或酸類接觸。

三、第三類公共危險物品之禁水性物質不可與水接觸。

四、第四類公共危險物品不可與火焰、火花或高溫物體接近，並應防止其發生蒸氣。

五、第五類公共危險物品不可與火焰、火花或高溫物體接近，並避免過熱、衝擊、摩擦。

六、第六類公共危險物品應避免與可燃物接觸或混合，或具有促成其分解之物品接近，並避免過熱。

5. 依公共危險物品及可燃性高壓氣體設置標準暨安全管理辦法之規定，公共危險物品處理場所係指那些場所？可燃性高壓氣體處理場所係指那些場所？請詳細列舉說明之。（25 分）（102 年四等特考）

【解】：

第 7 條　公共危險物品處理場所，指下列場所：
一、販賣場所：
（一）第一種販賣場所：販賣裝於容器之六類物品，其數量未達管制量十五倍之場所。
（二）第二種販賣場所：販賣裝於容器之六類物品，其數量達管制量 15 倍以上，未達 40 倍之場所。
二、一般處理場所：除前款以外，其他一日處理六類物品數量達管制量以上之場所。
可燃性高壓氣體處理場所，指下列場所：
一、販賣場所：販賣裝於容器之可燃性高壓氣體之場所。
二、容器檢驗場所：檢驗供家庭用或營業用之液化石油氣容器之場所。
三、容器串接使用場所：使用液化石油氣作為燃氣來源，其串接使用量達 80 公斤以上之場所。

---

6. 根據「公共危險物品及可燃性高壓氣體設置標準暨安全管理辦法」之規定，為確保公共危險物品相關場所設施之安全，在興建之前，除相關的位置、構造及設備圖說，應由直轄市、縣（市）消防機關於主管建築機關許可開工前，審查完成；以及完工後，直轄市、縣（市）主管建築機關應會同消防機關檢查其位置、構造及設備合格後，始得發給使用執照之規定外。並規定有：某項設施應於「申請完工檢查前，委託中央主管機關指定之專業機構完成下列檢查，並出具合格證明文件」之規定，上述係指那一類公共危險物品的場所設施？（10 分）以及，應完成那些檢查內容，才可以針對該場所申請完工檢查？（15 分）（101年消防設備士）

【解】：

(1) 第 4 類易燃性液體
(2) 儲存液體公共危險物品之儲槽應於申請完工檢查前，委託中央主管機關指定之專業機構完成下列檢查，並出具合格證明文件。
　一、滿水或水壓檢查。
　二、儲槽容量在 1,000 公秉以上者，應實施地盤、基礎及熔接檢查。

---

7. 依公共危險物品及可燃性高壓氣體設置標準暨安全管理辦法之規定，何謂「可燃性高壓氣體處理場所」？可燃性高壓氣體處理場所之位置、構造、設備及安全管理，應符合那些規定？違反規定時，有何處罰方式？試說明之。（25 分）（100 年消防設備士）

【解】：

可燃性高壓氣體處理場所，指下列場所：
一、販賣場所：販賣裝於容器之可燃性高壓氣體之場所。
二、容器檢驗場所：檢驗供家庭用或營業用之液化石油氣容器之場所。
三、容器串接使用場所：使用液化石油氣作為燃氣來源，其串接使用量達 80 公斤
　　　以上之場所。
第 69 條　可燃性高壓氣體處理場所之位置、構造、設備及安全管理，應符合下列
　　　　　規定：
　　　一、販賣場所：
　　　　　（一）應設於建築物之地面層。
　　　　　（二）建築物供販賣場所使用部分，應符合下列規定：
　　　　　　　　1. 牆壁應為防火構造或不燃材料建造。但與建築物其他使用
　　　　　　　　　部分之隔間牆，應為防火構造。
　　　　　　　　2. 樑及天花板應以不燃材料建造。
　　　　　　　　3. 其上有樓層者，上層之地板應為防火構造；其上無樓層者，
　　　　　　　　　屋頂應為防火構造或以不燃材料建造。
　　　　　（三）電氣設備應符合屋內線路裝置規則相關規定。
　　　　　（四）不得使用火源。
　　　二、容器檢驗場所：
　　　　　（一）應符合前款第一目至第三目規定。
　　　　　（二）有洩漏液化石油氣之虞之設施，應設置氣體漏氣警報器。
　　　　　（三）使用燃氣設備者，應連動緊急遮斷裝置。
　　　　　（四）不得使用火源。但因檢驗作業需要者，不在此限。

---

8. 依「公共危險物品及可燃性高壓氣體設置標準暨安全管理辦法」第 38 條規定，
　　室外儲槽場所儲槽儲存非第四類公共危險物品者，防液堤應符合之規定為何？
　　（25 分）（103 年消防設備師）

【解】：
　　第 38 條　室外儲槽場所儲槽儲存第四類公共危險物品者，其防液堤應符合下列規
　　　　　　　定：
　　　　　二、防液堤之高度應在 50 公分以上。但儲槽容量合計超過 20 萬公秉者，
　　　　　　　高度應在 1 公尺以上。
　　　　　七、防液堤應以鋼筋混凝土造或土造，並應具有防止儲存物洩漏及滲透
　　　　　　　之構造。
　　　　　八、儲槽容量超過 1 萬公秉者，應在各個儲槽周圍設置分隔堤，並應符
　　　　　　　合下列規定：
　　　　　　　（一）分隔堤高度應在 30 公分以上，且至少低於防液堤 20 公分。
　　　　　　　（二）分隔堤應以鋼筋混凝土造或土造。

九、防液堤內部除與儲槽有關之配管及消防用配管外，不得設置任何配
　　管。

十、防液堤不得被配管貫通。但不損傷防液堤構造性能者，不在此限。

十一、防液堤應設置能排放內部積水之排水設備，且操作閥應設在防液
　　　堤之外部，平時應保持關閉狀態。

十二、室外儲槽容量在 1,000 公秉以上者，其排水設備操作閥開關，應
　　　容易辨別。

十四、高度 1 公尺以上之防液堤，每間隔 30 公尺應設置出入防液堤之階
　　　梯或土質坡道。

儲存前項以外液體六類物品儲槽之防液堤，其容量不得小於最大儲槽容
量，且應符合前項第二款、第七款至第十二款及第十四款規定。

---

9. 液化石油氣儲存場所之儲存面積及通路面積各為何？又液化石油氣儲存場所設
　 置位置與處理場所之距離限制為何？（25 分）（99 年四等特考－內軌）

【解】：

(1) 第 72 條液化石油氣儲存場所僅供一家販賣場所使用之面積，不得少於 10 平方
　　公尺；供二家以上共同使用者，每一販賣場所使用之儲存面積，不得少於 6 平
　　方公尺。第 70 條通路面積至少應占儲存場所面積之 20% 以上。

(2) 第 72 條液化石油氣儲存場所僅供一家販賣場所使用之面積，不得少於 10 平方
　　公尺；供二家以上共同使用者，每一販賣場所使用之儲存面積，不得少於 6 平
　　方公尺。前項儲存場所設置位置與販賣場所距離不得超過 5 公里。但儲存場所
　　設有圍牆防止非相關人員進入，並有 24 小時專人管理時，其距離得為 20 公里
　　內。

---

10. 公共危險物品儲存場所有那些類型？請說明。（25 分）（100 年四等特考）

【解】：

第 6 條　公共危險物品儲存場所，係指下列場所：

　　　　一、室外儲存場所：位於建築物外以儲槽以外方式儲存六類物品之場所。

　　　　二、室內儲存場所：位於建築物內以儲槽以外方式儲存六類物品之場所。

　　　　三、室內儲槽場所：在建築物內設置容量超過 600 公升且不可移動之儲
　　　　　　槽儲存六類物品之場所。

　　　　四、室外儲槽場所：在建築物外地面上設置容量超過 600 公升且不可移
　　　　　　動之儲槽儲存六類物品之場所。

　　　　五、地下儲槽場所：在地面下埋設容量超過 600 公升之儲槽儲存六類物
　　　　　　品之場所。

11. 依公共危險物品及可燃性高壓氣體設置標準暨安全管理辦法之規定，何謂「公共危險物品販賣場所」？公共危險物品販賣場所之位置、構造、設備及安全管理，應符合那些規定？試說明之。（25分）（99年消防設備士）

【解】：

第7條　公共危險物品處理場所，指下列場所：

一、販賣場所：

（一）第一種販賣場所：販賣裝於容器之六類物品，其數量未達管制量15倍之場所。

（二）第二種販賣場所：販賣裝於容器之六類物品，其數量達管制量15倍以上，未達40倍之場所。

第17條　第一種販賣場所之位置、構造及設備，應符合下列規定：

一、應設於建築物之地面層。

二、應在明顯處所，標示有關消防之必要事項。

三、其使用建築物之部分，應符合下列規定：

（一）牆壁應為防火構造或以不燃材料建造。但與建築物其他使用部分之隔間牆，應為防火構造。

（二）樑及天花板應以不燃材料建造。

（三）上層之地板應為防火構造；其上無樓層者，屋頂應為防火構造或以不燃材料建造。

（四）窗戶及出入口應設置30分鐘以上防火時效之防火門窗。

（五）窗戶及出入口裝有玻璃時，應為鑲嵌鐵絲網玻璃或具有同等以上防護性能者。

四、內設六類物品調配室者，應符合下列規定：

（一）樓地板面積應在6平方公尺以上，10平方公尺以下。

（二）應以牆壁分隔區劃。

（三）地板應為不滲透構造，並設置適當傾斜度及集液設施。

（四）出入口應設置1小時以上防火時效之防火門。

（五）有積存可燃性蒸氣或可燃性粉塵之虞者，應設置將蒸氣或粉塵有效排至屋簷以上或室外距地面4m以上高處之設備。

第18條　第二種販賣場所之位置、構造及設備，除準用前條第一款、第二款、第三款第五目及第四款規定外，其使用建築物之部分，並應符合下列規定：

一、牆壁、樑、柱及地板應為防火構造。設有天花板者，應以不燃材料建造。

二、上層之地板應為防火構造，並設有防止火勢向上延燒之設施；其上無樓層者，屋頂應為防火構造。

三、窗戶應設置 30 分鐘以上防火時效之防火窗。但有延燒之虞者，不得設置。

四、出入口應設置 30 分鐘以上防火時效之防火門。但有延燒之虞者，應設置 1 小時以上防火時效之常時關閉式防火門。

第 46 條　第一種及第二種販賣場所，其安全管理應遵守下列規定：

一、儲存或處理公共危險物品，不得超過第七條第一項第一款第一目或第二目所定之數量。

二、嚴禁火源。

三、不得放置空紙箱、內襯紙、塑膠袋、紙盒等包裝用餘材料，或其他易燃易爆之物品。

四、儲存或處理公共危險物品之容器，不得有破損、腐蝕或裂縫等情形。

五、儲存或處理公共危險物品之容器應有防止傾倒之固定措施，不得倒置或施以衝擊、擠壓或拉扯。

六、維修可能殘留公共危險物品之設備、機械器具或容器時，應於安全處所將公共危險物品完全清除後為之。

---

12. 依據「公共危險物品及可燃性高壓氣體設置標準暨安全管理辦法」第 70 條規定，可燃性高壓氣體儲存場所之構造及設備，有關照明設備、通風裝置、內部溫度維持、容器置放與通路面積等規定分別為何？（25 分）（102 年消防設備師）

【解】：

一、設有警戒標示及防爆型緊急照明設備。

二、設置氣體漏氣自動警報設備。

三、設置防止氣體滯留之有效通風裝置。

四、採用不燃材料構造之地面 1 層建築物，屋頂應以輕質金屬板或其他輕質不燃材料覆蓋，屋簷並應距離地面 2.5 公尺以上。

五、保持 40℃ 以下之溫度；容器並應防止日光之直射。

六、灌氣容器與殘氣容器，應分開儲存，並直立放置，且不可重疊堆放。灌氣容器並應採取防止因容器之翻倒、掉落引起衝擊或損傷附屬之閥等措施。

七、通路面積至少應占儲存場所面積之 20% 以上。

---

13. 依「公共危險物品及可燃性高壓氣體設置標準暨安全管理辦法」，六類公共危險物品之範圍及分類為何？各分類並請列舉一例表示。此六類公共危險物品之儲存及處理，應遵守那些規定以避免產生火災爆炸危害？試說明此規定之理由。（30 分）（102 年消防設備士）

【解】：

第 3 條　公共危險物品之範圍及分類如下：

一、第一類：氧化性固體。

二、第二類：易燃固體。

三、第三類：發火性液體、發火性固體及禁水性物質。

四、第四類：易燃液體。

五、第五類：自反應物質及有機過氧化物。

六、第六類：氧化性液體。

六類物品之儲存及處理，應遵守下列規定：

一、第一類公共危險物品應避免與可燃物接觸或混合，或與具有促成其分解之物品接近，並避免過熱、衝擊、摩擦。無機過氧化物應避免與水接觸。如氯酸鹽類避免與第二類接觸或混合，會產生發火或爆炸。

二、第二類公共危險物品應避免與氧化劑接觸混合及火焰、火花、高溫物體接近及過熱。金屬粉應避免與水或酸類接觸。如硫化磷避免與第一類接觸或混合，會產生發火或爆炸。

三、第三類公共危險物品之禁水性物質不可與水接觸。如鉀不可與水接觸會產生發火或爆炸。

四、第四類公共危險物品不可與火焰、火花或高溫物體接近，並應防止其發生蒸氣。如汽油避免與第一類接觸混合及火焰、火花、高溫物體接近及過熱，產生發火或爆炸。

五、第五類公共危險物品不可與火焰、火花或高溫物體接近，並避免過熱、衝擊、摩擦。如有機過氧化物不可與火焰、火花或高溫物體接近，產生發火或爆炸。

六、第六類公共危險物品應避免與可燃物接觸或混合，或具有促成其分解之物品接近，並避免過熱。如過氯酸避免與第二類接觸或混合，產生發火或爆炸。

---

14. 公共危險物品安全管理相當重要，請依據「公共危險物品及可燃性高壓氣體設置標準暨安全管理辦法」之規定，試述公共危險物品儲存場所，係指那些場所？（30 分）（107 年一般消防三等特考）

【解】：

一、室外儲存場所：位於建築物外以儲槽以外方式儲存六類物品之場所。

二、室內儲存場所：位於建築物內以儲槽以外方式儲存六類物品之場所。

三、室內儲槽場所：在建築物內設置容量超過六百公升且不可移動之儲槽儲存六類物品之場所。

四、室外儲槽場所：在建築物外地面上設置容量超過六百公升且不可移動之儲槽儲存六類物品之場所。
五、地下儲槽場所：在地面下埋設容量超過六百公升之儲槽儲存六類物品之場所。
可燃性高壓氣體儲存場所，係指可燃性高壓氣體製造或處理場所設置之容器儲存室。

---

15. 依公共危險物品及可燃性高壓氣體設置標準暨安全管理辦法之規定，公共危險物品第一種販賣場所，如設有調配室者，應符合那些規定？（25分）（107年一般消防四等特考）

【解】：
一、樓地板面積應在六平方公尺以上，十平方公尺以下。
二、應以牆壁分隔區劃。
三、地板應為不滲透構造，並設置適當傾斜度及集液設施。
四、出入口應設置一小時以上防火時效之防火門。
五、有積存可燃性蒸氣或可燃性粉塵之虞者，應設置將蒸氣或粉塵有效
六、排至屋簷以上或室外距地面四公尺以上高處之設備。

---

16. 由於工商業的發展十分迅速，對於各種公共危險物品的流通需求也日益迫切，使得相關販賣場所日漸增多。請依據「公共危險物品及可燃性高壓氣體設置標準暨安全管理辦法」的規定，說明何謂「第一種販賣場所」？對於第一種販賣場所的位置、構造及設備，應符合那些規定？（25分）（107年消防設備師）

【解】：
一、第一種販賣場所：販賣裝於容器之六類物品，其數量未達管制量十五倍之場所。
二、第一種販賣場所之位置、構造及設備，應符合下列規定：
　　1. 應設於建築物之地面層。
　　2. 應在明顯處所，標示有關消防之必要事項。
　　3. 其使用建築物之部分，應符合下列規定：
　　　　1) 牆壁應為防火構造或以不燃材料建造。但與建築物其他使用部分之隔間牆，應為防火構造。
　　　　2) 樑及天花板應以不燃材料建造。
　　　　3) 上層之地板應為防火構造；其上無樓層者，屋頂應為防火構造或以不燃材料建造。
　　　　4) 窗戶及出入口應設置三十分鐘以上防火時效之防火門窗。
　　　　5) 窗戶及出入口裝有玻璃時，應為鑲嵌鐵絲網玻璃或具有同等以上防護性

　　能者。
　4. 內設六類物品調配室者，應符合下列規定：
　　1) 樓地板面積應在六平方公尺以上，十平方公尺以下。
　　2) 應以牆壁分隔區劃。
　　3) 地板應為不滲透構造，並設置適當傾斜度及集液設施。
　　4) 出入口應設置一小時以上防火時效之防火門。
　　5) 有積存可燃性蒸氣或可燃性粉塵之虞者，應設置將蒸氣或粉塵有效排至屋簷以上或室外距地面四公尺以上高處之設備。

---

17. 依「公共危險物品及可燃性高壓氣體設置標準暨安全管理辦法」之規定，有關公共危險物品一般處理場所其構造及設備應符合那些規定，違反規定時，有何處罰方式？試說明之。（25 分）（108 年消防設備士）

【解】：
　一、在構造規定：
　　1. 不得設於建築物之地下層。
　　2. 牆壁、樑、柱、地板及樓梯，應以不燃材料建造。
　　3. 建築物之屋頂，應以不燃材料建造，並以輕質金屬板覆蓋。
　　4. 窗戶及出入口應設置三十分鐘以上防火時效之防火門窗。
　　5. 窗戶及出入口裝有玻璃時，應為鑲嵌鐵絲網玻璃或具有同等以上防護性能者。
　　6. 製造或處理液體六類物品之建築物地板，應採用不滲透構造，且作適當之傾斜，並設置集液設施。
　　7. 設於室外之製造或處理液體六類物品之設備，應在周圍設置距地面高度在十五公分以上之圍阻措施；其地面應以混凝土或六類物品無法滲透之不燃材料鋪設，且作適當之傾斜，並設置集液設施。處理易燃液體及可燃液體中不溶於水之物質，應於集液設施設置油水分離裝置。
　二、在設備規定：
　　1. 應有充分之採光、照明及通風設備。
　　2. 有積存可燃性蒸氣或可燃性粉塵之虞之建築物，應設置將蒸氣或粉塵有效排至屋簷以上或室外距地面四公尺以上高處之設備。
　　3. 機械器具或其他設備，應採用可防止六類物品溢漏或飛散之構造。
　　4. 六類物品之加熱、冷卻設備或處理六類物品過程會產生溫度變化之設備，應設置適當之測溫裝置。
　　5. 六類物品之加熱或乾燥設備，應採不直接用火加熱之構造。
　　6. 六類物品之加壓設備或於處理中會產生壓力上昇之設備，應設置適當之壓力計及安全裝置。

7. 製造或處理六類物品之設備有發生靜電蓄積之虞者，應設置有效消除靜電之裝置。

8. 處理六類物品達管制量十倍者，應設避雷設備或以接地方式達同等以上防護性能者。

9. 電動機及六類物品處理設備之幫浦、安全閥、管接頭等，應裝設於不妨礙火災之預防及搶救位置。

三、違反規定時，依消防法第 42 條，處其管理權人或行為人新臺幣二萬元以上十萬元以下罰鍰；經處罰鍰後仍不改善者，得連續處罰，並得予以三十日以下停業或停止其使用之處分。

---

18. 依公共危險物品及可燃性高壓氣體設置標準暨安全管理辦法之規定，公共危險物品一般處理場所之定義為何？該一般處理場所之構造應符合那些規定？（25分）（108 年一般消防四等特考）

【解】：

一、一般處理場所：除前款以外，其他一日處理六類物品數量達管制量以上之場所。

二、一般處理場所之構造應符合下列規定：

1. 不得設於建築物之地下層。

2. 牆壁、樑、柱、地板及樓梯，應以不燃材料建造。

3. 建築物之屋頂，應以不燃材料建造，並以輕質金屬板覆蓋。

4. 窗戶及出入口應設置三十分鐘以上防火時效之防火門窗。

5. 窗戶及出入口裝有玻璃時，應為鑲嵌鐵絲網玻璃或具有同等以上防護性能者。

6. 製造或處理液體六類物品之建築物地板，應採用不滲透構造，且作適當之傾斜，並設置集液設施。

7. 設於室外之製造或處理液體六類物品之設備，應在周圍設置距地面高度在十五公分以上之圍阻措施；其地面應以混凝土或六類物品無法滲透之不燃材料鋪設，且作適當之傾斜，並設置集液設施。處理易燃液體及可燃液體中不溶於水之物質，應於集液設施設置油水分離裝置。

6-3 模擬試題

---

1. 串接液化石油氣使用量在 300 公斤以上未滿 600 公斤者，應符合規定爲何？

【解】：

（一）容器與用火設備保持 2 公尺以上距離。

（二）設置氣體漏氣警報器。

串接使用量在 300 公斤以上未滿 600 公斤者，除應符合前二款規定外，並應符合下列規定：

（一）以書面向當地消防機關陳報。

（二）設置自動緊急遮斷裝置。

（三）容器放置於室外者，應設有柵欄或圍牆，其上方應以輕質金屬板或其他輕質不燃材料覆蓋，並距離地面 2.5 公尺以上。

---

2. 液化石油氣販賣場所儲放之液化石油氣規定爲何？

【解】：

第 73 條　液化石油氣販賣場所儲放之液化石油氣，總儲氣量不得超過 128 公斤。

液化石油氣備用量，供營業使用者，不得超過 80 公斤；供家庭使用者，不得超過 40 公斤。

---

3. 液化石油氣儲存場面積及距離之規定爲何？

【解】：

液化石油氣儲存場所僅供一家販賣場所使用之面積，不得少於 10 平方公尺；供二家以上共同使用者，每一販賣場所使用之儲存面積，不得少於 6 平方公尺。

前項儲存場所設置位置與販賣場所距離不得超過 5 公里。但儲存場所設有圍牆防止非相關人員進入，並有 24 小時專人管理時，其距離得爲 20 公里內。

---

4. 液化石油氣容器檢驗場所之位置、構造、設備及安全管理，應符合規定爲何？

【解】：

容器檢驗場所：

（一）應設於建築物之地面層。

（二）建築物供販賣場所使用部分，應符合下列規定：

1. 牆壁應為防火構造或不燃材料建造。但與建築物其他使用部分之隔間牆，應為防火構造。
2. 樑及天花板應以不燃材料建造。
3. 其上有樓層者，上層之地板應為防火構造；其上無樓層者，屋頂應為防火構造或以不燃材料建造。

（三）電氣設備應符合屋內線路裝置規則相關規定。
（四）有洩漏液化石油氣之虞之設施，應設置氣體漏氣警報器。
（五）使用燃氣設備者，應連動緊急遮斷裝置。
（六）不得使用火源。但因檢驗作業需要者，不在此限。

---

5. 可燃性高壓氣體販賣場所之位置、構造、設備及安全管理，應符合規定為何？

【解】：
一、販賣場所：
（一）應設於建築物之地面層。
（二）建築物供販賣場所使用部分，應符合下列規定：
1. 牆壁應為防火構造或不燃材料建造。但與建築物其他使用部分之隔間牆，應為防火構造。
2. 樑及天花板應以不燃材料建造。
3. 其上有樓層者，上層之地板應為防火構造；其上無樓層者，屋頂應為防火構造或以不燃材料建造。
（三）電氣設備應符合屋內線路裝置規則相關規定。
（四）不得使用火源。

---

6. 可燃性高壓氣體場所所指第二類保護物為何？

【解】：
第二類保護物：係指第一類保護物以外供人居住或使用之建築物。但與製造、處理或儲存場所位於同一建築基地者，不屬之。

---

7. 販賣場所安全管理規定為何？

【解】：
第46條　第一種及第二種販賣場所，其安全管理應遵守下列規定：
一、儲存或處理公共危險物品，不得超過第七條第一項第一款第一目或第二目所定之數量。

二、嚴禁火源。

三、不得放置空紙箱、內襯紙、塑膠袋、紙盒等包裝用餘材料，或其他易燃易爆之物品。

四、儲存或處理公共危險物品之容器，不得有破損、腐蝕或裂縫等情形。

五、儲存或處理公共危險物品之容器應有防止傾倒之固定措施，不得倒置或施以衝擊、擠壓或拉扯。

六、維修可能殘留公共危險物品之設備、機械器具或容器時，應於安全處所將公共危險物品完全清除後為之。

---

8. 室外油槽之防液堤規定為何？

【解】：

一、單座儲槽周圍所設置防液堤之容量，應為該儲槽容量 110% 以上；同一地區設有二座以上儲槽者，其周圍所設置防液堤之容量，應為最大之儲槽容量 110% 以上。

二、防液堤之高度應在 50 公分以上。但儲槽容量合計超過 20 萬公秉者，高度應在 1m 以上。

三、防液堤內面積不得超過 8 萬平方公尺。

四、防液堤內部設置儲槽，不得超過十座。但其儲槽容量均在 200 公秉以下，且所儲存物之閃火點在 70℃～200℃者，得設置 20 座以下；儲存物之閃火點在 200℃以上者，無設置數量之限制。

五、防液堤周圍應設道路並與區內道路連接，道路寬度不得小於 6 公尺。
但有下列各款情形之一，且設有足供消防車輛迴車用之場地者，其設置之道路得為二面以上：
（一）防液堤內部儲槽之容量均在 200 公秉以下。
（二）防液堤內部儲槽儲存物之閃火點均在 200℃以上。
（三）周圍設置道路確有困難。

六、室外儲槽之直徑未達 15 公尺者，防液堤與儲槽側板外壁間之距離，不得小於儲槽高度之 1/3；其為 15 公尺以上者，不得小於儲槽高度之 1/2。但儲存物之閃火點在 200℃以上者，不在此限。

七、防液堤應以鋼筋混凝土造或土造，並應具有防止儲存物洩漏及滲透之構造。

八、儲槽容量超過 1 萬公秉者，應在各個儲槽周圍設置分隔堤，並應符合下列規定：
（一）分隔堤高度應在 30 公分以上，且至少低於防液堤 20 公分。
（二）分隔堤應以鋼筋混凝土造或土造。

九、防液堤內部除與儲槽有關之配管及消防用配管外，不得設置任何配管。

十、防液堤不得被配管貫通。但不損傷防液堤構造性能者，不在此限。

十一、防液堤應設置能排放內部積水之排水設備，且操作閥應設在防液堤之外

部，平時應保持關閉狀態。

---

9. 儲存液體儲槽側板外壁與儲存場所廠區之境界線距離不夠，請問如何解決此問題？

【解】：
（一）以不燃材料建造具 2 小時以上防火時效之防火牆。
（二）不易延燒者。
（三）設置防火水幕者。

---

10. 室內儲槽場所輸送液體六類物品之配管，應符合規定為何？

【解】：
第 36 條　室內儲槽場所輸送液體六類物品之配管應符合下列規定：
　　　　　一、應為鋼製或金屬製。但鋼製或金屬製配管會造成作業汙染者，得設置塑材雙套管。
　　　　　二、應經該配管最大常用壓力之 1.5 倍以上水壓進行耐壓試驗 10 分鐘，不得洩漏或變形。但以水壓進行耐壓試驗確有困難者，得以該配管最大常用壓力之 1.1 倍以上氣壓進行耐壓試驗。設置塑材雙套管者，其耐壓試驗以內管為限。
　　　　　三、設於地上者，不得接觸地面，且外部應有防蝕功能。
　　　　　四、埋設於地下者，外部應有防蝕功能；接合部分，應有可供檢查之措施。但以熔接接合者，不在此限。
　　　　　五、設有加熱或保溫之設備者，應具有預防火災之安全構造。

---

11. 室外儲存場所儲存之六類物品應以容器裝置，如設置架臺者規定為何？

【解】：
設置架臺者，其構造及設備應符合下列規定：
（一）架臺應以不燃材料建造，並定著於堅固之基礎上。
（二）架臺應能負載其附屬設備及所儲存物品之重量，並承受風力、地震等造成之影響。
（三）架臺之高度不得超過 6 公尺。
（四）架臺應設置防止儲存物品掉落之裝置。

---

12. 室內儲存場所儲存哪些物品者，不適用放寬之規定？

【解】：

第 29 條　室內儲存場所儲存下列物品者，不適用第二十二條至第二十四條規定：
一、第三類公共危險物品之烷基鋁、烷基鋰。
二、第四類公共危險物品之乙醛、環氧丙烷。
三、第五類公共危險物品之有機過氧化物及 A 型、B 型自反應物質。
四、其他經中央主管機關公告之六類物品。

13. 室內儲存場所儲存第五類公共危險物品之 B 型自反應物質之倉庫，其屋頂應符合規定為何？

【解】：

儲存倉庫屋頂應符合下列規定之一：
（一）構架屋頂面之木構材，其跨度應在 30 公分以下。
（二）屋頂下方以圓型鋼或輕型鋼材質之格子樑構造，其邊長在 45 公分以下。
（三）屋頂下設置金屬網，應與不燃材料建造之屋樑、橫樑等緊密結合。
（四）設置厚度在 5 公分以上，寬度在 30 公分以上之木材作為屋頂之基礎。

14. 室內儲存場所儲存六類物品之儲存倉庫周圍保留空地寬度，應符合規定為何？

【解】：

儲存倉庫周圍保留空地寬度：
（一）未達管制量 5 倍者，免設保留空地。
（二）達管制量 5 倍以上未達 20 倍者，保留空地寬度應在 1 公尺以上。
（三）達管制量 20 倍以上未達 50 倍者，保留空地寬度應在 2 公尺以上。

15. 公共危險物品場所內設六類物品調配室者，應符合規定為何？

【解】：

內設六類物品調配室者，應符合下列規定：
（一）樓地板面積應在 6 平方公尺以上，10 平方公尺以下。
（二）應以牆壁分隔區劃。
（三）地板應為不滲透構造，並設置適當傾斜度及集液設施。
（四）出入口應設置 1 小時以上防火時效之防火門。
（五）有積存可燃性蒸氣或可燃性粉塵之虞者，應設置將蒸氣或粉塵有效排至屋簷以上或室外距地面四公尺以上高處之設備。

16. 公共危險物品製造場所與高壓電線安全距離，應符合規定為何？如距離不夠應如何解決？

【解】：

與電壓超過 35,000 伏特之高架電線之距離，應在 5 公尺以上。

與電壓超過 7,000 伏特，35,000 伏特以下之高架電線之距離，應在 3 公尺以上。

前項安全距離，於製造場所設有擋牆防護或具有同等以上防護性能者，得減半計算之。

17. 試比較場所防火管理人、爆竹煙火監督人及保安監督人，其需設置上揭人員之條件及其資格如何取得？

【解】：

消防法第 13 條一定規模以上供公眾使用建築物，應由管理權人，遴用防火管理人，責其製定消防防護計畫，報請消防機關核備，並依該計畫執行有關防火管理上必要之業務。

消防法施行細則第 14 條本法第十三條所定防火管理人，應為管理或監督層次人員，並經中央消防機關認可之訓練機構或直轄市、縣（市）消防機關講習訓練合格領有證書始得充任。前項講習訓練分為初訓及複訓。初訓合格後，每 3 年至少應接受複訓一次。第一項講習訓練時數，初訓不得少於 12 小時；複訓不得少於 6 小時。

爆竹煙火管理條例第 18 條爆竹煙火製造場所及達中央主管機關所定管制量 30 倍之儲存、販賣場所之負責人，應選任爆竹煙火監督人，責其訂定安全防護計畫，報請直轄市、縣（市）主管機關備查，並依該計畫執行有關爆竹煙火安全管理上必要之業務。

爆竹煙火管理條例施行細則第 8 條，本條例第十八條所定爆竹煙火監督人，應為爆竹煙火製造場所或達中央主管機關所定管制量 30 倍以上儲存、販賣場所之管理或監督層次幹部。

爆竹煙火監督人任職期間，每 2 年至少應接受複訓一次。所定訓練之時間，不得少於 24 小時。

公共危險物品暨可燃性高壓氣體管理辦法第 47 條，製造、儲存或處理六類物品達管制量 30 倍以上之場所，應由管理權人選任管理或監督層次以上之幹部為保安監督人，擬訂消防防災計畫，報請當地消防機關核定，並依該計畫執行六類物品保安監督相關業務。

第一項保安監督人應經直轄市、縣（市）消防機關，或中央主管機關認可之專業機構，施予 24 小時之訓練領有合格證書者，始得充任，任職期間並應每 2 年接受複訓一次。

18. 某一餐廳串接使用 20 公斤液化石油氣鋼瓶 8 支，請詳述其安全管理規定為何？另對於串接使用場所，瓦斯行在何種情形下，不得供氣？（25 分）（110 年消防警察三等特考）

【解說】

本案串接 20×8=160kg，依規定如下列所述：

1. 串接使用量在 80kg ～ 120kg 者：
   (1) 容器應放置於室外。但放置於室外確有困難，且設置防止氣體滯留之有效通風裝置者，不在此限。
   (2) 有嚴禁煙火標示及滅火器。
   (3) 場所之溫度應經常保持 40℃以下，並有防止日光直射措施。
   (4) 使用及備用之容器應直立放置且有防止傾倒之固定措施。採鐵鏈方式固定者，應針對個別容器於桶身部分予以圈鏈固定。
   (5) 串接容器之燃氣導管應由領有氣體燃料導管配管技術士證照之人員，依建築技術規則建築設備編第 79 條規定安裝，並以固定裝置固著於牆壁或地板；安裝完工後，應製作施工標籤，並以不易磨滅與剝離方式張貼於配管之適當及明顯位置。
   (6) 燃氣軟管長度不得超過 1.8m，且最小彎曲半徑為 110 mm 以上，不得扭曲及纏繞；超過 1.8m，應設置串接容器之燃氣導管。燃氣軟管及燃氣導管應符合國家標準，銜接處應有防止脫落裝置。
   (7) 設置氣體漏氣警報器。
   (8) 以書面向當地消防機關陳報。
   (9) 應每月自行檢查第 1～7 目規定事項至少一次，檢查資料並應保存 2 年。

2. 串接使用量在 120kg ～ 300kg 者，除應符合前款規定外，容器並應與用火設備保持 2 m 以上距離。

   液化石油氣販賣場所之經營者發現供氣之容器串接使用場所有下列情形之一者，不得供氣：
   (1) 容器置於地下室。
   (2) 無嚴禁煙火標示或滅火器。
   (3) 使用或備用之容器未直立放置或未有防止傾倒之固定措施。
   (4) 未設置氣體漏氣警報器。

LPG 容器連接燃氣80~1000kg設施場所規定

【解說】

民 110 年 11 月 10 日法規修改，600kg 以上刪除安全距離

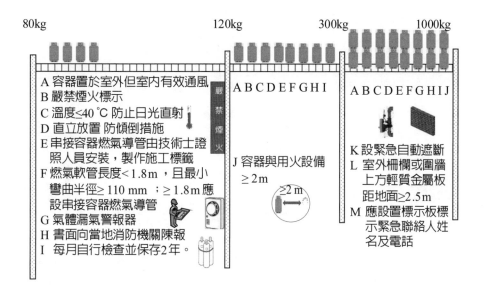

80kg　　　　　　　　　120kg　　　　　300kg　　　　1000kg

A 容器置於室外但室內有效通風
B 嚴禁煙火標示
C 溫度≦40℃ 防止日光直射
D 直立放置 防傾倒措施
E 串接容器燃氣導管由技術士證
　照人員安裝，製作施工標籤
F 燃氣軟管長度＜1.8m，且最小
　彎曲半徑≧ 110 mm ；≧1.8m 應
　設串接容器燃氣導管
G 氣體漏氣警報器
H 書面向當地消防機關陳報
I 每月自行檢查並保存2年。

嚴禁煙火

A B C D E F G H I

J 容器與用火設備
　≧2m

≧2m

A B C D E F G H I J

K 設緊急自動遮斷
L 室外柵欄或圍牆
　上方輕質金屬板
　距地面≧2.5m
M 應設置標示板標
　示緊急聯絡人姓
　名及電話

---

19. 依據「公共危險物品及可燃性高壓氣體製造儲存處理場所設置標準暨安全管理
　辦法」規定，有關用火設備與容器直線水平距離不足 2 公尺時，可否以其他措
　施增加距離部分？請試論之。

【解說】

　查目前現行法令，僅依公共危險物品及可燃性高壓氣體製造儲存處理場所設置標
準暨安全管理辦法，第 73 條之 1 規定，場所以無開口且具 1 小時以上以防火時效
之牆壁、樓地板區劃分隔者，串接使用量得分別計算。

---

20. 依據公共危險物品及可燃性高壓氣體製造儲存處理場所設置標準暨安全管理辦
　法規定，指出室內儲存場所或室外儲存場所，在儲存六類物品以外物品以及儲
　存不同分類物品，其分類分區之安全管理規定為何？

【解說】

　(1) 室內或室外儲存場所，不得儲存 6 類以外物品。但其不與物品反應，且分類分

區儲存，各分區距離 ≧ 1m 者，不在此限。

(2) 室內或室外儲存場所，不得儲存不同分類之六類物品。但分類分區儲存下列物品，且各分區距離 ≧ 1m 者，不在此限：

A. 第 1 類（鹼金屬過氧化物除外）與第 5 類物品。

B. 第 1 類與第 2 類 2 物品。

C. 第 2 類與第 3 類物品之發火性液體與發火性固體（黃磷為限）。

D. 第 2 類物品之易燃性固體與第 4 類物品。

E. 烷基鋁或烷基鋰，與第 4 類物品含有烷基鋁或烷基鋰成分者。

F. 第 4 類物品含有有機過氧化物者，與第 5 類物品之有機過氧化物者。

G. 第 4 類物品與第 5 類物品之丙烯基縮水甘油醚或倍羰烯者。

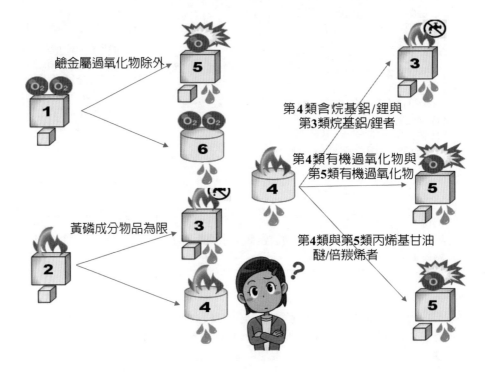

21. 依據公共危險物品及可燃性高壓氣體製造儲存處理場所設置標準暨安全管理辦法規定，第 15 條指出於 6 類物品製造場所或一般處理場所之構造應符合相關規定；請問符合何種規定者，得部分不適用其相關規定：

    (1) 未處理或儲存六類物品部分，其構造應符合何種規定？

    (2) 一般處理場所之作業型態及處理數量符合何種規定，且於建築物內使用部分之構造符合防火構造、區劃分隔及不得開口之規定？

    (3) 一般處理場所之作業型態及處理數量符合何種規定，且於建築物內使用部分之構造符合一定安全規範者？又一定安全規範為何？

【解說】

（一）未有 6 類部分符合下列規定者，得不適用第 15 條部分規定：

　　1. 牆壁樑柱不燃材料；≧ 2H 防火牆壁樑柱區劃分隔不設其他開口

　　2. 區劃分隔出入口≧ 2H 常閉式防火門，外牆開口有延燒之虞≧ 1H 防火門窗

　　3. 區劃分隔至少應有一對外牆面

（二）下列物質且符合表列（防火構造、區劃、不得開口等）得不適用第 15 條部分規定：

一般處理場所	噴漆塗裝印刷	清洗	鍋爐	淬火	切削研磨	油壓	熱媒油循環
物品	第四類(不含特殊易燃物)第二類	第四類			高閃火點		
管制量		< 30倍			< 30倍	< 50倍	
閃火點	-	≧40℃	≧40℃	≧70℃	≧100℃		
溫度		-			<100℃		-

（三）下列物質且符合一定安全規範該部分得不適用第 15 條部分規定：

一般處理場所	清洗	鍋爐	淬火	切削研磨	油壓
物品	第四類			高閃火點	
管制量	< 10倍			< 10倍	< 30倍
閃火點	≧40℃	≧40℃	≧70℃	≧100℃	
溫度	-			<100℃	

一定安全規範

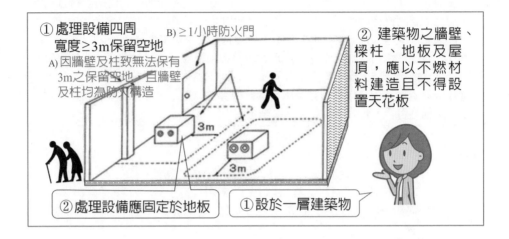

① 處理設備四周寬度≥3m保留空地
A)因牆壁及柱致無法保有3m之保留空地，且牆壁及柱均為防火構造
B) ≥1小時防火門
② 建築物之牆壁、樑柱、地板及屋頂，應以不燃材料建造且不得設置天花板
② 處理設備應固定於地板
① 設於一層建築物

22. 依據「公共危險物品及可燃性高壓氣體製造儲存處理場所設置標準暨安全管理辦法」之規定，於六類物品製造場所及一般處理場所設有擋牆防護者，其外牆或相當於該外牆之設施外側，與廠區外鄰近場所之安全距離得減半計算。請問所設置的擋牆應符合的規定為何？又擋牆的最小高度及最大高度分別為何？當計算的擋牆高度大於最大高度時，應採取的強化措施為何？請詳述之。（25分）（109年升官等）

【解說】

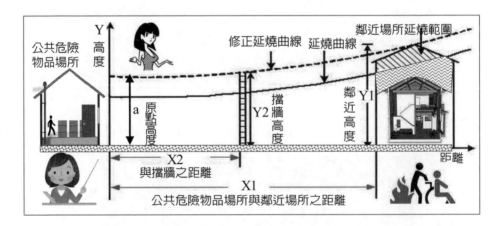

公共危險物品場所　高度
修正延燒曲線　延燒曲線　鄰近場所延燒範圍
a　原點高度
Y2　擋牆高度
Y1　鄰近高度
X2　與擋牆之距離
X1　公共危險物品場所與鄰近場所之距離
距離

$$Y = PX^2 + a$$

Y：擋牆距離地面之高度、P：延燒曲線係數如表 1

a：公共危險物品場所之原點高度、X1：公共危險物品場所與鄰近場所之距離、

X2：公共危險物品場所等與擋牆之距離、Y1：鄰近場所之高度

Y2：擋牆之高度

表 1 延燒曲線係數	P 值
鄰近場所之建築物為木造者。 鄰近場所之建築物為防火構造或不燃材料建造，而面對製造場所等之開口部，未設有防火門。	0.04
鄰近場所之建築物為不燃材料建造，而面對製造場所等之開口部，設有防火門。 鄰近場所之建築物為防火構造，而面對製造場所等之開口部，設有 30 分鐘以上防火時效之防火門。	0.15

決定擋牆高度之步驟如下：

1. $Y1 \leq PX1^2 + a$ 時：鄰近場所在延燒曲線之外，擋牆僅需 2 公尺。

2. $Y1 > PX1^2 + a$ 時：鄰近場所在延燒曲線之內，擋牆高度依下列公式計算：$Y2 = Y1 - P(X1^2 - X2^2)$

3. 擋牆的最小高度：擋牆高度計算結果未達 2 公尺時，以 2 公尺計。

4. 擋牆的最大高度：擋牆高度計算結果超過 4 公尺時，以 4 公尺計，但應採下列強化措施：

   A. 製造場所等依法應設置第 5 種滅火設備者，應增設 1 個以上之第 4 種滅火設備。

   B. 製造場所等依法應設置第 4 種滅火設備者，應增設適合該場所滅火之第 1 種、第 2 種或第 3 種固定式滅火設備。

   C. 製造場所等依法應設置固定式滅火設備者，在半徑 30 公尺範圍內應置 1 個以上之第 4 種滅火設備。

---

23. 儲槽儲存第四類公共危險物品者，其注入口之油氣與靜電之結合，常是火災發生風險最高位置，試述注入口位法規應符合哪些規定？

【解說】

儲槽儲存第四類公共危險物品者，其注入口應符合下列規定：

（一）不得設於容易引起火災或妨礙避難逃生之處。

（二）可與注入軟管或注入管結合，且不得有洩漏之情形。

（三）應設置管閥或加蓋。

（四）儲存物易引起靜電災害者，應設置有效除去靜電之接地裝置。

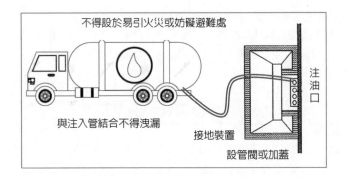

24. 室外儲槽火災時，支援救災之消防車輛應能接近進行滅火作業。因此，防液堤周圍應設道路並與區內道路連接，道路寬度不得小於六公尺，請問何種情況下，其設置之道路得為二面以上？

【解說】

　　防液堤周圍應設道路並與區內道路連接，道路寬度不得小於六公尺。但有下列各款情形之一，且設有足供消防車輛迴車用之場地者，其設置之道路得為二面以上：

（一）防液堤內部儲槽之容量均在二百公秉以下。

（二）防液堤內部儲槽儲存物之閃火點均在攝氏二百度以上。

（三）周圍設置道路確有困難。

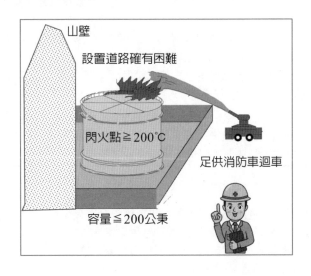

25. 公共危險物品等場所之滅火設備中之第五種滅火設備指滅火器、水桶、水槽、
　　乾燥砂、膨脹蛭石或膨脹珍珠岩，請依照各類場所消防安全設備設置標準說明
　　如何核算滅火效能值？（111 年消防設備士）

【解說】

滅火器滅火效能值應在 1 以上。

第 200 條 第 5 種滅火設備除滅火器外之其他設備，依下列規定核算滅火效能值：

1. 8 L 之消防專用水桶，每 3 個為一滅火效能值。

2. 水槽每 80 L 為 1.5 滅火效能值。

3. 乾燥砂每 50 L 為 0.5 滅火效能值。

4. 膨脹蛭石或膨脹珍珠岩每 160 L 為一滅火效能值。

第 5 種滅火設備（滅火器除外）		相當於一滅火效能值	
消防專用水桶		3 個	24 L
水槽		80 L 為 1.5	53.3 L
乾燥砂		50 L 為 0.5	100 L
膨脹蛭石或膨脹珍珠岩		160 L	

26. 有關公共危險物品之製造場所或一般處理場所，其四周保留空地寬度之規定為
　　何？（10 分）另有那些情形得不受前項距離規定之限制？請詳述之。（15 分）
　　（111 年消防設備師）

【解說】

（一）四周保留空地寬度之規定

　　　　第 14 條 6 類物品製造場所或一般處理場所 4 周保留空地寬度應在 3 m 以上；
　　　　儲存量達管制量 10 倍以上者，4 周保留空地寬度應在 5 m 以上。但僅處理高
　　　　閃火點物品且其操作溫度未滿攝氏一百度，四周保留空地寬度在三公尺以上
　　　　者，不在此限。

（二）得不受前項距離規定之限制

有下列情形之一，於設有高於屋頂，爲不燃材料建造，具 2 小時以上防火時效之防火牆，且與相鄰場所有效隔開者，得不受前項距離規定限制：

1. 僅製造或處理高閃火點物品且其操作溫度未滿 100℃者。

2. 因作業流程具有連接性，四周依規定保持距離會嚴重妨害其作業者。

一般處理場所之作業型態、處理數量及建築物內使用部分之構造符合第十五條之一規定者，不適用第一項規定。

第十五條之一規定如次：

（一）下列物質且符合表列（防火構造、區劃、不得開口等）得不適用第 15 條部分規定：

一般處理場所	噴漆塗裝印刷	清洗	鍋爐	淬火	切削研磨	油壓	熱媒油循環
物品	第四類 (不含特殊易燃物) 第二類	第四類			高閃火點		
管制量	< 30倍				< 30倍	< 50倍	< 30倍
閃火點	-	≥ 40℃	≥ 40℃	≥ 70℃	≥ 100℃		
溫度	-				<100℃		-

（二）下列物質且符合一定安全規範該部分得不適用第 15 條部分規定：

一般處理場所	清洗	鍋爐	淬火	切削研磨	油壓
物品	第四類			高閃火點	
管制量	< 倍			< 10倍	< 30倍
閃火點	≥ 40℃	≥ 40℃	≥ 70℃	≥ 100℃	
溫度	-			<100℃	

一定安全規範

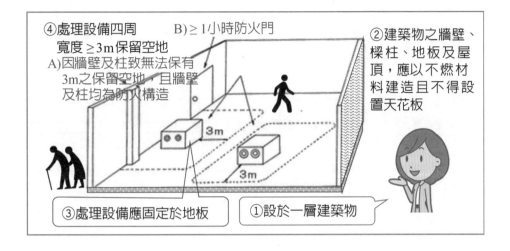

④處理設備四周
寬度≥3m保留空地
A)因牆壁及柱致無法保有
3m之保留空地，且牆壁
及柱均為防火構造

B)≥1小時防火門

②建築物之牆壁、
樑柱、地板及屋
頂，應以不燃材
料建造且不得設
置天花板

3m

3m

③處理設備應固定於地板

①設於一層建築物

27. 依據公共危險物品及可燃性高壓氣體製造儲存處理場所設置標準暨安全管理辦
法規定，有關室外儲槽場所其相鄰儲槽側板外壁間之距離，請詳述之。（25
分）（111年消防警察三等特考）

【解說】
第37條 室外儲槽場所之位置、構造及設備應符合下列規定：
儲存液體儲槽側板外壁與儲存場所廠區之境界線距離，依下表規定。但有下列情
形之一者，不在此限。
1. 以不燃材料建造具2小時以上防火時效之防火牆。
2. 不易延燒者。
3. 設置防火水幕者。

儲槽廠區規模區分	閃火點	儲槽側板外壁至廠區境界線距離 (D) R 為儲槽水平截面之最大直徑（臥型為其橫長）
儲存室外儲槽所在之廠區，儲存或處理 6 類物品或可燃性高壓氣體之數量，達下列各款之一者。 A. 儲存或處理 6 類物品之總數量除以 1 萬公秉所得數值為 1 以上 $(\dfrac{物品總數量}{10000 \text{ 公秉}} \geq 1)$ B. 每日處理之可燃性高壓氣體總數量除以 200 萬 m^3 所得數值為 1 以上 $(\dfrac{氣體總數量}{200 \text{ 萬 } m^3} \geq 1)$ C. 前 2 款之合計值為 1 以上之場所。（A＋B≧1）	$< 21^\circ C$	D＝R×1.8 但不得小於儲槽高度或 50m 之較大值。
	$21^\circ C \sim 70^\circ C$	D＝R×1.6 但不得小於儲槽高度或 40m 之較大值。
	$\geq 70^\circ C$	D＝R 但不得小於儲槽高度或 30m 之較大值。
上列以外之室外儲槽	$<21^\circ C$	D＝R×1.8 但不得小於儲槽高度之值。
	$21^\circ C \sim 70^\circ C$	D＝R×1.6 但不得小於儲槽高度之值。
	$\geq 70^\circ C$	D＝R 但不得小於儲槽高度之值。

Note

附錄　公共危險物品製造、儲存或處理場所位置構造設備判定要領

	判定項目		判定要領
位置	安全距離	計算方式	1. 自場所外牆或相當於該外牆之設施外側起算（下圖）。 2. 室外儲槽應自儲槽側板外壁起算。 3. 以水平距離計算。 4. 設有擋牆者，得減半計算之。 5. 得涵蓋廠區外之公用馬路、海洋、河川及湖泊等永久性空地，但不宜涵蓋私人土地。 6. 倘涵蓋私人土地時，應考量日後該土地興建建物時，亦能透過保安措施（如設置擋牆等），使該場所仍符合規定。 圖例：公共危險物品之製造場所，其外牆或相當於該外牆之設施外側，與場所外鄰近場所之安全距離 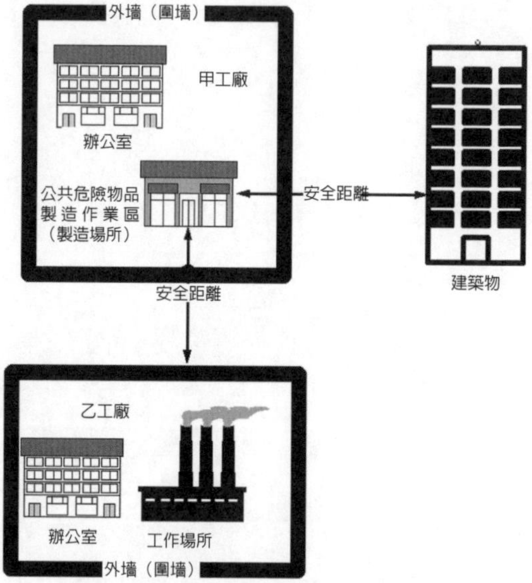
	擋牆	設置位置	距離場所外牆或相當於該外牆之設施外側 2 公尺以上。
		厚（斜）度、種類	15 公分以上之鋼筋或鋼骨混凝土牆；或 20 公分以上之鋼筋或鋼骨補強空心磚牆；或堆高斜度不超過 60 度之土堤。
		高度、長度	能有效阻隔延燒（註 1）。
	保留空地	計算方式	1. 自場所外牆或相當於該外牆之設施外側起算。 2. 室外儲槽應自儲槽側板外壁起算。 3. 以水平距離計算。 4. 以具有土地所有權或土地使用權者為限。 5. 依法應設置超過 3 公尺保留空地寬度之場所，其保留空地面臨海洋、湖泊、水壩或河川者，得縮減為 3 公尺。

判定項目			判定要領
			6. 同一廠區內製造、儲存或處理場所相鄰設置時，其相互間之保留空地，應取二者中保留空地寬度較大者。 7. 製造或一般處理場所，如因作業流程具有連接性，保持距離會嚴重妨害其作業者，設有符合規定之防火牆，將二者有效隔開，得予減免。
	防火牆	高度	高於屋頂。
		材質	不燃材料建造。
		防火時效	2 小時以上。
		開口	防火牆原則上以不設置開口為宜，惟基於作業需求，得設置 2 小時以上防火時效之常時關閉式防火門，但不得設置其他開口。至管線穿越防火牆部分，應予防火填塞（具 2 小時以上防火時效）。
	地面及其上方		1. 原則上不得有任何建築物或工作物等，但與製程相關之公共危險物品輸送管線及同一事業單位內之水系統管線、非輸送公共危險物品管線及電氣線路（含前揭管線支撐架）等，不在此限。 2. 消防幫浦、發電機設備等，不可設置於保留空地內。 3. 該空地不得供（兼）作其他用途使用。 4. 防液堤周圍道路與保留空地重疊者，該道路亦可視為保留空地之一部分。
廠區境界線距離	計算方式		1. 自儲存液體儲槽側板外壁起算，至儲存場所廠區之境界線距離。 2. 以水平距離計算。 3. 有下列情形之一者，得免依規定保持距離： (1) 以不燃材料建造具 2 小時以上防火時效之防火牆。 (2) 不易延燒者（如海洋、湖泊、河川、水路、工業專用區內之空地或作為掩埋之土地）。 (3) 設置防火水幕者。
	防火牆、防火水幕		應符合「防火牆及防火水幕設置基準」規定（註 2）。
相鄰儲槽間距	計算方式		1. 以相鄰儲槽間最接近之儲槽側板外壁起算。 2. 以水平距離計算。
構造	不燃材料		依「建築技術規則建築設計施工編」第 1 條第 28 款規定，不燃材料係指混凝土、磚或空心磚、瓦、石料、鋼鐵、鋁、玻璃、玻璃纖維、礦棉、陶瓷品、砂漿、石灰及其他經中央主管建築機關認定符合耐燃一級之不因火熱引起燃燒、熔化、破裂變形及產生有害氣體之材料。
	有延燒之虞之外牆		公共危險物品場所之外牆與鄰地境界線、道路中心線或同一基地內與鄰棟建築物外牆中心線，第一層在 3 公尺以內、第二層在 5 公尺以內之部分，均視為有延燒之虞（如圖）。

判定項目	判定要領
	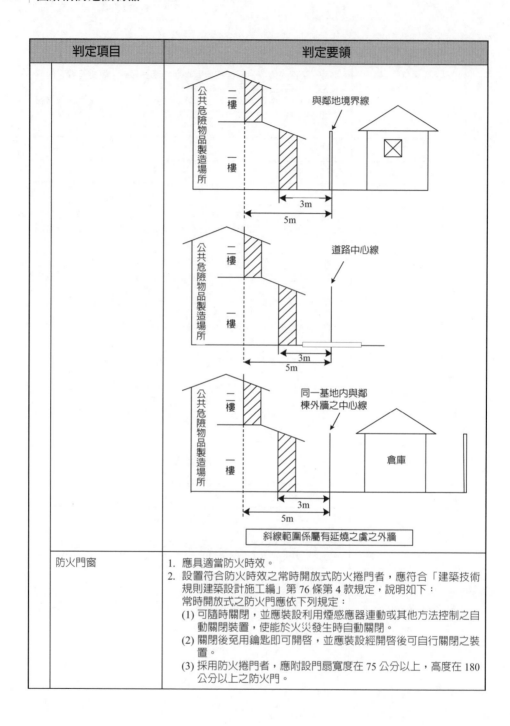
防火門窗	1. 應具適當防火時效。 2. 設置符合防火時效之常時開放式防火捲門者，應符合「建築技術規則建築設計施工編」第76條第4款規定，說明如下： 常時開放式之防火門應依下列規定： (1) 可隨時關閉，並應裝設利用煙感應器連動或其他方法控制之自動關閉裝置，使能於火災發生時自動關閉。 (2) 關閉後免用鑰匙即可開啟，並應裝設經開啟後可自行關閉之裝置。 (3) 採用防火捲門者，應附設門扇寬度在75公分以上，高度在180公分以上之防火門。

判定項目		判定要領
屋頂輕質金屬板或輕質不燃材料		1. 與構成建築物牆壁之材料作比較，選擇強度較小者，作為覆蓋屋頂之材料。 2. 設置設施使該場所無產生爆炸之虞者，得免以輕質金屬板或其他輕質不燃材料覆蓋。
地板不滲透構造		混凝土造或金屬板造。
地板適當傾斜		1. 地板傾斜度能使液體公共危險物品順利流至集液設施即可，不得對作業人員之安全造成影響。 2. 製造場所或一般處理場所設有洩漏承接設施及洩漏檢測設備，能立即通知相關人員有效處理者，得免作適當之傾斜。
集液設施		1. 集液溝應能使洩漏之液體公共危險物有效送至集液池，其設置大小應視製造或處理場所建築物面積、設備配置及現場作業情況等，進行設計，且並非以 1 個為限。 2. 製造場所或一般處理場所設有洩漏承接設施及洩漏檢測設備，能立即通知相關人員有效處理者，得免設置集液設施。 3. 2 層以上之公共危險物品製造、儲存或處理場所，倘其集液設施難以採用集液池（溝）之設置方式者，亦得採用其他達同等以上效能之措施，惟應將該施之材質、是否形成延燒路徑、洩漏檢測及後續處理作為等因素納入考量。 4. 室內儲槽場所因儲存公共危險物品數量較多，不宜採用如落水管等設計方式，引流至 1 樓。 5. 設於室外之製造或處理液體公共危險物品之設備，其樓板採用格柵板等方式者，有關其集液設施之設置得以地面為限。
圍阻措施、門檻、防止流出措施		1. 容量應依實際狀況考量設置。 2. 幫浦設備設置於儲槽專用室時，倘「洩漏時無產生火災或爆炸之虞」，得免設置該措施，係指倘儲槽內公共危險物品洩漏時，不致因幫浦等設備運轉所產生的熱、火星所引燃。
油水分離裝置		1. 設於室外之製造或處理液體公共危險物品之設備，處理易燃液體中不溶於水之物質，應於集液設施設置油水分離裝置，以防止直接流入排水溝。 2. 於幫浦室以外之場所設置幫浦設備時，幫浦處理不溶於水之第 4 類公共危險物品者，應設置油水分離裝置，並防止該物品直接流入排水溝。
架臺	材質等	不燃材料建造，並定著在堅固之基礎上。
	構造	1. 架臺及其附屬設備，應能負載所儲存物品之重量並承受地震所造成之影響。 2. 設置防止儲放物品掉落之裝置。
圍欄	區劃	1. 室外儲存場所外圍，應以圍欄區劃。 2. 儲存塊狀硫磺，放置地面者，每 100 平方公尺（含未達）應以圍欄區劃。設有 2 個以上圍欄者，其內部面積合計應在 1000 平方公尺以下，且圍欄間之距離，不得小於保留空地寬度之 1/3。

判定項目		判定要領
	材質	儲存塊狀硫磺，放置地面者，圍欄應以不燃材料建造，並有防止硫磺洩漏之構造。另圍欄每隔 2 公尺，最少應設一個防水布固定裝置，以防止硫磺溢出或飛散。
	高度	儲存塊狀硫磺，放置地面者，圍欄高度應在 1.5 公尺以下。
儲槽專用室		1. 室內儲槽應設置於儲槽專用室內。 2. 儲槽專用室不得設置與室內儲槽無關之設備（如發電機不得與室內儲槽設置於同一防火區劃）。 3. 同一儲槽專用室得設置 2 座以上儲槽，但其容量應合併計算。
儲槽防爆構造		1. 指防止儲槽內部起火或儲槽周圍被加熱後，使槽內產生氣體，而導致壓力異常上升，致使槽體被破壞，故儲槽內壓力異常上升時，須有能將內部氣體及蒸氣由儲槽上方排出之構造。 2. 如採用側板頂部角鋼與屋頂板之接合部分強度弱於儲槽其他接合部分之方式，其構造範例如圖。或採用緊急排放裝置等設計方式達同等效能以上。 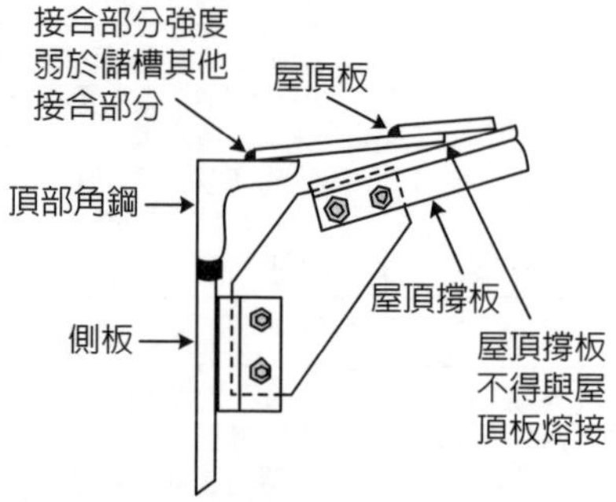
儲槽耐震、耐風壓結構		應依內政部營建署所定「建築物耐震設計規範及解說」與「建築物耐風設計規範及解說」相關規定辦理。
防液堤	設置規定	1. 儲存液體公共危險物品，應予設置。 2. 但儲存二硫化碳者，不在此限。
	容量	1. 儲存第四類（高閃火點物品以外）者，為最大儲槽容量110%以上。 2. 儲存第四類高閃火點物品或第四類以外液體公共危險物品者，為最大儲槽容量100%以上。

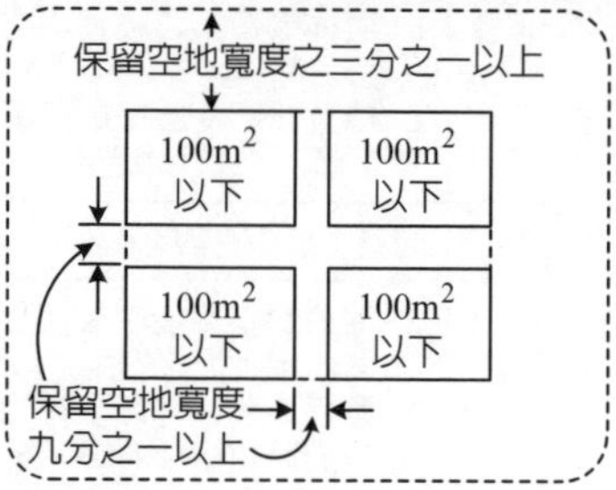

判定項目	判定要領
高度	1. 應在 50 公分以上。 2. 儲槽容量合計超過 20 萬公秉者,高度應在 1 公尺以上。
堤內面積	1. 不得超過 8 萬平方公尺。 2. 儲存第四類以外液體公共危險物品者除外。
堤內儲槽數量	1. 儲存第四類者: (1) 不得超過 10 座。 (2) 但其儲槽容量均在 200 公秉以下,且所儲存物之閃火點在 70℃ 　　以上未達 200℃者,得設置 20 座以下;儲存物之閃火點在 　　200℃以上者,無設置數量限制。 2. 儲存第四類以外液體公共危險物品者除外。
	於同一防液堤內設置儲存不同閃火點之液體公共危險物品儲槽時, 應以閃火點未達 70℃者之儲槽數量除以 10、閃火點在 70℃以上未達 200℃者之儲槽數量除以 20,及閃火點在 200℃以上者之儲槽數量除 以 30,所得商數之和為 1 以下時,得設置於同一防液堤。
堤外道路	1. 儲存第四類者: (1) 防液堤周圍應設道路並與區內道路連接,道路寬度不得小於 6 　　公尺。 (2) 但有下列情形之一,且設有足供消防車輛迴車用之場地者,其 　　設置之道路得為二面以上: 　　A. 防液堤內部儲槽之容量均在 200 公秉以下。 　　B. 防液堤內部儲槽儲存物之閃火點均在 200℃以上。 　　C. 周圍設置道路確有困難。 2. 儲存第四類以外液體公共危險物品者除外。 3. 消防幫浦、發電機設備等,不得設於防液堤周圍道路內。
與儲槽側板外壁間距	1. 儲存第四類者: (1) 儲槽直徑未達 15 公尺:不得小於儲槽高度之 1/3。 (2) 儲槽直徑 15 公尺以上:不得小於儲槽高度之 1/2。 (3) 但儲存物之閃火點在 200℃以上者,不在此限。 2. 儲存第四類以外液體公共危險物品者除外。
構造	鋼筋混凝土造或土造,並具有防止儲存物洩漏及滲透之構造。
分隔堤	1. 儲槽容量超過 10,000 公秉者,應在各個儲槽周圍設置分隔堤。 2. 高度在 30 公分以上,且至少低於防液堤 20 公分。 3. 以鋼筋混凝土造或土造。
堤內配管	除與儲槽有關之配管及消防用配管外,不得設置任何配管。
貫穿部	1. 防液堤不得被配管貫通。 2. 但不損傷防液堤構造性能者(指配管貫通防液堤後,該貫通部分 　具有耐震性,且有良好填塞能有效防止洩漏等補強措施者),不 　在此限。
排水設備	1. 能排放內部積水。 2. 操作閥應設在防液堤之外部,平時應保持關閉狀態。 3. 儲槽容量在 1,000 公秉以上者,排水設備操作閥開關,應容易辨 　別。
洩漏檢測設備、警報設備	1. 儲槽容量在 10,000 公秉以上者,其防液堤應設置洩漏檢測設備, 　並應於可進行處置處所設置警報設備。 2. 儲存第四類以外液體公共危險物品者除外。

判定項目		判定要領
	階梯或土質坡道	1. 高度 1 公尺以上之防液堤，每間隔 30 公尺應設置出入防液堤之階梯或土質坡道。 2. 考量階梯或土質坡道之型式、種類各有不同，其測量以階梯或土質坡道之轉折平台中心線為基準點，並以沿防液堤或土質坡道構造中心線所得步行距離計算之。
	儲存二硫化碳儲槽	應沒入於槽壁厚度 20 公分以上且無漏水之虞之鋼筋混凝土水槽中。
設備	採光設備、照明設備	1. 應符合「勞工安全衛生設施規則」第 12 章第 4 節採光及照明相關規定。 2. 已設有充分照明設備者，得免設採光設備。
	通風設備 — 種類	1. 應符合「勞工安全衛生設施規則」第 12 章第 3 節通風及換氣相關規定。 2. 有關機械通風部分，應依「勞工安全衛生設施規則」第 312 條規定辦理，無勞工者以 1 人計算。 3. 如藉由排出設備可有效置換場所內部空氣，而且無溫度上升之虞者，得兼作通風設備。
	通風設備 — 防火閘門	1. 依規定應設置防火閘門者，應符合排煙設備用閘門認可基準之規定。 2. 管路以不燃材料建造，或內部（指通風設備管路內部）設置撒水頭防護，或設置具有同等以上防護性能之措施者（如管路未貫穿建築物內部構造，直接貫穿外牆並連通至屋外空氣流通處，且該場所之建築物外牆無延燒之虞者），免設防火閘門。
	排出設備 — 設置規定	1. 製造場所及一般處理場所，有積存可燃性蒸氣或可燃性粉塵之虞之建築物者（指在建築物內處理曝露於空氣中之閃火點未滿 40℃ 之易燃液體或可燃性微粉），應予設置。 2. 販賣場所之公共危險物品調配室，有積存可燃性蒸氣或可燃性粉塵之虞者（指在建築物內處理曝露於空氣中之閃火點未滿 40℃ 之易燃液體或可燃性微粉），應予設置。 3. 獨立、專用、一層建築物之室內儲存場所，儲存閃火點未達 70℃ 之第四類，且有積存可燃性蒸氣之虞者，應予設置。 4. 建築物一部分供室內儲存場所使用，儲存閃火點未達 70℃ 之第四類，且有積存可燃性蒸氣之虞者，應予設置。 5. 室內儲槽場所之儲槽專用室，儲存閃火點未達 70℃ 之公共危險物品，有積存可燃性蒸氣或可燃性粉塵之虞者，應予設置。 6. 幫浦室（位於儲槽專用室者除外）有可燃性蒸氣滯留之虞者（指在建築物內處理曝露於空氣中之閃火點未滿 40℃ 之易燃液體），應予設置。
	排出設備 — 功能	應符合「勞工安全衛生設施規則」第 12 章第 3 節通風及換氣相關規定。將蒸氣或粉塵有效排放至屋簷以上或室外距地面 4 公尺以上高處。
	排出設備 — 防火閘門	1. 依規定應設置防火閘門者，應符合排煙設備用閘門認可基準之規定。 2. 管路以不燃材料建造，或內部（指排出設備管路內部）設置撒水頭防護，或設置具有同等以上防護性能之措施者（如管路未貫穿建築物內部構造，直接貫穿外牆並連通至屋外空氣流通處，且該場所之建築物外牆無延燒之虞者），免設防火閘門。

判定項目		判定要領
	機械器具或其他設備	應採用防止溢漏或飛散構造（指在一般使用狀況下，有充分之容量、強度及性能，不致造成公共危險物品外洩、溢出或飛散者）。但設備中設有防止溢漏或飛散之附屬設備者（指儲槽、幫浦類等設備所設置之回流管、溢流管、混和裝置或攪拌裝置等，設有防飛散之覆蓋、擋流板等，或於周圍設置圍欄等措施），不在此限。
	測溫裝置	指能供正確掌握加熱、冷卻設備或處理公共危險物混合、反應設備之溫度變化，俾採必要因應措施者，如溫度計等。設置時，應充分考量處理公共危險物品設備之種類、公共危險物品特性及量測溫度範圍等。
	加熱或乾燥設備	應採不直接用火加熱之構造（指以水蒸氣、熱水、熱媒體、熱風等方式進行加熱；但如使用可燃性液體、可燃性氣體等作為燃料或使用外露鎳鉻電熱線加熱等，均屬直接用火加熱）。但加熱或乾燥設備設於防火安全處所或設有預防火災之附屬設備者（指於直接用火加熱之構造上附加能使其有效預防火災之設備者，例如在鎳鉻電熱線上加裝保護裝置等），不在此限。
	通風裝置等	儲存第五類有因溫度上升而引起分解、著火之虞者，其儲存倉庫應設置通風裝置、空調裝置或維持內部溫度在該物品自燃溫度以下之裝置。
加壓設備	壓力計	考量其所設置設備之構造、公共危險物品之處理方式等，選擇適當之壓力計。
	安全裝置	1. 自動停止壓力上升之裝置。 2. 減壓閥（其減壓側應設置安全閥）。 3. 警報裝置（應包含安全閥）。 4. 破壞板。但以加壓設備在裝設安全閥時會造成動作困難者為限。
儲槽安全裝置	設置規定	壓力儲槽應予設置。
	種類	1. 自動停止壓力上升之裝置。 2. 減壓閥（其減壓側應設置安全閥）。 3. 警報裝置（應包含安全閥）。 4. 破壞板。但以加壓設備在裝設安全閥時會造成動作困難者為限。
通氣管	設置規定	非壓力儲槽應予設置。
	種類	通氣管係指下列之一： 1. 無閥通氣管應符合下列規定： 　(1) 內徑在 30 毫米以上。 　(2) 前端以水平方向下彎 45 度以上，俾防止雨水侵入，或具有同　　 等以上性能之措施。 　(3) 有細目銅網等防止引火裝置。但高閃火點物品，其處理溫度未　　 滿 100°C者，不在此限。 2. 大氣閥通氣管應符合下列規定： 　(1) 壓力差在 500 毫米水柱壓力以下，即可動作。 　(2) 有細目銅網等防止引火裝置。但高閃火點公共危險物品，其處　　 理溫度未滿 100°C者，不在此限。

判定項目		判定要領
		 直徑30mm以上　前端以水平方向下彎45度以上　防止引火裝置　槽
有效消除靜電裝置	設置場所	製造或處理公共危險物品之設備有發生靜電蓄積之虞者（指處理可燃性液體或可燃性微粒等之公共危險物品設備流動摩擦產生靜電，原則上其導電率在 10^{-8}s/m 以下者），應予設置。
	種類	一般採接地方式，但視處理物質及作業形態等得以下列方式之一或以組合方式設置： 1. 使用惰性氣體填塞。 2. 使用導體性之構造。 3. 增加液體的導電率（如加入添加劑等）。 4. 中和靜電（如使空氣離子化等）。 5. 限制流速。 6. 調整濕度在 75% 以上。 7. 防止人體帶電。
自動顯示儲量裝置、計量口		1. 室內儲槽場所儲槽應設置自動顯示儲量裝置。 2. 儲槽專用室設於 1 層以上之建築物者，儲槽注入口附近應設置自動顯示儲量裝置。但從外部觀察容易者，得免設。 3. 地下儲槽場所儲存液體公共危險物品時，應有自動顯示儲量裝置或計量口。設置計量口時不得造成槽底受損。
注入口	位置	儲存第四類者，不得設於容易引起火災或妨礙避難逃生之處。
	結合注入（軟）管	儲存第四類者，可與注入（軟）管結合，且不得有洩漏之情形。
	管閥或盲板	儲存第四類者，應予設置。
	除去靜電之接地裝置	儲存第四類者，儲存物易引起靜電災害者（指特殊易燃物、第一石油類及第二石油類），應予設置。
儲槽閥		應為鑄鋼或具有同等以上性能之材質，且不得有洩漏之情形。
儲槽之排水管		1. 應設在槽壁。 2. 排水管與儲槽之連接部分，於發生地震或地盤下陷時，無受損之虞者，得設在儲槽底部。
浮頂式儲槽防止損傷措施		設置於槽壁或浮頂之設備，於地震等災害發生時，不得損傷該浮頂或壁板。但設置保安管理上必要設備者（含活動梯、浮頂回轉防止設備、測量液面高度設備、採樣裝置等設備），不在此限。

判定項目		判定要領
避雷設備		1. 依規定應設置避雷設備者，應符合「中華民國國家標準（CNS）12872【建築物等用避雷設備（避雷針）】」規定，或以接地方式達同等以上防護性能者。 2. 但因周圍環境，無致生危險之虞者（如場所周圍已設有避雷設備，且在其保護範圍內），不在此限。
電動機、幫浦、安全閥、管接頭		1. 應裝設於不妨礙火災之預防及搶救位置（指與使用火源或加熱設備維持適當距離，設置地點防止操作失誤之處所，並於公共危險物品洩漏時，不至被淹沒）。 2. 安全閥及相關表計以設置地面以上為原則，並應便於檢修及消防搶救。
電氣設備		應符合「屋內線路裝置規則」相關規定。
配管	材質	1. 應為鋼製或金屬製。 2. 鋼製或金屬製配管會造成作業污染者，得設置塑材雙套管。
	耐壓試驗	1. 應經該配管最大常用壓力之 1.5 倍以上水壓進行耐壓試驗 10 分鐘，不得洩漏或變形。 2. 以水壓進行耐壓試驗確有困難者，得以該配管最大常用壓力之 1.1 倍以上氣壓進行耐壓試驗。 3. 設置塑材雙套管者，其耐壓試驗以內管為限。
	設於地上	不得接觸地面，且外部應有防蝕功能（材質或塗料可防止生鏽腐蝕，即達其功能）。
	埋設於地下	1. 外部應有防蝕功能（材質或塗料可防止生鏽腐蝕，即達其功能）；接合部分，應有可供檢查之措施。 2. 以熔接接合者，不在此限。
標示板	標示有關消防之必要事項	販賣場所應在明顯處所標示有關消防之必要事項，係指應依「六類公共危險物品製造儲存及處理場所標示板規格及設置要點」規定辦理。
	設置位置	設置於主要出入口附近，且由外部可明顯易見處，不須每一個出入口均設置。
	設置規格	1. 應符合「六類公共危險物品製造儲存及處理場所標示板規格及設置要點」規定。 2. 將第一種及第二種標示板合併設置者，應能明確區分各作業區、儲槽或建築物所儲存之公共危險物品種類、名稱及數量等內容。 3. 文字書寫不拘直書或橫書。

註 1：有關擋牆之設置，應依下列延燒曲線公式檢討：

$Y = PX^2 + a$

Y：擋牆距離地面之高度
P：附表 1 延燒曲線之係數
X：製造場所等與鄰近場所之距離
a：附表 2 之製造場所等原點之高度
Y_1：鄰近場所之高度
Y_2：擋牆之高度
X_1：製造場所等與鄰近場所之距離
X_2：製造場所等與擋牆之距離

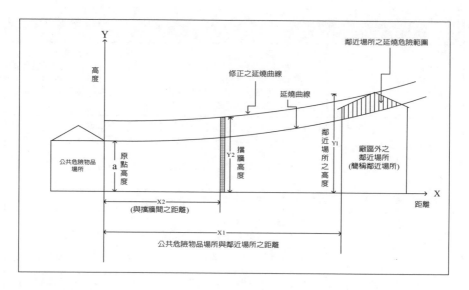

附表1

區分	P 值
鄰近場所之建築物為木造者。 鄰近場所之建築物為防火構造或不燃材料建造，而面對製造場所等之開口部，未設有防火門。	0.04
鄰近場所之建築物為不燃材料建造，而面對製造場所等之開口部，設有防火門。 鄰近場所之建築物為防火構造，而面對製造場所等之開口部，設有30分鐘以上防火時效之防火門。	0.15
鄰近場所之建築物為防火構造，而面對製造場所等之開口部，設有1小時以上防火時效之防火門。	∞

附表2

區分	原點的高度	備註
公共危險物品製造、處理及儲存場所		牆壁屬於防火構造，且面對鄰近建物之側，無開口或開口處設有一小時以上防火時效之防火門。
		牆壁屬於防火構造，開口處未設有一小時以上防火時效之防火門。

區分	原點的高度	備註
	a＝0	牆壁非屬防火構造。
	a 圍阻措施高度	設於室外製造或處理液體六類物品之場所。
	儲槽　a	設於室外之豎形儲槽。
	a	設於室外之臥形儲槽。
	a＝0	室外儲存場所。

1. $Y_1 \leqq PX_1^2 + a$ 時：鄰近場所在延燒曲線之外，基此，擋牆僅需 2 公尺。
2. $Y_1 > PX_1^2 + a$ 時：鄰近場所在延燒曲線之內，基此，擋牆高度依下列公式計算：
   $Y_2 = Y_1 - P(X_1^2 - X_2^2)$
3. 擋牆的最小高度：擋牆高度計算結果未達 2 公尺時，以 2 公尺計。
4. 擋牆的最大高度：擋牆高度計算結果超過 4 公尺時，以 4 公尺計，但應採下列強化措施：
   (1) 製造場所等依法應設置第 5 種滅火設備者，應增設 1 個以上之第 4 種滅火設備。
   (2) 製造場所等依法應設置第 4 種滅火設備者，應增設適合該場所滅火之第 1 種、第 2 種或第 3 種固定式滅火設備。
   (3) 製造場所等依法應設置固定式滅火設備者，在半徑 30 公尺範圍內應置 1 個以上之第 4 種滅火設備。

註2：有關「防火牆及防火水幕設置基準」補充規定說明如下：
   1. 「防火牆及防火水幕防護高度為儲槽側板外壁假想火面與距離邊緣線所成連線，和地面廠區境界線所延伸垂直交點之垂直高度」。倘假想火面高度較儲槽高度為低時，防火牆及防火水幕防護高度為儲槽側板外壁最高點與距離邊緣線所成連線，和地面廠區境界線所延伸垂線交點之垂直高度。

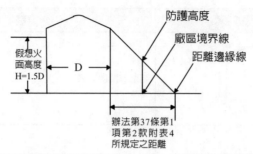

※儲存公共危險物品閃火點達70℃以上者,其假想火面高度為H=D

2. 防火牆及防火水幕得併設,併設時應符合「防火牆及防火水幕設置基準」規定,有效阻絕輻射熱,並符合下列規定:
   (1) 防火牆不得設置開口或為配管所貫穿。
   (2) 防火水幕設置處不得為廠區出入口或人員避難逃生路線。
   (3) 防火水幕放水量以實際高度計算。
3. 「防火牆及防火水幕設置基準」並無噴頭放射形式(向上或向下放射)之規定,有關噴頭之配置,得視現場實際狀況設計。

附錄
爆竹煙火管理條例及施行細則

附1 爆竹煙火管理條例

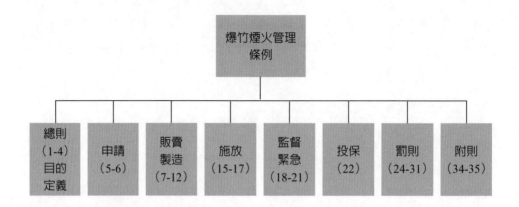

第 1 條　爲規範爆竹煙火之管理，預防災害發生，維護人民生命財產，確保公共安全，特制定本條例。

第 2 條　本條例所稱主管機關：在中央爲內政部；在直轄市爲直轄市政府；在縣（市）爲縣（市）政府。

主管機關之權責劃分如下：

一、中央主管機關：

（一）爆竹煙火安全管理制度之規劃設計與法規之制（訂）定、修正及廢止。

（二）爆竹煙火成品及達中央主管機關公告數量之氯酸鉀（$KClO_3$）或過氯酸鉀（$KClO_4$）之輸入許可。

（三）達中央主管機關公告數量之氯酸鉀或過氯酸鉀之販賣許可。

（四）一般爆竹煙火認可相關業務之辦理。

（五）直轄市、縣（市）爆竹煙火安全管理之監督。

（六）爆竹煙火監督人講習、訓練之規劃及辦理。

二、直轄市、縣（市）主管機關：

（一）爆竹煙火安全管理業務之規劃、自治法規之制（訂）定、修正、廢止及執行。

（二）爆竹煙火製造之許可、變更、撤銷及廢止。

（三）爆竹煙火製造及達中央主管機關所定管制量之儲存、販賣場所，其位置、構造、設備之檢查及安全管理。

（四）違法製造、輸入、儲存、解除封存、運出儲存地點、販賣、施放、持有或陳列爆竹煙火之成品、半成品、原料、專供製造爆竹煙火機具或施放器具之取締及處理。

（五）輸入一般爆竹煙火之封存。

（六）其他有關爆竹煙火之安全管理事項。

中央主管機關基於特殊需要，依法於特定區域內特設消防機關時，該區域內屬前項第二款所定事項，由中央主管機關辦理；必要時，得委辦直轄市、縣（市）主管機關辦理。

第3條　本條例所稱爆竹煙火，指其火藥作用後會產生火花、旋轉、行走、飛行、升空、爆音或煙霧等現象，供節慶、娛樂及觀賞之用，不包括信號彈、煙霧彈或其他火藥類製品。

爆竹煙火分類如下：

一、一般爆竹煙火：經型式認可、個別認可並附加認可標示後，供民眾使用者。

二、專業爆竹煙火：需由專業人員施放，並區分如下：

（一）舞臺煙火：指爆點、火光、線導火花、震雷及混合劑等專供電影、電視節目、戲劇、演唱會等活動使用，製造表演聲光效果者。

（二）特殊煙火：指煙火彈、單支火藥紙管或其組合之產品等，於戶外使用，製造巨大聲光效果者。

（三）其他經中央主管機關公告者。

第4條　爆竹煙火之製造場所及達中央主管機關所定管制量之儲存、販賣場所，其負責人應以安全方法進行製造、儲存或處理。

前項所定場所之位置、構造與設備設置之基準、安全管理及其他應遵行事項之辦法，由中央主管機關會商相關機關定之。

第5條　申請建造爆竹煙火製造場所及達中央主管機關所定管制量之儲存、販賣場所，除應依建築法有關規定辦理外，並應連同前條第二項所定該場所之位置、構造及設備圖說，送請直轄市、縣（市）主管建築機關轉請消防主管機關審查完竣後，直轄市、縣（市）主管建築機關始得發給建造執照。

前項所定場所之建築物建造完工後，直轄市、縣（市）主管建築機關應會同當地消防主管機關檢查其位置、構造及設備合格後，始得發給使用執照。

前項所定場所之建築物有增建、改建、變更用途，或利用現有建築物作第一項規定使用者，準用前二項所定程序辦理。

第6條　製造爆竹煙火，應檢附下列文件，向直轄市、縣（市）主管機關申請許可，經核發許可文件後，始得為之：

一、負責人國民身分證。

二、使用執照。

三、平面配置圖。

四、工廠登記證明文件。

五、公司或商業登記證明文件。

六、安全防護計畫。

七、公共意外責任保險證明文件。

八、其他經中央主管機關公告應行檢附之文件。

前項許可文件所載事項有變更者，應於變更事由發生之日起三十日內，檢具相關證明文件，向直轄市、縣（市）主管機關申請變更。

第一項申請，有下列情形之一者，直轄市、縣（市）主管機關應不予許可：

一、負責人曾違反本條例製造爆竹煙火，經有罪判決確定，尚未執行完畢或執行完畢後未滿五年。

二、曾受直轄市、縣（市）主管機關撤銷或廢止爆竹煙火製造許可未滿五年。

取得爆竹煙火製造許可後，有下列情事之一者，直轄市、縣（市）主管機關得撤銷或廢止其許可，並註銷其許可文件：

一、申請許可資料有重大不實。

二、爆竹煙火製造場所發生重大公共意外事故。

三、爆竹煙火製造場所一部或全部提供他人租用或使用，進行爆竹煙火製造、加工作業。

四、爆竹煙火製造場所，違反本條例相關規定，經限期改善，屆期未改善。

第一項所定許可或第二項所定許可後變更之申請資格、程序、應備文件、許可要件、審核方式、收費、許可文件內容及其他應遵行事項之辦法，由中央主管機關定之。

第7條　輸入或販賣達中央主管機關公告數量之氯酸鉀或過氯酸鉀者，應檢附數量、合格儲存地點證明、使用計畫書、輸入或販賣業者、押運人、運輸方法及經過路線等資料，向中央主管機關申請發給許可文件。

輸入之氯酸鉀或過氯酸鉀，應運至合格儲存地點放置，並於入庫二日前通知當地直轄市、縣（市）主管機關清點數量後始得入庫。

前項氯酸鉀或過氯酸鉀應於運出儲存地點前，由輸入或販賣者將相關資料報請當地直轄市、縣（市）主管機關及目的地直轄市、縣（市）主管機關備查後，始得運出儲存地點。

第8條　供製造專業爆竹煙火使用之黑色火藥與導火索之購買、輸入、運輸、儲存、火藥庫之設置或變更及安全管理等事項，準用事業用爆炸物管理條例之規定。

前項所定事項，由中央主管機關委託事業用爆炸物中央主管機關辦理。

第9條　一般爆竹煙火製造或輸入者，應向中央主管機關申請型式認可，發給型式認可證書，及申請個別認可，附加認可標示，並經中央主管機關檢查後，始得供國內販賣。

前項型式認可證書所載事項有變更者，應檢具相關資料，向中央主管機關申請變更；其變更涉及性能者，應重新申請認可。

未附加認可標示之一般爆竹煙火不得販賣、持有或陳列。

一般爆竹煙火經個別認可不合格者，應經中央主管機關同意後，始得運出儲存地點辦理修補、銷毀或復運出口；其不能修補者，中央主管機關得逕行或命申請人銷毀或復運出口。

對附加認可標示之一般爆竹煙火，主管機關得至該製造、儲存或販賣場所，進行抽樣檢驗或於市場購樣檢驗。

第一項所定型式認可、個別認可、型式認可證書、認可標示之核發、附加認可標示後之檢查、第二項所定型式認可變更之審查及前項所定抽樣檢驗及購樣檢驗，得委託中央主管機關認可之專業機構辦理之。

第一項及第二項所定一般爆竹煙火型式認可與個別認可之申請資格、程序、應備文件、認可要件、審核方式、標示之規格、附加方式、收費、安全標示、型式認可變更及其他應遵行事項之辦法，由中央主管機關定之。

第 10 條　一般爆竹煙火之型式認可，有下列情形之一者，得予廢止：

一、未依規定附加認可標示或附加方式不合規定，經限期改善，屆期未改善。

二、無正當理由拒絕抽樣檢驗。

三、依前條第五項規定檢驗結果，不符型式認可內容，經限期改善，屆期未改善。

四、消費者依照安全方式使用，仍造成傷亡或事故。

五、將認可標示轉讓或租借他人。

一般爆竹煙火經依前項規定廢止型式認可者，其認可證書及認可標示，由中央主管機關註銷並公告之；其負責人應依中央主管機關所定期限，回收製造、儲存或販賣場所之一般爆竹煙火，並自廢止之日起二年內，不得再提出型式認可之申請。

第 11 條　輸入待申請型式認可之一般爆竹煙火者，應檢附輸入者、一般爆竹煙火種類、規格、數量、輸入地、包裝情形、儲存場所與出進口廠商證明文件、押運人、運輸方法及經過路線資料，向中央主管機關申請發給許可文件。

輸入待申請個別認可之一般爆竹煙火者，除前項所定文件外，並應檢附型式認可證書影本，向中央主管機關申請發給許可文件。

依前項規定輸入之一般爆竹煙火，應運至合格儲存地點放置，並通知當地直轄市、縣（市）主管機關辦理封存，經個別認可合格，或經中央主管機關同意後，始得向當地直轄市、縣（市）主管機關申請解除封存。

第 12 條　販賣一般爆竹煙火，不得以自動販賣、郵購或其他無法辨識購買者年齡之方式為之。

第 13 條　父母、監護人或其他實際照顧兒童之人於兒童施放一般爆竹煙火時，應行陪同。

中央主管機關得公告禁止兒童施放之一般爆竹煙火種類。

前項公告之一般爆竹煙火，不得販賣予兒童。

第 14 條　輸入專業爆竹煙火，應檢附輸入者、種類、規格、數量、輸入地、包裝情形、儲存場所與出進口廠商證明文件、押運人、運輸方法、經過路線資料及直轄市、縣（市）主管機關核發施放許可或備查文件等資料，向中央主管機關申請發給許可文件。

輸入之專業爆竹煙火應運至合格儲存地點放置，並於通知當地直轄市、縣（市）主管機關清點數量後辦理入庫。

取得專業爆竹煙火輸入許可者，其申請資料有變更時，應檢附原許可文件及相關證明文件，向中央主管機關辦理變更。

經中央主管機關許可輸入專業爆竹煙火，有下列情形之一者，中央主管機關得撤銷或廢止其許可，並得逕行或命輸入者銷毀或復運出口：

一、申請輸入資料虛偽不實。

二、違反第二項或第三項規定。

第 15 條　下列場所及其基地內，不得施放爆竹煙火：

一、石油煉製工廠。

二、加油站、加氣站、漁船加油站。

三、儲油設備之油槽區。

四、彈藥庫、火藥庫。

五、可燃性氣體儲槽。

六、公共危險物品與可燃性高壓氣體製造、儲存及處理場所。

七、爆竹煙火製造、儲存及販賣場所。

施放一般爆竹煙火時，應與前項各款所定場所及其基地之外牆或相當於外牆之設施外側保持一般爆竹煙火所標示之安全距離。

第 16 條　施放第二項以外之專業爆竹煙火，其負責人應於施放五日前檢具施放時間、地點、種類、數量、來源及安全防護措施等文件資料，向直轄市、縣（市）主管機關申請發給許可文件後，始得為之。

施放一定數量以下之舞臺煙火，其負責人應於施放前報請直轄市、縣（市）主管機關備查。但施放數量在中央主管機關公告數量以下者，得免報請備查。

前二項專業爆竹煙火應於運出儲存地點前，將相關資料報請當地與臨時儲存場所及施放地點所在地之直轄市、縣（市）主管機關備查後，始得運出儲存地點。施放作業前之儲存，並應於合格之臨時儲存場所為之。

專業爆竹煙火施放時應保持之安全距離、施放之安全作業方式、施放人員之資格、第二項所定一定數量及其他應遵行事項之辦法，由中央主管機關定之。

第 17 條　直轄市、縣（市）主管機關基於公共安全及公共安寧之必要，得制（訂）定爆竹煙火禁止施放地區、時間、種類、施放方式及施放人員資格之自治法規。

第 18 條　爆竹煙火製造場所及達中央主管機關所定管制量三十倍之儲存、販賣場所

之負責人，應選任爆竹煙火監督人，責其訂定安全防護計畫，報請直轄市、縣（市）主管機關備查，並依該計畫執行有關爆竹煙火安全管理上必要之業務；安全防護計畫修正時，亦同。

爆竹煙火監督人選任後 15 日內，應報請直轄市、縣（市）主管機關備查；異動時，亦同。

第 1 項所定爆竹煙火監督人，應經中央主管機關或其認可之專業機構施予訓練，並領有合格證書，始得充任；任職期間，並應定期接受複訓，費用由受訓人員自行負擔。

第 19 條　爆竹煙火之製造、儲存或販賣場所，於附近發生火災或其他狀況致生危險時，或爆竹煙火產生煙霧、異味或變質等狀況，致影響其安定性時，其負責人或爆竹煙火監督人應立即採取下列緊急安全措施：

一、向當地消防主管機關報案。

二、發生狀況場所周圍之機具設備，全部或部分停止使用。

三、發生狀況場所周圍之爆竹煙火成品、半成品及原料，搬離至安全處所。

第 20 條　爆竹煙火製造場所、達中央主管機關所定管制量之儲存場所與輸入者，及輸入或販賣達中央主管機關公告數量之氯酸鉀或過氯酸鉀者，其負責人應登記進出之爆竹煙火原料、半成品、成品、氯酸鉀及過氯酸鉀之種類、數量、時間、來源及流向等項目，以備稽查；其紀錄應至少保存五年，並應於次月 15 日前向直轄市、縣（市）主管機關申報前一個月之紀錄。

第 21 條　直轄市、縣（市）主管機關得派員進入爆竹煙火製造、儲存或販賣場所，就其安全防護設施、相關資料及其他必要之物件實施檢查，被檢查者不得規避、妨礙或拒絕，並得詢問負責人與相關人員，及要求提供相關資料。

前項規定之檢查人員於執行檢查職務時，應主動出示有關執行職務之證明文件或顯示足資辨別之標誌，並不得妨礙該場所正常業務之進行。

對於非法製造、儲存或販賣爆竹煙火之場所，有具體事實足認為有危害公共安全之虞者，直轄市、縣（市）主管機關得派員進入執行檢查或取締。

直轄市、縣（市）主管機關執行第一項及前項所定檢查及取締，必要時，得商請轄區內警察機關協助之。

第 22 條　爆竹煙火之製造場所與達中央主管機關所定管制量之儲存、販賣場所及專業爆竹煙火施放場所，其負責人應投保公共意外責任保險。

前項所定公共意外責任保險之保險金額及施行日期，由中央主管機關公告之。

第 23 條　第 9 條第 6 項及第 18 條第 3 項所定專業機構，其認可之申請、發給、撤銷、廢止、收費及其他應遵行事項之辦法，由中央主管機關定之。

第 24 條　未經許可擅自製造爆竹煙火，處負責人及實際負責執行業務之人三年以下有期徒刑、拘役或併科新臺幣三十萬元以上三百萬元以下罰金。

犯前項之罪因而致人於死者，處 3 年以上 10 年以下有期徒刑，得併科新

臺幣二百萬元以上一千萬元以下罰金；致重傷者，處一年以上七年以下有期徒刑，得併科新臺幣一百萬元以上五百萬元以下罰金。

第一項未經許可擅自製造爆竹煙火所得之利益超過法定罰金最高額者，得於所得利益之範圍內酌量加重，不受法定罰金最高額之限制。

第 25 條　違反本條例規定，經予停工或停業之處分後，擅自復工或繼續營業者，應勒令停工或立即停業，並處負責人二年以下有期徒刑、拘役或科或併科新臺幣一百萬元以下罰金。

第 26 條　有下列各款情事之一者，處新臺幣六十萬元以上三百萬元以下罰鍰：

一、違反第十九條規定。

二、合法爆竹煙火製造業者提供原料或半成品予第三人，於本條例規定之製造場所以外地點，從事製造、加工等作業。

違反前項第二款規定者，並命其限期改善；屆期未改善者，得按次處罰，並得予以停工或停業之處分。

第 27 條　有下列各款情事之一者，處新臺幣三十萬元以上一百五十萬元以下罰鍰：

一、爆竹煙火製造場所或達中央主管機關所定管制量三十倍之儲存、販賣場所，違反依第四條第二項所定辦法中有關位置、構造或設備設置之規定。

二、違反第七條第一項或第三項規定。

三、製造、輸入業者或零售商以外之供應者，違反第九條第三項規定販賣或陳列未附加認可標示之一般爆竹煙火。

四、違反第九條第四項規定，未經中央主管機關同意或命令，即將個別認可不合格之一般爆竹煙火運出儲存地點。

五、違反第十條第二項規定，未於中央主管機關所定期限內，回收一般爆竹煙火。

六、違反第十一條第一項、第二項、第十四條第一項或第十六條第三項規定。

七、爆竹煙火製造場所、達中央主管機關所定管制量三十倍之儲存、販賣場所，其負責人違反第二十二條規定，未投保公共意外責任保險、保險期間屆滿未予續保、投保後無故退保，或投保金額未達中央主管機關公告之數額。

有前項第一款或第七款規定之情形者，並命其限期改善；屆期未改善者，得按次處罰，並得予以停工或停業之處分。

第 28 條　有下列各款情事之一者，處新臺幣六萬元以上三十萬元以下罰鍰：

一、未達中央主管機關所定管制量三十倍之儲存或販賣場所，違反依第四條第二項所定辦法中有關位置、構造或設備設置之規定。

二、爆竹煙火製造場所及達中央主管機關所定管制量之儲存或販賣場所，違反依第四條第二項所定辦法中有關安全管理之規定。

三、違反第六條第二項規定。

四、規避、妨礙或拒絕主管機關依第九條第五項規定所為之檢驗或依第
　　二十一條第一項及第三項規定所為之檢查、詢問、要求提供資料或取
　　締。

五、違反第十一條第三項或第十四條第二項規定。

六、違反第十五條第一項規定。

七、違反第二十條規定，未登記相關資料、未依限保存紀錄、未依限申報
　　紀錄或申報不實。

八、未達中央主管機關所定管制量三十倍之爆竹煙火儲存、販賣場所或專
　　業爆竹煙火施放場所，其負責人違反第二十二條規定，未投保公共意
　　外責任保險、保險期間屆滿未予續保、投保後無故退保，或投保金額
　　未達中央主管機關公告之數額。

有前項第一款、第二款、第七款或第八款規定情形之一者，並命其限期改
善；屆期未改善者，得按次處罰，並得予以停工或停業之處分。

有第一項第四款或第五款情形者，並得按次處罰及強制執行檢查。

第 29 條　有下列各款情事之一者，處新臺幣三萬元以上十五萬元以下罰鍰：

一、違反第七條第二項規定。

二、第二十七條第一項第三款以外之人，違反第九條第三項規定，販賣或
　　陳列未附加認可標示之一般爆竹煙火。

三、違反依第九條第七項所定辦法中有關安全標示之規定。

四、違反第十二條或第十三條第三項規定。

五、違反第十六條第一項或第二項規定。

六、違反依第十六條第四項所定辦法中有關施放專業爆竹煙火之安全作業
　　方式或施放人員資格之規定。

七、違反直轄市、縣（市）主管機關依第十七條所定自治法規中有關爆竹
　　煙火施放地區、時間、種類、施放方式或施放人員資格之規定。

八、違反第十八條規定。

有前項第八款情形者，並命其限期改善；屆期未改善者，得按次處罰，並
得予以停工或停業之處分。

第 30 條　有下列各款情事之一者，處新臺幣三千元以上一萬五千元以下罰鍰：

一、違反第九條第三項規定，持有未附加認可標示之爆竹煙火，達中央主
　　管機關所定管制量五分之一。

二、違反第十三條第一項規定。

第 31 條　依本條例規定申請輸入或販賣氯酸鉀或過氯酸鉀後，未經許可擅自製造爆
竹煙火者，中央主管機關得停止其輸入或販賣氯酸鉀或過氯酸鉀一年以上
五年以下。

依本條例規定申請輸入之爆竹煙火，違反依第四條第二項所定辦法中有關
儲存爆竹煙火之規定，致生火災或爆炸者，中央主管機關得停止其輸入爆
竹煙火一年以上五年以下。

依本條例規定申請輸入或販賣氯酸鉀或過氯酸鉀，其申請輸入之資料有虛偽不實、違反第七條第二項、第三項或第二十條規定者，中央主管機關得停止其輸入或販賣氯酸鉀或過氯酸鉀六個月以上三年以下。

依本條例規定申請輸入爆竹煙火，有下列各款情事之一者，中央主管機關得停止其輸入爆竹煙火一個月以上一年以下：

一、申請輸入之資料有虛偽不實。

二、違反第十一條第三項或第十四條第二項規定。

三、違反第十六條第三項規定，未報請主管機關備查，即自行運出儲存地點。

四、違反第二十條規定，未向主管機關申報紀錄，或申報不實。

第 32 條　違反本條例規定製造、儲存、解除封存、運出儲存地點、販賣、施放、持有或陳列之爆竹煙火，其成品、半成品、原料、專供製造爆竹煙火機具或施放器具，不問屬於何人所有，直轄市、縣（市）主管機關應逕予沒入。

依前項規定沒入之專供製造爆竹煙火機具、施放器具、原料及有認可標示之爆竹煙火，得變賣、拍賣予合法之業者或銷毀之；未有認可標示之爆竹煙火成品及半成品，應於拍照存證並記載其數量後銷毀之。

第 33 條　軍事機關自行使用之爆竹煙火、氯酸鉀或過氯酸鉀，其製造、輸入及儲存，不適用本條例規定；其施放，依本條例規定。

海關依法應處理之爆竹煙火，其儲存，不適用本條例規定。

第 34 條　本條例施行細則，由中央主管機關定之。

第 35 條　本條例自公布日施行。

Note

附2 爆竹煙火管理條例施行細則

（110 年 6 月修正）

第 1 條　本細則依爆竹煙火管理條例（以下簡稱本條例）第三十四條規定訂定之。

第 2 條　本條例第三條第二項第一款所定之一般爆竹煙火，其種類如下：
一、火花類。
二、旋轉類。
三、行走類。
四、飛行類。
五、升空類。
六、爆炸音類。
七、煙霧類。
八、摔炮類。
九、其他類。

第 3 條　本條例第四條第一項所稱爆竹煙火之製造場所，指以氯酸鹽、過氯酸鹽、硝酸鹽、硫、硫化物、磷化物、木炭粉、金屬粉末及其他原料，配製火藥製造爆竹煙火或對爆竹煙火之成品、半成品予以加工之場所。

第 4 條　本條例第四條第一項所定爆竹煙火儲存、販賣場所之管制量如下：
一、舞臺煙火以外之專業爆竹煙火：總重量零點五公斤。
二、摔炮類一般爆竹煙火：火藥量零點三公斤或總重量一點五公斤。
三、摔炮類以外之一般爆竹煙火及舞臺煙火：火藥量五公斤或總重量二十五公斤。但火花類之手持火花類及爆炸音類之排炮、連珠炮、無紙屑炮類管制量爲火藥量十公斤或總重量五十公斤。

前項管制量，除依本條例第九條第一項附加認可標示之一般爆竹煙火以火藥量計算外，其餘以爆竹煙火總重量計算之；爆竹煙火種類在二種以上時，以各該爆竹煙火火藥量或總重量除以其管制量，所得商數之和爲一以上時，即達管制量以上。

第 5 條　本條例第九條第四項所定命申請人銷毀及第十四條第四項所定命輸入者銷毀，應依下列規定辦理：
一、將銷毀時間、地點、方式及安全防護計畫，事先報請所轄直轄市、縣（市）主管機關核定。
二、銷毀採引火方式者，應選擇空曠、遠離人煙及易燃物之處所，在銷毀地點四周應設置適當之阻絕設施及防火間隔，配置滅火器材或設備，並將銷毀日期、時間、地點通知鄰接地之所有人、管理人，或以適當方法公告之。
三、於上午八時後下午六時前爲之，並應派人警戒監視，銷毀完成俟確認滅火後始得離開。

第 6 條　依本條例第十一條第三項規定辦理封存之程序如下：

一、核對輸入之一般爆竹煙火與型式認可證書記載內容是否相符。

二、核對進口報單與申請輸入許可相關文件記載事項是否相符。

三、確認儲存場所為合格者，且與申請輸入許可相關文件記載相符。

四、查核運輸駕駛人及車輛是否分別依規定取得有效之訓練證明書及臨時通行證。

五、封存以封條為之，封條應加蓋直轄市、縣（市）主管機關關防並註明日期。

依本條例第十一條第三項規定辦理解除封存及其後續處理之程序如下：

一、經個別認可合格者，應出示個別認可合格文件，向當地直轄市、縣（市）主管機關申請解除封存。

二、經個別認可不合格者，應出示中央主管機關同意文件，向當地直轄市、縣（市）主管機關申請解除封存後，始得依本條例第九條第四項規定，運出儲存地點辦理修補、銷毀或復運出口。

第 7 條　依本條例第十六條第一項規定施放專業爆竹煙火，其負責人應於施放五日前填具申請書，並檢附下列文件一式三份，向直轄市、縣（市）主管機關申請許可：

一、負責人國民身分證影本。

二、製造或輸入者登記或立案證書影本。

三、施放清冊：應記載施放之日期、時間、地點及專業爆竹煙火名稱、數量、規格、照片。

四、標示安全距離之施放場所平面圖。

五、專業爆竹煙火效果、施放方式、施放器具及附有照片或圖樣之作業場所說明書。

六、施放安全防護計畫：應記載施放時間、警戒、滅火、救護、現場交通管制及觀眾疏散等應變事項。

七、施放人員名冊及專業證明文件影本。

八、其他由直轄市、縣（市）主管機關認定之文件。

前項申請書內容或檢附之文件不完備者，直轄市、縣（市）主管機關得定期命其補正；必要時，並得至現場勘查。

第 8 條　本條例第十八條所定爆竹煙火監督人，應為爆竹煙火製造場所或達中央主管機關所定管制量三十倍以上儲存、販賣場所之管理或監督層次幹部。

爆竹煙火監督人任職期間，每二年至少應接受複訓一次。

本條例第十八條第三項所定訓練之時間，不得少於二十四小時，其課程如下：

一、消防常識及消防安全設備維護、操作。

二、火災及爆炸預防。

三、自衛消防編組。

四、火藥常識。

五、爆竹煙火管理法令介紹。

六、場所安全管理及安全防護計畫。

七、專業爆竹煙火施放活動規劃。

八、專業爆竹煙火施放操作實務。

本條例第十八條第三項所定複訓之時間，不得少於八小時，其課程如下：

一、爆竹煙火安全管理實務探討。

二、爆竹煙火管理法令介紹。

三、安全防護計畫探討。

四、專業爆竹煙火施放實務探討。

第9條　本條例第十八條第一項所定安全防護計畫，包括下列事項：

一、負責人及爆竹煙火監督人之職責。

二、場所安全對策，其內容如下：

　　（一）搬運安全管理。

　　（二）儲存安全管理。

　　（三）製造安全管理。

　　（四）銷毀安全管理。

　　（五）用火用電之監督管理。

　　（六）消防安全設備之維護管理。

三、自衛消防編組。

四、防火避難設施之自行檢查。

五、火災或其他災害發生時之滅火行動、通報連絡、避難引導及緊急安全措施。

六、滅火、通報及避難演練之實施；每半年至少應舉辦一次，每次不得少於四小時，並應事先通知所轄消防主管機關。

七、防災應變之教育訓練。

八、場所位置圖、逃生避難圖及平面圖。

九、防止縱火措施。

十、其他防災應變之必要措施。

第9-1條　本條例第二十條所定登記，得以書面或於中央主管機關網路申報系統為之。

依本條例第二十條規定登記流向，應依品目分別載明下列資料：

一、爆竹煙火原料、半成品、氯酸鉀及過氯酸鉀：出貨對象姓名或名稱、地址（如住居所、事務所或營業所）、電話及其他經中央主管機關公告事項。

二、專業爆竹煙火成品：出貨對象、活動名稱與地點及其他經中央主管機關公告事項。

三、一般爆竹煙火成品：

（一）單筆或一個月內同一登記對象或同一登記地址達中央主管機關
　　所定管制量：出貨對象姓名或名稱、地址（如住居所、事務所
　　或營業所）、電話及其他經中央主管機關公告事項。

（二）前目以外之一般爆竹煙火成品：出貨對象姓名或名稱、電話及
　　所在之直轄市、縣（市）。

第 10 條　直轄市、縣（市）主管機關依本條例第三十二條第二項規定進行銷毀之程
序如下：

一、於安全、空曠處所進行，並採取必要之安全防護措施。

二、於上午八時後下午六時前為之，並應派人警戒監視，銷毀完成俟確認
　　滅火後始得離開。

三、應製作銷毀紀錄，記載沒入處分書編號、被處分人姓名、沒入爆竹煙
　　火名稱、單位、數（重）量及沒入時間、銷毀時間，並檢附相片。

中央主管機關依本條例第九條第四項及第十四條第四項規定逕行銷毀，應
先通知當地主管機關，再依前項第一款及第二款規定辦理，並製作銷毀紀
錄，記載銷毀之爆竹煙火名稱、單位、數（重）量及銷毀時間，及檢附相
片。

第 11 條　本細則自發布日施行。

附3 爆竹煙火製造儲存販賣場所設置及安全管理辦法（節錄）

第2條　本辦法所定防火牆，規定如下：

一、與倉庫外牆之距離在二公尺以上。

二、為鋼筋混凝土構造、加強磚造或鋼骨補強之鋼板或防火板構造，並具堅固基礎。

三、倉庫設有天花板者，防火牆高度高於天花板高度五十公分以上；無天花板者，防火牆高度應高於倉庫屋頂以上。

四、鋼板構造之防火牆厚度為零點三五公分以上。但倉庫儲存總火藥量在二公噸以下或總重量在十公噸以下者，為零點二五公分以上。其他材質之防火牆厚度應為三公分以上。

本辦法所定對象物，規定如下：

一、第一類對象物：指各類場所消防安全設備設置標準（以下簡稱設置標準）第十二條第一款、第二款第一目至第六目、第八目至第十目及第十二目所列之場所。

二、第二類對象物：指設置標準第十二條第二款第七目、第十一目及第三款所列之場所。

三、第三類對象物：指設置標準第十二條第四款及前二款以外供人居住或使用之建築物。

四、第四類對象物：指國道、省道、縣道、鄉道及高壓電線。

第4條　爆竹煙火製造場所內各建築物間之安全距離，規定如下：

一、作業區之建築物、半成品倉庫、舞臺煙火以外之專業爆竹煙火及摔炮類一般爆竹煙火成品倉庫：依下列公式計算之，其總火藥量無法計算者，得以總重量除以五計算之。

二、曬藥場：十公尺以上。

三、原料倉庫：依下表規定。但有下列情形之一者，不在此限。

（一）儲存數量超過管制量二十倍之倉庫，與設在同一建築基地之其他倉庫間之安全距離，得縮減至規定寬度之三分之一，最小以三公尺為限。

（二）同一建築基地內，設置二個以上相鄰儲存氯酸鹽類、過氯酸鹽類、硝酸鹽類、硫磺、鐵粉、金屬粉、鎂、硝酸酯類、硝基化合物或含有任一種成分物品之倉庫，其相互間安全距離得縮減至五十公分。

前項建築物處理或儲存數量之規定如下：

一、作業區之建築物及半成品倉庫：總火藥量一公噸以下或總重量五公噸以下。

二、舞臺煙火以外之專業爆竹煙火及摔炮類一般爆竹煙火成品倉庫：總火
　　藥量五公噸以下或總重量二十五公噸以下。

三、摔炮類以外之一般爆竹煙火及舞臺煙火成品倉庫：總火藥量十公噸以
　　下或總重量五十公噸以下。

第5條　爆竹煙火製造場所之有火藥區內，各建築物與廠區外鄰近場所之安全距
　　　　離，規定如下。但有設置擋牆者，得減半計算：

四、原料倉庫：

（一）與第一類對象物之距離，應在五十公尺以上。

（二）與第二類對象物之距離，應在三十公尺以上。

（三）與第三類對象物之距離，應在二十公尺以上。

（四）與第四類對象物之距離，應在十公尺以上。

第6條　作業區，其構造、設備，應符合下列規定：

一、為獨立之一層建築物。

二、門窗不得與鄰棟建築物相互對開。

三、建築構造、材料及設施符合下列規定：

（一）牆壁、屋頂及天花板以不燃材料建造。

（二）作業室最少設二處門，門寬不得小於一點五公尺，門高不得低
　　　於二公尺，門分別通向屋外；窗材為不易震裂之安全玻璃、塑
　　　膠等材料，窗臺不得設置木條或鐵條等障礙物，且不得高於地
　　　面六十公分，門窗能向外推開，有金屬配件者，應為銅質或不
　　　易產生火花之金屬。但工作人數在二人以下時，得為一處門。

第7條　作業區之壓藥室、填土室、配藥室、裝藥室、篩藥室、造粒室，其相互間
　　　　及與其他作業室、倉庫等應以擋牆隔離之。但其建築構造符合下列規定
　　　　者，不在此限：

一、放壓面面對空曠無人地區，不致誘發火災，以抵抗力弱且不燃性之輕
　　質材料建造者。

二、其他三面建築堅固之鋼筋水泥牆抗阻爆力之發散，其厚度在存藥量四
　　公斤以上者為五十公分，未滿四公斤者為二十公分。

三、屋頂向放壓面方向傾斜，使用抵抗力弱且不燃性之輕質材料建造。

前項第一款及第三款之抵抗力弱且不燃性之輕質材料，可為矽酸鈣板、合
成樹脂防火板或其他具有同等性質之材料。

第9條　爆竹煙火製造場所之庫儲區，其構造、設備應符合第六條第七款、第九
　　　　款、第十款及下列規定：

一、為鋼筋混凝土、磚石等不燃性材料建造之一層建築物。

二、屋頂及天花板使用適當強度之輕質隔熱性材料。

三、地面為水泥粉光或磨石子地，上舖木質墊板，為木質地板者，鐵釘不
　　得暴露於外，其高度距地面十公分以上。

四、儲放爆竹煙火原料、半成品或成品時，應距周圍牆面五公分以上。

五、倉庫前舖設水泥光面地坪，門口設置棕墊或塑膠墊，以防帶入泥沙。

六、門應向外開啟，其金屬配件為銅質或其他不因磨擦、撞擊產生火花之金屬。

七、不得使用馬達或動力設備。

八、不得設置於潮濕地面。

九、窗戶及出入口應有防盜措施。

十、設置安全監控設施。

十一、摔炮類以外之一般爆竹煙火及舞臺煙火成品倉庫儲存總火藥量超過五公噸或總重量超過二十五公噸者，應以火藥量三公噸以下或重量十五公噸以下為準，以厚度十公分以上鋼筋混凝土或厚度十五公分以上加強磚造構造之隔間牆區劃分隔。隔間牆應設置至屋頂；倉庫設有天花板，且能確保防火區劃完整者，得設置至天花板。

十二、倉庫通路面積應占倉庫樓地板面積百分之二十以上。

十三、專業爆竹煙火與未經個別認可合格之一般爆竹煙火應分室儲存。

第 13 條　作業區之壓藥室、填土室、配藥室、裝藥室、篩藥室，其安全管理除前條規定外，應符合下列規定：

一、地面加舖木質方格墊板，並經常保持濕潤；或加舖合格之導電橡膠墊。

二、作業使用之器具、容器為銅質、竹質、木質或其他不易發生火花之製品；用水調和配藥時，得使用塑膠製品。

三、壓藥、裝藥之模具為銅質、竹質、木質、電木或塑膠製品；使用鋁質者，應予接地。

四、壓藥機桿頭為銅質、竹質、木質或不銹鋼，頭部直角部位應稍加切削，並不得為錐形。

五、裝（壓）藥作業時，應避免金屬類間強烈震動、撞擊或磨擦。

第 16 條　製造爆竹煙火工作人員之配置，應符合下列規定：

一、從事填土、配藥、裝藥、篩藥或爆引切割等作業之作業室，以一人為限。

二、以含氯酸鉀、過氯酸銨、硝酸銨、磷化物之原料從事專業爆竹煙火及煙霧類以外之一般爆竹煙火製造，或爆竹煙火之製造採裝（壓）藥、填土、鑽孔分別於不同作業室作業者，每一作業室應在二人以下。但無火藥之填土，不在此限。

三、以含氯酸鉀之原料從事煙霧類一般爆竹煙火產品製造作業，或以具爆炸性火藥製造爆竹煙火採裝（壓）藥、填土於同一作業室連續作業，或以非具爆炸性火藥製造爆竹煙火採裝（壓）藥、填土、鑽孔於同一作業室連續作業，其作業室應在四人以下。

四、以不含氯酸鉀、過氯酸銨、硝酸銨、磷化物之原料從事爆竹煙火製造作業，或將爆竹煙火原料以水或漿糊充分濕潤（指含水量在百分之十以上）後從事爆竹煙火製造作業，其作業室應在八人以下。

第 17 條　達管制量舞臺煙火以外之專業爆竹煙火及捽炮類一般爆竹煙火儲存場所，
　　　　　其位置、構造及設備應符合下列規定：
　　　　　一、儲存總火藥量應在五公噸以下或總重量應在二十五公噸以下
　　　　　二、不得設置於潮濕地面。
　　　　　三、爲鋼筋混凝土造或磚造之一層建築物。
　　　　　四、設置二道門板，外層爲厚度三公釐以上之三十分鐘以上防火時效之防
　　　　　　　火門，內外門板均有防盜措施。
　　　　　五、四周牆壁、地板，以厚度十公分以上之鋼筋混凝土或二十公分以上之
　　　　　　　加強磚造建造。
　　　　　六、設二個以上之通風孔，並護以鐵絲網，通風孔之寬度在二十公分以上
　　　　　　　者，每隔五公分加設直徑一公分之鐵柵。
　　　　　七、周圍設置排水溝。
　　　　　八、周圍牆壁、地板、天花板，不得裝置有易生火花之金屬板。
　　　　　九、設置溫度計、濕度計。設有照明設備者，應爲防爆式電燈，配線爲地
　　　　　　　下嵌入型電線，並應設置自動遮斷器或場外開關。
　　　　　十、應設符合 CNS 一二八七二規定之避雷設備，或以接地方式達同等以
　　　　　　　上防護性能者。但因周圍環境，無致生危險之虞者，不在此限。
　　　　　十一、設土堤或擋牆。但儲存總火藥量二公噸以上或總重量十公噸以上
　　　　　　　　者，應設土堤。
　　　　　十二、設置安全監控設施。
　　　　　十三、儲存場所通路面積應占儲存場所樓地板面積百分之二十以上。
第 17-1 條 專業爆竹煙火施放前，應儲存於臨時儲存場所。
　　　　　前項臨時儲存場所應符合下列規定：
　　　　　一、與專業爆竹煙火施放地點之距離在二十公尺以上。但保持距離確有困
　　　　　　　難者，得儲存於不受專業爆竹煙火施放影響之場所內。
　　　　　二、有防止陽光直射及雨水淋濕之措施。
　　　　　三、臨時儲存場所與專業爆竹煙火施放地點應由專人看守，施放活動結束
　　　　　　　前不得擅離。
　　　　　四、周圍設置專業爆竹煙火、嚴禁火源及禁止進入等警告標示。
　　　　　五、臨時儲存場所所放置專業爆竹煙火等物品，應有防止被專業爆竹煙火
　　　　　　　施放所生火花引燃之措施。
第 18 條　達管制量捽炮類以外之一般爆竹煙火及舞臺煙火儲存場所，其位置、構造
　　　　　及設備應符合下列規定：
　　　　　一、儲存總火藥量應在十公噸以下或總重量應在五十公噸以下 。
　　　　　二、不得設置於潮濕地面。
　　　　　三、爲地面一層之防火建築物。
　　　　　四、窗戶及出入口應有防盜措施。
　　　　　五、設置安全監控設施。

六、儲存總火藥量超過五公噸或總重量超過二十五公噸者，應以火藥量三公噸以下或重量十五公噸以下爲準，以厚度十公分以上鋼筋混凝土或厚度十五公分以上加強磚造構造之隔間牆區劃分隔。隔間牆應設置至屋頂；場所設有天花板，且能確保防火區劃完整者，得設置至天花板。

七、儲存場所通路面積應占儲存場所樓地板面積百分之二十以上。

八、舞臺煙火與未經個別認可合格之一般爆竹煙火應分室儲存。

第 19 條　達管制量以上之爆竹煙火儲存場所，其安全管理應符合下列規定：

一、建檔登記，每日詳載其儲存數量。

二、分類放置。

三、禁止非工作人員或攜帶會產生火源之機具設備進入。

四、不得放置空紙箱、內襯紙、塑膠袋、紙盒等包裝用餘材料，或其他易燃易爆之物品。

五、禁止使用鐵器等易引起火花之器具進行開箱、封箱等作業。

六、儲存一年以上者，應檢查有無異常現象。

七、設置防盜措施。

八、保持通風，經常維持其溫度在攝氏三十五度以下，相對濕度百分之七十五以上，於每日中午觀測溫度計及濕度計一次並記錄之，溫度、濕度異常時，應即採取緊急安全措施。

第 20 條　達管制量以上之一般爆竹煙火販賣場所，其位置、構造及設備應符合下列規定：

一、設在建築物之地面層。

二、爲防火建築物。

三、內部以不燃材料裝修。

第 21 條　達管制量以上之一般爆竹煙火販賣場所，其安全管理應符合下列規定：

一、儲存數量：

（一）摔炮類：儲存總火藥量不得超過五公斤或總重量不得超過二十五公斤。

（二）摔炮類以外之一般爆竹煙火：儲存總火藥量不得超過一百公斤或總重量不得超過五百公斤。

（三）同時放置前二目之一般爆竹煙火時，應以各目實際數量爲分子，各目規定之數量爲分母，所得商數之和不得爲一以上。

二、購買及販賣一般爆竹煙火，應建檔登記，每日詳載其儲存數量。

三、分類放置。

四、不得出售非法製造或無認可標示之一般爆竹煙火。

五、儲存一年以上之一般爆竹煙火，應檢查有無異常現象。

前項第一款之儲存數量，有下列各款情形之一者，應另設儲存專用室放置：

一、摔炮類：總火藥量三公斤以上或總重量十五公斤以上。

二、摔炮類以外之一般爆竹煙火：總火藥量五十公斤以上或總重量二百五十公斤以上。

三、同時放置前二款之一般爆竹煙火時，應以各款實際數量為分子，各款規定之數量為分母，所得商數之和為一以上。

前項儲存專用室，應符合下列規定：

一、四周牆壁、地板，以厚度十公分以上之鋼筋混凝土或二十公分以上之加強磚造建造。

二、出入口設置三十分鐘以上防火時效之防火門。

三、四周牆壁除出入口外，不得設置其他開口。

四、禁止非工作人員或攜帶會產生火源之機具設備進入。

五、保持上鎖狀態。

六、不得放置空紙箱、內襯紙、塑膠袋、紙盒等包裝用餘材料，或其他易燃易爆之物品。

七、禁止使用鐵器等易引起火花之器具進行開箱、封箱等作業。

附4 爆竹煙火管理條例及施行細則歷屆考題

一、選擇題

1. (A) 為規範爆竹煙火之管理、預防災害發生、維護人民生命財產、確保公共安全，對於「爆竹煙火管理條例」管制量之規定，下列敘述何者錯誤？
   - (A) 舞臺煙火以外之專業爆竹煙火：總重量 0.25 公斤
   - (B) 爆竹煙火種類在 2 種以上時，以各該爆竹煙火火藥量或總重量除以其管制量，所得商數之和為 1 以上時，即達管制量以上
   - (C) 摔炮類以外之一般爆竹煙火及舞臺煙火：火藥量 5 公斤或總重量 25 公斤
   - (D) 火花類一般爆竹煙火之手持火花類及爆炸音類一般爆竹煙火之排炮、連珠炮、無紙屑炮類管制量為火藥量 10 公斤或總重量 50 公斤

2. (D) 為釐清權責，依「爆竹煙火管理條例」規定，除中央主管機關特設消防機關之特定區域外，下列何者非屬直轄市、縣（市）主管機關之權責？
   - (A) 爆竹煙火製造之許可、變更、撤銷及廢止
   - (B) 輸入一般爆竹煙火之封存
   - (C) 爆竹煙火安全管理業務之規劃
   - (D) 爆竹煙火監督人講習、訓練之辦理

3. (D) 爆竹煙火製造者取得許可後，有下列情事之一者，直轄市、縣（市）主管機關得撤銷或廢止其許可，並註銷其許可文件；下列情事何者錯誤？
   - (A) 申請許可資料有重大不實
   - (B) 爆竹煙火製造場所發生重大公共意外事故
   - (C) 爆竹煙火製造場所一部或全部提供他人租用或使用，進行爆竹煙火製造、加工作業
   - (D) 爆竹煙火製造場所，違反公共危險物品及可燃性高壓氣體設置標準暨安全管理辦法相關規定，經限期改善，屆期未改善

4. (A) 有關爆竹煙火監督人選任與業務執行，依爆竹煙火管理條例規定，下列敘述何者錯誤？
   - (A) 製造場所及達中央主管機關所定管制量 20 倍之儲存、販賣場所
   - (B) 訂定安全防護計畫，報請直轄市、縣（市）主管機關備查，並依該計畫執行有關爆竹煙火安全管理上必要之業務
   - (C) 應經中央主管機關或其認可之專業機構施予訓練，並領有合格證書，始得充任
   - (D) 選任後 15 日內，應報請直轄市、縣（市）主管機關備查

5. (C) 有關爆竹煙火儲存、販賣場所之管制量，下列爆竹煙火何者正確？
   - (A) 特殊煙火之專業爆竹煙火：總重量 0.3 公斤
   - (B) 升空類一般爆竹煙火：火藥量 5 公斤或總重量 20 公斤

(C) 摔炮類一般爆竹煙火：火藥量 0.3 公斤或總重量 1.5 公斤

(D) 爆炸音類之排炮、連珠炮類：火藥量 5 公斤或總重量 10 公斤

6. (B)　爆竹煙火工廠所定安全防護計畫內容，除負責人及爆竹煙火監督人之職責外，納入一般消防防護計畫主要內容事項，尚應針對場所安全對策包括下列那些事項？①儲存安全管理　②製造安全管理　③搬運安全管理　④施放安全管理　⑤銷毀安全管理

(A) ②③④　(B) ①②③⑤　(C) ①②④⑤　(D) ①②③④⑤

7. (A)　未有認可標示之爆竹煙火成品及半成品，應於拍照存證並記載其數量後銷毀之。其銷毀之程序何者錯誤？

(A) 於上午 6 時後下午 8 時前爲之，並應派人警戒監視，銷毀完成俟確認滅火後始得離開

(B) 應製作銷毀紀錄，記載沒入處分書編號、被處分人姓名、沒入爆竹煙火名稱、單位、數（重）量及沒入時間、銷毀時間，並檢附相片

(C) 於安全、空曠處所進行，並採取必要之安全防護措施

(D) 中央主管機關亦得依規定逕行銷毀，唯應先通知當地主管機關

8. (C)　依爆竹煙火管理條例施行細則規定，所定非專業爆竹煙火之一般爆竹煙火，其種類計分爲幾大類？

(A) 5　(B) 7　(C) 9　(D) 11

9. (C)　依爆竹煙火製造儲存販賣場所設置及安全管理辦法規定，有關達管制量摔炮類以外之一般爆竹煙火及舞臺煙火儲存場所，其位置、構造及設備應符合下列何種規定？①不得設於潮濕地面　②爲地面一層之防火建築物　③窗戶及出入口應有防盜設施　④儲存場所通路面積應占儲存場所樓地板面積百分之二十五以上

(A) ①②　(B) ①③　(C) ①②③　(D) ①②③④

10. (B)　依據爆竹煙火管理條例之規定，下列何者屬中央主管機關之權責：

(A) 爆竹煙火製造之許可、變更、撤銷及廢止

(B) 一般爆竹煙火認可相關業務之辦理

(C) 輸入一般爆竹煙火之封存

(D) 爆竹煙火安全管理業務之規劃

11. (A)　依據爆竹煙火管理條例之規定，取得爆竹煙火製造許可後，有下列情事之一者，直轄市、縣（市）主管機關得撤銷或廢止其許可，並註銷其許可文件：①申請許可資料有重大不實　②爆竹煙火製造場所發生重大公共意外事故③爆竹煙火製造場所一部或全部提供他人租用或使用，進行爆竹煙火製造、加工作業　④爆竹煙火製造場所，違反本條例相關規定，經限期改善，屆期未改善。以上所列，那些是正確的：

(A) ①②③④　(B) ①②③　(C) ②③④　(D) ①③④

12. (C)　依據爆竹煙火管理條例規定，爆竹煙火製造場所及達中央主管機關所定管制量 a 倍之儲存、販賣場所之負責人，應選任爆竹煙火監督人。爆竹煙火監督

人選任後 b 日內，應報請直轄市、縣（市）主管機關備查：

(A) a=10；b=10　(B) a=20；b=10　(C) a=30；b=15　(D) a=30；b=30

13. (D) 依爆竹煙火管理條例施行細則規定，業者為製造爆竹煙火試驗之必要，於公共危險物品與可燃性高壓氣體製造、儲存及處理場所進行爆竹煙火試驗，應距離易燃易爆物品多少公尺以上，並配置滅火器等安全防護措施？

(A) 10 公尺　(B) 20 公尺　(C) 30 公尺　(D) 50 公尺

14. (B) 依爆竹煙火管理條例規定，未依規定申請許可並獲得許可文件，擅自製造爆竹煙火者，處負責人幾年以下有期徒刑、拘役或併科新臺幣 3 百萬元以下罰金？

(A) 2 年　(B) 3 年　(C) 5 年　(D) 7 年

15. (C) 依爆竹煙火管理條例規定，施放高空煙火，其負責人應於施放幾日前檢具施放時間、地點、數量、來源及安全防護措施等文件資料，向直轄市、縣（市）主管機關申請許可，經發給許可文件後，始得為之？

(A) 2 日　(B) 3 日　(C) 5 日　(D) 7 日

16. (B) 依爆竹煙火管理條例規定，下列何者為直轄市、縣（市）主管機關權責？

(A) 一般爆竹煙火認可相關業務之辦理

(B) 爆竹煙火製造之許可、撤銷及廢止

(C) 爆竹煙火監督人講習、訓 之規劃及辦理

(D) 爆竹煙火輸入之審查

17. (B) 依爆竹煙火管理條例規定，下列何者非廢止一般爆竹煙火型式認可之事由？

(A) 無正當理由拒絕抽樣檢驗

(B) 申請人曾違反本條例製造爆竹煙火，經有罪判決確定，尚未執行完畢或執行完畢後未滿五年

(C) 將認可標示轉讓或租借他人

(D) 消費者依照安全方式使用，仍造成傷亡或事故

18. (C) 依爆竹煙火管理條例規定，負責人應投保公共意外責任險，未投保公共意外責任險，處新臺幣多少萬元以下罰鍰？

(A) 3 萬元以上，15 萬元以下　(B) 6 萬元以上，30 萬元以下　(C) 30 萬元以上，150 萬元以下　(D) 60 萬元以上，300 萬元以下

19. (D) 施放以火藥及金屬粉末為主要原料，其成品直徑在多少公分以上或射程在 75 公尺以上之煙火，其負責人應將煙火種類、數量、施放時間、地點及有關防火、戒備、擬採措施，於 3 日前向當地消防機關申請許可？

(A) 4.5 公分　(B) 5.5 公分　(C) 6.5 公分　(D) 7.5 公分

20. (C) 未達中央主管機關所定管制量 30 倍之爆竹煙火儲存、販賣場所或專業爆竹煙火施放場所，其負責人違反爆竹煙火管理條例第 22 條規定，未投保公共意外責任保險、保險期間屆滿未予續保、投保後無故退保，或投保金額未達中央主管機關公告之數額，處新臺幣多少罰鍰？

(A) 3 千元以上 1 萬 5 千元以下　(B) 3 萬元以上 15 萬元以下　(C) 6 萬元以

上 30 萬元以下　(D) 6 千元以上 3 萬元以下

21. (C)　爆竹煙火製造場所及達中央主管機關所定管制量 30 倍之儲存、販賣場所之負責人，應選任爆竹煙火監督人，責其訂定安全防護計畫，報請直轄市、縣（市）主管機關備查。有關爆竹煙火監督人及所定安全防護計畫規定，下列敘述何者正確？

(A) 爆竹煙火監督人，應經中央主管機關或其認可之專業機構施予訓練，並領有合格證書，始得充任，訓練之時間，不得少於 16 小時

(B) 滅火、通報及避難演練之實施；每年至少應舉辦一次，每次不得少於 4 小時，並應事先通知所轄消防主管機關

(C) 爆竹煙火監督人任職期間，每 2 年至少應接受複訓一次，時間不得少於 8 小時

(D) 爆竹煙火監督人應為長時間在場所的員工，不一定是幹部，只需能隨時在場所管理

二、申論題

1. 104 年 5 月 1 日嘉義爆竹煙火工廠發生 1 死 1 傷之爆炸意外事故，請依據「爆竹煙火管理條例」規定，說明：爆竹煙火之製造、儲存或販賣場所，於附近發生火災或其他狀況致生危險時，其負責人應立即採取那些緊急安全措施？（10 分）未經許可擅自製造爆竹煙火，對負責人之處罰規定為何？（15 分）（104 年四等特考）

【解說】：

第 19 條　爆竹煙火之製造、儲存或販賣場所，於附近發生火災或其他狀況致生危險時，或爆竹煙火產生煙霧、異味或變質等狀況，致影響其安定性時，其負責人或爆竹煙火監督人應立即採取下列緊急安全措施：

一、向當地消防主管機關報案。

二、發生狀況場所周圍之機具設備，全部或部分停止使用。

三、發生狀況場所周圍之爆竹煙火成品、半成品及原料，搬離至安全處所。

第 24 條　未經許可擅自製造爆竹煙火，處負責人及實際負責執行業務之人三年以下有期徒刑、拘役或併科新臺幣 30 萬元以上 300 萬元以下罰金。

犯前項之罪因而致人於死者，處 3 年以上 10 年以下有期徒刑，得併科新臺幣 200 萬元以上 1 千萬元以下罰金；致重傷者，處一年以上七年以下有期徒刑，得併科新臺幣 100 萬元以上 500 萬元以下罰金。

> 2. 臺灣的慶典活動中，總有民眾會施放爆竹煙火，請依據爆竹煙火管理條例及爆竹煙火管理條例施行細則，說明爆竹煙火定義與分類為何？（15 分）並說明爆竹煙火儲存、販賣場所之管制量為何？（10 分）（102 年四等特考）

【解說】：

第 3 條　本條例所稱爆竹煙火，指其火藥作用後會產生火花、旋轉、行走、飛行、升空、爆音或煙霧等現象，供節慶、娛樂及觀賞之用，不包括信號彈、煙霧彈或其他火藥類製品。

　　　　爆竹煙火分類如下：

　　　　一、一般爆竹煙火：經型式認可、個別認可並附加認可標示後，供民眾使用者。

　　　　二、專業爆竹煙火：需由專業人員施放，並區分如下：

　　　　　　（一）舞臺煙火：指爆點、火光、線導火花、震雷及混合劑等專供電影、電視節目、戲劇、演唱會等活動使用，製造表演聲光效果者。

　　　　　　（二）特殊煙火：指煙火彈、單支火藥紙管或其組合之產品等，於戶外使用，製造巨大聲光效果者。

　　　　　　（三）其他經中央主管機關公告者。

第 4 條　本條例第 4 條第 1 項所定爆竹煙火儲存、販賣場所之管制量如下：

　　　　一、舞臺煙火以外之專業爆竹煙火：總重量 0.5 公斤。

　　　　二、摔炮類一般爆竹煙火：火藥量 0.3 公斤或總重量 1.5 公斤。

　　　　三、摔炮類以外之一般爆竹煙火及舞臺煙火：火藥量 5 公斤或總重量 25 公斤。但火花類之手持火花類及爆炸音類之排炮、連珠炮、無紙屑炮類管制量為火藥量 10 公斤或總重量 50 公斤。

　　　　前項管制量，除依本條例第九條第一項附加認可標示之一般爆竹煙火以火藥量計算外，其餘以爆竹煙火總重量計算之；爆竹煙火種類在二種以上時，以各該爆竹煙火火藥量或總重量除以其管制量，所得商數之和為一以上時，即達管制量以上。

> 3. 專業爆竹煙火施放前，應儲存於臨時儲存場所，有關臨時儲存場所應符合的規定為何？（25 分）（101 年四等特考）

【解說】：

依爆竹煙火製造儲存販賣場所設置及安全管理辦法

第 17-1 條　專業爆竹煙火施放前，應儲存於臨時儲存場所。

　　　　　　前項臨時儲存場所應符合下列規定：

　　　　　　一、與專業爆竹煙火施放地點之距離在 20 公尺以上。但保持距離確有困

難者，得儲存於不受專業爆竹煙火施放影響之場所內。

二、有防止陽光直射及雨水淋濕之措施。

三、臨時儲存場所與專業爆竹煙火施放地點應由專人看守，施放活動結束前不得擅離。

四、周圍設置專業爆竹煙火、嚴禁火源及禁止進入等警告標示。

五、臨時儲存場所所放置專業爆竹煙火等物品，應有防止被專業爆竹煙火施放所生火花引燃之措施。

---

4. 依據「爆竹煙火管理條例」之規定，爆竹煙火製造場所及達中央主管機關所定管制量 30 倍之儲存、販賣場所，負責人應擔負之責任為何？另依據「爆竹煙火製造儲存販賣場所設置及安全管理辦法」之規定，請說明一般爆竹煙火販賣場所儲存管制量、安全管理與儲存專用室規定各為何？（25 分）（100 年消防設備師）

【解說】：

（一）爆竹煙火管理條例第 18 條

爆竹煙火製造場所及達中央主管機關所定管制量 30 倍之儲存、販賣場所之負責人，應選任爆竹煙火監督人，責其訂定安全防護計畫，報請直轄市、縣（市）主管機關備查，並依該計畫執行有關爆竹煙火安全管理上必要之業務。

爆竹煙火監督人選任後 15 日內，應報請直轄市、縣（市）主管機關備查；異動時，亦同。

第一項所定爆竹煙火監督人，應經中央主管機關或其認可之專業機構予訓練，並領有合格證書，始得充任；任職期間，並應定期接受複訓。

（二）爆竹煙火製造儲存販賣場所設置及安全管理辦法第 12 條

爆竹煙火製造場所之有火藥區，其安全管理應符合下列規定：

1. 與無火藥區間應設置有效隔離之境界柵欄，並於顯明位置及出入口設立危險區域、嚴禁煙火、非作業人員禁止進入等警告標示。

2. 於明顯位置標示最高工作人數、原料及半成品或成品之限量、設備、物品之配置及作業程序等事項。

3. 作業區機械設備及其他物品之放置，不得妨礙緊急避難時之進出路線，非作業必須品，不得存放於作業區內。

4. 作業區之工作臺，應符合相關規定。

5. 嚴禁與作業無關之人員進入。

6. 進入之工作人員，應符合相關規定。

7. 進入之機動車輛，排氣口應有防焰裝置，並與各作業室及倉庫保持 8 公尺以上之距離；停放時，應完全熄火。

8. 嚴禁攜帶有產生煙火之虞之物品進入，並置專人嚴加管制。

9. 50 公尺以內，不得使用木材或木炭類等燃料，有煙囪者，應設防焰罩。

10. 原料應分類、分室儲存，已配之火藥，於每日下班前，儲存於配藥室內。

11. 不合格之原料、半成品或成品，應隨時清理，並作適當處置，不得儲存於倉庫或配藥室內。

12. 原料應於倉庫內稱量，分別移送至配藥室，取用原料之瓢應使用木質、竹質、塑膠或不發生火花之金屬產品，並以不同顏色或標籤識別之，不得混用。

13. 稱量原料之秤具應使用彈簧式座秤，不得使用秤錘吊秤。

14. 盛裝原料之容器應予加蓋。

15. 進出倉庫之原料、半成品或成品建卡隨時登記，並註明其儲存數量。

16. 庫儲區保持通風，經常維持其溫度在 35℃以下，相對濕度 75% 以上，於每日中午觀測溫度計及濕度計一次並記錄之，溫度、濕度異常時，應即採取緊急安全措施。

17. 庫儲區不得放置空紙箱、內襯紙、塑膠袋、紙盒等包裝用餘材料，或其他非屬爆竹煙火原料、半成品及成品之易燃易爆物品。

18. 庫儲區禁止使用鐵器等易引起火花之器具進行開箱、封箱等作業。

19. 儲存 1 年以上之爆竹煙火原料、半成品及成品，應檢查有無異常現象。

20. 對作業人員應每半年施以 4 小時以上之安全講習，並記錄存查。

(三) 爆竹煙火製造儲存販賣場所設置及安全管理辦法第 21 條

達管制量以上之一般爆竹煙火販賣場所，其安全管理應符合下列規定：

1. 儲存數量：

  A. 捧炮類：儲存總火藥量不得超過 5 公斤或總重量不得超過 25 公斤。

  B. 捧炮類以外之一般爆竹煙火：儲存總火藥量不得超過 100 公斤或總重量不得超過 500 公斤。

  C. 同時放置前 2 目之 1 般爆竹煙火時，應以各目實際數量為分子，各目規定之數量為分母，所得商數之和不得為一以上。

2. 購買及販賣一般爆竹煙火，應建檔登記，每日詳載其儲存數量。

3. 分類放置。

4. 不得出售非法製造或無認可標示之一般爆竹煙火。

5. 儲存 1 年以上之一般爆竹煙火，應檢查有無異常現象。

前項第一款之儲存數量，有下列各款情形之一者，應另設儲存專用室放置：

1. 捧炮類：總火藥量 3 公斤以上或總重量 15 公斤以上。

2. 捧炮類以外之一般爆竹煙火：總火藥量 50 公斤以上或總重量 250 斤以上。

3. 同時放置前 2 款之一般爆竹煙火時，應以各款實際數量為分子，各款規定之數量為分母，所得商數之和為一以上。

前項儲存專用室，應符合下列規定：

1. 四周牆壁、地板，以厚度 10 公分以上之鋼筋混凝土或 20 公分以上之加強磚造建造。

2. 出入口設置 30 分鐘以上防火時效之防火門。

3. 四周牆壁除出入口外，不得設置其他開口。

4. 禁止非工作人員或攜帶會產生火源之機具設備進入。

5. 保持上鎖狀態。

6. 不得放置空紙箱、內襯紙、塑膠袋、紙盒等包裝用餘材料，或其他易燃易爆之物品。

7. 禁止使用鐵器等易引起火花之器具進行開箱、封箱等作業。

---

5. 依爆竹煙火管理條例規定，請問何謂專業爆竹煙火？並請詳述輸入及認可專業爆竹煙火之相關管理規定為何？（25 分）（108 年消防三等特考）

【解說】：

（一）專業爆竹煙火：需由專業人員施放，並區分如下：

1. 舞臺煙火：指爆點、火光、線導火花、震雷及混合劑等專供電影、電視節目、戲劇、演唱會等活動使用，製造表演聲光效果者。

2. 特殊煙火：指煙火彈、單支火藥紙管或其組合之產品等，於戶外使用，製造巨大聲光效果者。

3. 其他經中央主管機關公告者。

（二）第 8 條供製造專業爆竹煙火使用之黑色火藥與導火索之購買、輸入、運輸、儲存、火藥庫之設置或變更及安全管理等事項，準用事業用爆炸物管理條例之規定。於第 14 條輸入專業爆竹煙火，應檢附輸入者、種類、規格、數量、輸入地、包裝情形、儲存場所與出進口廠商證明文件、押運人、運輸方法、經過路線資料及直轄市、縣（市）主管機關核發施放許可或備查文件等資料，向中央主管機關申請發給許可文件。輸入之專業爆竹煙火應運至合格儲存地點放置，並於通知當地直轄市、縣（市）主管機關清點數量後辦理入庫。取得專業爆竹煙火輸入許可者，其申請資料有變更時，應檢附原許可文件及相關證明文件，向中央主管機關辦理變更。經中央主管機關許可輸入專業爆竹煙火，有下列情形之一者，中央主管機關得撤銷或廢止其許可，並得逕行或命輸入者銷毀或復運出口：

1. 申請輸入資料虛偽不實。

2. 違反第二項或第三項規定。

參考文獻

1. 盧守謙，火災學，五南圖書出版，民國 106 年 9 月。
2. 盧守謙，圖解消防工程，五南圖書出版，民國 106 年 9 月。
3. 盧守謙與陳永隆，防火防爆，五南圖書出版，民國 106 年 2 月。
4. 盧守謙與陳永隆，消防法規，五南圖書出版，民國 106 年 4 月。
5. 張裕忠與陳仕榕，消防危險物品法令解說，鼎茂圖書出版，民國 103 年 6 月。
6. 何遠榮，公共危險物品場所火災事故統計分析及探討，內政部消防署，消防月刊，民國 108 年 8 月。
7. 內政部消防法令函釋及公告，內政部消防署消防法令查詢系統，http://law.nfa.gov.tw/GNFA/fint/，民國 106 年 8 月。
8. 內政部主管法規查詢系統，消防機關辦理公共危險物品及可燃性高壓氣體場所位置構造設備審查及查驗作業基準，民國 102 年 12 月。
9. 王佩琪，101 年度赴南韓考察家用液化石油氣相關安全管理情形，出國報告書，內政部消防署，民國 101 年 9 月。
10. 日本液化石油器保安規則，平成 28 年
11. 日本消防檢定協會，消防用設備等，平成 28 年。
12. 日本危險物設施基準指南，平成 7 年。
13. 消防廳，「平成 28 年中危險物事故概要」公表，總務省，平成 29 年 5 月
14. 橫濱市消防局，橫濱市危險物規制事務審查基準，平成 26 年
15. 大津市消防局，大津市危險物規制事務審查基準，平成 26 年
16. 神戶市消防局，神戶市消防用設備等技術基準，平成 25 年
17. 埼玉市消防局，埼玉市消防用設備等審查基準，平成 28 年。
18. 堺市消防局，堺市危險物規制審查基準，平成 28 年
19. 福岡市消防局，消防用設備等技術基準，平成 26 年
20. 東京防災設備保守協會，消防用設備等，平成 28 年
21. CHIKATA 株式會社，消火設備，平成 28 年
22. NOHMI BOSAI 株式會社，消防用設備，平成 29 年。
23. NIPPON DRY-CHEMICAL 株式會社，消防用設備等，平成 28 年。
24. MORITA MIYATA 株式會社，消防用設備等，平成 28 年。
25. NFPA 11, Standard for Low, Medium, and High-Expansion Foam, Foam Fatale, 2016.

國家圖書館出版品預行編目資料

圖解消防危險物品／盧守謙，陳承聖作. --
三版. -- 臺北市：五南圖書出版股份有限
公司，2022.11
　　面；　　公分

ISBN 978-626-343-406-6（平裝）

1.CST: 公共安全　2.CST: 消防安全

575.875　　　　　　　　　111015189

5T36

圖解消防危險物品

作　　者 ─ 盧守謙(481)

協同作者 ─ 陳承聖

發 行 人 ─ 楊榮川

總 經 理 ─ 楊士清

總 編 輯 ─ 楊秀麗

副總編輯 ─ 王正華

責任編輯 ─ 金明芬

封面設計 ─ 姚孝慈

出 版 者 ─ 五南圖書出版股份有限公司

地　　址：106台北市大安區和平東路二段339號4樓

電　　話：(02)2705-5066　　傳　　真：(02)2706-6100

網　　址：http://www.wunan.com.tw

電子郵件：wunan@wunan.com.tw

劃撥帳號：01068953

戶　　名：五南圖書出版股份有限公司

法律顧問　林勝安律師事務所　林勝安律師

出版日期　2018年 4 月初版一刷
　　　　　2019年11月二版一刷
　　　　　2022年11月三版一刷

定　　價　新臺幣580元

經典永恆・名著常在

五十週年的獻禮——經典名著文庫

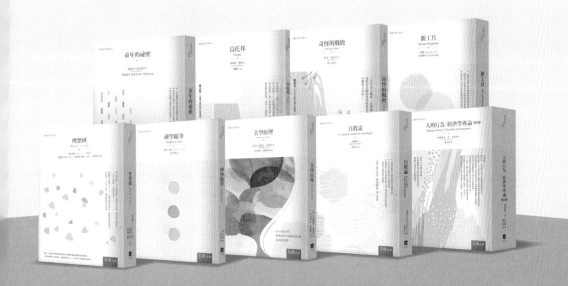

五南，五十年了，半個世紀，人生旅程的一大半，走過來了。

思索著，邁向百年的未來歷程，能為知識界、文化學術界作些什麼？

在速食文化的生態下，有什麼值得讓人雋永品味的？

歷代經典・當今名著，經過時間的洗禮，千錘百鍊，流傳至今，光芒耀人；

不僅使我們能領悟前人的智慧，同時也增深加廣我們思考的深度與視野。

我們決心投入巨資，有計畫的系統梳選，成立「經典名著文庫」，

希望收入古今中外思想性的、充滿睿智與獨見的經典、名著。

這是一項理想性的、永續性的巨大出版工程。

不在意讀者的眾寡，只考慮它的學術價值，力求完整展現先哲思想的軌跡；

為知識界開啟一片智慧之窗，營造一座百花綻放的世界文明公園，

任君遨遊、取菁吸蜜、嘉惠學子！